DIREITO INDUSTRIAL

APDI – ASSOCIAÇÃO PORTUGUESA DE DIREITO
INTELECTUAL

DIREITO INDUSTRIAL

VOL. VI

Alberto Ribeiro de Almeida
José de Oliveira Ascensão
André Bertrand
Américo da Silva Carvalho
Maria Miguel Carvalho
Gabriel Di Blasi
Karin Grau-Kuntz
Lígia Gata
Luís Manuel Couto Gonçalves
Miguel Moura e Silva
Pedro Sousa e Silva

DIREITO INDUSTRIAL – VOL. VI

AUTORES
ASSOCIAÇÃO PORTUGUESA DE DIREITO INTELECTUAL

EDITOR
EDIÇÕES ALMEDINA, SA
Av. Fernão Magalhães, n.º 584, 5.º Andar
3000-174 Coimbra
Tel.: 239 851 904
Fax: 239 851 901
www.almedina.net
editora@almedina.net

PRÉ-IMPRESSÃO | IMPRESSÃO | ACABAMENTO
G.C. – GRÁFICA DE COIMBRA, LDA.
Palheira – Assafarge
3001-453 Coimbra
producao@graficadecoimbra.pt

Novembro, 2009

DEPÓSITO LEGAL
302126/09

Os dados e as opiniões inseridos na presente publicação
são da exclusiva responsabilidade do(s) seu(s) autor(es).

Toda a reprodução desta obra, por fotocópia ou outro qualquer
processo, sem prévia autorização escrita do Editor, é ilícita
e passível de procedimento judicial contra o infractor.

Biblioteca Nacional de Portugal – Catalogação na Publicação

ASSOCIAÇÃO PORTUGUESA DE DIREITO
INTELECTUAL

Direito industrial. – (Obras colectivas)
6.º v. : Alberto Ribeiro de Almeida... [et al.]
ISBN 978-972-40-3789-9

I – ALMEIDA, Alberto Ribeiro de

CDU   347

ÍNDICE

Desenhos ou modelos e peças sobresselentes – *Alberto Ribeiro de Almeida*	11
Integração europeia e acordo ADPIC/TRIPS – *Alberto Ribeiro de Almeida*.............	27
Marca de prestígio, marca notória e acordo ADPIC/TRIPS – *Alberto Ribeiro de Almeida*	65
Concorrência desleal: as grandes opções – *José de Oliveira Ascensão*	83
O registo da marca "Pedras" para cervejas – *José de Oliveira Ascensão*	103
Internet et le Droit de la Propriété Industrielle – *André Bertrand*	131
Invalidades na constituição dos direitos privativos de Propriedade Industrial – *Américo da Silva Carvalho*	139
A transmissão da marca – *Maria Miguel Carvalho*	183
"Novas" marcas e marcas não tradicionais: objecto – *Maria Miguel Carvalho*	217
Questões actuais na protecção dos desenhos industriais – *Gabriel Di Blasi*	247
A apreciação substantiva da patenteabilidade – *Lígia Gata*	265
Objecto. Sinais protegíveis. Modalidades – *Luís Manuel Couto Gonçalves*	275
Sociedade de Informação e Direito Industrial – *Luís Manuel Couto Gonçalves*	297
A protecção da Propriedade Industrial (Introdução ao sistema nacional) – *Luís Manuel Couto Gonçalves*	305
O desenho industrial como instrumento de controle econômico do mercado secundário de peças de reposição de automóveis – *Karin Grau-Kuntz*	323
A defesa dos direitos de propriedade industrial – Protecção provisória e protecção prévia: breves notas – *Miguel Moura e Silva*	369
O direito ao modelo de utilidade – *Pedro Sousa e Silva*	375

JURISPRUDÊNCIA

Case of Anheuser – Bush Inc. v. Portugal	391

NOTA PRÉVIA

Apresentamos ao público o VI volume do Direito Industrial.

Num domínio tão carecido de contributos científicos e de importância social e económica crescente, este é certamente um motivo de satisfação e orgulho para a APDI.

Como sempre, este novo incremento na produção, já significativa, da APDI repousa na dedicação inexcedível dos nossos colaboradores, que desde a primeira hora nos têm dado o seu integral apoio. Sem eles, nada disto teria sido possível.

O Direito Industrial tem conhecido em tempos recentes uma enorme dinâmica legislativa. O que torna muito difícil, mesmo aos especialistas, o conhecimento profundo dos novos quadros normativos e suscita a necessidade de estudos científicos adequados. Daí a importância deste novo volume.

Os estudos que agora se apresentam ao público são estudos independentes, feitos por pessoas independentes e descomprometidas quanto à defesa de interesses que fazem deste como de outros ramos do direito o seu campo de batalha. Esse constitui, decerto, outro dos motivos do nosso orgulho.

Este novo volume soma-se à restante actividade da APDI. O nosso propósito é contribuir para a divulgação do conhecimento dos ramos de Direito Intelectual, do Direito de Autor ao Direito Industrial, e aumentar a formação específica dos juristas nesta área da ciência do direito.

Com o apoio que nos não tem sido recusado, de tão excelentes colaboradores, seremos bem sucedidos.

A APDI

DIREITO INDUSTRIAL VOL. VI

Dr. Américo da Silva Carvalho – Advogado

Dr. Gabriel Di Blasi – Advogado e Engenheiro – *sócio do escritório de propriedade intelectual Di Blasi, Parente, Vaz e Dias & Associados.*

Prof. Dr. Luís Couto Gonçalves – Professor Associado com Agregação na Escola de Direito da Universidade do Minho

Dr.ª Maria Miguel Carvalho – Assistente da Escola de Direito da Universidade do Minho

Dr. Miguel Moura e Silva – Assistente da Faculdade de Direito da Universidade de Lisboa

Dr. Pedro Sousa e Silva – Advogado especialista em Direito da Propriedade Intelectual. Professor do I.S.C.A. da Universidade de Aveiro e da Faculdade de Direito da Universidade Católica

Dr. André Bertrand – Avocat au Barreau de Paris

Dr.ª Lígia Gata – Especialista em Propriedade Industrial

Dr. Alberto Ribeiro de Almeida – Assistente da Faculdade de Direito da Universidade Lusíada (Porto) e Advogado

Dr.ª Karin Grau-Kuntz – Doutora e mestre em direito pela Ludwig-Maximillians-Universität (LMU) de Munique

Prof. Doutor José de Oliveira Ascensão – Professor Catedrático da Faculdade de Direito de Lisboa

DESENHOS OU MODELOS E PEÇAS SOBRESSELENTES

ALBERTO FRANCISCO RIBEIRO DE ALMEIDA
Assistente da Faculdade de Direito da Universidade Lusíada (Porto)

SUMÁRIO:
1. Um *design* inovador. 2. Regime de protecção. 3. Âmbito da protecção. 4. Exclusão da protecção. 5. Modelos ou desenhos comunitários. 6. Peças sobresselentes. a. Componentes de produtos complexos; b. Regime da Directiva; c. Regime do Regulamento; d. Nova proposta. 7. Conclusão.

1. Um *design* inovador

Linhas, cores, formas, textura, contornos, motivos ornamentais e geométricos, aparência estética ou impressão estética facilitam a penetração no mercado dos produtos. É uma vantagem competitiva. As criações estéticas bidimensionais ou tridimensionais, independentemente da sua beleza[1], podem constituir direitos de propriedade industrial através da figura dos desenhos ou modelos. Os desenhos ou modelos industriais são direitos de propriedade industrial que protegem uma actividade criadora traduzida no *design* enquanto um instrumento para a inovação e a comercialização dos produtos industriais que se concretiza na aparência estética dos produtos e que determina, de forma preponderante, as escolhas dos consumidores.

---

[1] *Vide* Alberto CASADO CERVIÑO e Jaime COS CODINA, «Diseño industrial», in *Propriedad Industrial – Teoria y Práctica*, Editorial Centro de Estudios Ramón Areces, SA, Madrid, 2001, 94; Frédéric POLLAUD-DULIAN, *Droit de la Propriété Industrielle*, Montchrestien, Paris, 1999, 383, ss.

O vestuário, o calçado, o mobiliário, as máquinas, os equipamentos, as embalagens, a moda, os tecidos, a cerâmica, os electrodomésticos, os componentes, os relógios, os artigos de bijutaria etc., podem apresentar uma aparência estética susceptível de ser protegida por um desenho ou modelo. As criações de carácter estético atravessam diversos sectores de actividade assistindo-se a uma valorização do *design* em prejuízo da função.

A protecção dos desenhos ou modelos contribui para o desenvolvimento da actividade criativa. Na verdade, o *design* implica uma inovação que deve ser protegida da apropriação de terceiros. Acresce que esta criação funciona no mercado como um instrumento de diferenciação dos produtos, *id est*, é um instrumento de concorrência. Por outro lado, tal criação estética exige investimento que deve ser protegido e incentivado.

Os desenhos ou modelos estão previstos no nosso Código da Propriedade Industrial, arts. 173.º, ss.[2] No espaço em que nos movemos temos, ainda, os desenhos ou modelos comunitários, consagrados no Regulamento (CE) N.º 6/2002 do Conselho, de 12 de Dezembro.[3] A sua importância não foi ignorada pelo Acordo sobre os Aspectos dos Direitos de Propriedade Intelectual Relacionados com o Comércio (TRIPS), arts. 25.º e 26.º.[4]

---

[2] Para uma breve evolução histórica dos desenhos ou modelos, *vide* Carlos OLAVO, «Desenhos e modelos: evolução legislativa», in *Direito Industrial*, vol. III, Almedina, 2003, 45, ss.

[3] Sobre o registo internacional de desenhos ou modelos, *vide* a Decisão 954 do Conselho, de 18 de Dezembro de 2006, que aprova a adesão da Comunidade Europeia ao Acto de Genebra do Acordo de Haia, relativo ao registo internacional de desenhos ou modelos industriais, adoptado em Genebra a 2 de Julho de 1999, bem como o Regulamento (CE) N.º 1819/2006 do Conselho, de 18 de Dezembro de 2006, que alterou o Regulamento (CE) N.º 6/2006. Sobre esta convenção, *vide* Alberto CASADO CERVIÑO e Jaime COS CODINA, «Diseño industrial», *cit.*, 108, ss.

[4] *Vide* Carlos M. CORREA, *Trade Related Aspects of Intellectual Property Rights*, Oxford University Press, New York, 2007, 257, ss.; UNCTAD-ICTSD PROJECT ON IPS AND SUSTAINABLE DEVELOPMENT, *Resource Book on TRIPS and Development*, Cambridge University Press, New York, 2005, 322, ss.; Alberto CASADO CERVIÑO e Jaime COS CODINA, «Diseño industrial», *cit.*, 113, ss.

2. Regime de protecção

Um desenho ou modelo designa a aparência da totalidade, ou de parte, de um produto resultante das características de, nomeadamente, linhas, contornos, cores, forma, textura e materiais do próprio produto e da sua ornamentação.

Estabelecida a definição de desenho ou modelo, bem como os interesses subjacentes à sua protecção, importa referir os requisitos da protecção o que nos revelará a influência de diversos regimes da propriedade intelectual.

O desenho ou modelo exige uma criação prévia, uma criação que deve produzir nos terceiros uma impressão distinta da que produza uma outra criação anterior. Assim, o desenho ou modelo deve: ser novo, *id est*, não deve ser idêntico (é idêntico o desenho ou modelo cujas características específicas apenas diferem em pormenores sem importância[5]) a nenhum outro produto já divulgado ao público, dentro ou fora do país, antes da data do seu primeiro pedido de registo (novo é o que não foi já divulgado)[6]; e possuir carácter singular, *id est*, quando um utilizador informado (e não um utilizador médio) comparar a sua aparência (impressão global) com a de outro produto já divulgado ao público, esse utilizador deve, obrigatoriamente, obter um impressão estética diferente[7].[8] Na apreciação do carácter singular de um desenho ou modelo deve ser ponderado o património de formas em face da natureza do produto a que o desenho ou

---

[5] Introduz-se aqui uma valoração subjectiva que implica uma comparação das características específicas dos desenhos ou modelos em confronto. Fixadas estas, dever-se-á verificar se diferem apenas em pormenores sem importância. O acordo TRIPS, no art. 25.º, n.º 1, diz «não diferirem significativamente».

[6] Sobre a novidade *vide* Albert CHAVANNE, Jean-Jacques BURST, *Droit de la Propriété Industrielle*, 5ᵉ édition, Dalloz, 1998, 416, ss.

[7] *Vide* Frédéric POLLAUD-DULIAN, *op. cit.*, 404, ss.

[8] O acordo TRIPS apenas exige que os desenhos ou modelos «sejam novos ou originais» – art. 25.º, n.º 1. Alberto CASADO CERVIÑO, Jaime COS CODINA, «Modelos y Dibujos Industriales», *in Propriedad Industrial – Teoria y Prática*, Editorial Centro de Estudios Ramón Areces, SA, Madrid, 2001, 336-337, defendem que a novidade e o carácter singular são duas facetas de uma única condição de protecção: o facto de dever existir uma criação prévia e dessa criação dever produzir nos terceiros uma impressão distinta das criações anteriores. Para estes autores o carácter singular não é mais do que um desenvolvimento do conceito de novidade (importado do direito de patente). *Vide*, ainda, W. R. CORNISH, *Intellectual Property: Patents, Copyright, Trade Marks and Allied Rights*, Sweet & Maxwell, Fourth Edition, 1999, 14-10, ss.

modelo se aplica ou em que está incorporado, em especial o sector industrial a que pertence, bem como o grau de liberdade do criador na realização do desenho ou modelo (que, todavia, não se poderá limitar a seguir a moda ou a tendência[9]). Todavia, podem ser registados os desenhos ou modelos que, não sendo inteiramente novos, realizam combinações novas de elementos já conhecidos, ou disposições diferentes de elementos já usados, de modo a conferirem aos respectivos objectos carácter singular; podem também ser registados os desenhos ou modelos que difiram em pormenores sem importância de desenho ou modelo já objecto de pedido de protecção, desde que o requerente seja o mesmo.

Assim, os desenhos ou modelos exigem uma inovação, uma novidade protegida por um período de tempo limitado, como veremos, ou seja, à maneira da patente. Mas já a exigência do carácter singular faz lembrar o regime do direito de marca. Por fim, a possibilidade de tutela dos desenhos ou modelos comunitários independentemente de qualquer formalidade (ainda que por um período curto e com um âmbito de protecção restrito) nos faz recordar o direito de autor[10].[11]

3. Âmbito da protecção

O nosso CPI é pródigo nos mecanismos de protecção dos desenhos ou modelos[12]: registo provisório; registo "definitivo"; e protecção prévia. O objectivo terá sido o de encontrar meios eficazes de protecção de modo a evitar que esta chegue tarde demais quando o produto nada vale comercialmente.

Sem prejuízo do mecanismo da protecção provisória[13] e da invocação da regra da não oponibilidade da divulgação pelo titular do desenho ou modelo nos doze meses anteriores à apresentação do pedido de registo ou, caso seja reivindicada uma prioridade, da data de prioridade[14], o registo

---

[9] Vide Bárbara QUINTELA RIBEIRO, «A tutela jurídica da moda pelo regime dos desenhos ou modelos», in Direito Industrial, vol. V, Almedina, 2008, 490.

[10] Sobre isto vide Miguel MOURA E SILVA, «Desenhos e modelos industriais: um paradigma perdido?», in Direito Industrial, vol. I, Almedina, 2001, 431, ss.

[11] Sobre os diversos modelos de tutela vide UNCTAD-ICTSD PROJECT ON IPS AND SUSTAINABLE DEVELOPMENT, op. cit., 323, ss., incluindo a protecção concedida pela Convenção de Berna e a protecção derivada da Convenção de Paris.

[12] Referimo-nos ao regime do CPI vigente à data em que esta comunicação foi efectuada.

[13] Art. 5.º do CPI.

[14] Art. 180.º do CPI.

provisório sem exame de fundo é o regime regra[15]. Este registo provisório implica apenas um exame dos requisitos formais, *id est*, sem exame dos requisitos de fundo relativos à novidade e ao carácter singular do desenho ou modelo. Todavia, o titular ou qualquer interessado poderá requerer o exame de fundo e este terá de ter lugar se existirem oposições ou o titular pretender intentar acções judiciais para defesa dos seus direitos. Assim, para o registo definitivo (que concede maior segurança jurídica que o registo provisório – este poderá ser atacado por qualquer terceiro que requeira o exame de fundo junto do Instituto Nacional da Propriedade Industrial) é necessário o exame substancial ou de fundo (embora mais lento, mais difícil e mais custoso).

No nosso CPI uma vez concedido o registo o titular goza um monopólio exclusivo, de âmbito territorial circunscrito ao território nacional. Este exclusivo abrange todos os desenhos ou modelos que não suscitem uma impressão global diferente no utilizador informado (a originalidade do desenho ou modelo determina a medida da protecção[16]). Esta impressão global diferente no utilizador informado apresenta semelhanças com a confundibilidade nos sinais distintivos do comércio. Aquele direito exclusivo permite que o seu titular impeça que terceiros, sem o seu consentimento, produzam, fabriquem, vendam ou explorem economicamente o objecto protegido. Ou seja, ninguém fica impedido de produzir ou comercializar o tipo de produto em causa [não se trata de um monopólio sobre um produto ou um processo de fabrico (como acontece na patente) nem sobre os aspectos funcionais do produto (que podem ser objecto de um modelo de utilidade[17])], desde que conceda aos seus produtos uma aparência que gere num utilizador informado uma impressão global diferente.

O registo é válido por 5 anos, a contar da data do pedido, podendo ser renovado por períodos iguais, até ao limite de 25 anos.[18] Por certo o *design* pode exigir um forte investimento, mas sua utilidade social não é equiparável às patentes ou aos modelos de utilidade de modo a justificar uma protecção tão longa. Todavia, o *design* pode-se comportar no mer-

---

[15] Sobre o regime do registo provisório *vide* Pedro SOUSA E SILVA, «A protecção prévia dos desenhos ou modelos no novo Código da Propriedade Industrial», *in Direito Industrial*, vol. IV, Almedina, 2005, 349, ss.

[16] *Vide* Pedro SOUSA E SILVA, *op. cit.*, 347.

[17] *Vide* Alberto CASADO CERVIÑO e Jaime COS CODINA, «Diseño industrial», *cit.*, 98.

[18] Nos termos do art. 26.º, n.º 3, do acordo TRIPS a duração mínima da protecção dos desenhos ou modelos é de 10 anos.

cado como um instrumento de diferenciação dos produtos, à semelhança da marca. Talvez esta função do *design* justifique aquele prazo de tutela.

A protecção prévia é um regime especial, novo, criado para proteger os desenhos ou modelos da indústria têxtil e vestuário ou de outras actividades que venham a ser definidas.[19] Este regime permite a protecção prévia de desenhos ou modelos através do depósito de reproduções/amostras de têxteis ou vestuário. A indústria têxtil e do vestuário é um sector que produz, em breves períodos de tempo, grandes quantidades de desenhos ou modelos com um tempo de vida curto, dos quais apenas uma pequena proporção terá um ciclo de vida económico superior a uma estação ou a um ano (nestes casos deverá o titular optar pelo registo). A protecção prévia veio dar satisfação às suas necessidades permitindo uma protecção sem grandes formalidades de registo, rápida e económica.[20] O que não se compreende é a limitação ao sector têxtil e do vestuário. Acresce que esta modalidade de protecção se traduz simplesmente num direito de prioridade de seis meses e sem viabilidade quando existe a alternativa dos desenhos ou modelos comunitários não registados[21].[22]

Refira-se, por fim, que qualquer desenho ou modelo, nacional ou comunitário, beneficia, igualmente, da protecção conferida pela legislação em matéria de direito de autor, a partir da data em que o desenho ou modelo foi criado, ou definido, sob qualquer forma[23].[24]

---

[19] *Vide* o art. 25.º, n.º 2, do acordo TRIPS que demonstra uma especial preocupação pela protecção de desenhos ou modelos de têxteis.

[20] O pedido de protecção prévia e as respectivas reproduções são depositadas junto de entidades tecnológicas idóneas com quem o INPI celebrou protocolos. O CITEVE – Centro Tecnológico da Indústria do Têxtil e Vestuário, única entidade cujo protocolo com o INPI já está concluído actualmente, valida o pedido de protecção prévia junto do INPI, no prazo de 15 dias. O pedido de protecção prévia confere ao requerente um direito de prioridade de 6 meses, contados a partir da data de entrada do pedido no INPI, para depositar um pedido de registo de desenho ou modelo (via nacional ou comunitária). Se não efectuar o pedido de registo, o pedido de protecção prévia caduca ao fim desses 6 meses.

[21] Por outro lado, e como nos diz Pedro SOUSA E SILVA, *op. cit.*, 355, face ao disposto no art. 180.º do CPI, o regime de protecção prévia é inútil.

[22] Sobre a tutela dos desenhos ou modelos nas indústrias sazonais, *vide* Albert CHAVANNE, Jean-Jacques BURST, *op. cit.*, 545, ss.

[23] *Vide* o art. 17.º da citada Directiva 98/71/CE.

[24] Sobre a tutela do direito de autor, *vide* Bárbara QUINTELA RIBEIRO, *op. cit.*, 477, ss., e 502, ss.

4. Exclusão da protecção

Estão excluídas da protecção as características da aparência de um produto (isto é, determinados elementos da aparência de um produto) determinadas, exclusivamente, pela sua função técnica. Em princípio um produto pode beneficiar de diferentes aparências, mas se a função impõe uma determinada forma, permitir um direito de propriedade industrial sobre aquela forma implicaria conceder um monopólio sobre o produto. Na verdade, os desenhos ou modelos não pretendem conceder um monopólio sobre um produto, mas apenas sobre uma certa aparência ou *design* do produto (permitindo a diferenciação de produtos que têm a mesma função)[25].[26]

Estão igualmente excluídas da protecção as características da aparência de um produto que devam ser, necessariamente, reproduzidas na sua forma e dimensões exactas, para permitir que o produto em que o desenho ou modelo é incorporado, ou em que é aplicado, seja ligado mecanicamente a outro produto, quer seja colocado no seu interior, em torno ou contra esse outro produto, de modo que ambos possam desempenhar a sua função. Estamos perante mais uma excepção de funcionalidade, mas, neste caso, de modo a garantir a interoperabilidade de produtos de fabricos diferentes (trata-se da excepção *must-fit*). Esta interoperabilidade não pode ser prejudicada pela extensão da protecção ao desenho ou modelo dos acessórios mecânicos.[27] Todavia, e em derrogação a esta excepção da interoperabilidade, podem ser protegidos os desenhos ou modelos em que a sua finalidade seja permitir uma montagem múltipla de produtos intermutáveis ou a sua ligação num sistema modular. A razão desta excepção deve-se «pura e simplesmente à força do *lobby* dos fabricantes de brinquedos, especialmente as marcas de jogos de tijolos de construção, já que a forma de cada um dos elementos que compõem os seus produtos é em grande medida ditada pela necessidade de interconexão com os restantes elementos modulares»[28].

---

[25] Sobre isto *vide* Frédéric POLLAUD-DULIAN, *op. cit.*, 387, ss.
[26] Um dos critérios possíveis para determinar a aplicação desta excepção é o da multiplicidade das formas. Assim, uma característica não será exclusivamente determinada pela sua função técnica se existem uma multiplicidade de meios ou formas alternativas para realizar a função técnica desempenhada por essa característica.
[27] *Vide* Frédéric POLLAUD-DULIAN, *op. cit.*, 397-398.
[28] Miguel MOURA E SILVA, *op. cit.*, 443.

Por fim, não podem ser registados os desenhos ou modelos que sejam contrários à ordem pública ou aos bons costumes.

5. Modelos ou desenhos comunitários

De modo a eliminar as barreiras que dividem a Europa e assegurar a realização do mercado interno (abolindo os obstáculos à livre circulação de mercadorias e evitar as distorções na concorrência) contribuindo para a aproximação das legislações dos Estados-membros no domínio da protecção legal de desenhos ou modelos foi elaborada a Directiva 98/71/CE do Parlamento Europeu e do Conselho, de 13 de Outubro de 1998[29]. O momento seguinte traduziu-se na adopção do Regulamento (CE) N.° 6/2002 do Conselho, de 12 de Dezembro de 2001, relativo aos desenhos ou modelos comunitários[30]. A figura dos desenhos ou modelos comunitários afasta o perigo de desenhos ou modelos idênticos serem protegidos de modo diferente em diferentes Estados-membros em virtude das discrepâncias existentes entre as legislações nacionais de forma a gerar conflitos nas trocas comerciais entre Estados-membros ou divisões do mercado interno. Assim, a criação de um desenho ou modelo comunitário directamente aplicável em todos os Estados-membros e concedido ao abrigo de uma única legislação de modo a que seja válido num único território que englobe todos os Estados-membros (um sistema unificado para a obtenção de um desenho ou modelo comunitário que beneficia de protecção uniforme e produz os mesmos efeitos em todo o território da Comunidade) contribui para a realização do mercado interno.

O desenho ou modelo comunitário registado é válido por 5 anos, prorrogável por iguais períodos de 5 anos, até ao máximo de 25 anos. Este registo confere ao seu titular o direito exclusivo de utilizar e de proibir o fabrico, a oferta, a colocação no mercado, a importação, o uso ou armazenamento para estes fins, de produtos em que esteja incorporado o desenho ou modelo, desde que esses produtos não apresentem uma visão de conjunto diferente.

O Regulamento comunitário tutela, igualmente, desenhos ou modelos não registados. O desenho ou modelo não registado é válido para um

---

[29] *Vide* Alberto CASADO CERVIÑO, Jaime COS CODINA, «Modelos y Dibujos Industriales», *cit.*, 331, ss.

[30] *Vide* Carlos OLAVO, «Desenhos ou modelos comunitários», *in Direito Industrial*, vol. V, Almedina, 2008, 451, ss.

período único de três anos, contados a partir da data da sua primeira divulgação ao público na Comunidade Europeia. É uma protecção que nasce automaticamente (tal como o direito de autor[31]) sem qualquer formalidade. Trata-se de um sistema de tutela muito simples embora apenas atribua ao seu titular o direito de proibir a cópia (tendo ainda de suportar as coincidências na criação[32]).

6. Peças sobresselentes

a. *Componentes de produtos complexos*

Um desenho ou modelo designa a aparência da totalidade, ou de parte, de um produto, entendendo-se por "produto" qualquer artigo industrial ou de artesanato, incluindo, entre outros, os componentes para montagem de um produto complexo (produto composto por componentes múltiplos susceptíveis de serem deles retirados para o desmontar e nele recolocados para o montar novamente), as embalagens, os elementos de apresentação, os símbolos gráficos e os caracteres tipográficos.

No quadro do direito comunitário (quer da Directiva quer do Regulamento) foi muito discutido o problema da aplicação da figura dos desenhos ou modelos aos componentes de produtos complexos. Estiveram aqui em causa, em especial, os componentes para veículos automóveis. Na verdade, a indústria automóvel tinha aqui especiais interesses: pretendia não apenas a protecção do desenho do veículo automóvel, mas também a protecção de cada um dos seus componentes. Não podemos esquecer que o mercado das peças ou componentes para substituição é particularmente relevante para os construtores de automóveis face aos fabricantes independentes. Os construtores de automóveis invocaram os investimentos em *design* cujos custos deveriam ser repartidos entre os componentes originais (incorporados no veículo no momento da sua colocação no mercado) e os destinados ao mercado das peças de substituição. Só com a reserva deste mercado para tais construtores é que se poderia evitar uma escalada do preço do veículo. Invocava-se, ainda, que só assim é que o consumidor poderia ter a garantia de que adquiria as peças originais que se inserem

---

[31] Sem prejuízo de se dever distinguir o requisito da divulgação no desenho ou modelo do da exteriorização da obra no direito de autor.

[32] Art. 19.º, n.º 2, do Regulamento (CE) N.º 6/2002.

harmoniosamente no veículo. Contudo, esta harmonia implicou o reconhecimento de um mecanismo de dupla protecção (com clara vantagem para os construtores de automóveis) em que a protecção da aparência estética do componente só adquire valor, em regra, quando incorporado no produto complexo.

O resultado desta temática foi o seguinte. Um desenho ou modelo que se aplique ou esteja incorporado num produto que constitua uma parte, peça ou componente de um produto complexo é novo e possui carácter singular se:

a) Depois de incorporado no produto complexo continuar visível durante a utilização normal do produto complexo, feita pelo utilizador final, excluindo os actos de conservação, manutenção ou reparação[33]; e

b) As características visíveis desse componente sejam novas e apresentem carácter singular.

A protecção pelo *design* não abrange, assim, os componentes não visíveis durante a utilização normal do produto (ou só visíveis durante a reparação ou manutenção), nem as características invisíveis de um componente quando este se encontra montado (em ambos os casos o desenho ou modelo não desempenha junto do consumidor nenhuma função diferenciadora dos produtos), nem, obviamente, as características que não cumpram os requisitos de novidade e de carácter singular.

b. **Regime da Directiva**

Como vimos, a extensão da protecção ao desenho ou modelo dos acessórios mecânicos não pode prejudicar a interoperabilidade de produtos de fabricos diferentes – a denominada excepção *must-fit*. Esta excepção para os componentes *must-fit* não abrange os componentes *must-match*, isto é, aqueles componentes cujas características (protegidas por desenho ou modelo) devam ser reproduzidas de forma a garantir a sua integração num produto complexo de cuja aparência depende o desenho ou modelo protegido[34]. Era o problema das peças de substituição que se utilizam no

---

[33] *Vide* Alberto CASADO CERVIÑO, Jaime COS CODINA, «Modelos y Dibujos Industriales», *cit.*, 333.

[34] *Vide* W. R. CORNISH, *op. cit.*, 14-37, 14-57.

sector automóvel.³⁵ A Directiva 98/71/CE adiou o problema da chamada cláusula de reparação. Inicialmente, o objectivo da Directiva era permitir que terceiros pudessem reproduzir o desenho ou modelo, sem necessidade de consentimento do seu titular, com a finalidade de reparar os produtos complexos em que se integram os componentes ou peças protegidos por esse desenho ou modelo. A Directiva, no seu art. 14.º, estabeleceu que os Estados-membros manterão o seu regime jurídico nacional quanto à «utilização do desenho ou modelo de componentes utilizados com vista à reparação de produtos complexos por forma a restituir-lhes a aparência original» dizendo-se, ainda, que as alterações futuras a efectuar serão no sentido da liberalização do mercado desses componentes.³⁶

A Directiva reconheceu que não era possível a harmonização da legislação dos Estados-membros neste domínio da «utilização de desenhos ou modelos protegidos para permitir a reparação de produtos complexos de modo a voltar a dar-lhes o aspecto original quando o produto a que se aplica ou em que está incorporado o desenho ou modelo for um componente de um produto complexo de cuja aparência dependa o desenho ou modelo protegido». Adiou-se o problema dizendo-se que a Comissão deverá analisar as consequências do disposto na Directiva para a indústria comunitária, os consumidores, a concorrência e o funcionamento do mercado interno, ponderando a consagração de um sistema de remuneração (através da concessão de licenças obrigatórias) e um prazo limitado de exclusividade (próximo dos três anos).

Repare-se que o problema é o da aparência do componente ser condicionada pela forma do produto complexo, ou seja, pode-se estar a conceder um monopólio sobre as peças de substituição (ora, é exactamente isso que se pretende quando se quer repartir os custos do investimento em *design* pelo produto complexo e pelos respectivos componentes). Se a forma do componente é condicionada (*must-match*) pela aparência do produto complexo e sendo este susceptível de protecção, o que se quer consagrar é um sistema de dupla protecção quando a forma do componente não deveria beneficiar de protecção. Acresce que do ponto de vista eco-

---

³⁵ Sobre a posição dos EUA durante as negociações do acordo TRIPS em que este país temia (em especial, alguns fabricantes e as empresas seguradoras) que fosse consagrada a protecção como desenho ou modelo dos desenhos ou modelos incorporados nas peças de substituição do sector automóvel, vide Carlos M. CORREA, *op. cit.*, 260.

³⁶ Sobre o regime da Directiva *vide* Alberto CASADO CERVIÑO, Jaime COS CODINA, «Modelos y Dibujos Industriales», *cit.*, 342, ss.

nómico se deve sublinhar que estas peças de substituição são um «subproduto da actividade de *design* do produto complexo»[37].

c. Regime do Regulamento

O Regulamento (CE) N.º 6/2002, no seu art. 110.º, veio determinar, sem prejuízo de alterações futuras, que «não existe protecção a título de desenho ou modelo comunitário para os desenhos ou modelos que constituam componentes de produtos complexos e que sejam utilizados, na acepção do n.º 1 do artigo 19.º, para possibilitar a reparação desses produtos complexos no sentido de lhes restituir a sua aparência original». De facto, tendo em conta o disposto na Directiva 98/71/CE, o Regulamento comunitário optou, transitoriamente, por «não conferir protecção a título de desenho ou modelo comunitário a todo o desenho ou modelo que esteja aplicado ou incorporado num produto que constitua um componente de um produto complexo cuja aparência condicione o desenho ou modelo e que seja utilizado para possibilitar a reparação de um produto complexo no sentido de lhe restituir a sua aparência original».

d. *Nova proposta*

A 14 de Setembro de 2004 foi proposta uma alteração à Directiva 98/71/CE [COM (2004) 582 final 2004/0203 (COD)] no sentido de não ser consagrada «a protecção a título de desenho ou modelo para os desenhos ou modelos que constituam componentes de produtos complexos utilizados (...) para efeitos de reparação destes produtos complexos no sentido de lhes restituir a aparência original».[38] Todavia, os consumidores devem ser «devidamente informados acerca da proveniência das peças sobresse-

---

[37] Miguel MOURA E SILVA, *op. cit.*, 446.

[38] A Comissão Europeia ponderou 5 soluções possíveis: a) manutenção da situação actual em que não existe harmonização; b) ausência (ou liberalização) de protecção de desenhos ou modelos de peças sobresselentes *must match*; c) um sistema de protecção com um prazo curto (este modelo seria ineficaz em virtude do curto período de vida dos automóveis – os fornecedores independentes não teriam, de facto, possibilidade de entrar no mercado); d) um sistema de remuneração pela utilização de desenhos ou modelos protegidos, isto é, os fornecedores independentes poderiam produzir as peças sobresselentes mediante o pagamento de uma remuneração ao titular do direito relativo ao desenho ou modelo (este modelo implicaria uma forte carga administrativa e ofereceria pouca segurança jurídica); e) um sistema que combinasse os dois anteriores.

lentes, de modo a poderem escolher de forma esclarecida entre peças sobresselentes concorrentes».[39]

A versão ainda em vigor da Directiva não exclui a protecção de peças sobresselentes mediante um direito relativo a um desenho ou modelo. É este regime que a nova proposta vem alterar, pois a Comissão verificou que pára-choques, portas, guarda-lamas, lâmpadas, tampas e capotas de motor tinham preços mais elevados nos Estados-membros que concedem protecção através da figura dos desenhos ou modelos a tais peças sobresselentes. Devemos, contudo, delimitar bem o alcance da proposta de mudança.

Em primeiro lugar, não está aqui em causa a protecção jurídica de peças novas incorporadas na fase de fabrico de um produto complexo, isto é, não está aqui em causa o mercado primário dos componentes. Na verdade, uma peça pode ser introduzida no mercado como componente inicial (peça nova), ou como peça sobresselente, no mercado secundário ou pós--venda. De facto, depois de vendido, um automóvel (produto complexo) pode sofrer acidentes, avarias ou danos e as suas peças poderão ter de ser substituídas ou reparadas – este é o mercado secundário ou pós-venda.

Em segundo lugar, a proposta de alteração apenas abrange as peças sobresselentes *must match*, ou seja, aquelas em que o desenho ou modelo é essencial para devolver ao produto complexo a sua função ou aparência originais. Por outras palavras, o componente do produto complexo só pode ser substituído por uma peça sobresselente idêntica à peça original. Neste caso, e apenas neste, estender a protecção conferida à criação de uma peça nova no mercado primário à peça sobresselente no mercado secundário ou de pós-venda, significaria atribuir às empresas construtoras de automóveis um monopólio de facto do mercado das peças sobresselentes.

Em terceiro lugar, está excluído do âmbito de aplicação desta proposta as peças sobresselentes que não preenchem os requisitos exigidos para a sua protecção através da figura dos desenhos ou modelos (por exemplo, os radiadores, pois não são uma peça externa do automóvel) e as peças que, ainda que preencham tais requisitos, não são utilizadas como peças de substituição para restituir a aparência original do veículo.

Em quarto lugar, os fornecedores de equipamentos de origem terão sempre vantagem concorrencial em relação aos fornecedores independentes. Os automóveis modernos são concebidos com um grau de precisão

---

[39] Sobre a conformidade desta proposta com o acordo TRIPS, *vide* Carlos M. CORREA, *op. cit.*, 268.

muito elevado em termos de a margem de erro permitida para as peças sobresselentes ser mínima. Ora, os fornecedores independentes terão de construir peças de substituição idênticas às peças de origem, o que significa que terão de construir moldes de alta definição. Por outro lado, os construtores de automóveis alteram com muita regularidade a carroçaria e o *design* dos veículos através, desde logo, do designado *refreshment* dos modelos[40],[41].

Em quinto lugar, a Comissão Europeia pretende evitar que os consumidores tenham de pagar duas vezes pelo mesmo desenho ou modelo: a primeira, quando compram um automóvel novo, e a segunda, quando este necessita de reparações. Todavia, nada garante que o preço do automóvel novo não vá suportar a liberalização pretendida mediante um aumento do seu preço. Por outro lado, quanto à competitividade da União Europeia no sector automóvel, diga-se que apenas 15% do conjunto dos automóveis que circulam na União Europeia são produzidos em países terceiros[42].

Por fim, a obrigatória informação ao consumidor sobre a proveniência da peça sobresselente, designadamente mediante a colocação (de forma efectiva e visível) da marca ou logótipo do fabricante, aproxima-se do regime da marca obrigatória, o que desvirtua a intenção liberalizadora. Aliás, todo o novo regime proposto é apenas uma intenção de liberalização.

Face ao exposto, e se a proposta vingar, Portugal terá de alterar a sua legislação.

7. Conclusão

O *design* original apresenta-se como um instrumento fundamental na luta competitiva do mercado. Instrumento para estimular o investimento

---

[40] Segundo dados da Comissão Europeia, no Reino Unido – um mercado liberalizado no domínio das peças sobresselentes – os fabricantes de veículos conseguiram manter cerca de 95% do mercado chave de painéis de carroçaria.

[41] É necessário, igualmente, ponderar o poder que as seguradoras dispõem sobre este mercado das peças sobresselentes.

[42] Será que os fornecedores europeus independentes terão capacidade para exportar peças sobresselentes de modo a abastecer o mercado dos EUA, América do Sul e Europa Oriental? E será que as peças sobresselentes que são importadas da África do Sul, de Taiwan ou do Brasil pela grande indústria europeia de automóveis (Audi, Renault ou Volkswagen) voltarão a ser produzidas no interior da União Europeia?

na criação de *design* e meio de diferenciação dos produtos, o desenho ou modelo, em especial o comunitário, apresenta-se como um direito de propriedade industrial com o "futuro garantido". No mundo das "aparências", da moda, da eventual prevalência da forma em prejuízo da substância, estamos sempre à procura de mecanismos de monopolização do mercado. Os componentes de produtos complexos são disso um bom exemplo.

Quando o *design* se aproxima da criação artística, porventura também nos movemos no mundo do belo e da arte.

BIBLIOGRAFIA:

CASADO CERVIÑO, Alberto, COS CODINA, Jaime, «Diseño industrial», *in Propriedad Industrial – Teoria y Práctica,* Editorial Centro de Estudios Ramón Areces, SA, Madrid, 2001, 93, ss.

–, «Modelos y Dibujos Industriales», *in Propriedad Industrial – Teoria y Práctica,* Editorial Centro de Estudios Ramón Areces, SA, Madrid, 2001, 331, ss.

CHAVANNE, Albert, BURST, Jean-Jacques, *Droit de la Propriété Industrielle*, 5.ᵉ édition, Dalloz, 1998.

CORNISH, W. R., *Intellectual Property: Patents, Copyright, Trade Marks and Allied Rights*, Sweet & Maxwell, Fourth Edition, 1999.

CORREA, Carlos M., *Trade Related Aspects of Intellectual Property Rights*, Oxford University Press, New York, 2007.

QUINTELA RIBEIRO, Bárbara, «A tutela jurídica da moda pelo regime dos desenhos ou modelos», *in Direito Industrial*, vol. V, Almedina, 2008, 477, ss.

MOURA E SILVA, Miguel, «Desenhos e modelos industriais: um paradigma perdido?», *in Direito Industrial*, vol. I, Almedina, 2001, 431, ss.

OLAVO, Carlos, «Desenhos e modelos: evolução legislativa», *in Direito Industrial*, vol. III, Almedina, 2003, 45, ss.

–, «Desenhos ou modelos comunitários», *in Direito Industrial*, vol. V, Almedina, 2008, 451, ss.

POLLAUD-DULIAN, Frédéric, *Droit de la Propriété Industrielle*, Montchrestien, Paris, 1999.

SOUSA E SILVA, Pedro, «A protecção prévia dos desenhos ou modelos no novo Código da Propriedade Industrial», *in Direito Industrial*, vol. IV, Almedina, 2005, 343, ss.

UNCTAD-ICTSD PROJECT ON IPS AND SUSTAINABLE DEVELOPMENT, *Resource Book on TRIPS and Development*, Cambridge University Press, New York, 2005.

Porto, 12 de Maio de 2008.

INTEGRAÇÃO EUROPEIA E ACORDO ADPIC/TRIPS

ALBERTO FRANCISCO RIBEIRO DE ALMEIDA
Assistente da Faculdade de Direito da Universidade Lusíada (Porto)

SUMÁRIO:
1. Introdução. 2. Integração europeia: o princípio da territorialidade dos direitos de propriedade industrial e a liberdade de circulação das mercadorias. 3. A integração europeia e a política global dos direitos de propriedade intelectual. 4. A Organização Mundial do Comércio (OMC). 5. Génese do acordo sobre os aspectos dos direitos de propriedade intelectual relacionados com o comércio (TRIPS). 6. A orientação geral do acordo. 7. Alguns princípios essenciais ao acordo. 8. Aplicação efectiva. 9. O acordo TRIPS no *post* Ciclo do Uruguai. 10. Conclusão: a "exportação" de um modelo.

1. Introdução

Nas duas últimas décadas patenteamos mudanças estruturantes no quadro da propriedade intelectual seja no espaço da União Europeia seja no plano mundial. Deparamo-nos com um conjunto de medidas que com vista a facilitar a integração económica – designadamente a liberdade de circulação de mercadorias – implicaram diversas alterações e novidades no espaço da propriedade intelectual.

Se nos atrevermos a descer um pouco mais ao "fundo do mar" e ver o que se passa na "aldeia global", verificamos que as exigências económicas mundializantes parecem incidir sobre a propriedade intelectual de forma acutilante e transformadora.

Se da União Europeia avançarmos para a Organização Mundial do Comércio (OMC) e para o acordo sobre os aspectos dos direitos de propriedade intelectual relacionados com o comércio (TRIPS) verificamos que a globalização gera incongruências e desequilíbrios, embora no respeito de uma orientação dominante que se quer impor como única.

2. Integração europeia: o princípio da territorialidade dos direitos de propriedade industrial e a liberdade de circulação das mercadorias

Temos assistido nas duas últimas décadas a mudanças estruturantes no quadro da propriedade intelectual seja no espaço da União Europeia seja no plano mundial. Após a II Guerra Mundial conseguiu-se uma globalização parcial ou regional na Europa com a criação da Comunidade Económica Europeia (CEE) o que permitiu a aproximação de povos tradicionalmente em guerra (a França e a Alemanha)[1]. Esta Comunidade evoluiu para um mercado único estabelecendo-se, nomeadamente, uma liberdade de circulação de mercadorias, de pessoas, de capitais, de estabelecimento e, inclusive, uma moeda única (o processo de integração económica tem arrastado consigo outros domínios: o ambiente; a protecção do consumidor; a imigração; etc.).

Todavia, os direitos de propriedade intelectual podem entrar em conflito com alguns princípios fundamentais do Tratado da Comunidade Europeia (TCE). Na verdade, a disciplina jurídica da propriedade industrial tem gerado uma ampla jurisprudência comunitária e um certo esforço por parte do legislador comunitário, na medida em que o seu regime (desde logo resultante de duas das suas características: a territorialidade e a exclusividade) pode entrar em conflito com duas regras fundamentais para a realização do mercado interno e de modo a evitar distorções na concorrência: o princípio da livre circulação de mercadorias, enunciado nos arts. 23.º e ss. do TCE, e as normas sobre concorrência, contidas nos arts. 81.º e ss. do mesmo Tratado.

Vejamos a relação entre a propriedade industrial e o princípio da livre circulação de mercadorias. O objectivo fundamental do Tratado é criar um mercado comum dentro do qual as mercadorias possam circular livremente (ou seja, a realização de um determinado arquétipo económico de mercado livre que vai além da simples prevenção do proteccionismo). Nesse sentido, o art. 28.º proíbe as restrições quantitativas às importações

---

[1] Luigi COSTATO, «Globalizzazione: perché, quando, come», *in RDA*, Anno LXXX, 3, 2001, 335.

entre os Estados-membros e toda a medida que tenha um efeito equivalente, e o art. 29.º estabelece uma norma semelhante para as exportações entre os Estados-membros. Ora, os direitos de propriedade industrial são direitos exclusivos, limitados territorialmente, isto é, válidos somente no território do Estado-membro que os protege. Como resolver o problema de, em dois Estados-membros, por exemplo, duas marcas incompatíveis pertencerem a empresas distintas? Se se permitir a algum dos titulares deste direito de propriedade industrial opor-se à importação e venda do produto, com essa marca, fabricado no outro Estado-membro, estaríamos perante uma medida de efeito equivalente a uma restrição quantitativa ao comércio intracomunitário. Se tal não se permitir nega-se o carácter exclusivo do direito de propriedade industrial.

Assim, admitiu-se que os direitos de propriedade industrial podem prevalecer sobre o princípio da livre circulação de mercadorias, nos termos do art. 30.º do TCE: «As disposições dos artigos 28.º e 29.º são aplicáveis sem prejuízo das proibições ou restrições à importação, exportação ou trânsito justificadas por razões de moralidade pública, ordem pública e segurança pública, de protecção da saúde e da vida das pessoas e animais ou de preservação das plantas, de protecção do património nacional de valor artístico, histórico ou arqueológico ou de protecção da propriedade industrial e comercial. Todavia, tais proibições ou restrições não devem constituir nem um meio de discriminação arbitrária nem qualquer restrição dissimulada ao comércio entre os Estados-Membros».

No conflito entre a livre circulação de mercadorias e a protecção dos direitos de propriedade industrial o Tratado deu prevalência a esta. Contudo, as restrições, pelo direito nacional, ao comércio intracomunitário fundamentadas na propriedade industrial, devem ser justificadas (i.e. devem ser necessárias para realizar o objectivo em questão) e não podem constituir um meio de discriminação arbitrária ou uma restrição encoberta ao comércio. Neste domínio o papel principal pertence ao Tribunal de Justiça das Comunidades Europeias (TJCE). É o TJCE que tem determinado as circunstâncias em que o exercício de um direito de propriedade industrial prevalece sobre a livre circulação de mercadorias.

Os obstáculos à livre circulação de mercadorias resultam, em grande medida, das diferenças que existem entre as diversas legislações nacionais, daí que seja premente proceder à harmonização das distintas legislações nacionais nos termos dos arts. 94.º e ss. do TCE. Todavia, no domínio da propriedade industrial os obstáculos ao comércio intracomunitário resultam não da diversidade das legislações nacionais, mas da territorialidade dos direitos de propriedade industrial. A harmonização não é, assim, suficiente. Se duas marcas incompatíveis pertencem a duas empresas diferentes de Estados membros diversos, os obstáculos não desaparecem com a harmonização da legislação sobre marcas. A única forma de eliminar este problema é criar uma marca comunitária que substitua as marcas nacionais. Esta solução dos direitos de propriedade industrial comunitários nem sempre tem sido fácil de alcançar apesar dos avanços já verificados, e, por isso, o TJCE continua a ocupar-se dos problemas causados pela territorialidade dos direitos de propriedade industrial, elaborando alguns critérios, como, em especial, o do objecto específico do direito de propriedade industrial ou o do esgotamento do direito.

3. **A integração europeia e a política global dos direitos de propriedade intelectual**

No quadro da integração europeia é de acentuar, no domínio da propriedade industrial, a Primeira Directiva do Conselho de 21 de Dezembro de 1988 que harmoniza as legislações dos Estados-membros em matéria de marcas. Esta Directiva gerou nos diversos Estados-membros uma produção legislativa sobre as marcas substancialmente uniforme ainda que contra a corrente jurídica tradicional de alguns países[2]. O objectivo da Directiva foi a aproximação das disposições nacionais que tinham uma incidência directa sobre o estabelecimento e funcionamento do mercado interno de modo a que fossem afastados os entraves à livre circulação de produtos e à livre prestação de serviços e de forma a garantir que não existiam distorções nas condições de concorrência. Seguem-se um conjunto de medidas que com vista a facilitar a integração económica – designadamente a liberdade de circulação de mercadorias – implicaram diversas alterações e novidades no espaço da propriedade intelectual.

No domínio das marcas o próximo passo é dado pelo Regulamento (CE) N.° 40/94 do Conselho, de 20 de Dezembro de 1993, sobre a marca comunitária. Com vista a suprimir o princípio (e obstáculo) da territorialidade dos direitos conferidos aos titulares de marcas pelos ordenamentos jurídicos nacionais dos Estados-membros e de modo a garantir às empresas o exercício da actividade económica no mercado comum sem entraves

---

[2] Adriano VANZETTI, «I marchi nel mercato globale», *in RDI*, Anno LI, 2002, 3, I, 91-92.

(em condições semelhantes às existentes num mercado nacional, mas à escala do território comunitário), criou-se a figura da marca comunitária, uma marca regulada por um direito comunitário único (gozando de protecção uniforme e produzindo efeitos em todo o território da Comunidade), ou seja, uma marca com carácter único.

Ainda no campo dos sinais distintivos do comércio e com objectivos semelhantes encontramos o Regulamento (CE) N.º 510/2006 do Conselho, de 20 de Março [que substituiu o Regulamento (CEE) N.º 2081/92 do Conselho de 14 de Julho] relativo à protecção das indicações geográficas e denominações de origem dos produtos agrícolas e dos géneros alimentícios. Ao lado de problemas específicos associados à política agrícola comum, o estabelecimento de um registo comunitário de indicações geográficas protegidas e de denominações de origem protegidas visa permitir igualdade de condições de concorrência face à disparidade de regimes jurídicos nacionais no seio da Comunidade quanto a esta matéria[3].

Os desenhos e modelos seguiram um caminho semelhante à marca. De modo a eliminar as barreiras que dividem a Europa e assegurar a realização do mercado interno (abolindo os obstáculos à livre circulação de mercadorias e evitar as distorções na concorrência) contribuindo para a aproximação das legislações dos Estados-membros no domínio da protecção legal de desenhos e modelos foi elaborada a Directiva 98/71/CE do Parlamento Europeu e do Conselho, de 13 de Outubro de 1998. O momento seguinte traduziu-se na adopção do Regulamento (CE) N.º 6/2002 do Conselho, de 12 de Dezembro de 2001, relativo aos desenhos ou modelos comunitários. A figura dos desenhos ou modelos comunitários afasta o perigo de desenhos ou modelos idênticos serem protegidos de modo diferente em diferentes Estados-membros em virtude das discrepâncias existentes entre as legislações nacionais de forma a gerar conflitos nas trocas comerciais entre Estados-membros ou divisões do mercado interno. Assim, a criação de um desenho ou modelo comunitário directamente aplicável em todos os Estados-membros e concedido ao abrigo de uma única legislação de modo a que seja válido num único território que englobe todos os Estados-membros (um sistema unificado para a obtenção de um desenho ou modelo comunitário que beneficia de protecção uniforme e produz os mesmos efeitos em todo o território da Comunidade) contribui para a realização do mercado interno.

---

[3] Sobre isto *vide* Alberto Francisco RIBEIRO DE ALMEIDA, *Denominação de origem e marca*, Stvdia Ivridica, 39, Coimbra, 1999.

No domínio das invenções e no que concerne aos modelos de utilidade foi já proposta uma Directiva com vista à aproximação dos regimes jurídicos nacionais de protecção destas criações [*vide* o Livro verde da Comissão de 19 de Julho de 1995 sobre a protecção dos modelos de utilidade no mercado interno (COM (1995) 370 final) e a proposta de Directiva do Parlamento Europeu e do Conselho relativa à aproximação dos regimes de protecção das invenções por modelo de utilidade (COM (1997) 691 final)]. O objectivo desta proposta de Directiva é aproximar as legislações dos Estados-membros (existem grandes disparidades entre as legislações em termos de as mesmas invenções não beneficiarem de protecção em toda a Comunidade ou não são protegidas da mesma forma e durante o mesmo período em toda a Comunidade) tendo em vista o estabelecimento e o funcionamento do mercado interno e evitar qualquer deslealdade na concorrência ou obstáculos à liberdade de circulação das mercadorias.

Na mesma linha teleológica se coloca a proposta de Regulamento do Conselho relativo à patente comunitária [COM (2000) 412 final]. Pretende-se que a patente beneficie de uma protecção uniforme e produza os mesmos efeitos em todo o território da Comunidade de forma a serem eliminados os entraves à liberdade de circulação de mercadorias e se assegure um regime de concorrência não falseado (contribuindo para a realização do mercado único afastando a territorialidade dos títulos nacionais de protecção). Uma patente única juridicamente válida em todo o espaço comunitário poderá igualmente, nas palavras da Comissão, contribuir para o desenvolvimento da investigação e da inovação (de modo a que a Europa se aproxime dos EUA e do Japão). Trata-se de fazer culminar um processo que se iniciou em 1973 (5 de Outubro) com a Convenção sobre a Concessão de Patentes Europeias e que gerou o Instituto Europeu de Patentes em Munique e que teve como segundo momento a Convenção do Luxemburgo de 1975 relativa à patente comunitária (actualmente parte integrante do Acordo em matéria de patentes comunitárias celebrado em 1989) mas que não foi ratificada por todos os Estados-membros e, por isso, não entrou em vigor. Sem prejuízo da harmonização que *de facto* foi sendo realizada através da adesão progressiva de todos os Estados-membros à Convenção de Munique sobre a patente europeia, pretende-se, agora, criar um título unitário de protecção da inovação por patente.[4]

---

[4] O desenvolvimento industrial da Comunidade e o bom funcionamento do mercado interno são algumas das razões para a publicação da Directiva 98/44/CE do Parlamento Europeu e do Conselho, de 6 de Julho de 1998, relativa à protecção jurídica das invenções

Neste quadro crescente de tutela da propriedade industrial assistimos a atitudes excessivamente proteccionistas e abusivas. Na verdade, o modelo tradicional da propriedade industrial – construído após a revolução industrial – tem evoluído de forma acentuada nas últimas décadas. As novas tecnologias (associadas, por exemplo, à informática ou à biotecnologia), a revolução na comunicação, a importância da publicidade ou do *marketing* e a multilateralização das trocas exigiram do direito industrial uma nova atitude seja no quadro das criações industriais seja nos sinais distintivos do comércio.

Temos assistido a um aprofundamento dos direitos exclusivos ou ao alargamento do âmbito da sua incidência. Vejamos alguns exemplos. Extensão do prazo de protecção do direito de autor [art. 1.º da Directiva 2006/116/CE do Parlamento Europeu e do Conselho, de 12 de Dezembro de 2006 (que substituiu a Directiva 93/98/CEE do Conselho, de 29 de Outubro de 1993) e o Decreto-Lei n.º 334/97, de 27 de Novembro, que alterou o art. 31.º do Código do Direito de Autor e dos Direitos Conexos] e das patentes dos medicamentos e produtos fitofarmacêuticos através do certificado complementar de protecção [*vide* o Regulamento (CEE) N.º 1768/92 do Conselho, de 18 de Junho de 1992, e o Regulamento (CE) N.º 1610/96 do Parlamento Europeu e do Conselho, de 23 de Julho de 1996]. Quanto ao alargamento do âmbito de incidência dos direitos pri-

---

biotecnológicas. A necessidade de uma tutela acrescida para os medicamentos e para os produtos fitofarmacêuticos e as vantagens de uma solução uniforme a nível comunitário que evite as divergências entre as legislações nacionais susceptíveis de entravar a livre circulação de mercadorias na Comunidade, implicou a criação de um certificado complementar de protecção dirigido aos referidos produtos pelo Regulamento (CEE) N.º 1768/92 do Conselho, de 18 de Junho de 1992, e pelo Regulamento (CE) N.º 1610/96 do Parlamento Europeu e do Conselho, de 23 de Julho de 1996. A realização do mercado interno e o desenvolvimento industrial da Comunidade são, igualmente, o fundamento da Directiva 87/54/CEE do Conselho, de 16 de Dezembro de 1986, relativa à protecção jurídica das topografias de produtos semicondutores. Com a mesma finalidade nos surge a proposta de Directiva do Parlamento Europeu e do Conselho relativa à patenteabilidade dos inventos que implicam programas de computador [COM (2002) 92 final]. Até este momento os programas de computador são protegidos através do direito de autor (enquanto obras literárias) nos termos da Directiva 91/250/CEE do Conselho, de 14 de Maio de 1991, e, em Portugal, com o Decreto-Lei n.º 252/94, de 20 de Outubro (quanto à protecção jurídica das bases de dados *vide* a Directiva 96/9/CE do Parlamento Europeu e do Conselho, de 11 de Março de 1996, e, em Portugal, o Decreto-Lei n.º 122/2000, de 4 de Julho). Por fim, dever-se-á ainda referir o Regulamento (CE) N.º 2100/94 do Conselho, de 27 de Julho de 1994, relativo ao regime comunitário de protecção das variedades vegetais.

vativos de propriedade industrial referira-se a extensão das patentes ao domínio da biodiversidade [quer através, designadamente, da Directiva 98/44/CE do Parlamento Europeu e do Conselho, de 6 de Julho de 1998, relativa à protecção jurídica das invenções biotecnológicas, quer da Convenção Internacional sobre a Protecção das Variedades Vegetais e, em especial, do Regulamento (CE) N.º 2100/94 do Conselho, de 27 de Julho de 1994, relativo ao regime comunitário de protecção das variedades vegetais].

Por outro lado, tem-se verificado uma tendência para afrouxar as condições de patenteabilidade, nomeadamente no que respeita à actividade inventiva[5] [*vide*, a este propósito, a proposta de Directiva do Parlamento Europeu e do Conselho relativa à patenteabilidade dos inventos que implicam programas de computador], para conceder tutela ultramerceológica a marcas simplesmente "notórias", e para acumular instrumentos de protecção prejudicando a fronteira entre os diversos direitos privativos de propriedade industrial e a própria delimitação entre a propriedade industrial e a propriedade intelectual. Neste domínio se insere, por exemplo, o recurso à marca de forma ou à marca tridimensional para "prolongar" interminavelmente a tutela dos modelos industriais, a tutela dos desenhos industriais através do direito de autor, a protecção jurídica das bases de dados através do direito de autor e de um direito *sui generis* (protecção especial do fabricante da base de dados) que engloba o conteúdo informativo de tais bases de dados (*vide* a Directiva 96/9/CE do Parlamento Europeu e do Conselho, de 11 de Março de 1996, e, em Portugal, o Decreto-Lei n.º 122/2000, de 4 de Julho) e a protecção dos inventos que implicam programas de computador através cumulativamente do direito de autor[6] e do direito de patente.

Estamos perante instrumentos de limitação da liberdade de concorrência (no caso da União Europeia eventualmente em crescimento no âmbito dos direitos de propriedade industrial comunitários – e não nos nacionais, o que traduz um favorecimento das empresas plurinacionais – face à concorrência internacional, em especial dos novos países industrializados). Limitações que se explicam, na opinião de Gustavo GHIDINI[7],

---

[5] Sobre isto *vide* Gustavo GHIDINI, «Prospettive 'protezioniste' nel diritto industriale», *in RDI*, Anno XLIV, 1995, 2, I, 75-76.

[6] Sobre a tutela dos programas de computador através do direito de autor e a consequente deformação deste direito, *vide* Gustavo GHIDINI, «Prospettive 'protezioniste' nel diritto industriale», *cit.*, 82, ss.

[7] «Prospettive 'protezioniste' nel diritto industriale», *cit.*, 91.

pelo facto de os sectores (informática, biotecnologia, cinematográfico, etc.) onde se verificam tendências proteccionistas se caracterizarem por estruturas fortemente concentradas derivadas, eventualmente, das exigências no domínio do investimento (se a estrutura é concorrencial existe uma maior resistência a tendências proteccionistas). Por outro lado, como refere o mesmo autor, estamos perante grandes investimentos que geram pequenas, por vezes muito pequenas, inovações ou melhoramentos – muito longe do modelo clássico das invenções patenteáveis (do ponto de vista, desde logo, da actividade inventiva) –, mas de grande valor económico e facilmente apropriáveis ou reprodutíveis por outras empresas. Nestes termos, e de modo a garantir a amortização do investimento, procura-se aproveitar cumulativamente as vantagens dos diversos direitos de propriedade intelectual, por exemplo, a acumulação da vantagem do sistema de patentes com os benefícios do direito de autor.

No domínio dos sinais distintivos do comércio é de realçar os grandes investimentos em publicidade – em especial no domínio das marcas, embora se tenha igualmente estendido a outros sinais distintivos, como as denominações de origem ou indicações geográficas – que exigem como contrapartida uma extensão da tutela merceológica para além da decorrente da sua função distintiva. Ultrapassa-se esta função apelando-se a uma função publicitária ou atractiva de modo a tutelar a "potencialidade" ultramerceológica de tais sinais.

Tais orientações proteccionistas (concentradas num restrito grupo de multinacionais) poderão, como referimos, limitar a capacidade concorrencial do mercado, prejudicando o próprio estímulo a uma renovada inovação e desenvolvimento da capacidade empresarial. É a busca de um novo equilíbrio entre o direito privativo e a liberdade de concorrência que está aqui em causa. Equilíbrio que até à data tem pendido para o lado proteccionista e que quer ser mundializante.

As exigências económicas mundializantes parecem incidir sobre a propriedade intelectual de forma acutilante e transformadora. Atrevamo-nos a descer um pouco mais ao "fundo do mar" e ver o que se passa na "aldeia global".

Na verdade, se do espaço Europeu avançarmos para o da OMC e o do acordo TRIPS verificamos que a globalização gera, inevitavelmente, incongruências e desequilíbrios, embora no respeito de uma orientação dominante que se quer impor como única.

As opções globais no quadro dos direitos de propriedade intelectual devem ter em consideração a diversidade que existe na sociedade "global", caso contrário podemos estar a impor um regime que não atende às dissemelhanças entre os diversos países e regiões. Sendo verdade que assistimos a uma expansão mundial do mercado (não faz sentido a adopção de uma política comercial limitada a um mercado regional ou nacional) e a uma globalização cultural (capaz de "ingerir" os produtos "ocidentais"), a globalização das escolhas no domínio dos direitos de propriedade intelectual dever-nos-á alertar – ou pelo menos não fazer esquecer – para os fundamentos da constituição de direitos exclusivos ou monopólios. Em primeiro lugar, não só o esforço deve ser gratificado, como para inflamar a actividade humana é necessário e essencial que exista tal retribuição. Assim, a atribuição de monopólios contribui para a realização de um objectivo social mediante o estímulo da criatividade e da inovação. Em segundo lugar, na medida em que a criação e a inovação são expressão da individualidade humana, uma manifestação do espírito ou da imaginação, os direitos de propriedade intelectual deverão reconhecer a titularidade da obra ou da invenção ao seu criador ou inventor. Por fim, e sem prejuízo dos custos que se podem gerar para os consumidores (estamos numa economia de mercado), a criação e a inovação uma vez tuteladas pelos direitos de propriedade intelectual são benéficas para o desenvolvimento económico, estimulando-o.

A evolução dos direitos de propriedade intelectual tentando responder a esta argumentação procura um equilíbrio entre o monopólio concedido e o benefício público do livre acesso à informação e ao conhecimento (em especial no domínio das patentes e dos direitos de autor). Todavia, a balança tem demonstrado um desequilíbrio resultante do alargamento da esfera dominial ou monopolística dos direitos de propriedade intelectual[8]. O acordo TRIPS concluído no quadro da OMC é disso exemplo. As características do regime jurídico instituído por aquele acordo, como adiante analisaremos, afasta-se dos modelos convencionais anteriormente existentes (em particular a Convenção de Paris e a Convenção de Berna).

A tutela concedida aos direitos de propriedade intelectual no acordo TRIPS excede (por força da pressão exercida pelas empresas multinacionais junto do governo norte-americano[9]) as intenções iniciais de luta contra a pirataria e desconhece a realidade dos países em vias de desenvolvimento ou menos desenvolvidos. O TRIPS aponta para um modelo único

---

[8] Christopher MAY, «Why IPRs are a Global Political Issue», in EIPR, January, 2003, 2.

[9] Christopher MAY, «Why IPRs are a Global Political Issue», cit., 3.

("one-size-fits-all") que se impõe eficazmente a todos os países. Na verdade, até aqui o desenvolvimento da propriedade intelectual dependia fundamentalmente dos interesses económicos nacionais de cada país. Agora os países industrializados (em especial os EUA[10] e a UE) globalizaram a propriedade intelectual segundo o seu modelo. Mas este seu modelo não foi sempre o mesmo. Durante muito tempo (pelo menos até ao século XIX) os ordenamentos jurídicos nacionais apenas protegiam as invenções e criações nacionais de modo a favorecer o seu desenvolvimento económico através da legítima apropriação da informação e do conhecimento estrangeiro[11]. A exportação de um modelo "musculado" de direitos de propriedade intelectual não só esquece um passado cheio de "pecados" como quer desconhecer a realidade dos países em vias de desenvolvimento ou menos desenvolvidos, designadamente quando tocamos o domínio das patentes de produtos farmacêuticos[12].

A conquista egoística do mercado "global" por parte dos países desenvolvidos e face à possível concorrência de alguns países com custos de produção mais baixos (países em vias de industrialização), aqueles impuseram uma tutela reforçada, igualmente, no domínio das marcas[13]. De todo o modo as tentativas de politização do direito de propriedade intelectual e, em especial, das marcas com uma atitude demoníaca em relação a este direito (defendendo a liberdade de usurpação e esquecendo os investimentos que a marca exige e, eventualmente, esforços de criatividade) pode não constituir uma alternativa do ponto de vista dos efeitos económicos e sociais. Todavia, as incongruências do ponto de vista jurídico são constantes. A protecção alargada do direito das marcas não se espelha nos outros sinais distintivos, por exemplo nas indicações geográficas, para não

---

[10] Luigi COSTATO, «Globalizzazione: perché, quando, come», in *RDA*, Anno LXXX, 3, 2001, 331, refere-se à «(...) volontà imperialista degli USA (...)».

[11] Christopher MAY, «Why IPRs are a Global Political Issue», *cit.*, 3, escreve «Famously the US publishing industry thrived in the nineteenth century publishing 'unauthorised' work of European authors, but perhaps less often noted, US industrialisation proceeded apace with technologies that were patented abroad, but freely available (essentially through 'piracy') to entrepreneurs in America».

[12] Demonstrando a supremacia do regime jurídico das patentes sobre o valor da saúde pública, bem como a incapacidade, face ao disposto no acordo TRIPS, dos governos adoptarem medidas que protejam a saúde pública, *vide* KAVALJIT SINGH, «Anthrax, Drug Transnationals, and TRIPS», in *Foreign Policy in Focus*, April, 2002, Internet http://www.fpif.org./.

[13] Adriano VANZETTI, «I marchi nel mercato globale», *cit.*, 93.

referir a possibilidade até aqui recusada de tutela – através dos sinais distintivos (constituindo estes uma via possível de protecção) – do conhecimento tradicional. Mas estas incoerências são apenas aparentes: o substrato egoístico e devorador de alguns mantém-se inalterado.

Apenas num quadro negocial multilateral (verdadeiramente merceológico-mercável) desequilibrado, dominado pelo poder das multinacionais e face à incapacidade negocial governamental de muitos países é possível concluir o acordo TRIPS marcado pela ferocidade[14].

A globalização dos direitos de propriedade intelectual, nos termos do acordo TRIPS, prejudica o equilíbrio que se pretende com os diversos argumentos favoráveis ao reconhecimento de tais direitos. A harmonia alcançada no plano nacional dificilmente se pode transpor para a esfera internacional ou impor aos ordenamentos jurídicos nacionais de outros países, se estamos longe duma globalização da sociedade traduzida em equilíbrios e harmonias semelhantes. Acresce que no plano global do acordo TRIPS, que consagra um modelo de tutela eficaz (seguindo o modelo dos países industrializados), existem poucos mecanismos para corrigir os desequilíbrios que a sua aplicação na esfera jurídica nacional dos países mais pobres pode gerar (essencialmente custos sociais sem a compensação no domínio agrícola desejado por estes países e que se traduziu na razão para a sua aceitação do acordo TRIPS). Todavia, o caminho parece irremediavelmente traçado e universalmente estabelecido (embora no próprio seio dos países desenvolvidos se deva questionar a monopolização de certa informação e tecnologia de comunicação), sendo certo que a negociação de períodos transitórios mais longos para a integral aplicação do acordo não assegura o tratamento diferenciado que seria desejável em relação aos países menos desenvolvidos ou em vias de desenvolvimento (diferenciação que se distanciaria das simples limitações aos direitos de propriedade intelectual resultantes de situações verdadeiramente excepcionais, mas que se situaria no plano da protecção dos direitos de propriedade intelectual no interesse dos países mais pobres).

4. A Organização Mundial do Comércio (OMC)

Após a experiência da II Guerra Mundial e aquando da conferência de Bretton Woods (Julho de 1944) tentou-se antever os problemas do após

---

[14] Vide KAVALJIT SINGH, «Anthrax, Drug Transnationals, and TRIPS», cit.

guerra mediante a construção de mecanismos que assegurassem a cooperação internacional e a regulação internacional do comércio. No domínio da disciplina do comércio internacional previu-se que no seio da Organização das Nações Unidas (ONU) existisse um Conselho Económico e Social com o objectivo de criar um terceiro pilar: uma organização internacional do comércio. Assim surge a Carta de Havana que nunca entraria em vigor. Em Outubro de 1947, 23 Estados avançam com o GATT (*General Agreement on Tarifs and Trade* – Acordo Geral sobre as Pautas Aduaneiras e o Comércio). Este Acordo Geral é muito menos ambicioso que a Carta e sem qualquer regulação no quadro da propriedade intelectual.

A necessidade de transformação do GATT que as alterações do tempo exigiram acentua-se durante o Ciclo do Uruguai (1986-1993). Uma das razões para a mudança centrava-se na necessidade de estender a liberdade de comércio no plano mundial (até agora praticamente limitada aos produtos industriais) a novos domínios (exemplo de uma era pós-industrial). Novas circunscrições que compreendiam, designadamente, os sectores industriais geradores/utilizadores de novas tecnologias, os serviços, a agricultura e a propriedade intelectual (as trocas comerciais de produtos patenteados, com marca ou objecto de direito de autor, tinham-se incrementado e uma ausência de disciplina poderia constituir, do ponto de vista de alguns, um obstáculo ao comércio). O Ciclo do Uruguai vai significar a superação do GATT, dos seus limites e das suas lacunas, tendo os EUA (com o apoio dos países industrializados) tomado a iniciativa deste novo ciclo de negociações multilaterais (a sugestão surge já em 1981). Sendo certo que esta iniciativa vai demarcar interessadamente as linhas orientadoras das negociações, a Conferência ministerial de Punta del Este (15-19 de Setembro de 1986) não foi pacífica, manifestando-se oposições entre diversas partes contratantes. Desde logo entre os países industrializados (do Norte) e os países em vias de desenvolvimento (do Sul) em que a discordância versava sobre o domínio dos têxteis (os países do Sul, ao contrário dos do Norte, desejavam a sua inserção no sistema comercial multilateral) e sobre o alargamento do GATT a novas matérias, em especial os serviços e a propriedade intelectual (os países do Norte, contra a vontade dos do Sul, solicitavam tal extensão).

Na declaração de Punta del Este (19 de Setembro de 1986) e após alguns compromissos, consta o objectivo da celebração de acordos multilaterais em novos domínios incluindo a propriedade intelectual. O Ciclo do Uruguai termina com a assinatura oficial dos acordos na Conferência de Marraquexe (a 14-15 de Abril de 1994). Os acordos de Marraquexe entraram em vigor a 1 de Janeiro de 1995 e significaram a criação de uma organização mundial do comércio que garante uma disciplina fortemente regulamentada e simultaneamente coordenada (nunca antes obtida) das relações comerciais mundiais.

É neste novo quadro de organização económica e jurídica (funcionalizando-se o jurídico ao económico e afiançando-se a implementação de um certo modelo) das relações comerciais multilaterais que é celebrado o acordo TRIPS. Este acordo é um exemplo do crescente interrelacionamento e mundialização – como veremos no *post* Ciclo do Uruguai – das actividades com algum relevo económico (por exemplo, o *dumping* social, a protecção do consumidor, o conhecimento tradicional, a propriedade intelectual) e de natureza essencialmente não comercial (direitos laborais, segurança social, ambiente, saúde pública, etc.), de que a OMC – se quer assegurar não apenas um *free trade*, mas também um *fair trade* – não se pode alienar (além de outras com uma clara vertente comercial, como o comércio electrónico ou a defesa da concorrência).

Estamos perante uma Organização Mundial do *Comércio* que quer ser planetária no plano subjectivo (*id est*, Estados-membros) e no modelo económico neo-liberal, mas tê-lo-á que ser também no plano material, dando cumprimento às exigências (não altruísticas) de grupos de interesses da sociedade civil.

5. Génese do acordo sobre os aspectos dos direitos de propriedade intelectual relacionados com o comércio (TRIPS)

A disciplina da propriedade intelectual numa economia globalizada foi adquirindo uma importância crescente ao longo do Ciclo do Uruguai. Na verdade, desde a década de 80 que se assistia a um aumento no número de patentes concedidas e de marcas registadas, bem como a um desenvolvimento acentuado no sector do direito de autor. O comércio internacional de produtos e serviços incorporava, de forma crescente, direitos de propriedade intelectual. Hoje, no valor dos produtos (e não apenas os tecnológicos) pesam, de forma cada vez mais significativa, os esforços de invenção, inovação e investigação. A esta extensão (merceológica e de valor económico) deve-se acrescentar que é a própria noção de propriedade intelectual que se amplifica (extensão jurídica quer no plano da intensidade quer do alargamento a novos objectos). O reforço da tutela da propriedade intelectual verifica-se, em primeiro lugar, no plano interno (principalmente nos países industrializados), de seguida no domínio dos acordos bilaterais e depois nas convenções multilaterais (de que o Ciclo do Uruguai constituiu, até à data, o exemplo mais representativo). Gustavo Ghidini é claro: «(...) die anhaltende und vielfältige *Tendenz der Ausweitung der Ausschließlichkeitsrechte* sowohl an den Ergebnissen gewerblicher Erfindungen als auch an den Unterscheidungszeichen von Unternehmen und Erzeugnissen»[15].

Sendo certo que no início das negociações do Ciclo do Uruguai havia muita incerteza quanto aos resultados que se poderiam alcançar (os países em vias de desenvolvimento estavam muito relutantes e questionava-se o papel da Organização Mundial da Propriedade Intelectual – OMPI), a verdade é que os EUA estavam empenhados neste dossier (exigindo alterações – face ao quadro jurídico convencional à data em vigor – em relação a alguns direitos de propriedade intelectual e sublinhando a relevância de uma tutela eficaz de tais direitos) e sentia-se que um acordo multilateral era preferível a sanções unilaterais. A conclusão foi o acordo TRIPS, cujo âmbito de aplicação (*id est*, direitos privativos abrangidos), conteúdo normativo (regime jurídico) e eficácia (aplicação efectiva) ultrapassam as convenções anteriormente celebradas.

Até à data de celebração deste acordo a propriedade intelectual assentava, no plano internacional, fundamentalmente em convenções administradas pela OMPI. Estamo-nos a referir, em especial, à Convenção da União de Paris (CUP) de 1883 relativa à protecção da propriedade industrial e à Convenção de Berna de 1886 para a protecção das obras literárias e artísticas. A CUP constituiu um avanço significativo na medida em que a disciplina da propriedade intelectual deixou de assentar exclusivamente no direito nacional e em acordos bilaterais (tratou-se da adopção de uma atitude internacionalista). Por outro lado, esta convenção tem dois princípios estruturantes: o do direito de prioridade e o do tratamento nacional. A Convenção de Berna admite igualmente este princípio do tratamento nacional embora lhe conceda, *inclusive*, uma maior extensão (que poderá ser subordinada ao princípio da reciprocidade). O princípio do tratamento nacional tem uma faceta negativa muito importante: ausência de discriminação entre nacionais de países membros da convenção. Mas não impõe qualquer conteúdo mínimo de tutela, isto é, não exige uma harmonização mínima dos ordenamentos jurídicos. O tratamento nacional às coisas ima-

---

[15] «Protektionistische Tendenzen im gewerblichen Rechtsschutz», *in Gewerblicher Rechtsschutz und Urheberrecht, Internationaler Teil (GRUR Int.)*, 1997, Heft 10, 773.

teriais estrangeiras pode ser inadequada ou insuficiente quando o ordenamento jurídico em causa não tutela eficazmente os direitos de propriedade intelectual (podendo um país membro – com um menor nível de protecção da propriedade intelectual em relação a outros – comportar-se como um *free-rider*).

O acordo TRIPS tentou superar as diversas críticas que eram dirigidas a estas convenções. Em primeiro lugar, a ausência de sistemas obrigatórios de resolução de litígios entre Estados ou sistemas sancionatórios em relação aos membros que não cumpram as obrigações consagradas nas convenções (sublinhe-se que o recurso ao Tribunal Internacional de Justiça nos termos do art. 28.º da CUP e do art. 33.º da Convenção de Berna, tem um carácter voluntário). Em segundo lugar, a inexistência de regras relativas à aplicação efectiva – através de autoridades judiciais ou administrativas – dos direitos privativos. Em terceiro lugar, a não exigência de uma harmonização, ainda que mínima (seja no plano do direito substantivo seja no domínio do direito adjectivo), entre os ordenamentos jurídicos (sendo certo que as referidas convenções estabelecem algum conteúdo mínimo, aos Estados membros é deixada grande liberdade de conformação interna, por vezes desajustada aos interesses das empresas multinacionais). Por fim, o comércio globalizado exigia outras regras – actualizadas (as principais convenções, ainda que revistas, datavam de finais do século XIX) – para a propriedade intelectual.

Este sector do direito adquiriu uma relevância não despicienda no comércio internacional, desde logo nos domínios da indústria cinematográfica e farmacêutica, da agricultura (em especial no campo agro-alimentar), dos programas de computador, da tecnologia digital e das transferências de tecnologia. Se as convenções relativas à propriedade intelectual de finais do século XIX procuraram responder às exigências da mundialização ou internacionalização da economia (associada às invenções e inovações do tempo), também agora, nos finais do século XX, era preciso assegurar que a propriedade intelectual respondia aos novos desafios da revolução tecnológica e da globalização económica. Os esforços da OMPI em modernizar a propriedade intelectual eram inglórios (o que pôs em causa o seu papel na cena internacional da propriedade intelectual) fora de um sistema de comércio multilateral submisso a uma lógica amplamente merceológico-mercável (mas desigual).

Por outro lado, durante e após o Ciclo de Tóquio o problema do comércio de produtos contrafeitos ou pirateados foi adquirindo uma relevância crescente. Em virtude da insuficiente protecção concedida aos direitos de propriedade intelectual por parte de alguns países (designadamente os países em vias de desenvolvimento que, em alguns casos, não tinham aderido às convenções internacionais relativas à propriedade intelectual ou não garantiam a sua eficaz aplicação), tornava-se fundamental, segundo outros países (os industrializados), reforçar e harmonizar ao nível mundial o regime jurídico desses direitos (harmonização que se imporia aos ordenamentos jurídicos de cada Estado e que permitiria aos operadores económicos que operassem em mercados estrangeiros a possibilidade da consecução de uma tutela eficaz dos seus direitos privativos). Embora – até ao Ciclo do Uruguai – todos os esforços tenham falhado, existia consenso acerca da necessidade de se encontrarem formas eficazes de eliminar tal comércio[16]. Segundo a opinião dos defensores de um sistema harmonizado e reforçado a nível planetário da propriedade intelectual, a ausência deste sistema poderia constituir um obstáculo ao comércio ou à exportação (ou seja, a substituição dos produtos genuínos importados por produtos pirateados produzidos localmente).

A inclusão na agenda do Ciclo do Uruguai do tema da propriedade intelectual não foi pacífica: os EUA e o Japão apresentaram propostas que abrangiam todos os direitos de propriedade intelectual e acentuavam

---

[16] E a eliminação desse comércio de produtos contrafeitos ou pirateados não deveria implicar a adopção de medidas unilaterais já experimentadas no passado. Na verdade, os EUA (seguidos pelo Japão e pela CE) perfilharam medidas comerciais unilaterais de retaliação em relação aos países que não reprimissem a contrafacção e a pirataria. Estamo-nos a referir à emenda introduzida (a pedido da poderosa indústria norte-americana) em 1984 na *Section 301* do *Trade Act* de 1974 dos EUA de modo a incluir a propriedade intelectual e a permitir medidas de retaliação (por exemplo, restrições às importações) em relação aos países que não protegessem a propriedade intelectual (tais medidas vieram a ser adoptadas em relação à República da Coreia e ao Brasil). Estas medidas vieram a ser reforçadas em 1988 com a *Special 301* em que o *United States Trade Representative* poderia colocar "sob observação" (uma "*watch list*" ou "*priority watch list*") os países que não tutelassem eficazmente a propriedade intelectual de modo a serem eventualmente adoptadas medidas de retaliação (dessas listas constaram países como a Índia, a Tailândia, a China, o Brasil, mas também a CE, o Japão ou a Austrália). Contudo, a apreciação da não protecção da propriedade intelectual era efectuada em função dos interesses da indústria (farmacêutica, cinematográfica, informática, etc.) norte-americana. Por outro lado, o recurso ao sistema norte-americano de preferências comerciais (*Generalized System of Preferences*) estava circunscrito aos países que tutelassem os direitos privativos de propriedade intelectual (embora, de início, o GSP não tivesse como pressuposto a tutela da propriedade intelectual). Por fim, os EUA recorreram a negociações bilaterais (por exemplo, com Singapura) de modo a exigir de alguns países modificações no seu ordenamento jurídico no sentido de uma protecção acrescida da propriedade intelectual.

a necessidade de uma aplicação efectiva; outros países (como o Brasil e a Argentina) opunham-se à inclusão deste tema no Ciclo. Tendo em conta o texto final do acordo TRIPS, os objectivos traçados em Punta del Este para a propriedade intelectual eram muito limitados. Na verdade, a Declaração Ministerial de Punta del Este não abordava autonomamente a propriedade intelectual, pelo contrário, incluía-a no comércio de mercadorias e estava centrada no comércio de mercadorias contrafeitas.

As negociações progrediram lentamente não só porque se tratava de uma matéria nova (em especial pela dimensão que se lhe queria imprimir), mas também porque se verificaram divergências entre os países industrializados (como os EUA, a CE ou o Japão) que desejavam um acordo muito completo e além dos objectivos inicialmente fixados, e os países em vias de desenvolvimento (como o México ou o Brasil) que estavam receosos de um excesso de protecção que gerasse dificuldades no campo das transferências de tecnologia e implicasse um aumento dos custos nos produtos agrícolas e farmacêuticos (a Índia defendia que as regras do GATT só se deveriam aplicar quando se provasse distorção do comércio).

A partir de 1990 verifica-se uma evolução significativa a caminho do acordo TRIPS. A CE apresenta uma proposta bastante detalhada (aplicação dos princípios do tratamento nacional e da nação mais favorecida à propriedade intelectual; regime dos diversos direitos privativos; aquisição e aplicação efectiva destes direitos) que é seguida – nos seus elementos fundamentais – pelos EUA. Além do Japão, da Suíça e da Austrália (que submeteu um texto exclusivamente dedicado às indicações geográficas) terem apresentado as suas propostas (o que gerava, no seio dos países industrializados, discrepâncias) um grupo de países (no total de 14) em vias de desenvolvimento fizeram ouvir a sua voz através de uma proposta que divergia substancialmente da dos países industrializados. Em face destas propostas o presidente do grupo de trabalho para as questões da propriedade intelectual (criado para o Ciclo do Uruguai) preparou um texto composto (que mantinha as divergências apesar da estrutura de base ter sido inspirada nas propostas da CE e dos EUA). O próximo passo foi a conferência Ministerial de Bruxelas (Dezembro de 1990). O Ciclo do Uruguai não terminou aqui devido, fundamentalmente, às questões agrícolas e aos serviços, mas na propriedade intelectual tudo estava quase pronto, ou pelo menos as oposições estavam bem identificadas e já não eram inultrapassáveis. As questões ainda a negociar eram as seguintes: no domínio do direito de autor subsistia o problema da exclusão dos direitos morais, da protecção dos programas de computador, das compilações de dados e dos direitos conexos; no campo da propriedade industrial discutia-se a patenteabilidade dos produtos farmacêuticos (e, em geral, as excepções à patenteabilidade) e a protecção das indicações geográficas (em que a CE tinha esperanças de colocar termo aos "pecados" do passado); por fim, era necessário acertar a natureza e a duração dos períodos transitórios para os países em vias de desenvolvimento, bem como decidir sobre a inclusão do sistema de resolução de diferendos no GATT (o que estava "em cima da mesa" era a possibilidade de retaliação cruzada, ou seja, o que todos tinham em mente era a secção 301 do *Trade Act* dos EUA que consagrava sanções unilaterais).

O momento final traduz-se na apresentação pelo Director-Geral Arthur Dunkel de um novo projecto de acordo TRIPS (um projecto integrado e não composto, ou seja sem possibilidades de opção). Esta proposta sofreu poucas alterações e tornou-se o acordo definitivo. Este acordo só era possível no quadro do GATT e nunca da OMPI. Na verdade, o modo de negociação do GATT e a multiplicidade das matérias abrangidas, facilitou a conclusão do acordo TRIPS, permitiu as conquistas dos países industrializados (que de facto conseguiram neste acordo espelhar, quase integralmente, a sua concepção de propriedade intelectual ao serviço de certos valores e interesses) e a cedência dos países em vias de desenvolvimento. A globalização do princípio da reciprocidade das concessões comerciais [isto é, as concessões que um Estado membro efectue a favor de outro deverão ser compensadas com concessões deste outro membro a favor do primeiro (ainda que em sectores diferentes) e tudo isto conjugado com princípio da nação mais favorecida] possibilitou que os países em vias de desenvolvimento – a troco de compensações comerciais em outros sectores, designadamente no agrícola e nos têxteis – assumissem o compromisso de elevar o nível de tutela a conceder na propriedade intelectual. A isto acresce que a adesão à OMC implica a vinculação a todos os acordos multilaterais concluídos no quadro do Ciclo do Uruguai; se assim não fosse os países em vias de desenvolvimento muito provavelmente não adeririam ao acordo TRIPS.

De Punta del Este a Marraquexe conseguiu-se a seguinte proeza: o acordo TRIPS representa o acordo multilateral do domínio da propriedade intelectual mais extenso no plano geográfico e mais vasto do ponto de vista dos direitos privativos abrangidos[17], estabelecendo regras sobre a

---

[17] No domínio do direito de autor e direitos conexos se é verdade que se excluíram os direitos morais de autor, previram-se direitos de locação e incluíram-se os programas de

existência, âmbito e exercício dos direitos, garantindo a sua aplicação efectiva (através de processos penais, civis e administrativos, além de medidas provisórias e na fronteira), disciplinando a aquisição e manutenção de tais direitos, acautelando modos de prevenção e resolução de litígios, não esquecendo os princípios estruturantes do tratamento nacional, da nação mais favorecida (que não é usual no domínio da propriedade intelectual) ou do esgotamento dos direitos.

A conclusão do acordo TRIPS significa a inserção da propriedade intelectual no teatro do comércio mundial. Ou seja, os objectivos da harmonização dos ordenamentos jurídicos nacionais no domínio da propriedade intelectual ou a elevação dos níveis de protecção não são os objectivos finais. O que se pretende acentuar é que a propriedade intelectual não constitua um obstáculo (devido a uma tutela inadequada, por defeito ou por excesso) ao livre comércio internacional. O acento tónico não é, como já veremos, no domínio substantivo (pelo menos em relação às convenções internacionais existentes), mas no plano adjectivo e da aplicação efectiva.

6. A orientação geral do acordo

A estratégia (não tanto a lógica ou a filosofia) do acordo TRIPS não foi reinventar a propriedade intelectual. Na verdade, no plano substantivo e em relação às convenções internacionais já existentes, não existem grandes originalidades (excepção são os direitos de locação e, em parte, as indicações geográficas e a protecção de informações não divulgadas, bem como a protecção ultramerceológica das marcas "notoriamente conhecidas") para além de clarificações e do fim de algumas excepções e limitações (*vide*, por exemplo, os artigos 13.º e 14.º, n.º 6). As novidades surgem num outro pilar: a aplicação efectiva. As preocupações da indústria

---

computador e as compilações de dados. Em relação às marcas admite-se, em certas condições, a sua tutela para além ou fora do princípio da especialidade. Consagrou-se a figura das indicações geográficas com uma tutela acrescida para os vinhos e as bebidas espirituosas. Protegem-se os desenhos e os modelos industriais que sejam novos ou originais. Admite-se, com excepções, que as patentes possam ser obtidas para quaisquer invenções «quer se trate de produtos ou processos, em todos os domínios da tecnologia» (art. 27.º) e a duração da protecção é de 20 anos. Estabelecem-se, ainda, regras para as configurações (topografias) de circuitos integrados e protegem-se as informações não divulgadas.

multinacional (farmacêutica, agro-alimentar, do entretenimento, dos programas de computadores e dos produtos de luxo) exigiam a consagração no plano multilateral de regras relativas à aplicação efectiva e à subordinação da propriedade intelectual ao sistema integrado de resolução de diferendos da OMC (como nos diz Sigrid Dörmer, «TRIPS war und ist aber gleichzeitig ein politisches Instrument»[18]). Por fim, acrescentem-se algumas regras respeitantes à aplicação do princípio da nação mais favorecida, à aquisição e manutenção dos direitos de propriedade intelectual ou atinentes à transparência. O quadro está completo. Ou seja, a estratégia do TRIPS foi a dos países industrializados (não altera a estratégia, antes a confirma na medida em que pretende assegurar uma ampla participação, as disposições referentes ao tratamento diferenciado e aos períodos transitórios aplicáveis aos países em vias de desenvolvimento) pretendendo-se retirar os obstáculos ao livre comércio.

Nestes termos, o acordo TRIPS exige uma mudança no caminho jurídico da propriedade intelectual na esfera internacional e com projecção imperiosa no plano nacional. O acordo TRIPS constitui o nível mínimo de disciplina e tutela dos direitos de propriedade intelectual que os Estados Membros devem implementar no seu ordenamento jurídico, de modo a garantir o cumprimento do modelo estabelecido. Em consequência desta exigência, um dos primeiros impactos do acordo TRIPS traduziu-se numa explosão de legislação nacional (incluindo medidas administrativas) de diversos Membros de modo a colocarem o seu ordenamento em sintonia com o referido acordo. Esta explosão determinou orientações nos ordenamentos jurídicos nacionais de modo a acomodá-los aos objectivos impostos. Os Estados-Membros não estão obrigados a consagrar níveis mais elevados de protecção do que o consagrado no acordo TRIPS (ainda que alguns tivessem desejado ir mais longe), mas se o fizerem não podem contrariar este acordo (quer evitar-se as distorções do modelo por erros de excesso).

É neste quadro de protecção da propriedade intelectual com a finalidade de assegurar a realização do modelo subjacente que se pretende (artigos 7.º e 8.º do acordo TRIPS), acessoriamente, promover o bem-estar social, o desenvolvimento económico, fomentar a inovação tecnológica, a transferência e divulgação de tecnologia e, genericamente, ponderar o interesse público (designadamente proteger a saúde pública e a nutrição).

---

[18] «Streitbeilegung und neue Entwicklungen im Rahmen von TRIPS: eine Zwischenbilanz nach vier Jahren», *in GRUR Int.*, 1998, Heft 12, 933.

Os objectivos do art. 7.º (proposto pelos países em vias de desenvolvimento) podem constituir fundamento para a não protecção ou aplicação efectiva de um direito de propriedade intelectual quando não exista «promoção da inovação tecnológica» ou estímulo à «transferência e divulgação de tecnologia». Por outro lado, a referência na citada disposição «ao bem-estar social e económico» e a «um equilíbrio entre direitos e obrigações» pode justificar excepções aos direitos privativos (por exemplo, pode alicerçar a adopção de licenças obrigatórias ou a consagração do princípio do esgotamento internacional dos direitos de propriedade intelectual). Por fim, um dos princípios estruturantes da propriedade intelectual consagrado naquele artigo 7.º é a consecução de «benefício(s) mútuo(s)» para os «geradores e (os) utilizadores dos conhecimentos tecnológicos». Na verdade, as escolhas no domínio da propriedade intelectual devem ponderar os interesses dos criadores e inventores (assegurando-lhes uma recompensa através de um monopólio de exploração) sem colocar em perigo a concorrência, e os interesses do público no acesso (através da divulgação da patente no momento do pedido e do termo do direito privativo após um certo período não renovável) às novas invenções (garantindo-se a difusão da tecnologia sem prejudicar o estímulo à criação de novas tecnologias). Estas regras de carácter geral (mas que, pela sua função alicerçante e natureza teleológica, devem ser um elemento interpretativo orientador das restantes disposições do TRIPS) resultantes da indicada disposição e susceptíveis de gerarem conflitos, contrastam, todavia, com as disposições específicas consagradas para os diversos direitos de propriedade intelectual.

No plano da saúde pública (art. 8.º) «podem» ser excluídos da patenteabilidade «os métodos diagnósticos, terapêuticos e cirúrgicos para o tratamento de pessoas ou animais» (art. 27.º, n.º 3), mas a nutrição já não é fundamento para a não protecção (pela via de patentes ou de um sistema *sui generis* eficaz) das variedades vegetais (Peter Rott sublinha a natureza «patentinhaberfreundlich» do acordo TRIPS[19]). Acrescentam-se, ainda, as medidas – a adoptar no plano nacional – destinadas a impedir as utilizações abusivas dos direitos de propriedade intelectual ou o «recurso a práticas que restrinjam de forma não razoável o comércio ou que prejudiquem a transferência internacional de tecnologia» (exemplos de consagração destes princípios que poderão legitimar medidas nacionais são os artigos 30.º, 31.º e 40.º). Estes casos demonstram a funcionalização da disciplina

---

[19] «TRIPS-Abkommen, Menschenrechte, Sozialpolitik und Entwicklungsländer», in *GRUR Int.*, 2003, Heft 2, 103, ss.

da propriedade intelectual à garantia de um comércio livre[20]. Sublinhe-se que as medidas destinadas a proteger a saúde pública ou o interesse público não poderão ser incompatíveis com o acordo TRIPS[21] (não encontramos aqui um paralelo com o art. XX do GATT ou com o art. XIV do acordo geral sobre o comércio de serviços).

Estes objectivos e princípios pretenderam, em alguma medida, corresponder às exigências dos países em vias de desenvolvimento. Contudo, existe um forte desequilíbrio em prejuízo destes países. Os países industrializados conseguiram a concretização – com pequenas excepções – dos seus objectivos. A flexibilidade reconhecida aos países em vias de desenvolvimento (incluindo os países menos desenvolvidos) limita-se ao plano formal e não ao reconhecimento de um estatuto especial ou ao acolhimento de disposições substanciais que traduzissem no acordo TRIPS o nível de desenvolvimento e as necessidades destes países. Na verdade, a elasticidade verifica-se ao nível da implementação das medidas legislativas e regulamentares no plano interno (as quais não poderão resultar num nível inferior de compatibilidade com o disposto no acordo TRIPS; é a cláusula de *stand-still*), ou seja, restringiu-se à negociação de períodos transitórios ou excepções temporais[22] (cf. artigos 65.° e 66.°). Nestes termos, os países com economias mais débeis e com maiores necessidades de apoio não gozam de um sistema diferenciado (o modelo, como temos visto, é outro) e as obrigações impostas aos países industrializados dificilmente terão repercussão efectiva na diminuição do referido desequilíbrio: seja porque o art. 7.° – nos termos que vimos – é muito vago; seja porque – por semelhante motivo – o art. 66.°, n.° 2, não estabelece uma obrigação concreta, mas uma mera intenção de os países desenvolvidos providenciarem incentivos para as suas empresas e instituições promoverem a transferência de tecnologia para os países menos desenvolvidos de modo

---

[20] O artigo 41.°, n.° 1, do acordo TRIPS é mais um exemplo em que se exige que os processos a adoptar pelos Membros sejam «aplicados de modo a evitar a criação de entraves ao comércio legítimo» e ofereçam «salvaguardas contra qualquer utilização abusiva».

[21] Esta condição foi inserida na fase final das negociações e limitou, de forma significativa, o alcance do art. 8.° em termos de dificilmente se poder justificar uma excepção que não esteja consagrada no acordo.

[22] A International Intellectual Property Alliance (IIPA) tomou a seguinte posição «We'll *not* negotiate on standards of Intellectual Property. We'll negotiate on *time* to meet them. Any watering down of Intellectual Property standards and no deal, no GATT», citado por Peter DRAHOS with John BRAITHWAITE, *Information Feudalism, Who Owns the Knowledge Economy?*, New Press, New York (2003), 101.

a permitir o seu desenvolvimento tecnológico de forma «sólida e viável»; seja, ainda, porque certas obrigações impostas aos países industrializados a favor dos países em vias de desenvolvimento, são, de facto, consagradas para a satisfação dos interesses daqueles e não destes países (é o caso da cooperação técnica e financeira estabelecida no art. 67.º cujo objectivo é assegurar uma implementação efectiva do acordo TRIPS nos países em vias de desenvolvimento e menos desenvolvidos de modo a alcançar-se – no interesse fundamentalmente dos países industrializados – uma «protecção e aplicação efectiva dos direitos de propriedade intelectual e de prevenção do seu abuso»).

7. Alguns princípios essenciais ao acordo

Um dos primeiros princípios é o do tratamento nacional (art. 3.º). Este princípio (um dos princípios fundamentais das convenções relativas à propriedade intelectual) traduz-se no seguinte: «cada Membro concederá aos nacionais de outros Membros um tratamento não menos favorável do que o que concede aos seus próprios nacionais no que se refere à protecção da propriedade intelectual». O princípio do tratamento nacional pretende evitar a discriminação, num país Membro, entre nacionais e estrangeiros (nacionais de outro país Membro) no que se refere à protecção da propriedade intelectual. Mas este princípio deve ser conjugado com o art. 1.º, n.º 3, que, no limite, confere um conteúdo positivo mínimo àquele princípio: «os Membros concederão o tratamento previsto no presente Acordo aos nacionais de outros Membros». Ou seja, independentemente da ausência de discriminação há aqui uma exigência positiva, estabelecida em coerência com os objectivos do acordo TRIPS de garantir um nível mínimo de harmonização que suporte eficazmente as trocas comerciais. Diga-se que esta regra do art. 1.º, n.º 3, se estende às questões relativas aos processos e medidas correctivas civis e administrativas, medidas provisórias, medidas na fronteira e processos penais; isto é, assuntos que não contendem claramente com a propriedade intelectual ou que apenas se relacionam com a aplicação efectiva dos direitos de propriedade intelectual. Ou seja, estamos perante uma extensão do princípio do tratamento nacional que implica a sua revisão. Na verdade, o acordo TRIPS ao exigir (art. 1.º, n.º 1) um nível mínimo de tutela (quer no plano substancial quer no domínio processual) a implementar nos ordenamentos jurídicos nacionais (limitando a liberdade regulamentadora dos Membros), o princípio do tratamento nacional tem pouco de "nacional" pois o regime jurídico dos direitos de propriedade intelectual será, em grande parte, imposto pelo regime internacional consagrado no acordo TRIPS.

O acordo TRIPS, obedecendo às exigências de liberalização gradual das trocas comerciais, perfilhou, igualmente, o princípio do tratamento da nação mais favorecida. Este princípio traduz-se no seguinte: «no que diz respeito à protecção da propriedade intelectual, todas as vantagens, favores, privilégios ou imunidades concedidos por um Membro aos nacionais de qualquer outro país serão concedidos, imediata e incondicionalmente, aos nacionais de todos os outros Membros». Estamos perante a consagração no domínio da propriedade intelectual – o que constitui uma inovação jurídica – e dirigido aos titulares de direitos de propriedade intelectual de um princípio típico, embora tendo como objecto mercadorias, do GATT (art. I). O objectivo desta importação para a propriedade intelectual do princípio do tratamento da nação mais favorecida, é impedir que (designadamente através de acordos bilaterais) existam discriminações entre nacionais de países Membros diferentes, assegurando-se uniformidade no comércio multilateral (*id est*, a ausência de discriminação entre os parceiros comerciais). Na verdade, através de acordos bilaterais o ordenamento jurídico de um Estado pode reconhecer a empresas ou indivíduos do outro país parte no acordo bilateral um tratamento preferencial (não sendo tal favor sujeito ao princípio do tratamento nacional, desde logo se não se aplica aos nacionais do país em causa) em relação a empresas ou indivíduos de outros países. Nestes termos, qualquer tratamento preferencial reconhecido aos nacionais de um país na sequência de um acordo bilateral, é imediatamente estendido aos nacionais de todos os outros Estados Membros, afastando-se qualquer discricionariedade nas relações entre Membros (esta consequência pode, todavia, impedir o desenvolvimento do sistema internacional da propriedade intelectual através de acordos bilaterais).

Os princípios do tratamento nacional (orientado para o "interior" de um país membro: prevenindo distinções entre nacionais e estrangeiros) e do tratamento da nação mais favorecida (orientado para o "exterior" de um país membro: prevenindo distinções entre estrangeiros) pretendem responder à exigência de não discriminação, constituindo princípios fundacionais do sistema de comércio multilateral da OMC (contribuindo para um comércio livre a nível mundial através da consecução de idênticas condições de mercado, apesar das fronteiras nacionais) onde se enquadra (moldando-lhe o regime) a propriedade intelectual.

Assistimos a uma mutação do regime jurídico da propriedade intelectual decorrente da consagração de um modelo de concorrência internacional assente num mercado sucessivamente liberalizado. Este modelo de trocas quer ser planetário e embora não fira o princípio da territorialidade dos direitos de propriedade intelectual, não deixa de incorporar neste domínio do direito princípios do comércio internacional em termos de contribuir para a geração de um regime de propriedade intelectual global (nivelado por um conteúdo mínimo obrigatório, mas que conforma ineluctável e indelevelmente todo sistema) e centralizado (não admite regimes jurídicos internos favorecedores para os agentes económicos nacionais).

A relevância económica da propriedade intelectual no comércio internacional e as crescentes tensões nas relações comerciais derivadas de uma pluralidade (cuja diversidade era necessariamente conflituante e resistente ao comércio livre) de regimes jurídicos (não só na extensão da protecção, mas também na aplicação efectiva dos direitos privativos) exigiram uma diminuição da soberania dos Estados naquele campo do direito (sendo certo que os diferentes níveis e modos de tutela da propriedade intelectual em países com diferentes condições económicas e tecnológicas, contribuem, igualmente, para um comércio leal). As imperiosas necessidades de previsibilidade, estabilidade e segurança do livre comércio internacional (de que são exemplo os princípios do tratamento nacional e do tratamento da nação mais favorecida) limitaram a liberdade de escolha dos Estados-Membros no domínio da propriedade intelectual de modo a poderem adaptá-la à sua realidade económica, às suas necessidades sociais e à sua tradição. Esta diminuição do poder discricionário sentiu-se de forma muito mais acentuada naquele sector do direito (devido à natureza territorial dos direitos privativos e à sua ligação com a herança cultural de cada povo) do que no âmbito das mercadorias, com o GATT, ou dos serviços, com o acordo geral sobre o comércio de serviços.

A conexão da propriedade intelectual com o comércio internacional (e, em especial, com os princípios do tratamento nacional e do tratamento da nação mais favorecida) se provoca um certo desraizar daquela (apesar da agenda de Doha, como veremos), não assistimos ainda à completa uniformização dos regimes jurídicos internos (tanto mais que o art. 1.º, n.º 1, do acordo TRIPS admite que os Membros consagrem níveis mais elevados de protecção do que os consagrados naquele acordo), na medida em que o livre comércio internacional só deseja que a propriedade intelectual não seja um obstáculo à sua plena realização (daí que, mesmo os níveis mais elevados de protecção, não possam contrariar o disposto no acordo TRIPS).

Nesta linha de raciocínio, o acordo TRIPS não toma partido na importante e actual questão do esgotamento internacional dos direitos de propriedade intelectual. Evitar este significativo problema é fazer transparecer que o acordo não pretende estabelecer um regime jurídico uniforme para a propriedade intelectual e, por isso, o comércio livre também se pode fazer com obstáculos (cumprindo a satisfação de alguns interesses). Na verdade, o artigo 6.º do acordo TRIPS é sintoma de uma dessincronização entre o regime dos direitos de propriedade intelectual (pela ausência de regulação das importações paralelas) e os interesses económicos inerentes à OMC e à liberdade de circulação de mercadorias.

Os direitos de propriedade intelectual são direitos exclusivos ou de monopólio reconhecidos pelo Estado (observadas certas condições e cumpridos certos objectivos) que gozam de um determinado conteúdo e realizam certas funções. Como monopólios territoriais (princípio da territorialidade) os direitos de propriedade intelectual podem funcionar como barreiras não pautais, como obstáculos ao comércio internacional. A não consagração do esgotamento internacional dos direitos de propriedade intelectual e consequente controlo sobre as importações pode, de facto, constituir um obstáculo relevante ao comércio internacional quando, actualmente, grande parte dos produtos e dos serviços incorporam tais direitos. O que está em causa no esgotamento ou exaustão dos direitos de propriedade intelectual é (além da paralela real compreensão do conteúdo do direito em causa e consequente delimitação dos poderes do seu titular) a possibilidade de não restringir a liberdade de comércio. De facto, o princípio do esgotamento dos direitos de propriedade intelectual traduz--se no seguinte: o titular de um direito de propriedade intelectual – uma marca, por exemplo – quando coloca no mercado os seus produtos, deixa de poder controlar a respectiva circulação, no sentido de que não pode opor-se às sucessivas distribuições ou revendas nem colocar condições nessas sucessivas distribuições ou regular preços nas revendas. Efectuada a primeira colocação do produto no mercado pelo titular (ou *outrem* com o seu consentimento) esgota-se o seu direito exclusivo (de decidir, designadamente, onde, a quem, por que preço será o produto revendido).

O esgotamento dos direitos de propriedade intelectual no plano nacional significa que o direito exclusivo se esgota quando o produto é introduzido em circulação dentro das fronteiras nacionais, ou seja, em relação aos produtos exportados o titular do direito pode opor-se às reimportações dos seus próprios produtos no Estado de origem (proíbem-se as importações paralelas) e em todos os Estados em que seja titular do correspondente direito de propriedade intelectual (controlando assim a distribuição[23]). No espaço da Comunidade Europeia um dos mais importantes princípios que o TJCE elaborou no domínio da propriedade intelectual é o do esgotamento do direito[24]. O TJCE percebeu a importância das importações paralelas na salvaguarda da liberdade de circulação de mercadorias e na realização do mercado único. O esgotamento comunitário dos direitos de propriedade intelectual é uma forma de limitar os obstáculos ao comércio intracomunitário derivados da tutela daqueles direitos[25]. Segundo o TJCE o titular de um direito de propriedade intelectual não pode invocar o seu direito para se opor à importação e venda de produtos que tenham sido colocados no mercado de um outro Estado membro por si próprio ou com o seu consentimento. A colocação no mercado, em qualquer parte da Comunidade, esgota o direito em toda a Comunidade. Mas se o titular de um direito de propriedade intelectual colocar as mercadorias no mercado de um país terceiro (i.e., não membro da CE) este princípio não funciona, e nada impede que ele se oponha, com base naquele direito, à importação dessas mercadorias: sentença de 9 de Fevereiro de 1982 (*Polydor/Harlequin*, 270/80, in *Colectânea de Jurisprudência*, 1982, 329). Por fim, o esgotamento internacional dos direitos de propriedade intelectual legitima as importações paralelas (*id est,* a importação e venda dos produtos originais por sujeitos diferentes do importador, revendedor ou distribuidor designado pelo titular do direito de propriedade intelectual), ou seja a introdução no comércio (seja num mercado nacional ou estrangeiro) de produtos que incorporam um direito de propriedade intelectual,

---

[23] É este controlo (através das fronteiras estaduais) até à distribuição que está fundamentalmente em causa na questão do esgotamento dos direitos. Uma expressa referência é efectuada na nota 6 ao artigo 28.º (direitos exclusivos conferidos ao titular de uma patente) do acordo TRIPS.

[24] O TJCE reconheceu implicitamente este princípio na sentença de 13 de Julho de 1966 no processo *Consten e Grundig/Comissão* (56 e 58/64, in *Colectânea de Jurisprudência*, 1966, 429) e formulou-o claramente na sentença de 8 de Junho de 1971, no caso *Deutsche Grammonphon/Metro* (78/70, in *Colectânea de Jurisprudência*, 1971, 487).

[25] Se se permitisse ao titular de um direito de propriedade intelectual, opor-se à importação de produtos comercializados em outro Estado membro por ele ou com o seu consentimento, facilitava-se a divisão do mercado comum em mercados paralelos segundo as fronteiras nacionais. Podia-se, por exemplo, manter preços diferentes em cada Estado-membro, limitar a concorrência ao nível dos distribuidores, privar os consumidores das vantagens do mercado comum. Esta restrição não seria justificada pelo artigo 30.º do Tratado de Roma e constituiria, ainda, uma restrição dissimulada nos termos da mesma disposição.

impede o seu titular de o invocar para se opor a posteriores revendas em qualquer mercado dos produtos por parte de terceiros. O esgotamento dos direitos de propriedade intelectual adquire especial acuidade no plano internacional ou da comunicação entre mercados separados por fronteiras estaduais, pois a ausência deste princípio permite aos titulares de direitos pátrios de propriedade intelectual, invocando-os, compartimentar ou isolar os mercados nacionais. Ou seja, podem limitar a circulação ou controlar o movimento dos produtos que incorporam tais direitos (reconhecidos em diversos países), através da proibição das importações paralelas; podem controlar ou diversificar os preços (de um mesmo produto) nos diversos mercados estaduais (impedindo, através da invocação do direito de propriedade intelectual no país em causa, que os produtos vendidos no país onde os preços são mais baixos circulem para países onde o preço é mais alto); podem regular a distribuição dos produtos; podem criar zonas de exclusivo. Em suma, podem maximizar os lucros e concretizar estratégias comerciais diferenciadas (desde logo o nível de preço que o mercado pode suportar) em função dos mercados.

O acordo TRIPS concluído no quadro da OMC pretende realizar objectivos liberalizantes (ainda que de forma gradual) e impedir que os direitos de propriedade intelectual possam funcionar como estorvos ao comércio livre. Todavia, alguns estorvos podem ser muito convenientes aos defensores do comércio livre, negando-o. O silêncio do acordo TRIPS sobre o esgotamento internacional dos direitos de propriedade intelectual – remetendo para os ordenamentos jurídicos nacionais a decisão do eventual acolhimento de tal princípio – é mais um exemplo da oposição entre os países industrializados e os países em vias de desenvolvimento, com a consagração da posição dos primeiros (exportadores de produtos que incorporam direitos de propriedade intelectual).

O esgotamento internacional dos direitos de propriedade intelectual está, neste momento, em discussão não só devido à crescente globalização do comércio de produtos ou serviços que incorporam tais direitos, mas também devido às tecnologias da comunicação que colocam o consumidor no mercado global e consciente da diferença dos preços dos produtos genuínos de país para país. Saber se o estabelecimento do esgotamento internacional é uma decisão de política económica saudável implica a ponderação – no quadro do livre jogo da oferta e da procura – de, pelo menos, dois elementos: os interesses dos consumidores e os interesses empresariais (incluindo os autores) locais, ou seja, alguns dos custos sociais do proteccionismo.

8. Aplicação efectiva

O incremento da contrafacção e da pirataria resultou, em certa medida, das dificuldades dos titulares de direitos de propriedade intelectual em assegurarem – em consequência de, no domínio convencional internacional, a garantia da aplicação efectiva de tais direitos ser muito deficiente – o respeito dos seus direitos privativos no quadro dos ordenamentos jurídicos internos de diversos países. Um dos objectivos do acordo TRIPS (e da inserção da propriedade intelectual na agenda do Ciclo do Uruguai) foi afiançar uma tutela eficaz dos direitos de propriedade intelectual e a sua concretização foi efectuada, fundamentalmente, por dois mecanismos: os Membros da OMC estão obrigados a modificar – se necessário – os seus ordenamentos jurídicos de forma a garantirem o respeito dos direitos de propriedade intelectual; por outro lado, permitiu-se o recurso ao sistema de resolução de diferendos da OMC para o domínio de tais direitos.

No que concerne à conformação do ordenamento jurídico interno dos diversos Membros da OMC, o acordo TRIPS (construído nesta parte, essencialmente, a partir da proposta da CE) traça regras muito pormenorizadas (sendo certo que ressalva que não existe uma obrigação de instituir um sistema judicial distinto do regime geral de aplicação da lei) quanto aos processos administrativos, civis e penais (incluindo medidas correctivas) a adoptar para acautelar uma defesa adequada aos titulares dos direitos privativos, garantindo-lhes um acesso efectivo (embora o acesso não seja suficiente; existe um nível processual mínimo a consagrar no ordenamento jurídico interno de cada Membro). Vejamos alguns dos princípios informadores[26] (cf. art. 41.º): os processos devem ser leais, equitativos, respeitarem o princípio do contraditório, não serem demasiadamente complexos ou dispendiosos e não implicarem prazos não razoáveis ou atrasos injustificados; as decisões devem ser fundamentadas, baseadas em elementos de prova e susceptíveis de poderem ser submetidas a revisão por uma instância judicial; por fim, os processos serão aplicados de modo a evitar a cria-

---

[26] Devemos aqui sublinhar, igualmente, o princípio da transparência ou da publicidade (art. 63.º) que se traduz na obrigação de publicar ou colocar à disposição do público e eventualmente notificar as disposições legislativas e regulamentares, as decisões judiciais finais e as decisões administrativas de aplicação geral relativas à propriedade intelectual «de modo a permitir que os poderes públicos e os titulares dos direitos delas tomem conhecimento». Este princípio da publicidade é bem conhecido do GATT (art. X) e muito contribui para a realização da política liberal e para o aumento do comércio internacional.

ção de entraves ao comércio legítimo e oferecer salvaguardas contra qualquer utilização abusiva.[27] Maiores detalhes – na verdade é um dilatado rol de medidas administrativas, legislativas e judiciais que os Membros devem consagrar no seu ordenamento jurídico para asseverar o respeito dos direitos privativos – vêm a seguir (artigos 42.° a 61.°): regras sobre processos e medidas correctivas civis e administrativas, incluindo elementos de prova, injunções (inibindo a prossecução da infracção), indemnizações, outras medidas correctivas (retirada dos circuitos comerciais das mercadorias em infracção) e informação sobre terceiros; adopção de medidas provisórias imediatas e eficazes; requisitos especiais relacionados com as medidas na fronteira (compreendendo a suspensão da introdução em livre circulação por parte das autoridades aduaneiras, a constituição de caução ou outra garantia equivalente, a duração da suspensão, indemnizações, a acção *ex officio* e medidas correctivas); previsão de processos penais e penas aplicáveis pelo menos – embora possam ser igualmente consagrados noutros casos de infracção de direitos de propriedade intelectual desde logo quando as infracções são cometidas deliberadamente e numa escala comercial – em casos de contrafacção deliberada de uma marca ou de pirataria em relação ao direito de autor numa escala comercial (as sanções – com uma finalidade dissuasiva – incluirão a prisão e ou sanções pecuniárias e poderão abraçar, igualmente, a apreensão, o arresto e a destruição das mercadorias em infracção e de quaisquer materiais e instrumentos que tenham sido utilizados predominantemente na prática do delito).

O cumprimento da disciplina dos direitos de propriedade intelectual e do modelo subjacente (que estiliza o acordo TRIPS) é igualmente assegurado através do recurso ao sistema (único e obrigatório) de resolução de diferendos da OMC (art. 64.°, n.° 1). Importa sublinhar a importância, no campo do acordo TRIPS, do eventual recurso ao mecanismo da retaliação ou retorsão cruzada, isto é, a aplicação de retaliações no âmbito de um outro domínio comercial. Na verdade, parece difícil a possibilidade da

---

[27] Quando um Membro exija para a aquisição ou manutenção dos direitos de propriedade intelectual a observância de processos ou formalidades, estes deverão ser razoáveis e compatíveis com o acordo TRIPS (art. 62.°), designadamente com o disposto no art. 41.°. Por outro lado, para efeitos de aquisição do direito, sempre que se imponha a concessão ou o registo do direito, deverão os prazos ser razoáveis de modo a evitar uma redução injustificada do período de protecção. Concede-se aos titulares de um direito de propriedade intelectual a possibilidade de gozar do direito de prioridade estabelecido no art. 4.° da CUP, estendido às marcas de serviço. Por fim, as decisões administrativas finais serão susceptíveis de revisão por uma autoridade judicial ou quase judicial.

retaliação ter lugar no mesmo sector do acordo TRIPS. A admissibilidade da retaliação cruzada está sujeita a certas condições rigorosas, na medida em que um dos objectivos do sistema de resolução de diferendos é acabar com as sanções unilaterais. Todavia, o sistema de retaliação funcionará muito mais a favor dos países industrializados e contra os países em vias de desenvolvimento (as sanções unilaterais passaram a ser multilaterais e justificadas ao abrigo da OMC), do que vice-versa (em virtude do débil poder económico destes países). Mas, o acordo TRIPS poderá funcionar como modo de compensar o desequilíbrio comercial global entre os países industrializados e os países em vias de desenvolvimento no quadro da OMC: cumpridos os pressupostos da retorsão cruzada (nos termos do art. 22.º do Memorando de entendimento sobre as regras e processos que regem a resolução de litígios) poderá um país em vias de desenvolvimento – perante um incumprimento por parte de um país industrializado das suas obrigações assumidas no âmbito da OMC – suspender as obrigações por si contraídas no quadro do acordo TRIPS (e sabemos quanto este acordo é importante para os países industrializados). É certo que utilizar a propriedade intelectual como "arma de arremesso" é perigoso quer para o país que a ela recorre quer para o país que se sujeita a essa medida.

Perante o exposto, o acordo TRIPS busca ferozmente uma tutela da propriedade intelectual nas suas diversas vertentes: a violação das disposições substantivas ou adjectivas do acordo TRIPS legitima o recurso ao sistema de resolução de diferendos da OMC; por outro lado, as rigorosas directrizes no domínio da conformação processual e sancionatória dos ordenamentos jurídicos internos dos Membros afastam o acordo TRIPS do sistema tradicional consagrado nas convenções administradas pela OMPI (em que é concedido aos Estados membros ampla liberdade na construção dos sistemas coercitivos).

9. O acordo TRIPS no *post* Ciclo do Uruguai

No *post* Ciclo do Uruguai afirmaram-se acentuadamente os desequilíbrios entre os países industrializados e os países em vias desenvolvimento sendo certo que existe um caminho até Doha e uma tentativa – até ao momento não consumada – de desvio de curso no após Doha. Vejamos.

Em Seattle, em 1999, no campo da propriedade intelectual, os países industrializados desejavam que os países mais pobres se empenhassem afincadamente na adequação dos seus ordenamentos jurídicos ao disposto no acordo TRIPS (esta exigência de implementação foi comum a todos os acordos da OMC), mas os países em vias de desenvolvimento procuravam uma extensão dos períodos transitórios para se conformarem com as exigências do acordo TRIPS.

A IV Conferência ministerial teve lugar em Doha em 2001 e traçou um programa de trabalhos bastante ambicioso que devia estar concluído em 2005 (com uma análise intermédia em 2003 em Cancun). A tentativa de mudança – colocando no centro do debate os assuntos de maior interesse para os países em vias de desenvolvimento – surge aqui em Doha com a Agenda de Doha para o Desenvolvimento. No domínio da propriedade intelectual a Agenda de Doha caracteriza-se pelos seguintes elementos: consagra-se que o Conselho TRIPS deverá examinar as relações entre o acordo TRIPS e a Convenção da ONU sobre a biodiversidade [questão relacionada com a revisão do art. 27.º, n.º 3, alínea b)] e encontrar mecanismos de protecção do conhecimento tradicional e do folclore (na realização destes propósitos o Conselho TRIPS deve ter em conta os objectivos e os princípios estabelecidos nos artigos 7.º e 8.º – que acima referimos – e deve ponderar o nível de desenvolvimento); determina-se que os países desenvolvidos deverão fazer prova detalhada dos incentivos concedidos às empresas e instituições do seu território destinados a estimular a transferência de tecnologia para os países menos desenvolvidos, nos termos do art. 66.º, n.º 2; estabelece-se que a aplicação e a interpretação do acordo TRIPS (sem colocar em causa a patenteabilidade dos produtos farmacêuticos) deverão considerar as exigências da saúde pública, e promover quer o acesso a medicamentos já existentes quer a investigação e o desenvolvimento de novos medicamentos; fixa-se que deverá ser negociado um sistema multilateral de notificação e registo das indicações geográficas relativas a vinhos e bebidas espirituosas e que o Conselho TRIPS examinará a possibilidade de as indicações geográficas relativas a outros produtos (em especial alimentares e artesanais) que não vinhos ou bebidas espirituosas poderem desfrutar do mesmo nível de protecção que estas (na verdade, no actual TRIPS as indicações geográficas relativas a vinhos ou bebidas espirituosas gozam de um nível mais elevado de protecção – traduzido, em certas circunstâncias, na dispensabilidade da indução em erro do consumidor e da concorrência desleal – que as indicações relativas a outros produtos, por exemplo, queijos, chás, arroz, carnes, cafés, etc.). Ou seja, os objectivos de Doha para a propriedade intelectual parecerem estar muito mais ao serviço dos países em vias de desenvolvimento do que dos países industrializados.

A V Conferência ministerial que teve lugar em Cancun em Setembro de 2003, caracterizou-se pela ausência de acordo entre os Membros. Nesta Conferência estava em causa a análise da evolução da Agenda de Doha para o Desenvolvimento (de modo a alcançar os ambiciosos resultados estabelecidos para 2005), sendo certo, todavia, que dever-se-ia aqui concluir as negociações com vista ao estabelecimento de um sistema de notificação e registo das indicações geográficas (e em Maio de 2003 já deveriam ter sido concluídas as negociações com vista a aperfeiçoar e clarificar o sistema de resolução de diferendos).

A Conferência terminou sem consenso, mesmo em relação às questões que deveriam ter sido concluídas nesta data (por exemplo, o citado sistema de registo das indicações geográficas). Os países Membros não evoluíram na Agenda de Doha para o Desenvolvimento. É certo que poucos meses antes da Conferência tinha havido acordo em relação à extensão do tratamento especial e diferenciado para os países em vias de desenvolvimento e garantiu-se a possibilidade de acesso por parte dos países pobres a medicamentos essenciais, mas os resultados na Conferência foram nulos.

Por fim, a VI Conferência Ministerial realizada em Dezembro de 2005, em Hong Kong, merece apenas que se sublinhe algumas "concessões" efectuadas aos países mais pobres quanto ao alargamento do prazo para a implementação do acordo TRIPS e quanto ao acesso por parte desses países a medicamentos essenciais.

10. Conclusão: a "exportação" de um modelo

Se o GATT almejava ser um sistema comercial multilateral, a OMC é a tela institucional e jurídica da mundialização. Porventura este quadro necessita de restauro, englobando novos problemas ou abordando-os mais profundamente (o ambiente, a concorrência, o investimento, as questões laborais, etc.), reconhecendo a crescente valia dos países em vias de desenvolvimento e relançando um novo olhar sobre os blocos regionais. Mas o paradigma – ainda que com diferentes contornos, como a história já nos ensinou – parece que nunca se perdeu. Questão diferente é transformar esse modelo – que nem sempre o foi para todos – num "fato apertado" que a todos tem de servir, com inevitáveis consequências económicas.

Se o acordo TRIPS (que introduziu a propriedade intelectual no sistema de comércio multilateral – as ideias e o conhecimento representam uma fatia crescente do comércio[28]) correspondeu à vontade dos países industrializados que o impuseram (num fórum comercial em que tudo se troca com tudo, designadamente usando a barganha das transferências de tecnologia) aos países em vias de desenvolvimento (desenhando um conjunto de regras que garantem uma tutela e aplicação efectiva em todo o mundo), logo após a conclusão deste acordo havia vontade de ir mais longe, designadamente no campo das patentes de produtos farmacêuticos e biotecnológicos e na proibição de importações paralelas. Todavia, assistimos, no *interim*, a uma inversão de estratégia. Os países industrializados apenas desejavam que os países em vias de desenvolvimento dessem integral cumprimento ao já acordado durante o Ciclo do Uruguai sem mais negociações (que implicam sempre concessões), ou seja, fazendo funcionar os mecanismos da OMC de garantia de aplicação dos acordos assinados em Marraquexe.

O acordo TRIPS pretende dar cumprimento a uma concepção económica da propriedade intelectual (garantir mercados abertos e proteger os produtos nacionais no estrangeiro). Ou seja, é um acordo funcionalizado (é de sublinhar que durante as negociações do Ciclo do Uruguai as indústrias europeia, japonesa e norte-americana – rivais entre si – concordavam, na substância, com o projecto de acordo para a propriedade intelectual), proteccionista (a tutela da propriedade intelectual não é um objectivo em si mesmo, mas para proteger algumas economias principalmente face aos novos países em vias de industrialização – e não face, verdadeiramente, aos países em vias de desenvolvimento – da Ásia e da América Latina) e profusamente merceológico-mercável ou *"trade-off"*. Este último elemento significa que estamos perante uma negociação por pacotes, mas num quadro de desequilíbrio de poderes entre os negociadores: se o acordo TRIPS foi aceite por muitos países (em especial os em vias de desenvolvimento) em troca de concessões no domínio da agricultura, a verdade é que os benefícios que os países industrializados retiram do TRIPS são muito superiores aos que os países em vias de desenvolvimento extraem do acordo sobre a agricultura (num quadro crescente de subordinação da agricultura à propriedade intelectual, o que não deixa de ser irónico).

---

[28] Os filmes, a música, os livros, os programas de computador, os serviços *on-line*, etc., são comprados e vendidos devido à informação e criatividade que encerram. Muitos outros produtos, como vestuário, calçado ou produtos alimentares, compreendem desenhos, modelos, marcas ou indicações geográficas.

A concepção da propriedade intelectual como medida comercial ("*trade measure*") não é propriamente nova. No seio da União Europeia a propriedade intelectual é muitas vezes observada como um obstáculo à liberdade de circulação das mercadorias [as medidas nacionais no sector da propriedade intelectual são relevantes para a realização do mercado comum (*vide* os artigos 28.º e 30.º do Tratado de Roma e a vasta jurisprudência do Tribunal de Justiça das Comunidades Europeias sobre este tema)]. Por outro lado, não é apenas o conteúdo "positivo" da propriedade intelectual que pode influir no comércio internacional (ou constituir uma barreira ao comércio), mas também a ausência ou a deficiente tutela concedida no plano nacional à propriedade intelectual que pode prejudicar o comércio internacional (esta é a preocupação dominante no acordo TRIPS enquanto que a primeira poderá cair na alçada do acordo relativo aos obstáculos técnicos ao comércio).

A "exportação" do modelo económico-jurídico subjacente ao acordo TRIPS (imposição que não foi possível no quadro da OMPI, mas apenas na arena negocial da OMC) é, todavia, direccionado. Os destinatários não são os países industrializados, mas também não são todos os países em vias de desenvolvimento (muitos destes países não gozam de capacidade económica para preocupar os países desenvolvidos no que respeita à tutela da propriedade intelectual), embora, sublinhe-se, todos sejam afectados. O acordo TRIPS dirige-se aos novos países em vias de industrialização que dispõem de capacidade de exportação, desde logo no campo dos produtos que incorporam alta tecnologia, e detêm um mercado interno nada despiciendo para os países industrializados. E não está aqui apenas em causa a luta contra a contrafacção ou pirataria, mas também a elevação do nível de tutela da propriedade intelectual (por exemplo no campo das patentes) às exigências dos países industrializados. Ou seja, repetem-se os objectivos proteccionistas.

O acordo TRIPS não é apenas concebido em termos económicos ou ao serviço de interesses económicos, mas – e por causa disso – gera consequências económicas relevantes para os "adoptantes" do seu modelo. Na verdade, o nível de tutela da propriedade intelectual está intimamente relacionado com o desenvolvimento económico do país (salvo os casos de influência colonial) e a sua maior abertura ao comércio internacional. Era desejável que a imposição do acordo TRIPS gerasse efeitos positivos (incentivasse a transferência de tecnologia e promovesse o desenvolvimento económico), mas, pelo menos no curto prazo, gera custos e efeitos negativos para os países em vias de desenvolvimento.

A funcionalização da propriedade intelectual na OMC não é verdadeiramente qualificável ou demarcável do ponto de vista das fronteiras nacionais. Apesar do acordo TRIPS traduzir a vontade de alguns países, a autonomia desta vontade não é nacional ou patriótica, mas transnacional ou apátrida. O "fato" do acordo TRIPS não tem as cores de uma nação ou as medidas dos interesses de uma população, mas o formato e o tamanho do metanacional capitalismo intelectual (que não se limita aos direitos de propriedade intelectual) vaticínio de uma economia intangível, fugindo-se à lógica do Estado. Uma OMC com o número de membros que detém e com o jogo das coligações que permite põe a nu o poder de outros agentes. Na verdade, o controlo e a apropriação – através dos mecanismos da propriedade intelectual – do conhecimento e da informação (elementos caracterizadores da nossa sociedade) por parte de empresas multinacionais têm incrementado de forma acentuada. Os elementos ou activos imateriais (direito de autor, patentes, marcas, segredos industriais, etc.) destas empresas representam mais que o seu património físico. A importância económica crescente destas coisas imateriais – que potenciam monopólios e lucros – exigiu uma tutela da mesma dimensão (em termos de intensidade e extensão). Chegamos ao acordo TRIPS: representa o ponto de chegada de um processo de privatização ou "reciclagem" de informação e conhecimentos que deveriam pertencer (ou pertenciam) ao domínio público (ou que até foram gerados com dinheiros públicos).

Este capitalismo intelectual não quer fronteiras para se expandir (designadamente barreiras não pautais ou carência de um sistema eficaz de protecção da propriedade intelectual), mas quer fronteiras para se proteger (cf. o que dissemos sobre o esgotamento dos direitos de propriedade intelectual) e incentivos nacionais para o investimento e para a investigação e desenvolvimento. Ou seja, diversos mecanismos proteccionistas (na verdade, a nova ordem liberal *apenas* mudou a natureza e o tipo de restrição) – e apenas nos temos dedicado à propriedade intelectual. Os direitos de propriedade intelectual, *per se*, não geram excessos de proteccionismo, mas a globalização dos sistemas de tutela da propriedade intelectual e a sua intensificação (estrategicamente situada) permitiram que um pequeno número de multinacionais acumule e redistribua (com controlo da oferta e do preço) os direitos de propriedade sem a mediação (ou, pelo menos, com menor capacidade de intervenção) do Estado, controlando, assim, a informação, *id est*, promovendo monopólios (do tamanho do mundo), nomeadamente na biotecnologia e na tecnologia digital, que, por sua vez, fomentam a construção de cartéis (os privilégios nacionais globalizados e titulados por multinacionais permitem os privilegiados cartéis internacionais que partilham entre si o cosmos).

Mas poderá este modelo proteccionista (monopolista) sem fronteiras do capitalismo intelectual num quadro de liberalização crescente do comércio mundial, contribuir para o desenvolvimento tecnológico, para a expansão económica e para o bem-estar social? A evolução histórica dos direitos de propriedade intelectual (em especial das patentes) não nos garante uma resposta segura (embora, desde a década de 80 que não se pode ignorar o impacto da propriedade intelectual no desenvolvimento económico). O desejável equilíbrio de interesses no seio da propriedade intelectual (a prudência entre apropriação ou domínio privado e difusão ou domínio público) estará distorcido em virtude da progressivamente liberalizada economia de mercado dominada pelas empresas multinacionais [multimerceológicas e multi-proteccionistas (designadamente quando conjugam os diversos instrumentos da propriedade intelectual)], tendo-se esquecido (ou inelutavelmente enfraquecido) os interesses do Estado-nação? Ou, independentemente do evolutivo liberalismo multilateral, o desenvolvimento da economia intangível (na economia industrial a riqueza derivava do capital e do trabalho, na economia actual a conquista da riqueza exige o controlo dos elementos imateriais) terá provocado a globalização de uma *esforçada* propriedade intelectual [com monopólios fortes, profundos e longos, por exemplo das patentes biotecnológicas (que engloba a alimentação, a saúde, a reprodução e o ambiente) ou do direito de autor, em termos de prejudicar a concorrência, o acesso ao conhecimento ou o desenvolvimento económico (incluindo o agrícola), científico (em especial no campo médico e farmacêutico) e cultural]?

Porto, Janeiro 2007.

MARCA DE PRESTÍGIO, MARCA NOTÓRIA E ACORDO ADPIC/TRIPS

ALBERTO FRANCISCO RIBEIRO DE ALMEIDA
Assistente da Faculdade de Direito da Universidade Lusíada (Porto)

SUMÁRIO:
1. Introdução. 2. Marca notória. 3. Marca de prestígio. 4. A tutela ultramerceológica da marca de prestígio. 5. O acordo ADPIC//TRIPS. 6. Conclusão.

1. Introdução

A marca é um sinal distintivo de produtos ou serviços. É um sinal ou signo destinado a diferenciar, individualizar, produtos ou serviços, distinguindo-os dos produtos ou serviços idênticos ou similares dos concorrentes. A marca cumpre uma função distintiva, distingue os objectos a que é aplicada. É frequente afirmar-se que esta função só se exerce pela indicação da proveniência empresarial. A marca não indica a natureza, a composição ou as qualidades do objecto marcado. A marca não define o objecto a que se aplica. O consumidor percebe a marca como sendo um sinal que identifica um objecto como pertencente a um conjunto, em que todos estão assinalados com a mesma marca. O produto ou serviço marcado é um entre outros. O que existe de comum em todos eles é terem a mesma origem, procederem da mesma empresa. Quando se diz que a marca indica a proveniência dos produtos ou serviços, pretende-se defender que ela assegura que os objectos assinalados têm uma mesma origem, uma mesma fonte produtiva. Contudo, esta função da marca encontra-se prejudicada. Na verdade, admite-se no nosso ordenamento jurídico a cedência da marca, temporária ou definitivamente, independentemente do estabelecimento comercial. Por outro lado, também se admite a licença de exploração da marca – exclusiva ou não. Acresce, ainda, o *merchandising* de marcas. Assim, não só não se assegura que o objecto marcado (com a mesma marca, entenda-se) tem sempre a mesma origem, como é possível o uso da mesma marca por diversos empresários, por exemplo, com base numa licença não exclusiva.

Hoje, reconhece-se que a marca, ou pelo menos certas marcas, podem cumprir outras funções, designadamente a função de publicidade e de comunicação. A marca pode adquirir uma capacidade de imediata associação a um produto ou a uma imagem de qualidade, de prazer, de satisfação, etc. A marca pode, de maneira relativamente independente da mercadoria em causa, exercer sobre o comprador um poder de atracção que lhe é próprio, devido às suas características e à sua notoriedade (é a função de publicidade da marca). Quanto maior aquela independência, maior relevo esta função adquire. As marcas de prestígio permitem comunicar directamente com o consumidor, incluindo conteúdos emocionais. Quanto maior ou mais forte ou exclusiva for a associação que o público efectue entre o sinal e o seu significado (na sua mente), mais facilmente a referida função comunicativa ou de publicidade da marca será prejudicada se esse sinal for desviado para outros produtos ou serviços, ainda que completamente diferentes dos identificados pela marca. A marca de prestígio adquire um poder de identidade em si mesmo (traduzindo-se num activo particularmente importante para o estabelecimento comercial), isto é, um valor independente do produto ou serviço que identifica.

A notoriedade pode ser facilmente alcançada devido à progressiva concentração das empresas e aos meios mundiais de comunicação. Acresce que a marca tem adquirido um valor crescente no mercado. A marca pode desenvolver uma força atractiva, publicitária ou comunicativa em relação à qual a tutela assente na função distintiva não é suficiente para evitar o desfrute por terceiros (fora do princípio da especialidade) do seu valor sugestivo. Quer-se ultrapassar o risco de confusão e a exigência de afinidade entre os produtos ou serviços de modo a proibir-se quaisquer actos que possam implicar no consumidor um recordar-se, uma lembrança com a marca anterior de prestígio.

Convirá, desde já, distinguir a marca notória da marca de prestígio.

2. Marca notória

É importante desde já sublinhar que a marca notória[1] (ou notoriamente conhecida) não tem a ver com o problema da tutela ultramerceológica da marca de prestígio. Na verdade, a marca notória segue o princípio da especialidade. A disciplina da marca notória prende-se com a consagração de uma excepção à regra da natureza constitutiva do registo. Na marca notória excepciona-se a necessidade de registo como condição de defesa da marca, mas não o princípio da especialidade. A tutela da marca notoriamente conhecida implica, igualmente, uma derrogação ao princípio da territorialidade da marca.

Criticável é a exigência de registo da marca notoriamente conhecida quer para o titular da marca se opor a um pedido de registo quer para interpor uma acção judicial de anulação de registo (*vide* o art. 266.°, n.° 2, do CPI). De facto, subordinar a protecção da marca notoriamente conhecida ao prévio pedido de registo, viola a CUP. Repare-se que esta obrigatoriedade de registo implica a obrigação de uso da marca (sob pena de caducidade) o que contraria a CUP – o art. 6.°-*bis* da CUP não exige prévio uso para a marca ser protegida no país onde se requer a tutela, além de que uma marca notoriamente conhecida que se encontrasse registada estaria

---

[1] A marca notória é tutelada ao abrigo do art. 241.° do Código da Propriedade Industrial (CPI): «1 – É recusado o registo de marca que, no todo ou em parte essencial, constitua reprodução, imitação ou tradução de outra notoriamente conhecida em Portugal, se for aplicada a produtos ou serviços idênticos ou afins e com ela possa confundir-se ou se, dessa aplicação, for possível estabelecer uma associação com o titular da marca notória. 2 – Os interessados na recusa dos registos das marcas a que se refere o número anterior só podem intervir no respectivo processo depois de terem efectuado o pedido de registo da marca que dá origem e fundamento o seu interesse». É importante citar o art. 6.°-*bis* da Convenção da União de Paris (CUP): «1) Os países da União comprometem-se a recusar ou invalidar, quer oficiosamente, se a lei do país o permitir, quer a pedido de quem nisso tiver interesse, o registo e a proibir o uso de marca de fábrica ou de comércio que constitua reprodução, imitação ou tradução, susceptíveis de estabelecer confusão, de uma marca que a autoridade competente do país do registo ou do uso considere que nele é notoriamente conhecida como sendo já marca de uma pessoa a quem a presente Convenção aproveita e utilizada para produtos idênticos ou semelhantes. O mesmo sucederá quando a parte essencial da marca constituir reprodução de marca notoriamente conhecida ou imitação susceptível de estabelecer confusão com esta. 2) Deverá ser concedido um prazo mínimo de cinco anos, a contar da data do registo, para requerer a anulação do registo de tal marca. Os países da União têm a faculdade de prever um prazo dentro do qual deverá ser requerida a proibição do uso. 3) Não será fixado prazo para requerer a anulação ou a proibição de uso de marcas registadas ou utilizadas de má-fé».

numa situação mais desfavorável que outra que não estivesse registada, pois em relação àquela poder-se-ia invocar a caducidade por não uso.

O que se entende por marca notória?

Para alguma doutrina, a marca notória é a que goza de difusão entre os consumidores dos produtos a que a marca se aplica (conhecida por uma parte substancial do público relevante no sentido de associar a marca com certos produtos ou serviços). Outros dizem que a marca notoriamente conhecida deve gozar de um renome que ultrapasse as fronteiras nacionais (critério geográfico). Outros esclarecem que a marca notória deve ser conhecida de uma larga fracção do público, ou seja, deve ser conhecida para além dos círculos habituais dos utilizadores. Já a marca famosa beneficiaria de um nível mais elevado de reputação (marcas muito fortes conhecidas pelo público em geral ou por uma larga parte do público em geral) sendo protegida em relação a produtos ou serviços não concorrentes (excepção ao princípio da especialidade). Diga-se, também, que tradicionalmente no domínio do direito de marca a notoriedade situa-se num patamar inferior ao do prestígio ou da celebridade (embora estes também possam ser graduados) e aqui, segundo alguns, também se inclui a reputação.

O acordo TRIPS e a CUP não fornecem uma noção de marca notória. Todavia, é importante analisar o art. 16.º, n.º 2, do TRIPS. Aqui encontramos alguns critérios para determinar a notoriedade de uma marca, designadamente, o conhecimento (sem definir o nível de conhecimento que deve ser exigido) da marca entre o público directamente interessado (por certo se inserem aqui os inquéritos de opinião, sendo importante ter em conta o público alvo desse inquérito, *id est* os consumidores do mercado específico da marca notória), incluindo o conhecimento existente no Membro em questão que tenha resultado da promoção da marca.

Assim, a norma não se dirige ao público em geral, mas a um grupo de consumidores (que pode ser pequeno desde que seja o público directamente interessado). Este grupo de consumidores poderá ser – numa opinião protectora das marcas notórias – constituído pelos consumidores actuais ou potenciais do tipo de produto ou serviço (a inclusão dos serviços traduziu-se numa extensão que o acordo TRIPS efectuou do art. 6.º--*bis* da CUP) a que a marca se aplica, ou pelas pessoas envolvidas nos canais de distribuição desse tipo de produtos ou serviços, ou, ainda, pelos círculos comerciais que trabalham com esse tipo de produtos ou serviços. Ou seja, apenas importa considerar os relevantes círculos comerciais e as relevantes classes de consumidores aos quais os produtos ou serviços em causa são destinados (aqueles que compram os produtos ou serviços ou estão expostos à marca). Todavia, restringir a notoriedade da marca ao público directamente interessado, poderá provocar uma proliferação de marcas notórias.

Por fim, deriva da citada disposição do acordo TRIPS que não é requisito de tutela da marca notória, num determinado ordenamento jurídico, o seu uso.

3. Marca de prestígio

Mais delicada é a noção de marca de prestígio. Encontramos noções muito exigentes e outras que colocam a marca de prestígio num patamar inferior ao da marca notória. Uns dizem que a marca de (alto) renome [ou de reputação excepcional, de (grande) prestígio, reputação, etc.], deve ser conhecida para além dos círculos comerciais vinculados aos produtos que a marca identifica; é a marca conhecida pelo grande público, pelo público em geral. Deveria ser uma marca com uma distintividade singular, autoridade incontestável, tradição, reiterado e contínuo uso, qualidade e confiança, boa imagem, acentuado magnetismo, extraordinária força atractiva, ampla publicidade, identificação automática e espontânea, *goodwill* elevadíssimo, excelência e confiabilidade dos produtos ou serviços, atingindo diferentes públicos e mercados, etc. Na mesma linha, outros defendem que a marca de alto renome deve ser instantaneamente identificada pelo consumidor, como um *flash* ou acto reflexo, perceptível pelo público em geral e não apenas pelo consumidor alvo do produto ou serviço em causa.

Todavia, não tem sido esta a atitude do Tribunal de Justiça da Comunidade Europeia (TJCE). Mas convirá desde já dizer que «reputação» e «prestígio» são noções que têm circulado juntas. O TJCE tem usado indistintamente estas menções. O legislador, a doutrina e a jurisprudência ainda não se entenderam quanto à terminologia a usar. O CPI português de 1995 utilizava no art. 191.º a designação «marcas de grande prestígio», o actual utiliza a expressão «marcas de prestígio» (art. 242.º). A primeira Directiva do Conselho, de 21 de Dezembro de 1988, que harmoniza as legislações dos Estados-membros em matéria de marcas (89/104/CEE), na versão portuguesa, refere-se a marcas que gozem de «prestígio» [*vide* arts. 4.º, n.º 3, 4.º, n.º 4, alínea a), e 5.º, n.º 2)]. O Regulamento (CE) N.º 40/94 do Conselho, de 29 de Dezembro de 1993, sobre a marca comunitária, usa a expressão marca que goze de «prestígio» [*vide* arts. 8.°, n.° 5, e 9.°, n.° 1, alínea c)].

O TJCE, no acórdão de 14 de Setembro de 1999, *General Motors Corporation contra Yplon SA*, C-375/97, *in Colectânea de Jurisprudência*, I-5421, ss., procurou precisar o sentido da expressão «goze de prestígio». O TJCE reconhece que as diversas versões linguísticas da Directiva 89/104/CEE utilizam expressões que não têm o mesmo significado (por exemplo, «prestígio» em português, «reputation» em inglês, mas «bekannt» em alemão). Todavia, numa tentativa de garantir uma interpretação uniforme do direito comunitário o TJCE opta, essencialmente, por um critério quantitativo: «esta cambiante (...) não permite que seja contestada a exigência de um limiar mínimo de conhecimento»; deve-se exigir um «determinado grau de conhecimento pelo público da marca anterior»; a marca anterior deve ser «conhecida de parte significativa do público interessado pelos produtos ou serviços abrangidos por essa marca». Por fim, parece resultar do parágrafo 21 deste acórdão que o TJCE equipara a designação «prestígio» a outras, como por exemplo «reputação», e que, embora sublinhe o critério quantitativo, não impõe a sua exclusividade (não parece afastar, assim, um critério qualitativo). Face ao exposto, a reputação ou o prestígio estão num patamar inferior de exigência de fama (o que alarga o âmbito das marcas abrangidas) em comparação com as marcas famosas nos EUA ou com a marca notoriamente conhecida.

Interessantes são as conclusões do Advogado-Geral, F. G. Jacobs, naquele processo. O Advogado-Geral analisa a relação entre as marcas com prestígio e as marcas notoriamente conhecidas e conclui que a protecção das marcas notoriamente conhecidas, ao abrigo, designadamente, da CUP, «é um tipo excepcional de protecção concedida mesmo a marcas não registadas. Não seria surpreendente, portanto, que a condição de ser notoriamente conhecida impusesse um nível relativamente alto para que a marca beneficiasse dessa protecção excepcional. No caso das marcas com prestígio não surge tal nível de exigência». Sobre o problema de saber se as marcas notoriamente conhecidas envolvem, essencialmente, critérios quantitativos, e as marcas com prestígio ou com reputação implicam critérios qualitativos (o que parece resultar, desde logo, da versão inglesa da CUP e da Directiva 89/104/CEE), o Advogado-Geral não se pronuncia: «Quer uma marca com prestígio seja um conceito quantitativo ou qualitativo, ou ambos, é possível concluir, a nosso ver, que, apesar de o conceito de marca notoriamente conhecida não estar ele próprio claramente definido, uma marca com prestígio não tem que ser tão conhecida como uma marca notoriamente conhecida». F. G. Jacobs termina as suas conclusões dizendo que «se deve entender por marca com prestígio na acepção do artigo 5.º, n.º 2 da directiva, uma marca que é conhecida por uma parte significativa dos sectores relevantes do público, mas que não tem que atingir o mesmo grau de renome de uma marca que seja notoriamente conhecida na acepção da Convenção de Paris». Ou seja, defende que se adopte, fundamentalmente, um critério quantitativo na apreciação das marcas de prestígio.

Nos termos do referido acórdão uma marca terá prestígio e poderá beneficiar de uma protecção alargada a produtos ou serviços não semelhantes nos termos do art. 5.º, n.º 2, da Directiva n.º 89/104/CEE, de 21 de Dezembro de 1988, relativa à aproximação das legislações dos Estados membros sobre marcas, quando for conhecida de uma parte significativa do público interessado pelos produtos ou serviços por ela abrangidos. Na verdade, diz o Tribunal, «só no caso de ter um grau suficiente de conhecimento dessa marca é que o público colocado em presença da marca posterior pode, sendo caso disso, mesmo para produtos ou serviços não semelhantes, proceder a uma aproximação entre ambas as marcas e, em consequência, a marca anterior ser afectada». Por outro lado, basta – para se considerar atingido o grau de conhecimento exigido – que a marca anterior seja conhecida de uma parte significativa do público interessado pelos produtos ou serviços abrangidos por essa marca (é este o público relevante e não o público em geral). Ou seja, a marca deve gozar de prestígio perante o público interessado na marca – por vezes o grande público, outras vezes um público mais especializado (tudo depende do produto ou serviço comercializado).

O Tribunal esclarece que se deve tomar em consideração, na determinação do prestígio, todos os elementos pertinentes, nomeadamente, a parte do mercado detida pela marca, a intensidade, a área geográfica e a duração da sua utilização, bem como a importância dos investimentos efectuados pelo titular da marca para a promover. O TJCE diz, ainda, que não se pode exigir que o prestígio exista na totalidade do território do Estado-membro, basta que ocorra numa parte substancial deste. A força distintiva da marca mede-se, não tanto pela sua inerente distintividade, mas sim pela distintividade adquirida no mercado, isto é, a sua força na indicação de uma mesma origem empresarial.

4. A tutela ultramerceológica da marca de prestígio

De acordo com o princípio da especialidade a marca está protegida em relação a sinais idênticos ou confundíveis para produtos idênticos ou afins àqueles para os quais ela foi registada. As marcas são registadas para certas e determinadas classes de produtos. O requerente deve indicar no seu pedido para que classes ele deseja que o registo se realize e os seus direitos, como titular da marca, são limitados aos produtos aí incluídos – esta é a regra. Seria desconhecer a natureza da marca estender a protecção, que lhe é conferida, a objectos que ela não abrange. Não existe nenhum inconveniente sério, em geral, a que a mesma marca seja adoptada também por um terceiro, para produtos inteiramente diferentes daqueles para os quais ela foi registada por outro.

Para as marcas de prestígio admite-se um desvio a este princípio da especialidade.[2]

---

[2] O artigo 242.º do CPI reza assim: «1 – Sem prejuízo do disposto no artigo anterior, o pedido de registo será igualmente recusado se a marca, ainda que destinada a produtos ou serviços sem identidade ou afinidade, constituir tradução, ou for igual ou semelhante, a uma marca anterior que goze de prestígio em Portugal ou na Comunidade Europeia, se for comunitária, e sempre que o uso da marca posterior procure tirar partido indevido do carácter distintivo ou do prestígio da marca, ou possa prejudicá-los. 2 – Aplica-se ao n.º 1 o disposto no n.º 2 do artigo anterior, entendendo-se que, neste caso, o registo da marca deverá ser requerido para os produtos ou serviços que lhe deram prestígio». A Directiva 89/104/CEE, que harmoniza as legislações dos Estados membros em matéria de marcas, determinou no art. 4.º, n.º 3, que «O pedido de registo de uma marca será igualmente recusado, ou tendo sido efectivado, o registo de uma marca ficará passível de ser declarado nulo se a marca for idêntica ou semelhante a uma marca comunitária anterior na acepção do n.º 2 e se se destinar a ser registada, ou tiver sido registada, para produtos ou serviços que não sejam semelhantes àqueles para os quais a marca comunitária anterior foi registada, sempre que a marca comunitária anterior goze de prestígio na Comunidade e sempre que o uso da marca posterior procure, sem justo motivo, tirar partido indevido do carácter distintivo ou do prestígio da marca comunitária anterior ou possa prejudicá-los». Vide, ainda, os arts. 4.º, n.º 4, alínea a), e 5.º, n.º 2. O Regulamento (CE) N.º 40/94, sobre a marca comunitária, no art. 8.º, n.º 5 estabelece: «Após oposição do titular de uma marca anterior na acepção do n.º 2, será igualmente recusado o pedido de registo de uma marca idêntica ou semelhante à marca anterior e, se essa marca se destinar a ser registada para produtos ou serviços que não sejam semelhantes àqueles para os quais a marca anterior foi registada, sempre que, no caso de uma marca comunitária anterior, esta goze de prestígio na Comunidade e, no caso de uma marca nacional anterior, esta goze de prestígio no Estado membro em questão, e sempre que a utilização injustificada e indevida da marca para a qual foi pedido o registo beneficie do carácter distintivo ou do prestígio da

Na tutela ultramerceológica da marca de prestígio pretende-se proteger a marca contra a diluição (aguamento ou «watering»), o «blurring» e o «tarnishment». A diluição traduz-se no risco de perda da força de associação que os consumidores efectuam entre uma determinada marca e certos produtos ou serviços. Como consequência da força distintiva de uma marca e da sua conexão permanente com certos produtos ou serviços, os consumidores associam de modo automático os produtos ou serviços com a marca em causa. Assim, o uso desse mesmo sinal (ou um similar) na identificação de outros produtos ou serviços é susceptível de reduzir ou quebrar essa conexão. O «blurring» envolve uma perda do «brilho» da marca ou da sua força distintiva pelo facto de deixar de ser única. Quanto menor for o uso do sinal em produtos diferentes, maior será a sua unicidade ou exclusividade e consequente perigo de diluição. A diluição por «blurring» não implica confusão quanto à origem empresarial dos produtos ou serviços, mas significa que o consumidor efectuará uma associação mental entre a marca (famosa) e outros produtos ou serviços (diferentes dos identificados por aquela marca). O «tarnishment» implica que possam ser efectuadas associações negativas à marca. A doutrina brasileira denomina de «maculação». Começa-se igualmente a referir um terceiro tipo de diluição – o «diminishment». Esta forma de diluição, muito próxima do «tarnishment», verifica-se quando os consumidores podem atribuir características particularmente desfavoráveis à marca e associá-la a produtos de inferior qualidade.

Esta expansão da tutela pretende igualmente responder ao denominado «freeriding» ou aproveitamento indevido (próximo do enriquecimento injusto) da força distintiva ou da reputação (o «goodwill» e o «selling power») que pertence a *outrem* e que o titular da marca de prestígio o poderia explorar através do «merchandising» ou outros mecanismos. Não podemos esquecer que um sinal de prestígio goza de um particular magnetismo na decisão de escolha do consumidor. Aquela tutela quer evitar a redução da percepção do público do significado único, singular ou particular da marca. O dano do titular da marca de prestígio pode estar na

---

marca anterior ou possa prejudicá-los». De acordo com o disposto no art. 9.º, n.º 1, alínea c), «A marca comunitária confere ao seu titular um direito exclusivo. O titular fica habilitado a proibir um terceiro de utilizar, sem o seu consentimento, na vida comercial: (…) c) Um sinal idêntico ou similar à marca comunitária, para produtos ou serviços que não sejam similares àqueles para os quais a marca comunitária foi registada, sempre que esta goze de prestígio na Comunidade e que o uso do sinal sem justo motivo tire partido indevido do carácter distintivo ou do prestígio da marca comunitária ou lhe cause prejuízo».

impossibilidade de estender o seu negócio a outros domínios merceológicos, mas não é esta a finalidade da tutela ultramerceológica de tal marca nem esse interesse está incluído no círculo de interesses tutelado pelas normas protectoras. O dano estará no «blurring», no «tarnishment» ou na exploração do prestígio da marca («Rufausbeutung»).

E aquele magnetismo mede-se pela conexão que possa ser estabelecida pelo público consumidor relevante entre o sinal posterior e a marca de prestígio anterior, independentemente de qualquer risco de confusão ou associação. Assim foi estabelecido no acórdão do TJCE de 23 de Outubro de 2003, *Adidas-Salomon AG e Adidas Benelux BV contra Fitnessworld Trading Ltd*., C-408/01, *in Colectânea de Jurisprudência*, I-12537, ss. O tribunal disse que bastava que o grau de semelhança entre a marca de prestígio e o sinal levasse o público em causa a estabelecer uma ligação entre o sinal e a marca. Assim, é necessário que a marca e o sinal apresentem uma semelhança considerando os elementos visuais, auditivos ou conceptuais. É devido a essa semelhança que o «público em causa faz uma aproximação entre o sinal e a marca, isto é, estabelece uma ligação entre eles, mesmo não os confundindo». E acrescentou, ainda, que essa ligação deve, tal como o risco de confusão no âmbito do artigo 5.º, n.º 1, alínea b), da Directiva, ser apreciada globalmente, atentos todos os factores relevantes do caso concreto. É interessante verificar como o TJCE afastou a exigência do risco de confusão, mas nada disse quanto ao risco de associação (porventura por ter entendido em decisões anteriores que o risco de confusão englobava o risco de associação, o que poderia, agora num outro contexto, gerar dificuldades interpretativas), embora diga «aproximação entre o sinal e a marca», «ligação entre eles» (o que claramente parece significar que regressamos ao risco de associação) e que essa ligação deve ser apreciada usando os critérios (apenas os critérios e não a noção) do risco de confusão. Todavia, tratam-se de conceitos bastantes indeterminados, capazes de favorecer a tutela das marcas com reputação. Apenas na ausência dessa ligação ou conexão entre a marca e o sinal fica afastada a tutela ultramerceológica da marca de prestígio. Mas o caminho não termina aqui.

Importa aqui referir as conclusões do Advogado-Geral, F. G. Jacobs. O Advogado-Geral começa por referir que a referida disposição pretende atacar quatro tipos de uso da marca de prestígio: utilização que permite tirar partido indevido do carácter distintivo da marca, utilização que permite tirar partido indevido do seu prestígio, utilização em prejuízo do carácter distintivo da marca e utilização em prejuízo do seu prestígio. O prejuízo do carácter distintivo corresponde ao conceito de diluição, *id est*, o ofuscamento (redução, dissolução, debilitação, enfraquecimento, destruição) do carácter distintivo da marca, que deixa de ser capaz de suscitar uma associação imediata com os bens para os quais foi registada ou utilizada, ou a «diminuição gradual ou a dispersão da identidade e do conhecimento do público de determinadas marcas». Quanto ao conceito de prejuízo causado ao prestígio da marca, o Advogado-Geral defendeu que se estava perante uma degradação ou depreciação da marca. Por fim, quanto aos conceitos de tirar partido indevido do carácter distintivo ou do prestígio da marca o Advogado-Geral entendeu (não efectuando qualquer distinção entre tirar partido do carácter distintivo de uma marca e tirar partido do seu prestígio) que se estava perante situações em que «existe claramente exploração e aproveitamento, por parasitismo, de uma com notoriedade ou tentativa de tirar partido do seu prestígio».

É particularmente interessante a este propósito o acórdão do Tribunal de Primeira Instância da Comunidade Europeia (TPI) de 25 de Maio de 2005, *Spa Monopole, compagnie fermière de Spa SA/NV contra IHMI*, T-67/04, *in Colectânea de Jurisprudência*, II-1825, ss. O TPI, a propósito do disposto no art. 8.°, n.° 5, do Regulamento (CE) N.° 40/94, esclareceu que a aplicação desta disposição exige o cumprimento de três pressupostos cumulativos: que as marcas em confronto sejam idênticas ou semelhantes; que a marca anterior beneficie de renome; que a utilização injustificada da marca posterior beneficiaria indevidamente do carácter distintivo ou do renome da marca anterior ou lhe causaria prejuízo. O TPI reiterou a jurisprudência do TJCE de que a condição relativa ao renome implica que a marca nacional anterior deva ser conhecida de uma parte significativa do público ao qual dizem respeito os produtos ou serviços por ela abrangidos. Estava em causa a marca SPA (identificadora de águas minerais). O titular da marca invocou, em favor do renome, a antiguidade do uso, o facto de ser líder de mercado, as conotações positivas de que beneficiam os produtos identificados com a marca, a difusão comercial dos mesmos e decisões administrativas que já reconheceram a notoriedade da marca. A particular relevância deste acórdão está no citado terceiro pressuposto. Na verdade, a disposição em causa tem por objectivo «permitir que o titular de uma marca nacional anterior de renome se oponha ao registo de marcas susceptíveis de causar prejuízo ao renome ou ao carácter distintivo da marca anterior ou de retirar indevidamente proveito desse renome ou desse carácter distintivo. A este respeito, importa precisar que o titular da marca anterior não é obrigado a demonstrar a existência de uma violação efectiva e actual à sua marca. Deve, no entanto, apresentar elementos que permitam concluir *prima facie* pela existência de um risco futuro não hipotético de proveito indevido ou de prejuízo». O TPI veio, assim, facilitar a prova do referido aproveitamento indevido ou do prejuízo através de um juízo de probabilidade (sendo certo, contudo, que em todo o arrazoado do acórdão apontou sempre à recorrente a falta de prova). O referido risco é tanto maior quanto mais importante for o carácter distintivo e o renome da marca anterior. Acresce que o referido risco só existirá se houver uma ligação entre as marcas em confronto o que pressupõe um «determinado grau de semelhança» entre as marcas «em razão da qual o público em causa faz uma aproximação entre as duas, isto é, estabelece uma ligação entre ambas. A existência desta ligação deve ser apreciada globalmente, tendo em conta todos os factores pertinentes do caso concreto» [ou seja, o confronto não será apenas entre os sinais em causa, mas também se poderá atender a outras circunstâncias, como o modo de apresentação do produto, a publicidade, ou outros elementos que possam favorecer o estabelecimento da referida ligação (genericamente o comportamento no mercado do titular da marca posterior)]. De seguida é necessário verificar as outras condições exigidas pela referida disposição (o TPI seguiu aqui as conclusões do Advogado-Geral no caso ADIDAS que referimos). No que diz respeito ao prejuízo causado ao carácter distintivo da marca anterior o TPI afirma que esse prejuízo se verifica quando a marca anterior (de renome) já não pode suscitar uma associação imediata com os produtos para os quais foi registada e utilizada. Haveria aqui uma diluição da força atractiva. No caso em apreço o TPI entendeu que não existia um risco de ser causado um prejuízo ao carácter distintivo da marca SPA, desde logo porque o «termo 'spa' (sendo) frequentemente utilizado para designar, por exemplo, a cidade belga de Spa e o circuito automóvel belga de Spa-Francorchamps ou, de maneira geral, os espaços dedicados à hidroterapia, como banhos turcos ou saunas, o risco de prejuízo causado ao carácter distintivo da marca SPA é limitado». Todavia, entendemos, que esta fundamentação do tribunal não retira força ao argumento assente no «secondary meaning» que um sinal possa adquirir no mercado em termos de o significado do «termo» ser fundamentalmente associado à marca e aos produtos que identifica do que aos significados comuns que possa igualmente ter. Quanto ao prejuízo causado ao renome o TPI diz que é necessário que os produtos para os quais a marca posterior pedida é utilizada produzam no público uma «tal impressão que a força de atracção da marca sofre uma diminuição». Aqui estaríamos perante o «tarnishment». No caso em apreço o TPI disse que não existia um «antagonismo entre os produtos e os serviços visados pelas marcas SPA e SPA-FINDERS que possa atentar contra o renome das águas minerais SPA. Do mesmo modo, o Tribunal observa que é pouco provável que a marca SPA-FINDERS manche a imagem da marca SPA». Acresce, diz o TPI, que os produtos que as marcas em confronto identificam são muito diferentes e que, por isso, é pouco provável «que os produtos e serviços abrangidos pela marca SPA-FINDERS, mesmo que se revelem ser de qualidade inferior, diminuam a força de atracção da marca SPA». Ou seja, a maior ou menor proximidade merceológica, afinal, também aqui, segundo o tribunal, é relevante. É a teoria da distância a moldar a tutela ultramerceológica das marcas de renome. Por fim, quanto ao aproveitamento indevido do carácter distintivo ou do renome da marca anterior, este deve ser entendido, segundo o TPI, «no sentido de que engloba os casos nos quais existe exploração e parasitismo manifestos de uma marca célebre ou tentativa de retirar proveito da sua reputação». O tribunal entendeu que no caso em análise não existia qualquer elemento de prova que demonstrasse esta condição ou o risco da sua verificação. Assim, também não teve de se pronunciar sobre a existência de um risco de utilização injustificada da marca requerida. Afinal a ausência de prova do terceiro pressuposto foi o elemento central do acórdão do TPI e não o renome ou a «ligação» entre os sinais, o que coloca sérias dificuldades aos titulares de marcas de renome. A jurisprudência SPA-FINDERS é retomada no acórdão do TPI de 16 de Maio de 2007, *La Perla contra IHMI*, T-137/05, in http://eur-lex.europa.eu. O prestígio da marca LA PERLA foi reconhecido pelo tribunal. A marca em confronto era NIMEI LA PERLA MODERN CLASSIC. O requerente veio argumentar que a expressão LA PERLA era usada num sentido descritivo dos produtos em causa (joalharia, relojoaria, metais preciosos, pérolas, pedras preciosas), pelo que não existiria similitude entre os sinais em causa. O TPI entendeu que sendo LA PERLA o elemento dominante na marca anterior, que a marca posterior reproduzia inteiramente, na sua composição, a marca anterior, existia uma certa similitude visual e fonética entre ambas. Acresce, disse o TPI, que do ponto de vista conceptual o elemento dominante é LA PERLA. Ou seja, o TPI usa os critérios de apreciação do risco de confusão e apesar de sublinhar que não é esse risco que está em causa, não deixou de afirmar que existia entre os produtos em confronto uma certa similitude suficiente para que o público relevante pudesse estabelecer uma ligação entre as marcas. Ou seja, o regime jurídico da tutela ultramerceológica da marca está a ser usado em situações em que normalmente se deveria aplicar o risco de confusão. É, claramente, o regresso do risco de associação conhecido no direito do Benelux e a diluição da importância daquela tutela enquanto regime excepcional ou, pelo menos, subordiná-la a um princípio de infinita elasticidade. No acórdão do TPI de 16 de Abril de 2008, *Citigroup, Inc., Citibank, NA contra IHMI*, T-181/05, in http://eur-lex.europa.eu, voltam a ser analisados os requisitos cumulativos estabelecidos pelo art. 8.º, n.º 5, do Regulamento (CE) N.º 40/94. Como veremos, este acórdão representa uma evolução em relação ao SPA-FINDERS. O TPI reconheceu, em primeiro lugar, que a marca CITIBANK gozava de prestígio. Em segundo lugar, quanto à identidade ou semelhança entre as marcas em causa o tribunal sublinhou que não é necessário que exista um risco de confusão, bastando que o público relevante estabeleça uma ligação entre as mesmas (reafirma a jurisprudência ADIDAS). Todavia, os critérios de apreciação dessa ligação são decalcados dos utilizados na apreciação da existência de risco de confusão (incluindo a apreciação da capacidade distintiva). Em terceiro lugar, o TPI analisa três tipos de risco distintos: que o uso injustificado da marca pedida possa causar prejuízo ao carácter distintivo da marca anterior; que o uso injustificado da marca pedida possa causar prejuízo ao prestígio da marca anterior; e que o uso injustificado da marca pedida beneficie indevidamente do carácter distintivo ou do prestígio da marca anterior. Sublinhou, contudo, que «basta que exista apenas um dos três tipos de risco acima referidos» para que a citada disposição seja aplicável (na sequência do acórdão do TPI de 22 de Março de 2007, *Sigla SA contra IHMI*, T-215/03, in http://eur-lex.europa.eu). Quanto à prova do risco, basta um juízo de probabilidade, isto é, devem ser apresentados «elementos que permitam concluir à primeira vista por um risco futuro não hipotético de benefício injustificado ou de prejuízo», ou seja, explicitou de forma clara este acórdão, bastará que seja possível efectuar «deduções lógicas resultantes de uma análise das probabilidades e tomando em conta as práticas habituais no sector comercial relevante bem como qualquer outra circunstância do caso concreto». Quanto ao aproveitamento indevido do carácter distintivo ou do renome da marca anterior, o TPI reitera a sua jurisprudência SPA-FINDERS, mas teve necessidade de reconhecer a existência de uma relação evidente entre os serviços em causa e um cruzamento dos grupos de clientes de modo a poder admitir que o uso da marca pedida «conduza a um parasitismo, ou seja, beneficie indevidamente do prestígio bem assente da marca CITIBANK e dos investimentos significativos realizados pelas recorrentes para alcançar esse prestígio». Disse, ainda, que o uso da marca pedida «pode igualmente dar lugar à ideia» de que o requerente da marca está associado ao titular da marca anterior «e, consequentemente, pode facilitar a comercialização dos serviços visados pela marca pedida» (risco incrementado pelo facto do titular da marca anterior ser proprietário de diversas marcas que incluem o elemento dominante da marca pedida). Mas, afinal, com estes critérios de análise e com estas conclusões não estaríamos perante um risco de confusão? Quanto à existência de um justo motivo, o TPI defendeu que competiria ao requerente da marca apresentar prova de que o uso da marca solicitada obedecia a motivos justificados. Com esta argumentação o TPI reconheceu a necessidade de tutela do prestígio da marca em causa, *id est*, com uma atitude, em termos de prova do terceiro pressuposto, diferente da do acórdão SPA-FINDERS.

Falta-nos ainda analisar o acordo TRIPS quanto à tutela ultramerceológica da marca de prestígio.

5. O acordo ADPIC/TRIPS

Nesta matéria o acordo ADPIC/TRIPS tem uma disposição controversa. O art. 16.°, n.ᵒˢ 2 e 3 dispõem o seguinte: «O disposto no artigo 6.° *bis* da Convenção de Paris (1967) aplicar-se-á, *mutatis mutandis*, aos serviços. A fim de determinar se uma marca é notoriamente conhecida, os Membros terão em conta o conhecimento da marca entre o público directamente interessado, incluindo o conhecimento existente no Membro em questão que tenha resultado da promoção da marca». «O disposto no artigo 6.° *bis* da Convenção de Paris (1967) aplicar-se-á, *mutatis mutandis*, aos produtos ou serviços que não sejam semelhantes àqueles relativamente aos quais uma marca foi registada, desde que a utilização dessa marca para esses produtos ou serviços indique a existência de uma relação entre esses produtos ou serviços e o titular da marca registada, e na condição de essa utilização ser susceptível de prejudicar os interesses do titular da marca registada».

O acordo TRIPS efectuou uma extensão da tutela ultramerceológica às marcas notoriamente conhecidas – art. 16.°, n.° 3. O acordo TRIPS não só não estende a marca notoriamente conhecida aos serviços, como, em especial, lhe reconhece um poder de atracção próprio independentemente do tipo de produto ou serviço que individualize (desde de que se trate de marca registada). Se o objectivo desta norma é a tutela das marcas de prestígio (e não apenas das notórias), mesmo em relação a produtos ou serviços não similares, quando possa haver um aproveitamento indevido da força distintiva da marca ou possa prejudicar a sua «goodwill», a verdade é que a referida disposição estabelece duas condições cumulativas: que a utilização da marca posterior indique a existência de uma relação entre os produtos ou serviços individualizados por esta marca e o titular da marca registada (de prestígio ou notória), e que essa utilização seja susceptível de prejudicar os interesses do titular da marca registada (a exigência do registo deverá verificar-se no país onde a protecção é reclamada). Ou seja, exige-se que possa ser estabelecida uma conexão com o titular da marca [a norma ao exigir que se «indique a existência de uma relação» não pretende que expressamente essa relação seja estabelecida, mas que o consumidor possa acreditar (tendo em conta o uso da marca e não outro tipo de indicações que poderão constituir, designadamente, actos de concorrência desleal) que o novo produto provém da mesma empresa titular da marca notória, ou que de alguma forma a empresa que lança o novo produto tem alguma associação com a empresa titular da referida marca] e que exista para este titular uma possibilidade de dano (basta uma susceptibilidade ou possibilidade; mas não bastará uma simples limitação da possibilidade de extensão do âmbito merceológico da marca notória, traduzida na perda de uma eventual oportunidade de negócio, ainda que o titular desta marca tivesse a intenção de a concretizar). Acresce que a versão anterior à adoptada se exigia que a referida conexão fosse «indevidamente» («unfairly») estabelecida. O afastamento deste conceito indeterminado e o vasto leque de situações em que se pode verificar a susceptibilidade de prejuízo para os interesses do titular da marca implicam um estender, com facilidade, da tutela ultramerceológica das marcas notórias. Claramente, esta disposição pretende proteger a reputação da marca e não combater qualquer risco de confusão que possa prejudicar a função distintiva da marca (como poderia pensar-se devido à referência que a disposição efectua ao art. 6.°-bis da CUP). José de Oliveira Ascensão[3] coloca algumas reservas à extensão que foi dada ao art. 6.°-*bis* da CUP por força do disposto no art. 16.°, n.° 3, do TRIPS. O autor reconhece que se afastou o princípio da especialidade, mas «há também um princípio da liberdade, fundado no interesse público e no interesse dos concorrentes, que conduz a afastar restrições injustificadas». Todavia, a referida disposição não se dirige à marca notoriamente conhecida, mas à marca de prestígio,

---

[3] *In* «As funções da marca e os descritores (*metatags*) na Internet», *Estudos de Direito do Consumidor*, Centro de Direito do Consumo, FDUC, n.° 4, 2002, Coimbra, 2002, 107.

desde logo porque afasta o princípio da especialidade e porque exige o registo da marca.

Esta disposição correspondeu aos interesses das empresas transnacionais. Os governos interessados nesta extensão disseram que as marcas notórias podem, em virtude da sua difusão e conhecimento, permitir que o consumidor atribua aos produtos (independentemente da sua natureza) contrafeitos as características dos produtos identificados com a marca.

A determinação do prestígio e da consequente força distintiva de uma marca implica a consideração de diversos factores, nomeadamente, a distintividade adquirida ou inerente da marca, a duração e extensão do seu uso em relação aos produtos ou serviços que distingue, a duração e extensão da publicidade da marca, a extensão geográfica da sua área comercial, os canais de distribuição dos produtos ou serviços que identifica, o grau de reconhecimento da marca (através de inquéritos) na área geográfica em que é utilizada e em outras zonas, e a natureza e extensão do uso do sinal ou sinais similares em outros produtos ou serviços por terceiros.

6. Conclusão

Da marca notoriamente conhecida à marca de prestígio, do princípio da especialidade à tutela ultramerceológica, do ordenamento jurídico nacional ao acordo TRIPS, da Directiva 89/104/CEE à jurisprudência do TPI e do TJCE, o caminho tem-se feito sempre no mesmo sentido: a tendencial tutela absoluta de certas marcas. Com mais ou menos dificuldades (da noção de marca de prestígio aos seus critérios de determinação) alguns vão levando a água ao seu moinho. A jurisprudência comunitária baixou a fasquia das exigências quanto ao reconhecimento de uma marca como de prestígio, mas não ultrapassou ainda a barreira da prova dos riscos de prejuízo. Mas também esta barreira há-de ser ultrapassada. O poderoso desenvolvimento da economia intangível e da esforçada propriedade intelectual assim o impõem.

BIBLIOGRAFIA BÁSICA:

AAVV, *Kerly's Law of Trade Marks and Trade Names*, Thirteenth edition, Sweet & Maxwell, London, 2001.
AAVV, *Propiedad Industrial, Teoría y Prática*, Editorial Centro de Estudios Ramón Areces, Madrid, 2001.

BAYLOS CORROZA, Hermenegildo, *Tratado de Derecho Industrial, Propriedad Industrial, Propriedad Intelectual, Derecho de la Competencia Economica, Disciplina de la Competencia Desleal*, 2.ª edição, Editorial Civitas, Madrid, 1993.

BLAKENEY, Michael, *Trade Related Aspects of Intellectual Property Rights: A Concise Guide to the TRIPs Agreement*, Londres, 1996.

CATALDO, Vincenzo Di, *I Segni Distintivi*, seconda edizione, Giuffrè Editore, Milano, 1993.

CHAVANNE, Albert e BURST, Jean-Jacques, *Droit de la propriété industrielle*, 5.ª edição, Dalloz, Paris, 1998.

CHISUM, Donald S. e JACOBS, Michael A., *Understanding Intellectual Property Law*, Matthew Bender & Co. Inc., New York, 1999.

CORNISH, W. R., *Intellectual Property: Patents, Copyright, Trade Marks and Allied Rights*, 4.ª edição, Sweet & Maxwell, Londres, 1999.

CORREA, Carlos M., *Trade Related Aspects of Intellectual Property Rights – A Commentary on the TRIPS Agreement*, Oxford University Press, New York, 2007.

FRANCESCHELLI, Remo, *Sui Marchi di Impresa*, quarta edizione rifatta, Giuffrè Editore, Milano, 1988.

GERVAIS, Daniel, *The TRIPs Agreement – Drafting History and Analysis*, Sweet & Maxwell Limited, Londres, 2001.

LADAS, Stephan P., *Patents, Trademarks and Related Rights – National and International Protection*, Harvard University Press, Massachusetts, 1975.

MCCARTHY, J. Thomas, *Trademarks and Unfair Competition*, 5 volumes, 4.ª edição, New York, 1997.

MOSTERT, Frederick W., «Well-Known and Famous Marks: Is Harmony Possible in the Global Village?», *in TMR*, 86, 1996, 103, ss.

OLIVEIRA ASCENSÃO, José de, «As funções da marca e os descritores (*metatags*) na Internet», *in Estudos de Direito do Consumidor*, Centro de Direito do Consumo, FDUC, n.º 4, 2002, Coimbra, 2002, 99, ss.

PINTO COELHO, José Gabriel, «A protecção da marca notória e da marca de reputação excepcional», *in Revista de Legislação e de Jurisprudência*, 3142, 3, ss.

POLLAUD-DULIAN, Frédéric, *Droit de la Propriété Industrielle*, Editions Montchrestien, Paris, 1999.

SCHECHTER, Frank I., *The Historical Foundations of the Law Relating to Trade-Marks*, The Lawbook Exchange, Ltd., New Jersey, 1999.

SCHMIDT-SZALEWSKI, Joanna e PIERRE, Jean-Luc, *Droit de la Propriété Industrielle*, Éditions Litec, Paris, 1996.

UNCTAD-ICTSD PROJECT ON IPRS AND SUSTAINABLE DEVELOPMENT, *Resource Book on TRIPS and Development*, Cambridge University Press, New York, 2005.

VANZETTI, Adriano, «I marchi nel mercato globale», *in RDI*, LI, 2002, 3, I, 91, ss.

Porto, 16 de Julho de 2008.

CONCORRÊNCIA DESLEAL: AS GRANDES OPÇÕES

JOSÉ DE OLIVEIRA ASCENSÃO
Professor Catedrático da Faculdade de Direito de Lisboa

SUMÁRIO:
A – O plano interno: o CPI de 2003: I – A factispécie: 1. Manutenção no essencial da orientação tradicional portuguesa; 2. Demarcação do Direito da Publicidade; 3. Demarcação do Direito Industrial; 4. Relação com o Direito da Concorrência; 5. A noção de concorrência desleal; 6. A previsão das "informações não divulgadas". II – A tipificação como ilícito de mera ordenação social: 1. Implicações; 2. A crise de crescimento do ilícito de mera ordenação social. B – O plano comunitário: a Directriz n.º 2005/29/CE sobre "práticas comerciais desleais" contra consumidores: I – Caracterização: 1. Integração no Direito do Consumidor; 2. Demarcação da matéria da publicidade; 3. As disposições taxativas: "em quaisquer circunstâncias". II – Significado: 1. Desistência de um sistema comunitário de Concorrência Desleal?; 2. As práticas enganosas; 3. As práticas agressivas; 4. As implicações gerais sobre o sistema. III – A transposição para o Direito português: 1. Concorrência desleal ou uma disciplina diferente?; 2. A hipotética integração no Direito do Consumidor; 3. A dualidade inevitável; 4. As repercussões sobre o sistema.

O instituto da concorrência desleal carece de ser revisitado.
Por um lado, para fazer um balanço da situação presente e do impacto das alterações trazidas pelo Código da Propriedade Industrial (CPI) de 2003.
Por outro, para lançar um olhar prospectivo sobre as consequências da aprovação da Directriz n.º 2005/29/CE, de 11 de Maio, sobre "práticas comerciais desleais".

A – O PLANO INTERNO: O CPI DE 2003

I. A factispécie

Apesar de alterar em vários pontos o disposto no CPI de 1995, o CPI de 2003 não abalou a estrutura substantiva do instituto.

1. *Manutenção no essencial da orientação tradicional portuguesa*

A lei portuguesa continua a não ser sensível à chamada "concepção integrada" da concorrência desleal, de origem germânica, segundo a qual o instituto regularia conjuntamente os interesses gerais, os dos concorrentes e os dos consumidores – com isso incorrendo no perigo de transformar o Direito da Concorrência Desleal num indefinido "Direito dos Comportamentos no Mercado".

Por exemplo, nada se adiantou no sentido de a concorrência desleal passar a integrar o "Direito das Vendas" em bloco (regulando por exemplo a venda domiciliária, a venda com redução de preços, os saldos e liquidações...). O Direito das Vendas continua a ser um corpo separado; só casualmente alguma categoria de vendas pode interessar à concorrência desleal, se concorrerem nela os elementos fundamentais da deslealdade (seja o caso das chamadas vendas em bola de neve). Mas mesmo essas só são atingidas por força da cláusula geral do art. 317.º CPI e não por previsão específica.

2. *Demarcação do Direito da Publicidade*

A distinção dos dois ramos tornou-se mais nítida, uma vez que foi suprimida a referência a "reclamos dolosos" que constava do art. 260.º, *e*), do CPI de 1995. A publicidade enganosa passa assim a ser prevista somente no Código da Publicidade.

Mas isso não elimina a questão substantiva. Parece claro que a publicidade enganosa representa uma maneira de fazer concorrência desleal, por aplicação da cláusula geral do proémio do art. 317.º CPI. Há por isso que conjugar a intervenção dos dois ramos. Mesmo que concluamos, como parece razoável, que a disciplina do Código da Publicidade prevalece em caso de concurso sobre a regulação do CPI, por ser mais precisa, ainda haverá que perguntar se a Concorrência Desleal se mantém como disciplina subsidiária, que entra em acção sempre que, por qualquer motivo, as previsões do Código da Publicidade não forem aplicáveis.

3. **Demarcação do Direito Industrial**

A ambiguidade resultante de o art. 260.°, *g*), do CPI de 1995 prever "o uso de denominação de fantasia ou de origem, registadas" é eliminada, uma vez que aquele trecho foi suprimido. A violação de indicações geográficas e denominações de origem passou a ser autonomamente sancionada como tipo penal (art. 325.° CPI).

Mas esta mudança positiva é contrariada por outra de sentido oposto. O art. 1.° CPI retomou a fórmula do art. 1.° do CPI de 1940, abandonando a especificação autónoma da "repressão da concorrência desleal" que o CPI de 1995 introduzira[1]. Mas dizendo-se que *a propriedade industrial desempenha a função de garantir a lealdade da concorrência, pela atribuição de direitos privativos*, confunde-se de novo a atribuição de exclusivos com a disciplina da concorrência desleal. Isto é imperdoável no estado actual de desenvolvimento da matéria.

4. *Relação com o Direito da Concorrência*

O CPI ignora praticamente os avanços entretanto verificados no âmbito do Direito da Concorrência, como se nada tivesse acontecido desde 1940.

Assim, o art. 317.°, *e*), continua a proibir as invocações ou referências não autorizadas feitas com o fim de beneficiar do crédito ou da reputação de um nome, estabelecimento ou marca alheios. O que tem permitido sustentar que se proíbem pura e simplesmente as referências sem autorização a elementos empresariais alheios.

Isso contraria toda a evolução operada neste sector. A admissão da publicidade comparativa traz inevitáveis referências não autorizadas, seguramente não desejadas por quem é referido. E a posição tomada pela Comissão da Comunidade Europeia no sentido da liberalização das peças sobresselentes para reparação de produtos complexos[2] implica necessaria-

---

[1] A única mudança de aplaudir está em falar da *função* da propriedade industrial em vez de *função social*. Efectivamente, função, neste enquadramento, já diz tudo.

[2] Proposta da Directriz que altera o art. 14.° da Directriz sobre desenhos e modelos: COM (2004) 582 final, de 14.IX.04, que culmina um prolongado esforço da Comissão no sentido da abertura deste sector à concorrência.

mente a referência não autorizada ao produto (marca) ao qual a peça de reparação se destina.

Na realidade, a admissibilidade de referências verdadeiras é uma exigência da liberdade de expressão. O que lesa os concorrentes e é proibido são as referências *falsas* ou *enganosas*. Tudo o que ultrapassa estas só poderia ser atingido graças a uma interpretação da frase final do preceito: "com o fim de beneficiar do crédito ou da reputação de um nome, estabelecimento ou marca alheios". Teria de haver um fim específico reprovável, que haveria que pesquisar quiçá no parasitismo, mas que não pode excluir qualquer referência justificada, mesmo que feita para alcançar um proveito. Assim, há que considerar livre a afirmação de que se é "antigo chefe das oficinas de *X*" quando o seu autor o é realmente. Proibi-lo violaria a liberdade de expressão.

A integração económica obrigou a uma reconsideração do âmbito da concorrência desleal, para que esta não funcionasse como baluarte das empresas já instaladas contra a emergência de entidades inovadoras: assim aconteceu nomeadamente na Alemanha. A lei portuguesa, não obstante as céleres reformulações do CPI, mantém-se opaca a esta problemática.

5. *A noção de concorrência desleal*

A noção de concorrência desleal, que constava do proémio do art. 260.º do CPI de 1995, foi retocada.

Por um lado, foi eliminado o que estava associado à índole de tipo penal, nomeadamente o elemento subjectivo da ilicitude consistente na "intenção de causar prejuízo a outrem ou de alcançar para si ou para terceiro um benefício ilegítimo". Voltaremos a esta matéria quando considerarmos a transformação em ilícito de mera ordenação social.

Por outro lado, retomou-se a qualificação do CPI de 1940, que referia qualquer ramo de actividade *económica*. O CPI de 1995 suprimira o qualificativo, decerto para eliminar as resistências à aplicação às profissões liberais. O CPI de 2003 corrige a supressão, pois teria uma consequência absurda: "qualquer ramo de actividade" abrangeria toda a actividade humana, mesmo que de ordem meramente espiritual, por exemplo. A mudança não parece merecer objecção, porque não cremos que hoje se possa pretender convincentemente que os profissionais liberais, pelo carácter nobre da sua actividade, não praticam concorrência desleal. Pelo contrário, justamente essa nobreza traz acréscimo de deveres. Os estatutos deontológicos, aliás, não diminuem as obrigações destes profissionais, acentuam-nas com relação aos operadores económicos comuns.

6. A previsão das "informações não divulgadas"

É acrescentado um novo artigo, que passa a ser o 318.º, sobre "Protecção de informações não divulgadas". Acolhe e amplia a previsão da apropriação, utilização ou divulgação dos segredos de negócios, constante do art. 260.º, *i*), do CPI de 1995.

É evidente a influência do Acordo ADPIC/TRIPs, anexo ao tratado que institui a Organização Mundial do Comércio – desde logo na ambígua terminologia, "informações não divulgadas". O art. 39.º deste consagra a protecção destas informações, mas não como um exclusivo industrial mais, como se pretendera: expressamente se remete para o art. 10.º-*bis* da Convenção da União de Paris, que prevê justamente a concorrência desleal. Em consequência, o art. 318.º CPI abre com estas palavras: "Nos termos do artigo anterior…". Quer dizer: não se deixa dúvida que a protecção é feita a título de concorrência desleal, tal como prevista no art. 317.º.

Sendo assim, a protecção é valorativa e não taxativa. Está sujeita à cláusula geral da contrariedade às normas e usos honestos, que rege toda esta matéria.

Não podemos examinar especificamente a factispécie do art. 318.º. Traz alterações em relação ao art. 39.º ADPIC, que não transpôs na totalidade. Adita um *nomeadamente* que quebra a rigidez das previsões do ADPIC: não é todavia nada que seja incompatível com a natureza valorativa da concorrência desleal. Mas a noção de informação não divulgada é amplíssima, indo muito além do conteúdo plausível de "segredo de negócios". Desde listas de clientes a quaisquer instruções internas, tudo é informação não divulgada. É assim oportuno que a violação destas informações seja adicionalmente submetida ao crivo valorativo da contrariedade às normas e usos honestos[3].

Muitos outros aspectos seria interessante referir, mas não cabem nesta oportunidade, visto versarem pontos relativamente menores.

---

[3] O art. 218.º CPI qualifica a violação dessas informações como acto *ilícito*. Não é de aplaudir. A relação de deslealdade e ilicitude é questão doutrinária. A lei, vindo tomar posição nesta matéria, não facilita. Em contrapartida, desaparece a qualificação como *ilícita* da "apropriação, utilização ou divulgação" que constava do art. 260.º, *i*), do CPI de 1995, mas tinha sentido diverso e criava outros problemas.

II. A tipificação como ilícito de mera ordenação social

1. *Implicações*

A orientação até agora constante da lei portuguesa fora a de conceber a concorrência desleal como crime: ao ponto de a factispécie da concorrência desleal representar exclusivamente um tipo penal, sem qualquer referência a consequências civis.

O CPI de 2003 altera. Os arts. 317.º e 318.º tipificam a concorrência desleal. O art. 331.º inclui entre os ilícitos contra-ordenacionais "qualquer dos actos de concorrência desleal definidos nos artigos 317.º e 318.º". Manifesta-se também aqui a tendência geral para a descriminalização[4].

Uma grande questão anterior consistia na eventual inconstitucionalidade do crime de concorrência desleal, por insuficiente tipificação. É possível que o problema da tipicidade se venha a colocar de novo, mas noutro plano. O art. 331.º abrange todo o acto de concorrência desleal ou só os actos especificamente definidos nas alíneas do art. 317.º e no art. 318.º? Ou seja, os actos que forem apenas abrangidos pela cláusula geral do proémio do art. 317.º representam ainda ilícito de mera ordenação social?

A resposta é a nosso ver negativa. O art. 331.º, mencionando **qualquer dos actos definidos**, terá querido justamente exigir a específica previsão (definição, demarcação) como acto de concorrência desleal. A publicidade enganosa, por exemplo, não poderia nunca ser atingida por este preceito, porque deixou de estar *definida* como concorrência desleal, só o podendo ser por aplicação da cláusula geral do proémio do art. 317.º.

A passagem de crime para contra-ordenação tem implicações várias[5]. Tem-nas desde logo na definição de concorrência desleal, fazendo desaparecer os elementos subjectivos de ilicitude que constavam do tipo[6]. Ter-se-á pensado que essa especificação não seria adequada numa contra-

---

[4] Mas é extensivo aos ilícitos contra-ordenacionais o art. 320.º CPI, que manda aplicar como direito subsidiário o Dec.-Lei n.º 28/84, sobre infracções anti-económicas, nomeadamente em matéria de responsabilidade de pessoas colectivas e por actuação em nome de outrem.

[5] É crítico relativamente ao montante máximo da coima estabelecido, que considera manifestamente diminuto, Patrício Paúl, *Breve análise do regime da Concorrência Desleal no novo Código da Propriedade Industrial*, in "Revista da Ordem dos Advogados", ano 63-I-II, Abr/03, 329-343, n.º 3.

[6] A "intenção de causar prejuízo a outrem ou de alcançar para si ou para terceiro um benefício ilegítimo".

-ordenação, ou que a menor violência na reacção poderia ter como contrapartida um âmbito mais vasto de aplicação.

Tem também implicações ao nível da *oficiosidade na actuação*. O art. 329.º CPI dispõe que o procedimento pelos crimes previstos depende de queixa. Mas isso não se aplica ao ilícito de mera ordenação social, pois não há disposição que o preveja. Origina-se uma situação desfavorável, porque o ilícito mais grave (o criminal) depende de queixa e o contra-ordenacional não.

Cremos que nada impediria que se estabelecesse que também neste ilícito o procedimento dependeria de queixa. Como se não fez, terá de se concluir por uma actuação oficiosa. Mas o lesado pelo acto de concorrência desleal não está impedido, como qualquer um, de participar os factos que considera relevantes, embora esta participação não tenha efeito condicionante do procedimento.

Ainda noutros aspectos a mudança de qualificação legal tem incidência. Assim, enquanto nos crimes o lesado pode, nos termos gerais, intervir como assistente[7], não há nada de análogo nas contra-ordenações[8].

Quando correm propostas para o crime poder passar a ser objecto de negociação particular, é anómalo que seja este o regime do ilícito de mera ordenação social[9].

2. *A crise de crescimento do ilícito de mera ordenação social*

Esta questão não pode ser dissociada da crise do próprio ilícito de mera ordenação social.

O ilícito de mera ordenação social apresentou-se como uma forma de ilícito administrativo, que permitiria deixar de lado formas criminais de reacção cuja justificação ética fosse problemática.

Mas em Portugal o ilícito "contra-ordenacional" manifesta um crescimento constante, com diluição progressiva do carácter "administrativo".

---

[7] Cfr. ainda o art. 341.º CPI.

[8] Lamenta com razão Patrício Paúl, *Breve análise* cit., n.º 12, que o CPI não "tivesse explicitado os tipos de interesses que a disciplina da concorrência desleal visa tutelar e [não] tivesse fixado distintos regimes sancionatórios, adequados à respectiva protecção".

[9] Criando o receio que o motor de procedimento passe a ser o interesse pecuniário na participação na coima dos entes públicos encarregados da instrução e do julgamento e aplicação das coimas, que são a Inspecção-Geral das Actividades Económicas e o Instituto Nacional da Propriedade Industrial: cfr. os arts. 343.º a 345.º CPI.

Passa a ser uma reacção intermédia entre a penal e a civil, justificada apenas pela menor gravidade que a criminal, mas temperada pela necessidade de marcar ainda uma rejeição colectiva que ultrapasse as posições meramente individuais em presença.

Com isto perde todavia identidade substancial, pois o protagonismo da Administração deixa de ter fundamento. Em primeiro plano estão interesses e conflitos entre particulares, e não questões que afectem a Administração.

Assim acontece em tantos ramos a que se estendeu a reacção contra-ordenacional, como sejam o Direito da Publicidade e o Direito do Comércio Electrónico[10].

A crise do ilícito de mera ordenação social pode ser uma *crise de crescimento*; mas não deixa de ser uma crise, porque o âmbito, o fundamento e os efeitos estão postos em causa.

No que respeita particularmente à concorrência desleal, é mérito do actual CPI ter quebrado a tradição vinda já de 1894, de sancionar com penas as infracções.

Mas a esse mérito há que associar o demérito de não ter enfrentado os problemas que a mudança de paradigma trazia. Temos assim uma categoria nebulosa, que não está preparada para este tipo de litígios e suscita inúmeros problemas na sua aplicação.

É por isso altamente desejável que se proceda a uma reconsideração do ilícito de mera ordenação social. Pode ser referido à categoria em geral, eliminando nomeadamente um excessivo mimetismo em relação ao ilícito penal que tira virtualidades ao instituto. Mas pode ser feito mais modestamente no nível da concorrência desleal, ensaiando abertamente um tipo de reacção colectiva que não é já penal nem administrativa, mas que sanciona comportamentos nas relações entre particulares cuja reprovabilidade se pretende acentuar.

---

[10] Cfr. respectivamente o Código da Publicidade e o Dec.-Lei n.º 7/04, de 7 de Janeiro, que transpôs a Directriz comunitária n.º 00/31, sobre o comércio electrónico.

B. O PLANO COMUNITÁRIO: A DIRECTRIZ N.º 2005/29/CE SOBRE "PRÁTICAS COMERCIAIS DESLEAIS" CONTRA CONSUMIDORES

A segunda vertente em causa leva-nos a ponderar as consequências sobre a disciplina interna da concorrência desleal da aprovação entretanto ocorrida da Directriz n.º 05/29, de 11 de Maio, sobre "práticas comerciais desleais".

I. Caracterização

1. *Integração no Direito do Consumidor*

Esta directriz exige um trabalho delicado de qualificação.

A directriz integra-se expressamente no Direito do Consumidor. Embora o art. 1.º indique como objectivo contribuir para o funcionamento correcto do mercado interno e alcançar um elevado nível de defesa dos consumidores, a verdade é que o mesmo preceito indica que esses objectivos serão atingidos no âmbito das disposições relativas às práticas comerciais desleais *que lesam os interesses dos consumidores*. Segue-se que as relações entre concorrentes não estão directamente em causa. Isso é confirmado noutros lugares da Directriz, como no considerando 6), que exclui as práticas comerciais desleais que apenas prejudiquem os interesses económicos dos concorrentes[11].

Fica assim imediatamente excluído que a presente directriz constitua um ensaio de disciplina comunitária global no domínio da concorrência desleal.

A directriz dirige-se ainda ao que se chama a *harmonização plena*: a disciplina estabelecida não pode ser alterada pelos Estados, nem para estabelecer um regime mais protectivo dos consumidores que o resultante da directriz, salvas as excepções nela mesma previstas.

2. *Demarcação da matéria da publicidade*

As anteriores intervenções da C.E. neste domínio visavam disciplinar a publicidade, e nesse âmbito incluíam a protecção dos consumidores.

---

[11] Cfr. ainda o art. 3.º/8, por exemplo.

Esta directriz, porém, propõe-se disciplinar as práticas contra consumidores, e nesse âmbito disciplina a publicidade também. Inverte-se o ponto de vista.

Mais ainda: numa curiosa preocupação, a directriz altera a Directriz n.º 84/450/CEE, sobre publicidade enganosa e comparativa. O art. 14.º/1 altera o art. 1.º da Dir. n.º 84/450, excluindo do objectivo desta directriz a protecção dos consumidores e do público em geral; e o n.º 4 altera o art. 4.º/1, agora em matéria de publicidade comparativa, para do mesmo modo limitar o objectivo da disciplina traçada ao interesse dos profissionais e dos concorrentes.

É assim patente a preocupação de transformar as regras sobre publicidade em regras protectoras dos operadores económicos, separando-as da disciplina dos consumidores e do público em geral.

3. *As disposições taxativas: "em quaisquer circunstâncias"*

A directriz contém disposições taxativas: qualificam como desleais as condutas independentemente da incidência de qualquer critério valorativo. Assim, o Anexo I contém um longuíssimo elenco de "práticas comerciais consideradas desleais em quaisquer circunstâncias": nada menos que 31 pontos!

A directriz dá assim escassa abertura à intervenção duma cláusula geral valorativa.

II. Significado

1. *Desistência de um sistema comunitário de Concorrência Desleal?*

Durante décadas realizaram-se esforços para traçar uma disciplina comunitária da concorrência desleal. Esses esforços foram baldados, particularmente em face da resistência do Reino Unido e da Irlanda, que não acolhem o instituto: o *passing off* tem significado distinto.

A directriz sobre práticas comerciais desleais marcará a desistência deste objectivo?

Poderíamos ser tentados a pensá-lo, por a directriz se limitar a regular a defesa dos consumidores, abandonando expressa e enfaticamente a defesa dos concorrentes.

Mas não é impossível outra leitura. Poderia tratar-se de mera manobra táctica, consistente em operar parcialmente a harmonização. Esta figura ficaria agora consolidada nos domínios em que está em causa a defesa dos consumidores. Seria uma harmonização parcial. A harmonização das práticas desleais contra concorrentes seria deixada para uma etapa seguinte.

De todo o modo, a orientação agora assumida leva a uma separação profunda, mesmo que pensada como provisória, das matérias de Direito dos concorrentes e de Direito dos consumidores: a transformação do Direito da Publicidade em Direito exclusivo dos concorrentes é muito elucidativa. Terá sido possivelmente um preço a pagar.

Esta separação extrema, porém, não é inócua. Deixará marcas no ordenamento comunitário. Afasta radicalmente, quer uma concepção integrada da concorrência desleal (que transparecia justamente nos arts. 1.° e 4.° da directriz sobre publicidade enganosa e comparativa, que esta directriz vem modificar), quer a concepção mais moderada, própria do Direito português, que valora como actos de concorrência desleal os actos contra consumidores. Mas nesta os consumidores não são os sujeitos do instituto, são antes, permita-se a expressão, os objectos deste; são apenas reflexamente protegidos.

Parece assim que, ao fim e ao cabo, o surgimento duma disciplina comunitária da concorrência desleal fica mais afastado.

Neste domínio a directriz determina que são considerados substanciais os requisitos de informação constantes da legislação comunitária sobre comunicações comerciais, incluindo a publicidade e o *marketing* (n.° 5). Uma lista não exaustiva destas consta do Anexo II.

Vemos assim que a directriz segue uma via formalizante e rígida, em que se considera *desleal* não o que o for por seu conteúdo, mas o que estiver demarcado como tal. O critério da "essencialidade para uma decisão esclarecida do consumidor" é submergido afinal por listas taxativas, em nome da segurança jurídica. O que constitui nova e substancial divergência do sistema português.

2. *As práticas enganosas*

As práticas comerciais enganosas abrangeriam todas as formas susceptíveis de induzir em erro o consumidor e impedir uma escolha esclarecida. Expressamente se enuncia que incluem a publicidade enganosa.

Marca-se assim uma evolução em sentido oposto ao da lei portuguesa. Enquanto esta afastou a publicidade das previsões da concorrência desleal, a directriz foca, talvez até em primeiro plano, a publicidade[12]. Isto porque a directriz sobre publicidade deixou de conter a referência aos consumidores.

Neste domínio, a directriz tem a curiosidade de trazer a contraposição das acções enganosas às *omissões* enganosas. Estas consistem na omissão duma informação substancial, necessária para que o consumidor médio possa tomar uma decisão de transacção (art. 7.º/1). Mas a própria ambiguidade da informação é já qualificada como omissão enganosa (n.º 2).

3. *As práticas agressivas*

A directriz inova também ao autonomizar uma segunda categoria particular de práticas desleais: a das práticas agressivas.

São aquelas que são susceptíveis de influenciar significativamente a liberdade de escolha do consumidor médio em relação a um produto, por meios como o assédio, a coacção ou a influência indevida (art. 8.º). Observe-se que, aqui como noutros lugares, a directriz refere apenas *produtos* e não produtos ou serviços, o que é estranho.

A previsão é completada por um enunciado dos elementos que devem ser tomados em consideração para caracterizar a agressividade, nomeadamente o uso de meios extracontratuais onerosos ou desproporcionados impostos pelo profissional, quando o consumidor pretenda exercer os seus direitos contratuais, incluindo os de resolver um contrato ou de trocar de produto ou de profissional. Manifesta-se aqui de novo uma extensão que se afasta do que caberia na concorrência desleal. O centro de gravidade desloca-se do acto de concorrência desleal para a prática abusiva contra o consumidor.

A figura oferece escassa correspondência com a lei portuguesa actual. No CPI encontramos especificados como actos de agressão unicamente as falsas afirmações feitas com o fim de desacreditar um concorrente (art. 317.º, *b*); mas são actos contra concorrentes, e não contra consumidores. Outros ordenamentos incluem na concorrência desleal as vendas agressivas, mas isso implica a integração da disciplina das vendas na concorrência desleal, o que não é a posição da lei portuguesa[13].

---

[12] Cfr. o considerando 14).

[13] Cfr. o nosso *Concorrência Desleal*, Almedina, 2002, n.os 318 e seguintes, em que examinamos numerosas categorias de vendas que têm sido consideradas anómalas. Veja--se as conclusões a que chegamos nos n.os 362 e seguintes.

De todo o modo, na directriz surge a especificação de se exercer influência indevida sobre o consumidor por meios agressivos, o que traz um novo núcleo. Teria de se perguntar se tal poderia considerar-se já abrangido pela cláusula valorativa do art. 317.º CPI, proémio. Em qualquer caso, o carácter imperativamente taxativo destas previsões faz com que elas não possam agora ficar sujeitas ao crivo valorativo daquele preceito.

4. As implicações gerais sobre o sistema

Além destas e doutras incidências particulares, há que ter em conta incidências de carácter geral da directriz sobre o sistema da lei portuguesa.

A directriz contém também uma cláusula geral: dá uma noção dos requisitos das práticas comerciais desleais no art. 5.º.

Esses requisitos são:

1) Contrariedade às exigências relativas à **diligência profissional** (art. 5.º/2, *a*).
   A *diligência profissional* é definida no art. 2.º, *h*) da directriz sem ter correspondência com a expressão utilizada – como vai sendo frequente. Refere-se à atitude esperada do profissional para com o consumidor, de acordo com a prática honesta do mercado e/ou o princípio geral da boa fé[14].
   Aqui se introduz um elemento valorativo, pelo recurso, embora nebuloso, às cláusulas gerais da prática honesta e da boa fé.
2) Distorção ou possibilidade de distorção de modo substancial do comportamento económico em relação a um produto do consumidor médio (art. 5.º/2, *b*).

Temos assim cláusulas gerais, como na lei portuguesa, mas que pretendem evitar a distorção do comportamento económico dos consumidores e não a infracção das "normas e usos honestos" contra consumidores.

A esta diversidade acresce outra já referida, mais significativa: a directriz traz enunciados taxativos de práticas que são consideradas desleais, divergindo do carácter valorativo do instituto da concorrência desleal na lei portuguesa.

---

[14] "No âmbito da actividade do profissional", acrescenta-se, o que pode ser invocado como argumento no sentido de um entendimento concretizador destas práticas, a avaliar à luz do que efectivamente rege cada corpo de profissionais: cfr. o nosso *Concorrência Desleal* cit., n.º 94.

Outras incidências gerais devem ainda ser apontadas.

O mesmo art. 5.° da directriz, que caracteriza as práticas comerciais desleais, termina no n.° 3 com este período: "Esta disposição não prejudica a prática publicitária comum e legítima que consiste em fazer afirmações exageradas ou afirmações que não são destinadas a ser interpretadas literalmente".

Esta regra tem incidências sobre a questão do *dolus bonus* – as afirmações vagas e gerais comuns no mercado em abono dos próprios produtos ou serviços.

Ferreira de Almeida[15] e outros consideraram que a emergência do Direito do Consumidor excluía a admissibilidade do *dolus bonus*, que o Código Civil de 1966 contemplara no art. 253.°/2. Sempre nos pareceu exagerado tal entendimento, pois há um mínimo que é coberto pela adequação social[16]: não podemos partir da imagem do consumidor débil mental[17]. A directriz vem agora confirmá-lo, ao admitir expressamente a categoria[18].

Outra incidência geral está aliás na caracterização do consumidor que se tem em vista. É o consumidor médio a quem o produto se destina. Mas acrescenta-se: "ou do membro médio de um grupo quando a prática comercial for destinada a um determinado grupo de consumidores"[19]. Temos assim outra intervenção que não poderá deixar de ser tomada em conta no Direito de protecção do consumidor.

A directriz poderá ter outra incidência, agora sobre a categoria da formação do contrato, pela previsão do *convite a contratar* (arts. 7.°/4 e 2.°, *i*). Este é definido de forma ambígua e regulado depois no que respeita a informações que são consideradas substanciais. Mas poderá ser um elemento a ter em conta no debate sobre a qualificação de uma comunicação comercial como proposta ao público ou mera solicitação de ofertas.

---

[15] *Os Direitos dos Consumidores*, Almedina, 1982, n.° 57.

[16] Cfr. o nosso *Direito Civil – Teoria Geral, II – Acções e Factos Jurídicos*, 2.ª ed., Coimbra Editora, 2003, n.° 83.

[17] Isso não impede que consideremos excessiva a liberdade dada pelo art. 253.° CC, particularmente no que respeita à exoneração do dever de elucidar o consumidor, sabendo que este versa em erro.

[18] Sem a qualificação doutrinária, que estaria deslocada, e sem que isso dispense evidentemente a demarcação do âmbito das práticas admissíveis.

[19] Art. 5.°/2, *b*). E o n.° 3 procura modelar ainda esta difícil conjugação do consumidor médio com um grupo de consumidores particularmente vulnerável, quando se trata de um único grupo, claramente identificável.

III. A transposição para o Direito português

1. *Concorrência desleal ou uma disciplina diferente?*

Haverá que tomar uma posição na ordem jurídica portuguesa sobre o modo de operar a transposição da Directriz n.º 05/29 para o ordenamento interno.

A alternativa radical, para o que nos interessa, estará em integrar a matéria na disciplina da concorrência desleal ou fazer a transposição à margem desta.

Não especificamos alternativas porque não são o nosso tema; apenas perguntamos se não será esta a oportunidade de repensar a situação da concorrência desleal no ordenamento jurídico português.

Com efeito, surge a oportunidade ideal para dar outro grande passo em frente na disciplina da Concorrência Desleal: retirar definitivamente esta do Código da Propriedade Industrial. Só lá se encontra por razões históricas, mas o facto é na realidade arcaico e nocivo. Uma disciplina autónoma esclareceria definitivamente que não há nenhum laço necessário entre violação de direitos industriais e concorrência desleal. Simultaneamente a concorrência desleal poderia ser reequacionada, pela ponderação do significado da lesão dos interesses do consumidor no âmbito da concorrência desleal. E, por acréscimo, revista à luz das interrogações que ficaram assinaladas na exposição da situação actual deste ramo.

Mas a integração das práticas comerciais desleais na disciplina central da concorrência desleal traria também dificuldades.

A submissão à disciplina comum teria como consequência que as práticas desleais ficariam sujeitas ao controlo pela cláusula geral do proémio do art. 317.º CPI: a contrariedade às normas e usos honestos. Só havendo essa contraditoriedade qualquer prática poderia ser considerada desleal.

Em geral, essa circunstância não seria impeditiva da integração. A directriz dá uma noção abrangente de *prática desleal*, mas esta deverá ser enquadrada no sistema jurídico geral dos países comunitários. Cada país é livre de submeter essas práticas a um controlo valorativo da deslealdade. Apoia ainda esta posição a definição atrás referida de "diligência profissional" (art. 2.º, *h*), em que se faz apelo à prática do mercado honesta e ao princípio da boa fé – que são critérios valorativos.

Noutros domínios as dificuldades são maiores.

A directriz traz, particularmente no que respeita às práticas enganosas, uma lista taxativa das que devem ser sem mais consideradas desleais

(Anexo I). Longa lista, em que se incluem aspectos que representam violações ou actos ilícitos contra consumidores, mas nos quais dificilmente se descortinaria uma prática contrária a "normas e usos honestos".

Isto significa que a introdução destas matérias[20] no âmbito da concorrência desleal implicaria uma dualidade de núcleos. Enquanto hoje em dia todos os casos são valorativamente delimitados, tal introdução levaria a contar com um segundo sector em que a deslealdade se bastasse com a mera verificação da correspondência ao tipo.

Com a agravante ainda de fazer perder a coerência do sistema, uma vez que entre os actos taxativamente indicados como de concorrência desleal estariam alguns seguramente menos gravosos que muitos dos que estão sujeitos ao controlo da contrariedade às normas e usos honestos.

Por outro lado, a integração dos ilícitos publicitários desleais na Concorrência Desleal desequilibraria a relação com o Direito da Publicidade. Vimos que o Código da Publicidade abrange o ilícito publicitário contra consumidores: é mesmo hoje a sede central da matéria, em detrimento do CPI. A integração das práticas comerciais desleais na Concorrência Desleal causaria perplexidade, porque aquelas abrangem ilícitos publicitários[21].

2. *A hipotética integração no Direito do Consumidor*

Não é porém este o caminho que se anuncia, no nível pré-legislativo.

A matéria seria integrada no projectado Código do Consumidor. Este pretenderia englobar tudo o que tem sido legislado com o fito de protecção do consumidor. Iria ao ponto de regular o direito real de habitação periódica e os direitos de habitação turística[22], por exemplo.

As práticas desleais seriam previstas nos arts. 129.° e seguintes. Far-se-ia do mesmo modo a distinção e regulação em especial das práticas enganosas e agressivas.

---

[20] Que é obrigatória como elemento da transposição para a ordem jurídica portuguesa.

[21] E isto porque, ou se desintegravam do resto da matéria da directriz e eram colocados no Código da Publicidade, o que espartilhava a matéria, ou se integravam na disciplina da Concorrência Desleal e ressurgiria o problema da relação com o Código da Publicidade.

[22] Arts. 352.° e segs. e 354.° e segs., respectivamente.

Assim, o conteúdo da Directriz n.º 05/29 seria integralmente versado no Código do Consumidor. O enfoque é amplíssimo. Abrange-se o Direito das Vendas (por exemplo, as vendas com redução de preços).

A transposição seria praticamente literal: até apareceriam definições "para o efeito do disposto na presente subsecção", como sejam as de "prática comercial", "distorção substancial do comportamento económico do consumidor" e "decisão de transacção" (art. 130.º), obedientemente retiradas do art. 2.º da directriz. Ou "código de conduta" (art. 132.º/4)! Ou "convite a contratar" (art. 133.º/4)! Ou até a espantosa definição de "diligência profissional" (art. 129.º/2)!

Sabemos bem como é tarefa gigantesca elaborar um código[23]. Mas parece essencial ter presente esta linha de rumo: o diploma básico que rege a vida das pessoas numa sociedade como a nossa não pode ser o Código do Consumidor: é o Código Civil. Quando a legislação da protecção do consumidor extravasa e se apresenta como o diploma básico a dispor sobre cláusulas contratuais gerais[24], direitos reais como o direito de habitação periódica, publicidade, viagens turísticas e tantos outros domínios gerais[25], as pessoas não são promovidas, são degradadas. A carta dos direitos das pessoas comuns é o Código Civil: aí as pessoas são contempladas como *cives*. Transformar o Código do Consumidor na lei comum é tornar as pessoas alguma coisa menos, por maior que seja o intuito de protecção que anime os legisladores.

Isto dito, retomamos o nosso tema. Não cuidamos da repercussão da matéria sobre a legislação de defesa do consumidor, mas sim sobre a concorrência desleal.

A ir por diante esta orientação, qual a incidência sobre a disciplina da concorrência desleal? As "práticas comerciais desleais" deixariam de relevar neste domínio?

Não seriam decerto descritas especificamente como actos de concorrência desleal, na modalidade de actos contra consumidores, caso contrário haveria uma duplicação.

---

[23] Disso nos dá bem conta Pinto Monteiro na *Apresentação* do "Código do Consumidor – Anteprojecto", Comissão do Código do Consumidor/Instituto do Consumidor, 2006, 3 e segs.

[24] Continuando a englobar expressamente o que não respeita a consumidores, como as relações entre empresários (arts. 218.º e seguintes), porque se procede à pura reprodução das disposições substantivas.

[25] E não obstante, alguns dos diplomas que versavam anteriormente estas matérias são mantidos parcialmente em vigor.

É porém incontestável que muitas das práticas contempladas na directriz são substancialmente actos de concorrência desleal. Porque, à luz de todos os princípios actuais, elas representam simultaneamente condutas contra consumidores e condutas contra concorrentes.

Se o projectado Código do Consumidor fosse aprovado tal qual, deixariam de ser actos de concorrência desleal? Não deixariam, mesmo na ausência de previsão específica. Porque continuariam a ser atingidas pela cláusula geral do art. 317.º CPI. Seriam práticas violadoras dos usos honestos do ramo de actividade económica em que se integrassem.

Leva-nos neste sentido o próprio art. 10.º-*bis* da Convenção da União de Paris. Prevê esta, como modalidade de acto de concorrência desleal, as indicações ou afirmações susceptíveis de *induzir o público em erro...* É quanto basta para que práticas enganosas devam ser qualificadas como actos de concorrência desleal.

Não seria pois pela não integração formal do conteúdo da directriz no âmbito da Concorrência Desleal que as práticas nela contempladas deixariam de relevar, mesmo que só parcialmente, neste ramo do Direito.

3. *A dualidade inevitável*

Daqui resulta uma dualidade fatal na abordagem destas matérias.

O Direito da Concorrência Desleal encará-las-ia pelo prisma da defesa dos concorrentes contra práticas desleais – **contra os concorrentes**. Enquadrá-las-ia em qualquer caso na cláusula geral do art. 317.º CPI.

O Direito do Consumidor enquadrá-las-ia pelo prisma da defesa dos consumidores contra práticas desleais – **contra os consumidores**. Descrevê-las-ia nalguns casos taxativamente, noutros por referência a cláusulas gerais de deslealdade. Mas essas cláusulas gerais não se identificam com a cláusula geral definidora da concorrência desleal.

Daqui resulta que uma prática poderia ser condenada pelo Direito do Consumidor como desleal e não o ser pela Concorrência Desleal, quando não manifestar contrariedade ao critério das normas e usos honestos[26].

Na normalidade dos casos, porém, o acto seria duplamente atingido, por cair simultaneamente nos crivos dos dois sectores normativos. Daqui resultaria necessariamente uma dupla localização da matéria.

---

[26] A inversa também será verdadeira, se a prática for gravosa contra os concorrentes mas não atingir o nível de relevância exigido pelos critérios dos actos contra consumidores.

Poderá mesmo levar a uma tripla localização, se entrarmos em conta com o Direito da Publicidade. Vimos que a publicidade enganosa tinha sido deslocada pelo CPI de 2003 para o Direito da Publicidade. Há que discutir também qual a participação deste.

O Código do Consumidor pretende ser exaustivo. Engloba por isso também a matéria da publicidade, nos arts. 84.º e seguintes, compreendendo necessariamente o que respeita à publicidade falsa ou enganosa[27]. É certo porém que a publicidade extravasa muito do Direito do Consumidor: a publicidade comparativa, por exemplo, respeita aos concorrentes, e só marginalmente pode respeitar ao consumidor; em geral é-lhe mesmo benéfica. Todavia, está também prevista, no art. 101.º do Anteprojecto de Código do Consumidor[28]. Não é porém nosso objecto considerar os limites destes ramos, mas tão só aquilo que se reflecte na concorrência desleal.

A duplicação de previsões, no CPI e no Código do Consumidor, pode ter consequências graves, embora não propriamente na natureza das sanções que correspondem a cada ramo. Como dissemos, a concorrência desleal é sancionada por contra-ordenação, tal como o é a prática comercial desleal contra consumidores (arts. 461.º e seguintes). Mas a questão já poderá estar na medida destas.

A consequência mais grave da duplicação de previsões seria porém a duplicação de sanções pelo mesmo acto, com a justificativa de os interesses protegidos pela concorrência desleal não serem os mesmos que são protegidos pelo Direito do Consumidor.

Exigir-se-ia um fino trabalho de deslinde para evitar um agravamento sancionatório que, pelo menos em geral, não seria proporcionado.

4. *As repercussões sobre o sistema*

Daqui resulta que, seja qual for o caminho que se seguir, a Directriz sobre práticas comerciais desleais contra os consumidores terá sempre fundas repercussões sobre o sistema. Tê-las-á, quer a matéria conste de lei

---

[27] E não só. Abrange também a publicidade ilícita (art. 495.º), que vai muito além da publicidade "desleal".

[28] Adelaide Menezes Leitão fala de uma "fusão normativa" entre as disciplinas jurídicas da publicidade e da concorrência desleal, que adviria de se incluírem os ilícitos publicitários no quadro das práticas comerciais desleais: *Direito da Publicidade e Concorrência Desleal*, in "Direito Industrial" – IV, APDI/Almedina, 2005, 267-284 (283). Pensamos que estaria muito mais à vista uma fusão entre Direito da Publicidade e Direito do Consumidor.

autónoma, quer do Código da Publicidade, quer do Código do Consumidor, quer do Código da Propriedade Industrial.

Se se preferir o enquadramento no Código do Consumidor a repercussão sobre a disciplina da Concorrência Desleal pode ter também aspectos favoráveis.

Consistiriam em deixar a porta aberta para uma purificação, digamos assim, desta matéria. Poderá deixar de servir de refúgio onde albergar a disciplina do consumidor carente de previsão legislativa especial, para regressar à sua vocação natural de regular a lealdade da concorrência entre operadores no mercado.

Nesse caso, seguir-se-ia um caminho radicalmente diverso do modelo germânico. Ao invés da concepção tripartida da concorrência desleal, reforçar-se-ia a componente concorrencial.

Uma consequência previsível desta evolução seria tornar mais fácil aproximar o Direito da Concorrência Desleal do Direito da Defesa da Concorrência, integrando-se ambos num amplo Direito da Concorrência[29].

Resta então exprimir o voto que a oportunidade seja aproveitada para reponderar toda a matéria da Concorrência Desleal. Formalmente, libertando-a da falaciosa integração no CPI, como mera "garantia da propriedade industrial". Substancialmente, por uma reestruturação mais completa e coerente das implicações da lealdade da concorrência, como elemento fundamental de uma concorrência que se pretende simultaneamente *livre* e *leal*[30].

---

[29] O que defendemos já para a situação actual, mas enfrentando a dificuldade de uma bipolaridade muito caracterizada do Direito da Concorrência, não obstante alguns princípios comuns: cfr. a nossa *Concorrência Desleal* cit., n.os 50-60. Assim também Evaristo Mendes, *Direito da Concorrência Desleal e Direito da Concorrência*, in "Concorrência Desleal" (obra colectiva), coord. Oliveira Ascensão, Almedina, 1997, 87-98, mas vai mais longe, considerando a Concorrência Desleal um subsistema de protecção institucional do mercado e da concorrência (93), que seria subordinado ao Direito de Defesa da Concorrência. Aqui já o não podemos acompanhar, pelo menos na totalidade.

[30] Porque, como conclui Gerhard Schricker, "o controlo dos abusos através do Direito da Concorrência Desleal é o preço que temos que pagar por uma livre concorrência".

O REGISTO DA MARCA "PEDRAS" PARA CERVEJAS
ANOTAÇÃO

JOSÉ DE OLIVEIRA ASCENSÃO
Professor Catedrático da Faculdade de Direito de Lisboa

Acórdão da Relação do Porto de 19 de Dezembro de 2007

OMMISSIS

A decisão recorrida face à oposição apresentada considerou que:
"A fls. 256 e 257 foi ordenado que "a requerida e os seus gerentes se abstenham, até ao trânsito em julgado da acção declarativa, de produzir, armazenar, comercializar ou publicitar cerveja assinalada com a marca "PEDRAS" ou qualquer outra contendo essa palavra, e a eliminar todas as referências a tais expressões nas embalagens ou vasilhame dos seus produtos, na sua publicidade, papel timbrado e em quaisquer outras formas de divulgação ou identificação, bem como na ornamentação de qualquer estabelecimento, devendo ainda a Requerida cancelar o "site" www.pedras.pt, e quaisquer outros em que utilize a palavra "pedras".

Foi ainda ordenada a apreensão de todas as garrafas, etiquetas e material de escritório que ostentem a marca "PEDRAS", e que venham a ser encontradas nas instalações da Requerida, sitas na Rua Monte da Bela, 300, Armazém E, 4445-294 ERMESINDE, bem como noutras instalações de armazenagem ou distribuição que pertençam à Requerida, bem como toda a documentação publicitária e catálogos em que tais produtos figurem e entregues à guarda de um fiel depositário".

Tudo por se terem, então, considerados demonstrados os pressupostos previstos nos arts. 381.º, n.ºs 1 e 2 e 387.º, n.º 1 do CPC.

Porém,

A requerida veio deduzir oposição alegando novos factos, que, no seu entender, poderiam levar a afastar os fundamentos que estiveram na base do decretamento da providência.

Assim, alega a requerida que, aquando da interposição do presente procedimento já haviam sido comercializadas quantidades substanciais de cerveja "PEDRAS", e introduzida no circuito comercial, sendo que a requerida é legítima detentora da marca registada n.º 364911, constituída exclusivamente pela expressão "PEDRAS", para assinalar apenas cerveja, da classe 32.º.

Acrescentou que a requerente VMPS não é. nem nunca foi titular de qualquer marca constituída exclusivamente pelo vocábulo "PEDRAS".

A requerida logrou, efectivamente, demonstrar sumariamente tais factos. Como se referiu, a providência foi decretada no pressuposto de que se encontravam verificados os necessários requisitos para o efeito, tendo em atenção que a verificação do "perigo de mora" é aplicável a todas as providências cautelares.

Para o efeito, ficou o tribunal na convicção de que a requerida se preparava para lançar no mercado nacional (apesar de ainda não distribuída) uma cerveja com a marca "PEDRAS", tendo já requerido o registo de 3 marcas figurativas junto do INPI, publicou no JN um anúncio de lançamento ao público e anunciou também na Internet, tudo cfr. docs. n.ºs 39 a 46 juntos ao RI, a qual, a ser usada por esta, por ser idêntica à marca das requerentes, é susceptível de poder criar confusão no público, fornecedores e clientela e ainda o facto de a requerida ainda não estar a fazer uma distribuição efectiva dessa cerveja, havia receio que, se não fosse intimada para o efeito, viessem a existir lesões futuras e prejuízos, que cumpria evitar.

Ora, da prova testemunhal da requerida e dos documentos juntos à oposição, a outra conclusão chegou o tribunal.

O pedido de registo da marca nacional da requerida n.º 364911 só foi deferido pelo INPI para cervejas da classe 32 e já não para os produtos águas minerais e gasosas e outras bebidas não alcoólicas, bebidas de fruta e sumos de fruta, xaropes e outras preparações para fazer bebidas, da classe 32ª, portanto, nada tem a ver com águas.

Por outro lado, a requerida não se preparava para lançar no mercado, apesar de ainda não distribuída, uma cerveja com a marca "PEDRAS", pelo contrário, a requerida já havia, há algum tempo, comercializado quantidades substanciais de cerveja "PEDRAS" e introduzidas no circuito comercial, como melhor comprovam os documentos juntos à oposição.

Portanto, as cervejas já estavam colocadas no mercado e a ser comercializadas.

Ora, só se justifica a urgência e a simplificação processual deste tipo de procedimento quando o direito que se quer acautelar corre risco sério de lesão grave e irreparável.

Neste caso, porquê acautelar o direito das requerentes através de uma providência cautelar, quando já nada havia para acautelar, uma vez que a requerida, ao contrário do que referiram as requerentes, já tinha lançado há algum tempo a cerveja no mercado e iniciado a sua comercialização?

A resposta a tal questão, passa a nosso ver pela exigência de que, em concreto, se indiciem factos que apontem para uma probabilidade de que a reparação se tornará impossível ou de difícil execução se não for imediata.

Tal inexiste no caso dos autos.

Com efeito, atendendo a que já se havia verificado a produção, distribuição e comercialização da cerveja e ainda o carácter perecível da mesma, o prejuízo resultante do seu decretamento sempre excederia o dano que com ela se pretende evitar, para além de que, já não se verifica o "periculum in mora", cuja observância é conatural à natureza de um processo como este.

Assim sendo, pretendendo as requerentes, com o presente procedimento, impedir que a cerveja "Pedras" da requerida fosse introduzida no mercado, parece-nos que a requerida logrou provar que, aquando da instauração daquele, a cerveja há muito que já havia sido introduzida no circuito comercial – distribuída e comercializada.

Deste modo e salvo melhor opinião, não se verifica o "periculum in mora", cuja observância é conatural à natureza de um processo especial como é este, nem o fundado receio de lesão grave.

As agravantes visam com o procedimento cautelar que instauraram obter protecção imediata para a marca "Pedras" cujo registo requereram em 5 de Dezembro de 2006, para assinalar refrigerantes, sumos de fruta e águas minerais e de nascente. Invocam que várias das suas marcas "Água das Pedras", "Pedras Salgadas" e mesmo a marca "Pedras" são marcas de prestígio, conhecidas por cerca de 98% da população nacional e bem conhecidas em mercados internacionais. Tais marcas pertencem à 2.ª agravante que faz parte do grupo empresarial em que se insere igualmente a 1.ª agravante, esta, prestigiada na produção e comercialização de cerveja.

Invocam ainda que a utilização da marca "Pedras" por parte da agravada pretende tirar partido do prestígio associado àquelas marcas e ainda à notória posição que assume no mercado da cerveja a 1.ª agravante, sendo susceptível de induzir em erro os consumidores que ao adquirirem a cerveja comercializada pela recorrida pensem que fazem a aquisição de um produto das agravantes comercializado sob algumas das referidas denominações.

Quer a agravante quer a agravada fizeram juntar aos autos dois pareceres, aquela do Professor Cassiano dos Santos e estas do Prof. Dr. Oliveira Ascensão que se pronunciam em sentidos divergentes quanto à existência de uma marca de prestígio em discussão nestes autos.

Por particularmente simples e significativo, dificilmente melhor dito noutros termos, passaremos a transcrever uma parte do parecer do Prof. Dr. Oliveira Ascensão que analisa as marcas da VMSP em sentido com o qual concordamos inteiramente:

"(...) Como se disse, VMPS invoca particularmente três marcas, embora seja titular de várias outras referentes a água mineral (com gás). São "Água das Pedras", "Pedras Salgadas" e "Pedras". Ocorre então caracterizá-las previamente como marcas.

Apenas a primeira contém descritivamente a referência a esse objecto, ao incluir Água das Pedras. Neste sentido, água é um elemento meramente descritivo. Mas forma uma unidade com "das Pedras", que lhe dá carácter distintivo preciso. Com efeito, *água* e *pedras* são dois elementos de todo diferentes, nunca podendo representar uma designação genérica como seria por exemplo "água com gás".

Quanto a "Pedras Salgadas", tem na base uma localização da fonte ou fontes de onde essas águas provêm. Dir-se-ia por isso uma marca geográfica. Não há nenhum motivo para excluir as marcas geográficas que não tiverem carácter enganoso. Apesar de oposições isoladas, a posição dominante é solidamente esta e a prática vai no mesmo sentido. Como não é matéria discutida no processo, abstemo-nos de a aprofundar.

Há porém um aspecto especial a assinalar. Se bem que a origem da expressão seja geográfica, a grande maioria da população, mesmo a portuguesa, ignora a origem da expressão. Relaciona-a com o produto, que é famoso, mas não conhece o local de origem nem de onde resulta a designação que comporta. Toma-a pois como uma marca de fantasia, sem lhe dar conotação geográfica.

Temos enfim "Pedras". Aqui o relacionamento com a localização geográfica é ainda menos perceptível. Não há também nenhuma conotação necessária entre água e pedras. Isso significa que "Pedras" se apresenta como uma marca de fantasia. A legitimidade de a marca "Pedras" ser trazida à colação neste processo resulta porém com clareza da ligação a "Pedras Salgadas". E ainda reforçada pelo uso de facto, pois é da experiência corrente que muitas vezes se pede o produto dizendo simplesmente: "Uma Pedras!".

Em qualquer caso, o núcleo e o fulcro da distintividade desta família de marcas está no elemento Pedras: é mesmo o único elemento distintivo a ter em conta nelas, salvo em "Pedras Salgadas", onde acresce o qualificativo salgadas. Por isso, para ajuizar a distintividade, tal como da confundibilidade com outras marcas, há sempre que recorrer essencialmente ao elemento básico "Pedras".

Seria já completamente arbitrário pretender que a distintividade e confundibilidade duma marca só se poderiam suscitar por confronto com a totalidade da marca anterior, e não com elementos caracterizadores desta. Estaria bem arranjada, Château Neuf du Pape, se fosse assim! Até Coca-Cola não teria resistido à avalanche de Cocas e Colas que estariam à espreita (à coca...).

Não é assim. A confundibilidade pode aferir-se em relação à totalidade doutra marca, como o pode fazer-se em relação a qualquer elemento desta que seja característico. E pode ainda aferir-se em relação a combinações ou contracções de marcas compostas.

O que interessa é somente o perigo: ser ou não propício a confusão. Se o for, qualquer elemento da marca anterior serve – até a tradução ou o som.

Em qualquer caso, sendo o elemento dominante das marcas VMPS o substantivo Pedras, é em relação a este que a análise se deve processar, seja ou não como integrante de marcas compostas.

3. A VULGARIZAÇÃO DA MARCA

A marca tem como uma das suas justificações básicas a da orientação do público. Não deve subsistir quando se tornar susceptível de induzir o público em erro.

Por isso, o art. 269.º CPI enumera vários casos que chama de "caducidade" da marca. No n.º 2, especifica hipóteses em que a caducidade deve ser declarada em consequência de a marca se ter tornado susceptível de induzir o público em erro.

Interessa-nos particularmente a figura contemplada na al. *b)* como causa de caducidade: "a marca se tiver transformado na designação usual no comércio do produto ou serviço para que foi registada, em consequência de actividade, ou inactividade, do titular".

Prevê-se aqui o que se tem chamado entre nós a "vulgarização da marca"; vamos manter a terminologia para não causar estranheza. A marca passa a designar um género. (*Assim aconteceu entre nós com a marca Formica e em vários outros casos, quer se tenham ou não tirado então as devidas consequências do facto*).

Atinge-se então o máximo de poder atractivo mas, paradoxalmente, é nessa altura que cessa a protecção. Porque a designação passou a representar um género, a marca deixou de ser distintiva (cfr. o art. 223.º/1 *e* CPI). O público poderá ser induzido em erro, quando refere ou ouve referir a designação genérica do produto, sem saber que na origem está apenas uma marca entre as várias existentes.

Terá acontecido assim com as marcas da VMPS? A nomeada destas terá arrastado a generalização ou vulgarização, de maneira a passarem a designar o género, água mineral com gás?

A pergunta pode dirigir-se tendo particularmente em vista "Água das Pedras". Já a mesma questão não poderia ser sequer colocada em relação a "Pedras Salgadas", ou mesmo "Pedras" só. Ninguém diz que quer "Pedras" quando encomenda outra água mineral com gás, por exemplo.

O que significa que a objecção seria sempre em última análise irrelevante. Ainda que uma destas marcas se tivesse generalizado, as outras duas subsistiriam, e portanto a questão básica não sofreria alteração por isso.

Não obstante, não deixaremos de observar que seria imaginoso falar de uma "vulgarização" da marca "Água das Pedras", de modo que esta designasse hoje todo o género "água mineral com gás", em vez de um típico produto e a sua especial origem.

A comprovação só pode fazer-se em concreto, tendo em conta um determinado momento histórico – que é o presente. Porque a distintividade só pode apreciar-se perante um circunstancialismo concreto.

Daremos então um exemplo muito simples. Alguém dirige-se a um café e pede "Água das Pedras", O criado traz-lhe Carvalhelhos, água igualmente gasosa.

Isto cabe no entendimento comum? Se o freguês reclama, pode o criado replicar que lhe trouxe o que lhe foi pedido, porque o freguês só lhe pediu uma água mineral com gás?

É evidente que não. Poderá querer fazer passar outro produto de que dispõe, mas tem óbvia consciência de não estar servindo "Água das Pedras". Aliás, o que acontece frequentemente é o criado perguntar: "Pode ser Vidago?" O que traduz uma consciência bem viva da especificidade das marcas em vez da pretensa vulgarização.

Temos assim que as marcas invocadas pela VMPS são marcas bem caracterizadas. Não se pode confundir a primazia destas marcas no mercado com a vulgarização.

Mas ainda seria necessário algo mais para que, mesmo que houvesse vulgarização, se verificasse a caducidade.

Seria necessário alegar e provar que a vulgarização se ficara a dever à actividade ou inactividade do titular, nos termos expressos no art. 269.º/2, *a*), CPI.

É uma exigência contestável, porque faz passar a defesa do titular da marca de prestígio à frente da defesa do público contra a indução em erro. Mas é o que vigora, por força da Directriz comunitária sobre marcas e de outros instrumentos a que estamos submetidos. Portanto, teria de se fazer essa alegação e prová-la – e a prova seria decerto um trabalho de Hércules. Nomeadamente em face da intensa publicidade desencadeada pela VMPS, que é um facto da experiência corrente.

Só reunidas estas condições poderia ser pedida a declaração de caducidade da marca – pois seria sempre necessário um pedido.

O que tudo prova que uma eventual alegação de caducidade da "Água das Pedras" mereceria certamente o apodo de imaginosa.

Que dizer então, se a alegação pretendesse envolver não uma, mas todas as marcas da VMPS?

4. A RELAÇÃO DE CONCORRÊNCIA E O PRINCÍPIO DA ESPECIALIDADE

Reunidos estes materiais básicos, podemos passar à análise da relação que se possa estabelecer entre as marcas da VMPS e a marca requerida.

As primeiras respeitam a água mineral com gás e a segunda a cerveja, para o que nos ocupa.

A relação que aqui releva não é a formal. Não interessa que marcas pertençam ou não ao mesmo termo da classificação de Nice ou que se integrem ou não na mesma categoria dentro do C.A.E. A relação que importa para aquilatar do significado recíproco das marcas é a substancial.

O ponto de partida deve ser colocado na indagação quanto a haver ou não, entre as marcas em presença, uma relação de concorrência; ou, mais precisamente, entre os titulares dessas marcas, *qua tale*.

Poderia responder-se negativamente a esta questão, tirando argumento de os produtos que são objecto das marcas serem diferentes, de não haver susceptibilidade de confusão entre eles, de respeitarem a sectores diferentes do mercado...

Seria um modo distorcido de colocar a questão. No sentido jurídico o que é decisivo é que os agentes em presença, titulares das marcas, disputem com os seus produtos a mesma clientela.

É óbvio que águas minerais e cerveja se situam no sector da bebidas. Mas estão em concorrência entre si?

Seguramente, porque disputam a mesma clientela para a satisfação das mesmas necessidades.

Partamos de outro exemplo muito simples. Numa tarde quente de verão alguém se abriga à sombra duma esplanada e pensa no que vai pedir. Percorre mentalmente as bebidas frescas disponíveis – água... cerveja... um sumo...

Pois é este justamente o critério da relação de concorrência jurídica. É necessário que os bens satisfaçam alternativamente as mesmas necessidades, como concluímos ao versar esta matéria na nossa *Concorrência Desleal*.

E já aí anotámos que há relação de concorrência entre negociantes de carne e de peixe, ou de vinho e de refrigerantes. (*Mas já não haveria entre perfumes e jóias, por exemplo, mesmo que se trate de produtos de luxo. Então haveria só a abrangente concorrência económica, que se contenta com a captação de disponibilidades financeiras, sempre limitadas, da clientela.*)

A escolha de um dos produtos afasta o recurso ao outro, como hipótese-padrão. Esta é a base do prejuízo: modos de atrair a clientela em detrimento da oferta dum concorrente prejudicam esse concorrente.

A Consulta não abrange a matéria da concorrência desleal, pelo que não a examinaremos especificamente. Não deixaremos porém de assinalar que o estabelecimento da relação de concorrência é vital para a apreciação da concorrência desleal, em que a UNICER está particularmente implicada. Provocar a confusão, como acontece com o uso da marca "Pedras" para cerveja, é uma manifestação típica de concorrência desleal. E a susceptibilidade de concorrência desleal é suficiente para que se requeira uma providência cautelar destinada a prevenir esse risco.

Concentremos agora a atenção na matéria das marcas.

Nos casos normais, em que vigora o princípio da especialidade, a transposição deste raciocínio para as relações entre marcas é directa. Assim, a identidade ou confusão entre marcas só vigora para produtos concorrenciais no mercado: só então uma marca se pode fazer passar por outra ou dar a ideia de identidade ou conexão entre as empresas. (*Recordemos o Ac. STJ de 2l de Maio de 1981* (BMJ 307, 291), *que já referimos na nossa* Concorrência Desleal, *cit., n.º 64 II, nt. 176, que determinou que só para produtos concorrenciais no mercado funciona a confundibilidade como obstáculo à conexão da marca. Admitiu por isso a marca Vincelene, não obstante a preexistência da marca Vincel, por considerar que têxteis em bruto e tecidos e artigos de vestuário não estão em posição concorrencial no mercado*) Daí também o critério do prejuízo que isso pode trazer à empresa concorrente.

Isso bastaria para o caso presente. Há uma relação de concorrência entre cervejas e águas minerais com gás. A marca "Pedras" para cervejas traz confundibilidade com "Pedras Salgadas" e outras marcas da requerente, pois traz o risco de confusão.

O risco de confusão engloba o risco de associação. Não vale a pena insistir neste ponto, pois está expressamente consagrado no art. 258.º e noutros lugares do CPI, em decorrência de vinculações internacionais do Estado português. Assim sendo, o risco de o público associar a marca "Pedras" e seus compostos para água mineral com gás, supondo uma identidade de origem e atribuindo à marca das cervejas a qualidade que se habituou a encontrar na água das Pedras Salgadas, é real.

Temos assim que, logo pelos instrumentos comuns, encontramos uma razão forte de impugnação da marca "Pedras" para cervejas. Esta induz facilmente à associação com outra empresa como participando da origem do produto. Este risco ficará ainda acentuado quando adiante falarmos da ligação entre VMPS e UNICER, como integrantes do mesmo grupo económico.

Este perigo é reforçado pela diversificação que se acentua cada vez mais no sector das bebidas e refrigerantes. As empresas de porte neste sector procuram cada vez mais diversificar a oferta, aproveitando economias de escala e precavendo-se contra os perigos das vicissitudes duma oferta monística, ou de poucos produtos só. O que se passa com a UNICER não é um caso isolado a nível nacional ou internacional. Isto torna pelas circunstâncias que nos envolvem ainda mais premente o risco de associação.

Tenha-se porém sempre presente que a lei não exige a ocorrência do evento que se receia, nem sequer a certeza ou probabilidade dessa ocorrência futura. O que a faz mover é o mero risco de ocorrência. Assim, o art. 258.º CPI, ao referir os direitos conferidos pelo registo, menciona a circunstância que a marca possa causar um risco de confusão, ou associação, no espírito do consumidor.

Isto tem muito relevo no caso concreto. O aparecimento de uma cerveja "Pedras" provoca seguramente o risco de associação à empresa que celebrizou "Pedras Salgadas", quer como produtora directa quer como integrante do mesmo grupo económico. Por outras palavras, interessa a potencialidade de prejudicar e não o prejuízo concreto e efectivo. O risco que a lei quer prevenir manifesta-se desde o início com toda a acuidade."

Verdadeiramente em análise neste recurso está apenas saber se, uma vez decretada a providência que considerou que a comercialização da cerveja Pedras da agravada deveria ser sustada até que na acção principal se decidisse, face aos elementos novos trazidos ao processo pela agravada, tendo em conta ter ocorrido o decretamento da providência sem a sua audição, se apresentava, então, como insustentada aquela primeira decisão proferida nestes autos.

O Tribunal recorrido entendeu que decretou a providência no convencimento de que a cerveja Pedras não tinha ainda sido colocada no mercado e que, como se veio a verificar que a respectiva comercialização se havia já iniciado, nada havia já a acautelar.

Cremos que esta conclusão está errada pela simples razão que um produto não se apresenta no mercado e num primeiro momento recolhe toda a clientela que vai obter ao longo de toda a sua futura comercialização. Por outro lado, os danos da concorrência desleal, a existirem, não se resumem a um mês ou a um ano de comercialização de um produto, podendo mesmo acontecer que no início da sua comercialização provoquem só danos pouco acentuados, por não serem conhecidos.

Um produto que é apresentado no mercado vai ao longo do tempo conquistando clientela. Se disputa esse mercado com um produto similar pode acontecer que não consiga de uma só vez, ou em pouco tempo chamar a clientela, na totalidade ou numa parte significativa, ao seu produto.

As regras do mercado e da livre concorrência pretendem que os consumidores obtenham os melhores produtos aos mais baixos preços, que se verifique verdadeiramente uma possibilidade de escolher produtos e que as empresas invistam a sua energia para conseguirem sempre melhores produtos.

A protecção das marcas existe para que desenvolvido um trabalho de criação e melhoramento de um produto não possa outrem produzi-lo e comercializá-lo usando esse esforço alheio fazendo-se passar pela entidade que efectivamente granjeou para esse produto a sua clientela. Também aqui existe um interesse de protecção do consumidor.

Todavia existe um outro interesse relevante que é o da liberdade de produzir e comercializar produtos. Neste processo está em causa aferir da exacta medida em que a agravada usando do seu direito de produzir e comercializar cerveja, usando do seu direito de retirar à Unicer todos os clientes desta, o faz de forma lícita. As agravantes não têm, nem é desejável que tenham o monopólio de comercialização de águas e cervejas. Os monopólios são muito nocivos para os interesses e direitos dos consumidores. A actividade a que se dedica a agravada é absolutamente lícita no que à produção e comercialização de cerveja diz respeito. Tem todo o direito de produzir e comercializar cerveja que conquiste até a totalidade do mercado mas deve obtê-lo pelos seus próprios meios, porque sabe fabricar muito boa cerveja, ou porque a consegue fabricar a preço muito baixo, ou porque desenvolveu uma publicidade que atraiu a maioria dos consumidores de cerveja, mas não sendo lícito que vá buscar uma parte dos consumidores da cerveja comercializada pela Unicer por dar uma aparência aos seus produtos de terem origem neste grupo de empresas.

Cremos que a decisão recorrida com os novos elementos que recolheu só poderia levantar a providência que havia decretado se tivesse também obtido prova indiciária de que todos os danos que a providência pretendia acautelar se verificaram no momento em que a cerveja Pedras foi posta no mercado. Mas não há qualquer indício deste elemento e só na sua presença se poderia concluir que nada mais havia a acautelar.

Tendo em conta os danos em questão eles serão dificilmente quantificáveis e protelar-se-ão num tempo longo e indefinido, pelo que sempre haveria que acautelar o avolumar dos prejuízos que a manutenção no mercado da cerveja "Pedras" poderá vir a provocar aos interesses económicos das agravantes.

Naturalmente que os prejuízos que advirão para a requerida da impossibilidade de comercialização serão também apreciáveis, ainda que não existam nos autos elementos suficientes para lhes dar uma ordem de grandeza. Todavia, na ponderação de uns e outros sempre se dirá que se Unicer não pode ir junto dos seus consumidores, explicar-lhes que a cerveja Pedras nada tem a ver com este grupo de empresas, ainda que as campanhas publicitárias "façam milagres", a agravada pode criar um novo nome para a cerveja que já produziu, com distância suficiente do nome de outras cervejas, usar a mesma linha de produção, as mesmas garrafas, as mesmas embalagens ainda que com diferentes rótulos e comercializar a sua cerveja em tempo de minorar os danos para a sua unidade fabril que decorrerão da total paragem da sua actividade. O Tribunal ao decretar a providência não determinou que a agravada cesse a produção e comercialização de cerveja mas apenas a comercialização da cerveja que produz – e esta não tem nome ao seu produzida – sob a marca Pedras, o que é significativamente diverso e retira fundamento ao argumento de essa decisão implicar a falência da agravada.

Porventura implicará um novo investimento em publicidade, naturalmente com um custo significativo, mas não o encerramento da empresa. Ora o custo deste investimento, admitindo-se que a agravada não pretendeu de facto retirar ilicitamente a clientela das agravantes apresentando-se perante os consumidores como se se tratasse de um mesmo grupo de empresas englobando a agravada e as agravantes, será o dano que ela terá que suportar com a providência. Começou a comercialização do produto que se chama "Pedras". Se a questão não é obter benefícios das águas que também usam esse nome, no início da sua comercialização bastará apresentar-se com um outro nome para conquistar a sua fatia de mercado, pela qualidade e preço do produto que ali coloca para venda.

Assim, a decisão recorrida não poderá subsistir por ter efectuado uma incorrecta avaliação da realidade, pelo que se revoga julgando improcedente a oposição deduzida ao decretamento da providência cautelar.

Decisão:

Acorda-se, em vista do exposto, nesta Relação em conceder provimento ao recurso de agravo e, em consequência, revogar a decisão recorrida e julgar não provada e improcedente a oposição deduzida contra o decretamento da providência cautelar comum constante da sentença de fls. 245 a 257 destes autos.

ANOTAÇÃO

1. Enquadramento

Estamos perante um litígio que opõe as sociedades UNICER – BEBIDAS DE PORTUGAL, SGPS, S.A. (de ora em diante UNICER) e VMPS – ÁGUAS E TURISMO, S.A. (de ora em diante VMPS) a NATURAL SIGNS, LDA., a propósito da marca "Pedras" para cervejas, concedida e registada pelo INPI em benefício da sociedade "AS PEDRAS – MÁRMORES E GRANITOS, LDA." (de ora em diante, PEDRAS) e posteriormente transmitida à NATURAL SIGNS. Esta última é uma sociedade que foi constituída pelos dois únicos sócios de PEDRAS.

A VMPS intentou contra PEDRAS uma acção de invalidade da marca. Posteriormente, UNICER e VMPS intentaram contra NATURAL SIGNS uma providência cautelar em que pedem a suspensão da comercialização da cerveja com marca "Pedras" e a apreensão da mercadoria armazenada.

A providência cautelar foi decretada mas posteriormente levantada, na sequência da oposição da NATURAL SIGNS, com o fundamento que já nada havia para acautelar, uma vez que a requerida já tinha lançado a cerveja no mercado e iniciado a sua comercialização. O mesmo juiz mandou ainda devolver a mercadoria apreendida, por mera ordem dada ao fiel depositário, sem juntar justificação. As requerentes recorreram, tendo ao recurso sido atribuído efeito suspensivo.

Esta descrição muito sumária dos factos destina-se apenas a dar o pano de fundo para a abordagem das questões substanciais que se suscitam. Elas fundam-se no conflito entre as marcas das requerentes e a da requerida.

A VMPS é titular das marcas que giram em torno de "Pedras" e "Pedras Salgadas", das quais se invocam particularmente três: "Água das Pedras", "Pedras Salgadas" e simplesmente "Pedras", para águas minerais com gás. A marca "Pedras" foi requerida após a eclosão do litígio mas não foi ainda registada pelo INPI.

Esta factualidade mínima, acrescida de alguma adição posterior, basta para o enquadramento inicial da questão.

Na análise subsequente baseamo-nos estreitamente, como é natural, no nosso Parecer junto aos autos que o Acórdão cita e parcialmente transcreve, com aceitação.

Não teria porém sentido reproduzir a parte do Parecer que ficou transcrita no próprio Acórdão. Respeita à distintividade das marcas da

VMPS, à questão da vulgarização da marca e à relação de concorrência, tendo em vista o princípio da especialidade. Para ela remetemos pois, limitando-nos agora à análise de outros pontos.

Serão por isso analisados subsequentemente:
2. O prestígio das marcas; 3. Prestígio nacional?; 4. As marcas de prestígio da VMPS; 5. Confronto com marcas de produtos sem identidade ou afinidade; 6. "tirar partido indevido"; 7. "possa prejudicá-los"; 8. A denominação de origem "Pedras Salgadas"; 9. O levantamento da providência cautelar; 10. SÍNTESE.

2. O prestígio das marcas

Começamos pela caracterização das marcas da VMPS em causa como marcas de prestígio.

Não temos nenhuma reticência em afirmá-lo.

Raros serão os casos em que, dentro da população portuguesa, se encontre alguém que não as conheça ou não ligue imediatamente os nomes a uma certa água mineral com gás. Quer "Água das Pedras", quer "Pedras Salgadas", quer simplesmente "Pedras" são usadas com esta conotação. O último termo, por simplificação, é amplamente usado na linguagem corrente – e isto não obstante não estar ainda completo o processo de registo.

Inversamente, se se pedir a alguém que exemplifique o nome de uma marca de água mineral com gás, terá quase fatalmente como resposta a indicação de qualquer destas três categorias.

Há assim uma intensidade de conhecimento destas marcas que é quase universal na ordem jurídica portuguesa. Esta circunstância leva a qualificá-las sem restrições como marcas de prestígio.

Não é habitual nem a lei nem a jurisprudência portuguesas fixarem percentagens de conhecimento público necessárias para que uma marca se possa dizer de prestígio, ao contrário do que se passa noutros países, como a Alemanha. Não é igualmente habitual fazer inquéritos para apurar o grau ou percentagem desse conhecimento. Porém, a penetração dessas águas no mercado é tal que excede sem dúvida as bitolas mais exigentes. Estas marcas são tão amplamente conhecidas que não podem deixar de ser consideradas marcas de prestígio[1].

---

[1] Por isso a marca "Pedras", embora recente, é facilmente reconhecível como marca de água mineral com gás e participa desse prestígio.

Foi por isso sem nenhuma surpresa que recebemos a informação que em sondagem ou inquérito realizado em Portugal a percentagem do conhecimento destas marcas orçava os 98% – ou seja, praticamente a totalidade dos consumidores.

Baseamo-nos, note-se, como critério do prestígio, no elemento *quantitativo*, do conhecimento. Este é o elemento originário, que avulta ainda em expressões como *bekannte Marken* do ordenamento alemão. Mas se o critério fosse qualitativo, igualmente estas marcas seriam de prestígio. Só o vinho e alguns produtos naturais mais ostentam um teor de qualidade comparável às águas objecto das marcas da VMPS. Também neste sentido, estas marcas são de prestígio[2]. Por isso elas gozam de uma sólida reputação a nível internacional também.

Não surge igualmente nenhum óbice a esta qualificação no caso da marca "Pedras", com fundamento em esta não estar ainda registada.

Efectivamente, poderia chamar-se a atenção para esta circunstância e até procurar tirar-se efeitos de o registo da marca "Pedras" só ter sido requerido após a eclosão deste litígio.

Mas não só estas circunstâncias não trazem nada de juridicamente impeditivo, como o que se processa com esta marca se ajusta totalmente à previsão do art. 242 CPI, cuja epígrafe é justamente "Marcas de prestígio".

Estabelece este preceito no n.º 1 um regime privilegiado, que mais tarde examinaremos, para as marcas de prestígio.

E o n.º 2 determina: "Aplica-se ao n.º 1 o disposto no n.º 2 do artigo anterior, entendendo-se que, neste caso, o registo da marca deve ser requerido para os produtos ou serviços que lhe deram prestígio".

O artigo anterior refere-se à marca notória. O n.º 2 deste impõe que quem impugna marca notória só possa intervir no processo após ter requerido o registo da marca que fundamenta o seu interesse.

Quer dizer pois que a marca notória não carece de estar registada para fundar a oposição. Mas nesse caso o titular deve requerer primeiro o registo; só depois ganhará legitimidade para impugnar a marca de terceiro.

O mesmo se aplica, em virtude do art. 242/2 CPI, à marca de prestígio. É outro aspecto fundamental do privilégio que a esta é concedido. O interessado pode fazer valer a sua marca ainda que a não tenha registado. Mas deve requerer o registo em Portugal; e só após pode partir para o processo de impugnação da marca que conteste.

---

[2] O mesmo já se não poderia dizer da Coca-Cola…

3. Prestígio nacional?

Esta mesma observação permite-nos passar ao ponto seguinte.

O prestígio das marcas, consideramo-lo assente. Mas não se encontrará esse prestígio só em Portugal? Como se coloca a questão para o exterior, *maxime* no respeitante à Comunidade Europeia?

Começamos por observar que não é um facto que estas marcas não sejam conhecidas no exterior, particularmente na Comunidade. O conhecimento que existe do produto através da marca é muito razoável. E o reconhecimento da qualidade é ainda mais nítido e exprime-se através das distinções que essas marcas têm obtido internacionalmente.

Mas não é necessário avançar por este caminho ou proceder a medições do prestígio das marcas no exterior, porque a questão é expressamente resolvida pela lei portuguesa. O art. 242.°/1 CPI baseia-se numa marca anterior "que goza de prestígio em Portugal ou na Comunidade Europeia, se for comunitária...".

Portanto, temos uma opção clara da lei portuguesa. O prestígio na Comunidade em geral é dispensável. Basta que a marca goze de prestígio no ordenamento português.

Com isto, o legislador português aproveitou as faculdades que lhe eram abertas pela Directriz n.° 89/104/CEE, de 21 de Dezembro de 1988, em matéria de marcas, particularmente nos arts. 4.°/4 a e 5.°/2. O art. 5.°/2 dispõe que os Estados-membros podem admitir a recusa do registo duma marca, ou a declaração de nulidade se o registo tiver sido efectuado, se esta for usada para produtos ou serviços, mesmo não idênticos ou semelhantes àqueles para que foi registada marca anterior que goze de prestígio no Estado-membro, sempre que o uso desse sinal "tire partido indevido do carácter distintivo ou do prestígio da marca ou os prejudique". A lei portuguesa segue quase *ipsis verbis* a lição comunitária.

Nós próprios estamos também na origem desta opção. Participando dos trabalhos, vimo-nos colocados entre restringir o domínio da marca de prestígio, ou ampliá-lo, aceitando como tal as marcas que gozassem de prestígio apenas ou dominantemente em Portugal. Pronunciámo-nos pela extensão e a nossa posição foi aceite. Parece-nos que nenhum motivo haveria para tratar diferentemente uma marca comunitária de uma marca que gozasse de prestígio só em Portugal; antes, proceder diferentemente representaria discriminar as marcas portuguesas.

No fundo, pode objectar-se que a previsão é inútil, dizendo-se que se a marca goza de prestígio em Portugal goza-o na Comunidade. A resposta envolve uma muita complexa análise das fontes, que aqui estaria deslocada. Mas, ainda que fosse dispensável, é muito bom que figure. Se tivesse sido omitida surgiriam seguramente vozes a inferir do silêncio a exclusão da marca que goze de prestígio só em Portugal. Com a previsão, tudo fica arrumado. Podemos continuar a discutir a questão à luz apenas da ordem jurídica portuguesa.

4. As marcas de prestígio da VMPS

Limitando-nos pois às fronteiras portuguesas, nenhuma dúvida subsiste quanto ao prestígio das marcas da VMPS quer no plano quantitativo quer qualitativo. É um facto notório. É pois quanto basta para nos permitir prosseguir na nossa análise.

Não é fundamento idóneo de oposição, no que respeita a "Água das Pedras", a observação que o registo desta marca foi feito apenas há seis anos; pretendendo-se retirar daí a ilação que o prestígio da marca não pode ter sido adquirido em prazo tão curto.

O argumento não prova nada, porque o prestígio duma marca pode ser adquirido em período muito mais curto; basta representar uma inovação tecnológica triunfante ou ser objecto de adequada campanha publicitária. Mas sobretudo, o argumento revela uma grave confusão, pois coloca o registo como fundamento e *terminus a quo* do prestígio da marca.

O prestígio da marca pode ter sido adquirido muito antes do registo. O privilégio da marca de prestígio vai ao ponto de proteger a **marca meramente de facto**, independentemente da realização do registo.

Esta afirmação funda-se categoricamente no art. 242.º/2, ao mandar registar a marca de prestígio como condição de impugnação de marca posterior. Temos aqui uma manifestação da relevância possível da marca de facto em território português. Portanto, o prestígio de "Água das Pedras" em nada depende da data em que o registo foi realizado.

Do mesmo modo se passa com "Pedras", que é marca de prestígio mas que está ainda em processo de registo.

A única objecção que se poderia em abstracto levantar seria a de que o art. 242.º/2 admitiria esse sistema para as marcas estrangeiras não registadas em Portugal, mas não para as marcas portuguesas.

Os estrangeiros agradecerão esta distinção, os portugueses não tanto. E por estes fala a lei.

O art. 242.º aplica-se como vimos a marcas que gozem de prestígio em Portugal só. Não pode deixar de abranger as marcas portuguesas. Mas além disso, se se discriminassem as marcas portuguesas, seria inconstitucional. Não se poderiam tratar mais desfavoravelmente os operadores nacionais que os estrangeiros. Se estes não registam e se apoiam no prestígio adquirido, os nacionais também o podem fazer. Até como defesa suplementar contra um aproveitamento irregular por outrem do prestígio da marca, uma vez que um registo de "marcas de defesa", a ser admissível, conseguiria cobrir todas as hipóteses possíveis. O próprio caso presente é elucidativo.

Assim se passou justamente na realidade. "Pedras" é marca de prestígio, mas não estava registada. A força destas marcas impôs que, neste domínio, mesmo marcas meramente de facto fossem protegidas. Podem os interessados opor-se à atribuição de marcas a terceiros, ainda que o direito à marca em que se baseiam não esteja registado. Mas nesse caso devem satisfazer o ónus de registar primeiro. Só depois poderão pleitear.

"Pedras", como marca de prestígio, é protegida independentemente do registo. Mas para poder intervir em juízo, deve o titular requerer primeiro o registo. O requerimento de registo não representou pois oportunismo ou anomalia, mas satisfação do *iter* legal. "Pedras", marca de prestígio, observou primeiro o ónus de registar. O seu titular ficou assim em condições de litigar, de modo em tudo idêntico ao que ocorre com as outras marcas da VMPS que estavam registadas já[3].

A marca "Pedras" é aliás o denominador comum de todas as marcas da VMPS. É ela que unifica as marcas que foram apresentadas no processo, bem como outras que foram simplesmente referidas.

Seja o caso de "Pedras refresca a vida". Em si é um *slogan*. "Refresca a vida" é uma afirmação, não propriamente uma marca. A designação reside assim, diríamos que exclusivamente, em "Pedras": *pedras*, apenas, é o substantivo, é o nome do produto. O mesmo diríamos de "Água das Pedras". O que significa que "Pedras" já há muito vem sendo usada como marca. Do que se trata agora é de dar formalização a uma marca que todos conhecem e goza de grande prestígio, de modo que para a caracterizar basta a palavra "Pedras" somente.

---

[3] Somos efectivamente informados do registo de uma pluralidade de outras marcas.

5. Confronto com marcas de produtos sem identidade ou afinidade

A grande vantagem atribuída à marca de prestígio consiste em permitir ao titular opor-se a marcas destinadas a produtos ou serviços sem identidade ou afinidade. Tem uma eficácia ultramerceológica, como se costuma dizer. Quebra-se assim o princípio da especialidade, que era básico na matéria das marcas, para se permitir uma irradiação que ultrapassa as classes ou categorias de produtos ou serviços para se tornar tendencialmente universal.

É o que se passa no caso concreto. A sociedade PEDRAS pediu o registo da marca "Pedras" para numerosas categorias de produtos, incluindo os da classe 32.ª, a saber: "cervejas, águas minerais e gasosas e outras bebidas não alcoólicas, bebidas de frutas e sumos de fruta; xaropes e outras preparações para fazer bebidas" e cedeu depois um dos registos à Natural Signs. Mas essa marca, embora tenha sido pedida também para águas minerais e outras bebidas não alcoólicas, foi indeferida nessa parte pelo INPI, tendo sido concedida apenas para cerveja e produtos de mobiliário e decoração.

Está particularmente no centro do litígio a aplicação a cervejas, por um lado porque se iniciou já a exploração da marca nesse sector, por outro por razões de confundibilidade que referiremos depois.

A relevância da marca de prestígio sobre marcas de produtos sem afinidade ou identidade com os que são seu objecto dá-se, nos termos do art. 242.º/1, se a marca "constituir tradução, ou for igual ou semelhante" à marca de prestígio. Neste caso, não há dúvida sobre a opção legal. A marca impugnada não é sequer tradução das marcas de prestígio: é mesmo igual a essas marcas. A igualdade é total no que respeita à marca "Pedras"; é total também no que respeita a "Água das Pedras", se excluirmos o elemento descritivo "Água das"; e é parcial (embora no que respeita ao elemento prevalente, o substantivo) em "Pedras Salgadas".

De qualquer modo, a integração do caso na previsão do art. 242.º/1 não sofre nenhuma dúvida.

Mas a lei não se limita a estes elementos. Acrescenta alguns requisitos, consistentes em:

– o uso da marca posterior procurar tirar partido indevido do carácter distintivo ou do prestígio da marca
– poder prejudicá-los.

Passamos ao exame destes.

6. "Tirar partido indevido"

A protecção muito particular da marca célebre permite aos titulares opor-se à atribuição a terceiro de marca que "procure tirar partido indevido do carácter distintivo ou do prestígio da marca" de prestígio (art. 242.º/1 CPI).

A redacção é prudente: fala-se em "procure tirar partido" e não em "tire partido". Isto significa que não haverá que provar que a utilização da marca atingiu ou não o resultado favorável ao titular da marca posterior, de tirar partido da marca de prestígio. Basta que, objectivamente, a situação seja adequada a esse resultado.

Vejamos então se realmente a marca da "NATURAL SIGNS" procura tirar partido indevido do carácter distintivo ou do prestígio das marcas das requerentes.

Tomado por si, o requerimento da marca "Pedras" para cervejas é uma anomalia. Não há nenhuma relação entre cerveja e pedras. Dir-se-ia mesmo que chamar a uma cerveja "Pedras" seria comercialmente contraproducente, pelo desagrado que essa associação poderia produzir no consumidor.

Avulta então a suspeita que a escolha do nome se baseie antes no aproveitamento do prestígio das marcas das requerentes. Por quê fazê-lo?

Pelo grande prestígio de "Pedras Salgadas", sem dúvida, que atrairia logo o consumidor para o produto recém-chegado ao mercado, dado o relacionamento que já vimos existir em termos concorrenciais.

Mas no caso ocorre uma conotação mais específica ainda.

Como se sabe, a UNICER, do ramo cervejeiro, adquiriu a VMPS. Portanto, apesar de ser como a própria firma indica uma empresa cervejeira, é hoje cabeça de um grupo de sociedades, que inclui as águas minerais com gás da VMPS.

Torna-se assim natural que, quando alguém ouça falar de uma marca de cervejas "Pedras", imediatamente a associe à empresa VMPS, que está integrada no grupo; e consequentemente, que pense que a cerveja "Pedras" é proveniente desse grupo, atribuindo-lhe o prestígio de que a marca "Pedras" e marcas desta derivadas desfrutam.

Temos assim que também por esta particularmente impressiva razão suplementar a apropriação do nome "Pedras" para cervejas tira partido indevido do prestígio da marca "Pedras" e marcas com esta conexas, relativas a águas minerais com gás.

A defesa da requerida "NATURAL SIGNS" poderá refugiar-se numa razão formal.

Invocará o nome da empresa "Pedras – Mármores e Granitos, Lda." para afirmar que utiliza apenas um nome da empresa, que originou já várias marcas "Pedras" correspondentes.

Esta razão, como formal que é, pode ser formalmente destruída também.

Quem é titular da marca "Pedras" para cervejas não é a empresa "Pedras", é a "NATURAL SIGNS".

Ora, "NATURAL SIGNS", como pessoa juridicamente distinta, não pode invocar nenhuma titularidade precedente sobre a marca "Pedras". Falece-lhe assim legitimidade para, por essa via, procurar justificar a intrusão na marca de prestígio das requerentes.

Também nada adianta alegar que a marca é usada com a configuração "Pedras Cerveja". O que está em causa é a marca "Pedras", e não qualquer configuração que se dá ou não dá, consoante se quiser. E não é por se referir "Pedras Cerveja" que se altera seja o que for ao tirar partido indevido do prestígio da marca "Pedras" da VMPS.

Isto para concluir que não subsistem razões válidas que tirem ao aproveitamento pela requerida do prestígio da marca da requerente o carácter de indevido.

7. "Possa prejudicá-los"

Além de a marca posterior tirar partido indevido do carácter distintivo ou do prestígio da marca da requerente, há que atender ainda à circunstância de a nova marca poder prejudicá-los – ou seja, poder prejudicar o carácter distintivo ou o prestígio da marca (art. 242.º/1 CPI). O *ou* constante do preceito mostra sobejamente a natureza alternativa e não cumulativa da factispécie: quer o tirar partido indevido quer o poder prejudicar são por si suficientes para legitimar a intervenção do titular da marca de prestígio.

In casu, haverá que fazer pois o confronto com todas as marcas da requerente para verificar a potencialidade do prejuízo.

Vimos já que o prejuízo que a marca de cerveja "Pedras" acarreta na concorrência, por mera aplicação do regime geral da marca. A este acresce agora a tutela particular de que as marcas da requerente gozam, na sua qualidade de marcas de prestígio.

A marca de prestígio tem protecção ultramerceológica, fundada simplesmente na protecção especial que ao prestígio é atribuída.

As requerentes podem assim invocar o prejuízo que resulta de a marca "Pedras" (seja qual for a relação de especialidade que se verifique) traga às marcas da VMPS.

Esse prejuízo vem da própria confusão – antes de mais, por fazer crer ao público que a cerveja "Pedras" tem qualquer relação com as bebidas com a marca "Pedras" ou marcas compostas desta, como vimos.

Deste modo se atinge o carácter distintivo da marca de prestígio, pela proliferação que traz de marcas "Pedras" no domínio das bebidas. Em vez de marcas de prestígio bem caracterizadas pela destinação a águas minerais com gás surge uma pluralidade de marcas que não traduzem a mesma origem e enfraquecem o poder de apelo da marca de prestígio.

Mas a marca "Pedras" prejudica ainda, além do carácter distintivo, o próprio prestígio da marca "Pedras" da requerente, pelo fenómeno de diluição da marca. Limitamo-nos a observar que essa diluição é tanto mais efectiva quando maior for a proximidade merceológica, como resulta do senso comum. Aqui a proximidade é máxima, por os produtos se situarem dentro da mesma categoria, a das bebidas; por isso mesmo a situação seria abrangida até pelas regras gerais, porque está abrigada pelo princípio da especialidade. Neste caso o perigo de diluição é muito mais efectivo do que se se tratasse simplesmente do confronto com marcas de produtos integrados em sectores longínquos, siderúrgicos por exemplo.

Mas sobrevém ainda o risco mais concreto e profundo de o prejuízo inquinar o próprio prestígio da marca, pela quebra de agrado por parte do público quando se vê confrontado com um produto que aparenta estar ligado à empresa distribuidora de "Pedras Salgadas" mas não tem a qualidade superior que se poderia esperar da marca e da empresa a que se associa. Não adianta pretender que o produto é bom: *pode prejudicar*. É quanto basta, por a lei jogar com meras potencialidades.

Este prejuízo potencial, que emerge da tutela muito particular da marca de prestígio, justifica que a atribuição e o uso da marca "Pedras" para cervejas seja impugnada.

Podemos assim concluir.

Não valeria a justificação que a requerida fizesse do uso da marca "Pedras", invocando ser essa a firma da sociedade "As Pedras", e que esta é mesmo titular de marcas "Pedras", embora com outro objecto.

A sociedade "As Pedras" é uma sociedade distinta. O que está em causa é o uso da marca "Pedras" para cerveja pela "Natural Signs".

VMPS é titular da marca de prestígio "Pedras". A invocação pela requerida da firma "As Pedras" e suas marcas não contraria a requerente porque, além de serem da titularidade de outra sociedade, VMPS é titular de marca de prestígio. Como tal, continuaria a poder opor-se a esta apropriação da sua marca.

O que é próprio da marca de prestígio, por ter vigor ultramerceológico, está na faculdade de obstar a que o seu espaço de relevância seja invadido por outra entidade, com aproveitamento desse prestígio.

"NATURAL SIGNS" não apresenta nenhuma causa de justificação substancial que legitime este aproveitamento do prestígio alheio.

Mesmo sem recorrer à realidade de no caso presente se estar ainda dentro do âmbito da especialidade da marca, porque há uma relação de concorrência entre os produtos que são objecto das marcas em conflito, a justificação apresentada cederia sempre perante uma marca de prestígio. Não pode considerar-se compatível com o regime da marca de prestígio que uma empresa recém-nascida use uma marca cuja valia vem do prestígio de marcas da requerente. Não pode enfeitar-se com penas alheias.

8. A denominação de origem "Pedras Salgadas"

Permita-se-nos uma anotação correlacionada, sugerida pela referência ao *carácter geográfico* da marca "Pedras Salgadas".

É originariamente geográfica, sim. Mas justamente, a conexão essencial entre o produto e a região revela que "Pedras Salgadas" é também uma denominação de origem. Não é incompatível, pois não há nada que afaste a cumulação destes sinais distintivos do comércio.

E aqui, não encontramos sequer a necessidade de pesquisar qual o estado do registo de "Pedras Salgadas" ou outras designações da requerente como denominações de origem. Porque a nosso ver a denominação de origem meramente de facto outorga um direito industrial privativo. Sustentámo-lo no nosso *Questões problemáticas em sede de indicações geográficas e denominações de origem*[4], com base no próprio texto do art. 310.° CPI. Por isso, as águas minerais com gás oriundas da região de Pedras Salgadas podem invocar em seu abono a denominação de origem, dada a essencialidade do factor natural geográfico para a qualidade de que se revestem[5], independentemente de formalização.

---

[4] *In* «Revista da Faculdade de Direito de Lisboa», XLVI, n.° 1, 2005, 253-269, n.os 6 e segs.

[5] Assim se distinguindo das meras indicações geográficas, que não temos necessidade de examinar a este propósito.

Isto por si já faria vencer todas as objecções que se quisessem fazer em relação à marca geográfica "Pedras Salgadas". Não é por ser indicação geográfica e até mais precisamente, denominação de origem, que uma designação deixa de poder ser marca também.

Entre as denominações de origem também se encontra a categoria especial das *denominações de origem de prestígio*. É expresso na previsão destas o art. 312.º/4 CPI. Pedras Salgadas é justamente uma denominação de origem de prestígio. Tudo o que dissemos atrás sobre a marca "Pedras Salgadas" como uma marca de prestígio é aplicável, *mutatis mutandis*, à designação "Pedras Salgadas" como uma denominação de origem de prestígio. E o regime a que estas ficam submetidas no art. 312.º/4 CPI é decalcado do que anteriormente fora estabelecido para a marca.

Fora deste preceito há algo mais, que tem importância para o presente caso. O art. 315.º/1 CPI determina a caducidade da denominação de origem, a requerimento de qualquer interessado, se esta se transformou na designação genérica de um tipo determinado de produtos. Temos aqui a "vulgarização" da denominação de origem como motivo de caducidade.

Mas o art. 315.º/2 traz uma novidade. Exceptua do disposto no número anterior os produtos vinícolas, as águas mineromedicinais e os demais produtos cuja designação geográfica de origem seja objecto de legislação especial de protecção e fiscalização.

Quer dizer: ainda que houvesse vulgarização da marca "Pedras Salgadas" (e a nossa resposta neste domínio foi rotundamente negativa) ainda a designação *Pedras Salgadas* manteria todo o seu valor, continuando a defender o produto contra invasões ou apropriações abusivas. A protecção fortíssima que se outorga às denominações de origem[6] não pode deixar de se repercutir neste sector.

Aqui se ancoram duas importantes ilações:

– as águas minerais naturais podem ser objecto de denominação de origem
– a estas não se estende a caducidade em consequência da vulgarização da denominação[7].

No que respeita a este último aspecto, diremos que é uma regra forte, mas está nos poderes do legislador estabelecê-lo. Prolonga-se de certo

---

[6] Como ficou evidenciado no nosso referido estudo.

[7] É importante observar a propósito que "Pedras Salgadas" está registada como marca para produtos farmacêuticos ou medicamentos.

modo o Acordo de Lisboa de 1958, segundo o qual uma denominação não pode ser considerada genérica enquanto estiver "protegida como denominação de origem no país de origem".

9. O levantamento da providência cautelar

Fechemos porém este parênteses e retomemos a indagação sobre as marcas da VMPS como marcas de prestígio.

Ouvida a "NATURAL SIGNS", a Mer.^{ma} Juíza decretou o levantamento da providência cautelar. A fundamentação dada consistiu em ter a requerida colocado já no mercado e comercializado "quantidades substanciais" da cerveja "Pedras". "Porquê acautelar o direito das requerentes, quando já nada havia para acautelar, uma vez que a requerida, ao contrário do que referiram as requerentes, já tinha lançado há algum tempo a cerveja no mercado e iniciado a sua comercialização?"

Informa a Consulta que a mesma juíza mandou devolver a mercadoria apreendida por mera ordem dada ao fiel depositário, sem juntar justificação.

Informa ainda que tinha sido vendida apenas uma quantidade muito pequena de cerveja "Pedras", atendendo ao tipo de produto de que se trata.

Toda esta evolução é surpreendente. As providências cautelares baseiam-se sobretudo no *fumus boni iuris* e no *periculum in mora*, sendo tudo objecto duma apreciação perfunctória.

O perigo que estava em causa era complexo. Podemos referir os perigos para as próprias marcas de prestígio como omnicompreensivos; mas individualizam-se depois aspectos mais concretos, como sejam o resultante da presença da cerveja "Pedras" no mercado.

O que estaria então em causa não seria tanto o próprio acto do início da comercialização. Este tem significado por si, mas não é tudo. Ainda por cima quando concretizado em pequenas quantidades, não é seguramente o mais importante.

É a própria mercantilização continuada da cerveja sob a marca "Pedras" que representa o núcleo do perigo que se receia. Atinge sucessivamente mais consumidores e o público em geral, criando a ideia de normalidade e produzindo afinal os estragos que com a providência cautelar se pretendia evitar.

Não parece assim ter sentido que se diga na sentença que "já nada havia para acautelar". Havia pelo contrário que evitar a consumação do prejuízo, porque a fonte dos prejuízos começara a actuar já, mas os efeitos eram ainda muito reduzidos. Com a liberalização da venda, pelo contrário, é que o prejuízo surge na sua magnitude, quer na causação de danos no mercado, quer na própria degradação das marcas da requerente, que a ela fica exposta.

Diríamos então que o levantamento da providência abriu os diques ao prejuízo substancial que justamente esta providência visava acautelar.

10. Síntese

Resta-nos apresentar sinteticamente os passos do raciocínio e as conclusões a que fomos conduzidos:

- A VMPS possui numerosas marcas que integram o substantivo "Pedras".
- Invoca particularmente três marcas, que não merecem qualquer reserva quanto à sua admissibilidade (uma das quais, "Pedras", está ainda em processo de registo).
- Em todas elas *Pedras* é o elemento distintivo exclusivo ou um elemento nuclear da composição.
- Não houve "vulgarização" das marcas da requerente, sendo nomeadamente imaginoso afirmar que se usa "Água das Pedras" para designar qualquer água mineral com gás.
- Aliás, a caducidade por vulgarização supõe ainda que se requeira, alegue e prove que a vulgarização resulta da actividade ou inactividade do titular da marca.
- As marcas da VMPS e a marca da requerida integram-se numa relação jurídica de concorrência entre os titulares respectivos; água mineral e cerveja disputam a mesma clientela, por satisfazer alternativamente as mesmas necessidades do público.
- A relação de concorrência abre o caminho à concorrência desleal, na modalidade da confusão com os produtos da UNICER.
- Mesmo aplicando os princípios gerais sobre a especialidade da marca, as marcas da VMPS e a marca "Pedras" da requerida são susceptíveis de confusão.
- A confundibilidade inclui o *risco de associação*, pois o público tende a associar "Pedras" à empresa cuja marca conhece.
- As marcas da VMPS são marcas de prestígio, pois desfrutam de sólida reputação a nível nacional e internacional.

- A lei basta-se com o conhecimento da marca em Portugal; aproveitando a faculdade que lhe foi deixada pela Directriz comunitária sobre marcas.
- Em Portugal o conhecimento da marca "Pedras" ou seus compostos é partilhado pela quase totalidade da população.
- No que respeita à marca "Pedras", não é impedimento o processo de registo não estar ainda terminado, pois a marca de prestígio de facto é reconhecida e apenas se condiciona a protecção ao requerimento do registo – o que justamente a VMPS realizou.
- A marca "Pedras" é o denominador comum de todas as marcas da requerente, presente nomeadamente em outras suas marcas impressivas como "Pedras refresca a vida".
- A marca de prestígio permite excluir o uso da marca em produtos sem identidade ou afinidade; por maioria de razão o permite nesta hipótese em que, como vimos, há um nexo de alternatividade entre águas e cervejas na satisfação das mesmas necessidades.
- A relação das marcas em presença é aqui praticamente de identidade, se excluirmos os elementos descritivos das marcas da requerente e o qualificativo *salgadas* em "Pedras Salgadas".
- A marca "Pedras" para cervejas, em si surpreendente, tira partido indevido do carácter distintivo das marcas de prestígio "Pedras".
- Esse aproveitamento torna-se ainda mais evidente se considerarmos que o grupo cervejeiro UNICER adquiriu a VMPS, induzindo o público a pensar que a marca de cerveja "Pedras" tem origem naquele grupo.
- Não vale em contrário o argumento formal que porventura se invoque quanto à titularidade da marca "Pedras" relativa à comercialização de materiais rochosos ou a marcas desta, pois também formalmente há que objectar que a firma e as marcas pertencem a outra empresa e não à "NATURAL SIGNS".
- O uso da marca "Pedras" para cervejas prejudica o carácter distintivo das marcas da VMPS, pela proliferação que traz de sectores a que a marca é aplicada.
- Prejudica-a também pela confusão que acarreta com marcas doutra entidade.
- Prejudica-a ainda pela diluição que traz à marca, que é muito mais de recear justamente pela aproximação merceológica dos produtos a que se aplica.

- E prejudica-a enfim pelo desagrado que puder causar no público a introdução dum produto sob marca aparentemente da mesma origem mas sem a qualidade que se habituou a apreciar.
- Nada surge assim que possa servir como causa de justificação para o aproveitamento que é praticado com a marca "Pedras" para cerveja.
- "Pedras Salgadas" representa simultaneamente uma denominação de origem, compatível com a marca do mesmo teor.
- A **denominação de origem de facto** é a nosso ver protegida na ordem jurídica portuguesa.
- De todo o modo, é uma denominação de origem de prestígio, que apenas carece de ser como tal conhecida em Portugal.
- A denominação de origem relativa a águas mineromedicionais não caduca em caso de vulgarização.
- A decisão judicial sobre o levantamento da providência cautelar e a restituição da cerveja apreendida tem indevidamente por pressuposto que o lançamento da cerveja no mercado é o perigo a que com a providência se pretendia obviar.
- Mas o perigo reside sobretudo na persistência da venda da cerveja sob a marca "Pedras", generalizando o engano do público.
- Consideramos por isso erróneo pretender que, por a comercialização da cerveja ter sido já iniciada, nada mais havia a acautelar.

INTERNET ET LE DROIT DE LA PROPRIÉTÉ INDUSTRIELLE

ANDRÉ R. BERTRAND
Avocat au Barreau de Paris

Alors que la propriété industrielle a vu le jour aux XVII/XVIIIe siècles, internet a été développé et a connu un engouement universel dans les dernières années du XXe siècle. Pourtant alors que trois, ou tout au plus quatre siècles les séparent, ils semblent se caractériser par des caractéristiques irréconciliables.

Nous envisagerons respectivement les problèmes posés par internet au regard du droit des marques, puis ceux posés au regard du droit des brevets.

1. Le droit des marques et internet

Le droit des marques fait partie d'une branche de la propriété industrielle couramment dénommée «*le droit des signes distinctifs*».

Cette expression est important car elle résume en quelques mots l'objet même de cette branche du droit, à savoir protéger les signes utilisés en matière commerciales, à savoir non seulement les marques, mais également les dénominations et raisons sociales et les noms commerciaux, mais sous la condition expresse que ceux-ci soient «*distinctifs*», c'est-à-dire qu'ils ne soient ni descriptifs, ni génériques.

Au regard de ce droit, ne sont pas protégeables les signes «*non distinctifs*» donc les signes descriptifs, usuels et génériques qui doivent par leur nature rester à la libre disposition de tous.

1.1. *Noms de domaines et termes non distinctifs*

Le droit de la télématique qui avait vu le jour en France dans les années 80 avait déjà mis en évidence que l'attrait et donc la valeur de certains codes d'accès était proportionnelle à leur caractère descriptif et/ou générique. Internet a transcendé ce constat, par sa dimension internationale. En effet, dans de nombreux les internautes qui ne connaissent pas le nom du site sur lequel ils veulent se rendre commence par taper une adresse comportant un terme descriptif des produits ou ses services qu'ils veulent rechercher.

Ainsi, il existe de fortes probabilités que l'internaute qui pour la première fois de sa vie décide de consulter un site érotique, pour ne pas dire même pornographique, que plutôt que de rechercher des noms de sites sur un moteur de recherche comme Google il tape le nom de domaine «sex.com». C'est la raison pour laquelle ce nom de domaine figure parmi ceux qui ont été et sont encore parmi les plus recherchés, et dont la cession a rapporté plusieurs millions de dollars[1]. Figurent dans cette catégorie les noms de domaines hotels.com, pizza.com, cinema.com, etc...

Le droit sur ces noms de domaines «non distinctifs» a été accordé au premier qui en a fait la demande, indépendamment d'ailleurs de leur exploitation. Ce qui explique que leur cession a ensuite souvent donnée lieu à un commerce lucratif.

Deux autres problèmes sont néanmoins fréquemment posés par des noms de domaines descriptifs, usuels ou génériques.

1.2. *Quelle protection pour les noms de domaines non distinctifs?*

Le premier tient au champ de la protection qu'il convient de leur accorder. A titre d'exemple, le propriétaire du nom de domaine «*sex.com*» ou celui de «*hotel.com*» peuvent-ils se plaindre et interdire l'enregistrement et l'utilisation par des concurrents les noms de domaine «sex<u>e</u>.com» et/ou de «hotel<u>s</u>.com», qui effectivement peuvent être source de confusion parmi les internautes.

A l'évidence, plus un nom de domaine est descriptif et/ou générique, plus sa protection doit être limitée. Il n'est pas acceptable qu'une personne bénéficie d'un monopole sur un terme et donc sur un nom de domaine des-

---

[1] Ainsi le nom de domaine loans.com («prêts.com») a été revendu pour 3 millions de dollars US et cinema.com a été revendu pour 700 000 dollars US.

criptif ou générique au seul motif qu'elle aurait enregistré celui-ci avant ses concurrents. Malheureusement, un grand nombre de jugements nationaux[2] ou de décisions d'arbitrages, notamment de l'OMPI, ne respectent pas ce principe, et doivent de ce fait être sévèrement critiquées.

1.3. *Les noms de domaines protégés à titre de marques dans certains pays et descriptifs dans d'autres pays*

Le second problème rencontré fréquemment par les juristes tient au fait que des noms qui sont descriptifs ou génériques dans un certain nombre de pays sont encore considérés comme des marques valides dans d'autres pays.

L'exemple topique en la matière est celui de l'expression anglaise «*yellow pages*», qui désigne d'une manière descriptive et générique des annuaires professionnels aux Etats-Unis, et dont la transcription d'autres langues (*pages jaunes, pagine gialle, paginas amarillas, gelben Seiten...*) a fait l'objet de dépôts de marques nationales dans la plupart des pays européens par des sociétés qui se sont ainsi attribué des monopoles indus sur l'exploitation de ces termes.

Alors qu'une décision d'arbitrage de l'OMPI bien motivée a rappelé qu'on ne pouvait bénéficier d'un monopole sur le terme «*yellow pages*» dans ses différentes traductions[3], les tribunaux français ont refusé d'annuler la marque Pages Jaunes afin de préserver le monopole de l'ancienne filiale de France Telecom privatisée depuis, et ce alors mêmes que le TPCE annulait quant à lui la marque allemande *Weissen Seiten*.

En ce qui concerne l'Union Européenne, dès lors que le droit des marques est censé être régi par les mêmes dispositions de la Directive du 21 Décembre 1988, ou du Règlement du 20 Décembre 1993; il n'est plus acceptable que pour des signes identiques les solutions puissent être divergentes d'un pays à un autre. Un signe non distinctif dans un pays de l'UE doit également être jugé comme tel dans les autres pays, sauf à accepter la constitution de monopoles indus.

---

[2] Ainsi la cour d'appel de paris a jugé que le propriétaire du nom de domaine «lhotellerie.fr» pouvait s'opposer à l'enregistrement du nom de domaine «hotellerie.fr» déposé postérieurement (CA Paris, 4e ch., 28 janv. 2004, *Prop. Ind.*, 2004, n.° 9, p. 25, note P. Trefigny).

[3] OMPI n.° D2000-0489, France Telecom v/Pages Jaunes Francophones.

2. Le droit des brevets et internet

Lorsqu'on parle du droit des brevets et d'internet, plusieurs thèmes viennent à l'esprit.

D'abord internet est devenu aujourd'hui un outil documentaire important, en ce sens que la plupart des office des brevets, et notamment USPO et l'OEB sont accessibles par internet et qu'on peut y consulter en ligne et gratuitement les brevets qui y ont été déposés. On ne peut que se féliciter de ces bases de données qui facilitent la vie des entreprises, des conseils en propriété industriels et des avocats.

Mais, internet remet également en cause le droit les fondements mêmes du droit des brevets.

2.1. *Une division fondamentale: la propriétaire littéraire et la propriété industrielle*

Depuis son origine, la propriété intellectuelle a toujours été divisée entre d'une part la propriété littéraire et artistique, qui protège les créations des beaux-arts et la propriété industrielle, qui protège les créations ayant une application industrielle.

En France, les lois du 11 mars 1902 et du 14 juillet 1909 ont profondément modifié le champ de la propriété littéraire et artistique en étendant son champ aux œuvres dits des «arts appliqués», c'est-à-dire aux œuvres d'architecture, à la publicité et au design. Ce champ a encore été étendu, il y a une trentaine d'année lorsqu'on a décidé de protéger les logiciels, c'est-à-dire les «moteurs des systèmes informatiques» par le droit d'auteur.

Or, depuis quelques années le champ de la propriété industrielle est également en train de s'élargir pour couvrir des créations relevant du domaine des idées abstraites... Les deux domaines de la propriété intellectuelle sont en train de se rejoindre: la question de la brevetabilité des logiciels est un bon exemple de cette évolution.

2.2. *L'origine de l'exclusion des idées et des présentations d'information du domaine des brevets*

L'article 1er de la loi française du 25 mai 1791, portant règlement sur la propriété des auteurs d'inventions et découvertes en tout genre d'industrie, disposait *"il sera délivré des patentes nationales sous la dénomination de brevets d'inventions, à toutes personnes qui voudront exécuter ou faire exécuter dans le royaume des objets d'industrie jusqu'alors inconnus"*. Dès 1791, ne pouvaient être brevetés les inventions qui ne s'appliquaient pas *"à l'industrie"* et qui faisaient "exclusivement partie du domaine de l'intelligence"[4], comme par exemple les méthodes d'enseignement[5].

Le principe étant acquis il fut repris dans l'article 30 de la loi française du 5 juillet 1844 sur les brevets, puis plus d'un siècle plus tard, l'article 7 de la loi du 2 janvier 1968. La Convention de Munich sur le brevet européen du 5 octobre 1973, a unifié les législations des divers pays européen en matière de brevetabilité. Son article 52, qui a été intégré à l'origine dans la loi du 13 juillet 1978, figure actuelle à l'article L.611-10 du Code français de la propriété intellectuelle (CPI). L'alinéa 2 de cet article dispose que *"Ne sont pas considérées comme des inventions:*

a) les découvertes, ainsi que les théories scientifiques et les méthodes mathématiques;
b) les créations esthétiques;
c) les plans principes et méthodes employés dans l'exercice d'activités intellectuelles, en matière de jeu ou dans le domaine des activités commerciales, ainsi que les programmes d'ordinateurs;
d) les présentations d'informations".

Ces diverses exclusions on des fondements différents. En effet:

– "les découvertes ou théories scientifiques", sont exclues, dès lors que par "découvertes" on entend la constatation de phénomènes naturels préexistants à l'intervention de l'homme, alors que "l'invention" est par définition le fruit d'une activité créatrice.
– les "créations esthétiques", relèvent par leur nature de la propriété littéraires ou artistiques, ou éventuellement du droit des dessins et modèles.
– les "présentations d'informations", peuvent également être protégées par le droit d'auteur, et il convient de le souligner, depuis ces dernières années, en tant que compilations, par la directive du 11 mars 1996, retranscrite en droit français par la loi du 1er juillet 1998.

---

[4] Blanc E., *Traité de la contrefaçon*, Paris, 1838, p. 38-39.
[5] CA Paris, 12 juin 1830, Augier c/Cheynet, Blanc E. Traité, op. cité., p. 40.

La section (c) de l'alinéa 2 de l'article L.611-10-2 exclut à la fois de la brevetabilité "les plans", qui peuvent bénéficier de la protection du droit d'auteur, *"les principes et méthodes dans l'exercices d'activités intellectuelles"* c'est-à-dire les "idées" qui, sont en principe "de libre parcours", même si elles peuvent bénéficier dans certaines circonstances de protections par le droit commun.

2.3. *L'application de l'exclusion aux logiciels*

A titre illustratif cet alinéa vise *"les principes et méthodes en matière de jeu ou dans le domaine des activités économiques, ainsi que les programmes d'ordinateurs"*. Il est important de noter que les principes en matière d'activités économiques sont mises sur le même plan que les principes relatifs à des programmes d'ordinateur. L'exclusion de principe des programmes d'ordinateurs est expliquée historiquement par l'incapacité des offices de brevets à effectuer une recherche d'art antérieur parmi les logiciels, et par le choix d'une protection par le droit d'auteur. La même explication est souvent donnée pour l'exclusion des méthodes commerciales du champ de la brevetabilité.

La portée de l'alinéa 2 de l'article L.611-10 doit néanmoins être pondérée dès lors que l'alinéa 3 précise que *"les dispositions de l'alinéa 2 n'excluent la brevetabilité des éléments énumérés auxdites dispositions que dans la mesure où la demande de brevet où le brevet ne concerne que l'un de ces éléments en tant que tels"*. En d'autres termes, comme cela a été jugé par la Cour de Paris en 1981 dans l'arrêt SCHLUMBERGER *"un procédé ne peut être privé de la brevetabilité pour le seul motif qu'un ou plusieurs de ses étapes sont réalisées par un ordinateur devant être commandé par un programme"*[6]. Depuis, il était couramment admis, y compris par l'Office Européen des Brevets (OEB), que sont exclus de la brevetabilité uniquement les logiciels *"per se"*, c'est-à-dire en tant que tels, mais pas les machines ou les systèmes exécutant des opérations au moyen d'un logiciels. Ainsi, selon l'OEB près de 20.000 brevets européens portant sur inventions mettant en œuvres des logiciels auraient été délivrés à ce jour.

On en arrive à une situation de fait assez claire: il existe, pour l'Office européen des brevets, deux catégories de "programmes d'ordinateurs":

---

[6] *PIBD* 1981, III, 175.

- ceux qui relèvent d'un "problème technique", ou "impliquent des considérations techniques", et qui seront de ce fait brevetables,
- ceux qui n'ont aucun rapport même lointain avec la technique.

Les premiers programmes pourront valablement être revendiqués – même sous la forme d'une revendication de "programme d'ordinateur", en suivant le raisonnement de la décision T 1173/97. Les seconds sont toujours exclus de la brevetabilité – mêmes s'ils sont associés à un ou plusieurs éléments matériels – en application du critère de "la contribution à l'état de la technique de l'invention telle que définie dans la revendication et considérée dans son ensemble".

2.4. *La brevetabilité des «méthodes commerciales»: une remise en cause du fondement des droits des brevets*

En 1996, un tribunal fédéral a étendu le champ de la brevetabilité aux «méthodes commerciales» peuvent être brevetées aux Etats-Unis[7]. Immédiatement des milliers de brevets concernant des méthodes de commerce y compris sur internet ont alors fait l'objet de brevets dans ce pays, alors que la rédaction de l'article 52 de la CBE interdit de délivrer des brevets en Europe pour ce même type de brevets.

Mais, il n'en demeurent pas moins que cette spécificité américaine permet aux sociétés opérant dans ce pays d'y déposer des brevets qui grâce aux caractéristiques d'internet on de facto une application universelle. Compte tenu de ce phénomène, les sociétés européennes risquent de se trouver rapidement dans la même situation que la société Barnes & Nobles qui s'est vu interdire l'exploitation de son site internet au motif qu'il violait le brevet Iclick de la société Amazon[8].

Le problème n'est pas théorique, car il existe déjà plusieurs affaires où la mise en œuvre dans un pays, par internet d'une invention brevetée, a donné lieu à un procès dans un autre pays[9]. Ainsi, dans l'affaire «Me-

---

[7] "The transformation of data, representing discrete dollar amounts, by a machine through a series of mathematical calculations into a final share price, constitutes a pratical application of a mathematical algorithm, formula or calculation because it produces a useful, concrete and tangible result, a final share price" (State Street Bank & Trust Co. v. Signature Financial Group Inc. 927 F. Supp. 502, 38 USPQ 2d 1530 D. Mass. 1996).

[8] *Com n.° C99-1695 P., WD Wash.* Mealey's IP Report 1999, Vol. 8, n.° 6, p. 17.

[9] P. et M. Véron, The Internet: a Fourth procedural dimension for patent infringement litigation, *in Festschrift für Jochen Pagenberg*, Carl Heymanns Verlag, 2006, p. 263-272.

nashe» on a vu le propriétaire d'un brevet portant un jeu de casino on line engager une action en contrefaçon au Royaume Uni, alors que son système était mise en œuvre sur un logiciel utilisé dans le cadre d'un casino interactif situé virtuellement sur l'ile de Curaçao. Dans une autre affaire concernant le Blackberry, qui permet de recevoir des emails, le propriétaire d'un brevet US affirmait que l'envoi de messages du Canada vers les Etats-Unis constituait un acte de contrefaçon.

Ces problèmes de territorialité, s'ils sont fréquents et bien connus en matière de marques, où ils donnent d'ailleurs souvent lieu à des décisions contradictoires, peuvent donc également se poser en matière de brevets, ce dont on doit tenir compte.

Ne faudrait-il donc pas modifier d'une manière substantielle l'article 52 de la CBE afin de ne pas handicaper les inventeurs et les sociétés européennes par rapport à leurs homologues américains?

Mais dans ce cas, il sera de plus en plus difficile de distinguer la propriété industrielle de la propriété littéraire et artistique.

En conclusion, on constate qu'internet remet en cause les fondements mêmes de la propriété industrielle. Celle-ci a vu le jour avec la Renaissance, pour ne pas dire avec la machine à vapeur. Ne faudrait-il pas modifier totalement ces fondements pour les adapter à l'ére de l'information?

INVALIDADES NA CONSTITUIÇÃO DOS DIREITOS PRIVATIVOS DE PROPRIEDADE INDUSTRIAL

Américo da Silva Carvalho
Advogado – A.O.P.I.

SUMÁRIO:
Parte I – 1. Preliminares e Objecto do Presente Trabalho. 2. As Invalidades. 3. Ineficácia. 4. Formas de Invalidade do Acto. 5. A inexistência Jurídica. 6. Modalidades de Ineficácia em Sentido Estrito. 7. Distinção entre Nulidade e Anulabilidade. 8. Nulidade e Anulabilidade. Distinção. 9. Determinação do Critério de Distinção. 10. Características da Nulidade. 11. Características da Anulabilidade. 12. Motivos de Recusa de Direitos e Invalidades. Parte II – Direitos Privativos – 13. Direito Contratual. 14. Observações Prévias. 15. Licenças Contratuais. Secção I – 16. Invenções. 17. Requisitos da Invenção. 18. A Novidade e a Actividade Inventiva. 19. O Conceito de Invenção Nova. 20. Invalidade. 21. Nulidade. 22. Invalidade Parcial. Secção II – 23. Modelos de Utilidade. 24. Generalidades. 25. Objecto dos Modelos de Utilidade. 26. Nulidade ou Anulação Parcial. 27. Anulabilidade. Secção III – Topografia de Produtos Semicondutores. 28. Noção. 29. Invalidade. 30. Nulidade. Secção IV – Desenhos ou Modelos Industriais. 31. Conceito. 32. Preliminares. 33. Nulidade. Secção V – Marcas. 34. Opinião de Carvalho Fernandes. 35. Invalidades, Nulidade e Anulabilidade. 36. Nulidade. 37. Anulabilidade da Marca. 38. Marcas Notórias. 39. Marca de Prestigio. 40. Nulidade, Anulabilidade e Ineficácia. 41. Anulabilidade. Secção VI – Recompensas. 42. Noção e Objecto. 43. Anulabilidade. Secção VII – 44. Nome e Insígnia do Estabelecimento. 45. Nulidade. 46. Anulabilidade. Secção VIII – Logótipos. 47. Noção. 48. Nulidade e Anulabilidade. Secção IX – Denominações de Origem e Indicações Geográficas. 49. Noções. 50. Nulidade. 51. Anulabilidade. Secção X – Observação Final.

PARTE I

1. Preliminares e Objecto do Presente Trabalho

Como resulta do próprio título, este trabalho aborda, essencialmente, as invalidades dos direitos privativos da propriedade industrial.

Para tanto teremos que dividir em duas partes, a primeira das quais incide sobre as invalidades (Parte I) e a segunda (Parte II) sobre a aplicação destas aos direitos industriais.

Vamos, portanto, abordar em primeiro lugar as invalidades.

2. As Invalidades

I – Segundo refere MENEZES CORDEIRO, GUILHERME MOREIRA, fundador da moderna civilística portuguesa, contrapunha já a ineficiência à invalidade dos negócios jurídicos e distinguia, nesta a nulidade absoluta ou a inexistência e a nulidade relativa ou anulabilidade"[1].

A ineficácia em sentido amplo analisa-se em vários tipos (continuaremos a seguir MENEZES CORDEIRO) distintos através dos quais se viabiliza a formação dos modelos de decisão.

Continua MENEZES CORDEIRO, notando que a " *ineficácia em sentido amplo* (itálico do autor) analisa-se em vários tipos distintos através dos quais se viabiliza a formação dos modelos de decisão"[2].

A primeira contraposição distingue, no seu seio, a invalidade da ineficácia em sentido estrito.

"Na invalidade cabe subdistinguir a nulidade e a anulação. A estas duas figuras será possível acrescentar a das invalidades mistas ou atípicas".

"A tipologia das ineficácias ficará assim articulada:

– Ineficácia em sentido amplo;
– Invalidade;
– Anulabilidade;

---

[1] *Tratado de Direito Civil Português*, I, *Parte Geral*, Tomo I, 2.ª edição, Almedina, 2000, 642.
[2] *Idem*, 642.

– Invalidade mista;
– Ineficácia em sentido estrito"[3].

E acrescenta ainda que pela "nossa parte, não reconhecemos a figura da inexistência como figura autónoma"[4].

Porém, ainda não nos situámos na invalidade (dos direitos privativos de propriedade industrial) que é ou deveria ser o objecto deste trabalho.

Nem o faremos, desde já, dado que, a sua análise resultará mais fácil, no final, para a apreciação dos direitos privativos.

Começando então por nos referimos a estes.

II – Portanto, as invalidades compreendem a nulidade e a anulabilidade.

Relativamente aos logótipos estabelece-se apenas que são aplicáveis as disposições referentes aos nomes e insígnias do estabelecimento com as necessárias adaptações (art. 304.º). No que concerne às denominações e origem e indicação geográfica, o C.P.I., volta a referir-se à nulidade (art. 313.º) e à anulabilidade (art. 314.º).

Um problema prévio se pode levantar, e que seria o de saber se, quando a lei não se refere às invalidades nos articulados dos direitos em causa, se se deve considerar que tais direitos são ou não passíveis de, a eles, se aplicar ou não o regime das invalidades. Parece-nos claro que a resposta tem de ser afirmativa.

A entender-se de outra maneira os títulos, capítulos ou secções que enquadram os correspondentes direitos não teriam qualquer valor.

Naturalmente que o legislador ao se referir a determinada figura com uma epigrafe, pretende que se respeita a figura em causa e por isso assim deve ser efectuado. Caso contrário ter-se-ia que considerar que a tipologia legal só teria efeito, se constasse de um artigo da lei. Assim a lei, sobre qualquer domínio, consistiria numa série de definições[5]. É claro que as definições ou conceitos devem e têm que constar da lei, mas estas têm os

---

[3] Transcrito ainda de MENEZES CORDEIRO, *Tratado* e vol. e págs. *cits*.
[4] *Ibidem*, 643.
[5] Aparentemente, em sentido contrario, cfr. LUIS DE CARVALHO FERNANDES, *in A Nova Disciplina das Invalidades dos Direitos Industriais*, Revista da Ordem dos Advogados, Ano 63, Abril 2003, 95 e ss., que se refere aos vários direitos industriais, independentemente de estarem ou não como epigrafados como invalidades. A este trabalho, excelente, voltaremos adiante.

seus lugares próprios e que são os "Grandes" ramos do direito, que podem e devem ser generalizadores, ou generalistas como, por exemplo, o Código Civil ou o Código Penal.

3. Ineficácia

Um acto jurídico considera-se *ineficaz*, na sua ampla acepção da palavra, quando é insusceptível de produzir os efeitos jurídicos que deveriam corresponder. Essa qualificação impõe um confronto entre o acto, em concreto, e o tipo ou categoria abstracta a que ele pertence, e exprime um juízo negativo.

A ineficácia é uma espécie que pode provir de uma de duas causas. Ou os elementos e pressupostos do acto não estão em conformidade com o modelo legal, ou, não faltando essa conformidade, existe contudo um obstáculo exterior que se opõe à produção dos efeitos jurídicos. Daqui a distinção entre *invalidade e ineficácia em sentido estrito*.

Se falta ou se encontra viciado algum dos necessários elementos e pressupostos do acto jurídico, a impotência, que daí resulta, para a produção dos efeitos jurídicos, diz-se propriamente *invalidade*. O defeito afecta, então, o próprio acto jurídico nos seus elementos constitutivos, ou quando muito os sujeitos e objectos, por faltarem, nestes, qualidades que são pressupostos daquele[6].

GALVÃO TELLES,[7] distinguindo (bem) entre invalidade e irregularidade, distinção com muito interesse, mas que não o tem para a matéria em causa.

4. Formas de Invalidade do Acto

GALVÃO TELLES, escreve que a invalidade do contrato ou do negócio jurídico (leia-se do acto), reveste duas formas a nulidade e a anulabilidade, aspecto a que voltaremos adiante.

---

[6] Cfr. INOCÊNCIO GALVÃO TELLES, *Manual dos Contratos em Geral*, Reprint, 3.ª edição, 1965, Lex, 331. Este Autor refere-se a *negócios* jurídicos que transcrevemos como actos jurídicos, pois, a nosso ver, não altera a questão e permite-nos abordar a questão (melhor) no ângulo que pretendemos. Cfr. também MENEZES CORDEIRO, *Tratado de Direito Civil Português*, I, Tomo I, 2.ª edição, Almedina, 2000, 642-647 e cfr. MOTA PINTO, *cit*. 615, cfr. nota na página seguinte.

[7] A. e *ob. cit.*, 332.

Deixaremos, no entanto, desde já apontado que o acto anulável é originalmente válido permanecerá até que o tribunal, a pedido da parte interessada o *anule* (art. 286.° do C.C.).

No paralelo muito sugestivo deste autor, na nulidade o tribunal não é o executor que mata, mas o médico que certifica o nascimento sem vida.

Aproveitando ainda a sugestiva imagem deste Autor, diremos que, no acto anulável, o tribunal não é o médico que certifica o nascimento sem vida, mas o executor, que mata. Na anulabilidade, o acto é válido, e válido continuará, até que o tribunal declare a sua nulidade (art. 287.° do C.C.).

Daí que a lei só imponha a nulidade do acto se considerar a infracção grave e a anulabilidade nos casos em que a considere menos grave[8].

5. A Inexistência Jurídica

Esta figura não é admissível, pela maioria dos autores. Com efeito, a inexistência do acto ainda que ontologicamente possa existir, para o direito ela é inexistente[9].

Porém, em sentido contrário, se pronuncia MANUEL DE ANDRADE,[10] indicando alguns exemplos de que nos permitimos de destacar o seguinte. "Há casos em que o casamento é nulo, e, no entanto produz certos efeitos em relação aos filhos – pois os torna legítimos".

Em idêntico sentido se pronuncia CARVALHO FERNANDES,[11] e aparentemente CASTRO MENDES[12].

6. Modalidades de Ineficácia em Sentido Estrito

A ineficácia é *absoluta* quando actua automaticamente, *erga omnes*, podendo ser invocada por qualquer interessado. A ineficácia será *relativa* se se verificar apenas em relação a certas pessoas (inoponibilidade), só por

---

[8] Cfr., por todos, GALVÃO TELLES, *ob. cit.,* 334.

[9] CABRAL DE MONCADA, *Lições de Direito Civil,* II, Atlântida, 3.ª edição, GALVÃO TELLES, *Manual, cit.,* 334-335, MENEZES CORDEIRO, *Tratado, cit.,* 643 e ss., OLIVEIRA ASCENSÃO, *Direito Civil, Teoria Geral Acções e Factos Jurídicos,* II, Coimbra Editora, 1999.

[10] *Teoria Geral da Relação Jurídica,* II, Almedina, 1960, 415.

[11] *Teoria Geral do Direito Civil,* II, 3.ª edição revista, Universidade Católica, 2001, 455.

[12] *Teoria Geral do Direito Civil,* II, edição Revista, 1985, 289.

elas podendo ser invocada (o negócio, embora eficaz noutras direcções, é inoponível a certas pessoas).

Exemplos de ineficácia absoluta: negócios sob condição suspensiva, se a condição não se verificar (art. 274.º);[13] os casos por vezes chamados de «nulidade sucessiva» ou superveniente, como, p. ex., se, posteriormente à celebração de um negócio, este vem a ser afectado por uma proibição constante de uma norma retroactiva (solução legislativa rara, delicada e pouco desejável, mas não inconstitucional), como se tal proibição existisse no momento da formação negocial.

Os negócios feridos de ineficácia relativa produzem, pois, efeitos, mas não estão dotados de eficácia relativamente a certas pessoas. Daí que sejam, por vezes, apelidados de *negócios bifrontes ou negócios com cabeça de Jano* (numa alusão a uma divindade da mitologia latina, representada na estatuária por uma figura com duas caras).

7. Distinção entre Nulidade e Anulabilidade

OLIVEIRA ASCENSÃO distingue, sinteticamente, a diferença entre a nulidade e a anulabilidade da seguinte forma:

1.ª Coluna	2.ª Coluna
Nulidade	Anulabilidade
Interesse geral	Interesse particular
Não produz efeitos	Produz efeito precariamente
Não necessita de impugnação	Necessita
É de apreciação oficiosa a todo o tempo pelo interessado	Deve ser alegada em prazo pelo beneficiário
Não convalesce com o tempo	Convalesce
Não é confirmável	É confirmável
São insanáveis ainda pelo decurso do tempo	São sanáveis pelo decurso do tempo
São insanáveis ainda que haja confirmação	São sanáveis por confirmação dos interessados[14].

---

[13] CARLOS ALBERTO DA MOTA PINTO, *Teoria Geral do Direito Civil*, 4.ª edição, por ANTÓNIO PINTO MONTEIRO e de PAULO DA MOTA PINTO, Coimbra Editora, 2005, 616.

[14] Sobre esta matéria, além de OLIVEIRA ASCENSÃO, do qual fizemos a referida transcrição, *Teoria Geral do Direito Civil, Acções e Factos Jurídicos*, 1999, II, 327.

Embora a questão se encontre devidamente estabelecida, vamos ainda, em face da importância desta doutrina, abordar este tema.

8. Nulidade e Anulabilidade. Distinção

Temos assim que os dois tipos de invalidade, nulidade e anulabilidade, correspondem ao negócio ou, mais latamente, acto jurídico nulo ou anulável[15], como diz CARVALHO FERNANDES. E assim em consonância com este autor, diremos que autonomia dogmática da invalidade envolve a consequência de a nulidade e da anulabilidade não serem categorias dogmáticas autónomas. E com efeito, os arts. 286.º a 294.º do C.C. assentam na repartição dicotómica da invalidade.

Sucede porém, que, por vezes, a lei afasta-se desta dicotomia, apresentando desvios ao regime jurídico das invalidades, que se qualificam, então, por alguns, como invalidades mistas ou híbridas[16].

Mas como distinguir a nulidade da anulabilidade? Di-lo com toda a clareza o insigne jurista que foi MANUEL DE ANDRADE, usando, porém, a terminologia que então era utilizada pelo CÓDIGO SEABRA – nulidades absolutas e nulidades relativas – que o regime das primeiras é determinado por motivos de interesse público e o das segundas por motivos de interesse particular[17].

Cfr. CARVALHO FERNANDES, *Teoria Geral do Direito Civil*, que afirma com toda a pertinência que o acto nos casos em que, numa designação genérica, o negócio é invalido, isto é, tem um valor *negativo*, GALVÃO TELLES, *Manual dos Contratos em Geral*, Reprint, 3.ª edição, Lex, 331 e ss., CASTRO MENDES, *Teoria do Direito Civil*, II, Almedina, Coimbra, 298 e ss.

[15] *Teoria Geral do Direito Civil*, Universidade Católica, 2001, II, n.º 609.
[16] OLIVEIRA ASCENSÃO, *Teoria Geral, Acções e Factos Jurídicos, cit.*, 319 e ss. MENEZES CORDEIRO, *Tratado, cit.*, Tomo I, 2000, 649 e ss. CARVALHO FERNANDES, *Teoria Geral, cit.*, II, n.º 608.
[17] *Teoria Geral das Relações Jurídicas*, Vol. II, Almedina, 1960, 416. Este A. já notava que por vezes concorrem ou coexistem motivos de interesse público com motivos de interesse privado chamando-lhe, nesse caso, nulidades mistas. *Ob.* e *loc. cits.*

9. Determinação do Critério de Distinção

Pergunta que geralmente se levanta é a de saber como se determina que estamos, no caso concreto, perante a figura de nulidade ou de anulabilidade. O critério é fácil de encontrar, mas já o mesmo não se pode dizer da sua aplicação.

10. Características da Nulidade

a) Operam «ipso iure» ou *«ipsa vi legis»*. Não se torna necessário intentar uma acção ou emitir uma declaração nesse sentido, nem sequer uma sentença judicial prévia, e podem ser declaradas *ex officio* pelo tribunal.

b) São invocáveis por *qualquer pessoa interessada*, isto é, pelo sujeito de qualquer relação jurídica afectada, na sua consistência jurídica ou prática, pelos efeitos a que o negócio se dirigia.

c) São insanáveis pelo decurso do tempo, isto é, são invocáveis a todo o tempo. A possibilidade da sua invocação perpétua pode, porém, ser precludida, no aspecto prático, pela verificação da usucapião (*prescrição aquisitiva*), se a situação de facto foi actuada de acordo com os efeitos a que tendia o negócio.

d) São insanáveis mediante confirmação (art. 288.º, *a contrario*). Pode, todavia, ter lugar aqui um sucedâneo da confirmação: a chamada *renovação ou reiteração* do negócio nulo[18].

11. Características da Anulabilidade

a) Têm de ser invocadas pela pessoa dotada de legitimidade, não podendo ser declaradas *ex officio* (isto é, por dever do juiz, independentemente da sua aquisição por qualquer interessado).

b) Só podem ser invocadas por determinada pessoa e não por quaisquer interessados. Só têm, com efeito legitimidade para arguir a anulabilidade as pessoas em cujo interesse a lei a estabelece, e só dentro do ano subsequente à cessão do vício que lhe serve de fundamento (art. 287.º, n.º 1 do C.C.). Porém, enquanto o negócio não estiver cumprido (ou o acto

---

[18] Cfr. OLIVEIRA ASCENSÃO, *ob. cit.*, 318 e ss. e MOTA PINTO, *ob. cit.*, 620.

não for praticado) pode ser arguida, sem dependência de prazo tanto por via de acção como por via de excessão (art. 287.°, n.° 2 do C.C.).

Trata-se de uma directriz de carácter genérico que deve ser tomada em conta nos casos em que a lei não faça a indicação concreta das pessoas legitimadas. Por vezes o C.C. faz essa indicação: por exemplo arts. 125.°, 254.° e 1687.°[19].

c) São sanáveis pelo decurso do tempo. O C.C. estabelece o prazo de um ano para arguição das anulabilidades, para as incapacidades (art. 125.°, para prazo geral art. 287.°)

12. Motivos de Recusa de Direitos e Invalidades

De uma maneira geral, pode dizer-se que no domínio da propriedade industrial a lei (leia-se o Código da Propriedade Industrial) segue para declarar as invalidades dos direitos privativos o sistema de que estes devem ser considerados inválidos se tais direitos não devessem ter sido concedidos. E entre estes distingue consoante a causa da não concessão se devesse fundamentar num motivo de recusa absoluto ou num motivo de recusa relativo. No primeiro caso, os direitos privativos são passíveis de nulidade, no segundo de anulabilidade. Este sistema permite assim verificar se deve ser aplicável à situação em causa o instituto da nulidade ou da anulabilidade. Mas isto serve como princípio de ordem geral, porquanto a lei pode, em lugar de aplicar a figura jurídica que logicamente e de acordo com o princípio que deixámos assinalado, aplicar o instituto (nulidade ou anulabilidade) que, em tais termos deveria ser aplicado, ou outro instituto desta dicotomia.

Podemos acrescentar também, como critério auxiliar ou em que se fundamenta o sistema indicado, que a não concessão de um direito privativo deve basear-se num *princípio de interesse público*, que, portanto, não foi observado e daí também no caso de o *direito privativo* não ser concedido, ou, se concedido, ser passível de anulabilidade e consequentemente a não concessão ou a declaração de invalidade do direito privativo se ter baseado num interesse privado caso em que, em princípio, também o direito privativo é passível de anulabilidade.

---

[19] Cfr. MOTA PINTO, *ob. cit.*, 622.

Naturalmente que este critério, que, como dissemos resulta da lei, constitui apenas um meio de auxiliar o interprete, mas não pode entender-se como um *meio infalível* para determinação da aplicabilidade da figura em causa. E porque não cremos que a aplicação dos critérios indicados sejam infalíveis, o intérprete deverá sempre ter o cuidado de consultar a lei (embora esta, por vezes, possa não conter a solução menos acertada ou menos recomendável).

PARTE II
Direitos Privativos

13. Direito Contratual

O art. 31.º do C.P.I. é a chave e também a porta de abertura para esta matéria.

Estabelece, com efeito, o citado artigo:

"1. Os direitos emergentes de patentes, de modelo de utilidade, de registos de topografias de produtos semicondutores, de desenhos ou modelos e de marcas, podem ser transmitidos, total ou parcialmente, a título gratuito ou oneroso.

2. O disposto no número anterior é aplicável aos direitos emergentes dos respectivos pedidos.

3. Os direitos emergentes do pedido de registo ou dos registos de nomes e de insígnias de estabelecimento, só podem transmitir-se, a título gratuito ou oneroso, com o estabelecimento, ou parte do estabelecimento, a que estão ligados.

4. Sem prejuízo do disposto no número seguinte, a transmissão do estabelecimento envolve os respectivos nome e insígnia, que podem continuar tal como estão registados, salvo se o transmitente os reservar para outro estabelecimento, presente ou futuro.

5. Se o nome ou insígnia do estabelecimento ou na marca figurar o nome individual, a firma ou a denominação social do titular ou requerente do respectivo registo, ou de quem ele representa é necessário cláusula para a sua transmissão.

6. A transmissão por actos *inter vivos* deve ser provada por documento escrito, mas se o averbamento da transmissão for reque-

rido pelo cedente, o cessionário deve, também, assinar o documento que comprova ou fazer declaração de que aceita a transmissão".

14. Observações Prévias

Este artigo necessita de algumas observações (críticas).

I – Em primeiro lugar, e este aspecto, porventura, não terá aqui o seu espaço mais adequado, mas na terminologia da lei em relação a patentes e demais direitos subjacentes, por um lado, e por outro de marcas e, demais direitos privativos é que se seguem a este a terminologia de registos, donde se poderia concluir erradamente que tais direitos consistiriam nos respectivos registos.

Com efeito, e embora saibamos que a terminologia já vem de Códigos anteriores (de 40 e de 95), não se percebe a razão por que se insiste em considerar que no primeiro tipo de direito o exclusivo respectivo – *o direito* – nasce com a concessão do direito, e em relação a marcas (e outros direitos) não nasce com a concessão do direito mas do registo.

Argumentar-se-á, em abono da terminologia que o *exclusivo*, no primeiro caso, nasce com a concessão do direito, enquanto no segundo o direito, o *exclusivo*, nasce com o registo.

Parece evidente a falta de razão numa argumentação deste tipo.

É que em ambos os casos o direito nasce com a concessão do *direito*. Dizer-se que o direito (na marca, põe exemplo), nascer com o registo é uma terminologia que, à parte o direito industrial, é contra a terminologia e a concepção do nosso direito. O registo constitui "apenas", por um lado, uma defesa contra terceiros, e por outro, um modo de terceiros não poderem invocar o desconhecimento de que o direito se encontra(va) protegido.

O registo, como é tradicional no nosso direito, constitui "apenas" um modo de publicitar a existência do direito, quer para conhecimento de terceiros quer para defesa do seu titular. Pense-se, v.g. no registo predial

Tanto a concessão da patente como da marca é publicada, e o seu *titular* fica seguro do seu exclusivo se for decorrido o prazo para reclamações, ou, se as houver, se tiver ganho de causa, e da mesma forma se tratando-se de direitos, se interpuser um recurso judicial e, transitada em julgado a respectiva sentença, dando razão ao requerente do direito, este adquire, *de vez*, o direito.

De resto deve notar-se que o art. 30.º, epigrafado averbamentos, refere--se aos actos que devem ser averbados no I.N.P.I., que não vamos reproduzir, mas que apontam na direcção que referimos. Tais como averbamentos de transmissão e renuncia de direitos privativos, a concessão de licenças de exploração, contratuais ou obrigatórias e outros mais direitos privativos.

Consequentemente, já vai sendo, mais do que tempo, para se uniformizar terminologia, deixando de se referir ao registo como sinónimo da concessão do direito.

II – No n.º 3 do citado artigo 31.º, refere-se que os direitos emergentes do pedido de registo ou do registo de nomes e de insígnias do estabelecimento só podem transmitir-se, com o estabelecimento ou parte do mesmo, a que estão ligados.

Compreende-se que assim seja, pois o publico-consumidor terá tendência naturalmente a associar uma marca ou um nome ou insígnia do estabelecimento à própria designação deste último. Podendo, portanto, se assim não fosse, o publico-consumidor ser induzido em erro ou confusão.
Este constitui, sem dúvida, a economia do preceito.
Porém, logo o n.º 4 do mesmo artigo, vem nos dizer que não é assim.
Com efeito, estabelece tal número que "sem prejuízo do disposto no número seguinte, a transmissão do estabelecimento envolve os respectivos nomes e insígnias, que podem continuar como estão registados, *salvo se o transmitente os reservar para outro estabelecimento, presente ou futuro*".
Em que ficamos então? Pretende-se que o público consumidor não seja induzido em erro ou confusão, mas logo a seguir, afirma-se indiferente que tal público seja induzido em erro ou confusão (!).
E embora o n.º 4 diga que "sem prejuízo do disposto no número seguinte", o n.º 5, esperar-se-ia que neste o legislador viesse resolver a questão.
Mas não, o n.º 5 é de ordem meramente processual ou de tramitação. Com efeito, aí se diz que "se o nome ou insígnia do estabelecimento ou na marca figurar o nome individual, a firma ou a denominação social do titular ou de quem ele represente, é necessário cláusula para a sua transmissão"[20].

---

[20] A afirmação de que se refere o n.º 5 trata apenas de aspectos de tramitação tem de ser entendida *cum grano salis*, pois se se verificar o condicionalismo previsto nesse número exige-se mais uma *formalidade* a existência da cláusula a que se refere o n.º 5.

Em melhores águas ou, pelo menos mais tranquilas, não navega o n.º 6 do art. 30.º nos termos de tal número. Na verdade, para provar que há transmissão por actos inter vivos deve ser provada por documento escrito. Mas se o averbamento da transmissão for requerido pelo cedente, o cessionário, deve também assinar o documento que o comprova e fazer declaração de que aceita a transmissão. Ora, por natureza, a transmissão é feita por contrato. Dever-se-ia exigir, no mínimo, que este constasse de documento escrito, naturalmente assinado por ambas as partes. Não seria, logo necessário, o concessionário assinar o contrato que o comprova (exclusivamente) para o caso de averbamento, pois este (cessionário) já teria assinado o contrato. E mesmo perante a actual redacção do n.º 6 se o contrato estiver assinado por cedente e cessionário, seria apenas necessário juntar o contrato. De resto esta doutrina aparentemente já consta desse número. Mas decidiu-se complicar a questão.

15. Licenças Contratuais

Estas estão indicadas no art. 32.º do C.P.I.

Estabelece o n.º 1 do art. 32.º, epigrafado licenças contratuais que:

"Os direitos referidos no n.º 1 do artigo anterior podem ser objecto de licença de exploração, "Os direitos referidos no n.º 1 do artigo anterior podem ser objecto de licença de exploração, total ou parcial, a título gratuito ou oneroso, em certa zona ou em todo o território nacional, por todo o tempo da sua duração ou por todo o tempo ou por prazo inferior". Tal art. 32.º não oferece qualquer especificidade, para o tema que nos cumpre abordar[21].

---

[21] Deve notar-se que CARVALHO FERNANDES, desbravou o tema que nos compete apreciar, in R.O.A. Ano 63, Abril 2003. *A Nova Disciplina das Invalidades dos Direitos Industriais*, 95 e ss., o que nos facilita este trabalho e ao qual voltaremos.

SECÇÃO I

16. Invenções

17. Requisitos da Invenção

Nos termos do art. 51.º (n.º 1) do C.P.I. podem ser objecto de patente as invenções novas, implicando actividade inventiva e susceptíveis de aplicação industrial.

18. A Novidade e a Actividade Inventiva

A nosso ver, a exigência de novidade e actividade inventiva é tautológica. Com efeito, se constitui um requisito indispensável para que a invenção seja atribuído um exclusivo de patente que esta implique actividade inventiva, é porque esta tem actividade inventiva e se tem capacidade inventiva considera-se nova.

Na verdade, a patente se não contém actividade inventiva é porque não é nova, e se não é nova é porque não tem actividade inventiva.

Poder-se-ia contra argumentar que o pretenso inventor desconhecia que já havia outra patente, ou o modo empregado ou utilizado pelo pretenso inventor não é do seu conhecimento tal facto não releva. Porquanto a actividade inventiva, por definição, supõe a realização ou a descrição pela primeira vez do que é objecto da pretensa patente. Só assim se pode dizer que a invenção é nova. Melhor fora, portanto, que se dissesse somente que a invenção é nova e seguidamente, dir-se-ia que a novidade consistiria em a invenção possui actividade (ou melhor carácter inventivo) inventiva ou vice-versa.

Esta redacção iniciou-se com o Código de 95.

O art. 55.º do C.P.I., estabelece que: "uma invenção é considerada nova, quando não está compreendida no estado da técnica". É susceptível de aplicação industrial se o seu objecto puder ser fabricado ou utilizado em qualquer género de indústria ou na agricultura.

Discutiu-se e argumentou-se sobre a questão de saber se uma patente que foi anulada, pode impedir a concessão de uma patente com objecto idêntico.

Abordámos a questão noutro local[22].

Então defendemos a seguinte posição: Se o segundo pedido é efectuado após a patente ter sido anulada, este segundo pedido não pode ser concedido, por falta de novidade.

Esta afirmação tem de ser entendida *cum grano salis*.

Na verdade, se a patente anterior foi anulada por falta de novidade por não ter carácter inventivo ou não ser susceptível de aplicação industrial, uma de duas. Ou o segundo pedido obedece a estes três requisitos, e portanto, pode ser concedido, mas se foi anulada por outro motivo, claro que o segundo pedido poderia, ser considerada como já não tendo novidade.

19. O Conceito de Invenção Nova

O Código de 1940 não nos dá um conceito de novidade da invenção, embora tenha sido fruto do trabalho de cinco distintos professores, Código que representou um grande progresso científico para a altura em que foi elaborado.

Esse conceito só o vamos encontrar no Código de 95, que segundo julgamos, foi objecto de um anteprojecto de OLIVEIRA ASCENSÃO,[23] muito avançado e que correspondia inteiramente às necessidades de então.

Assim, o Código de 95 estabelecia no art. 50.º que uma invenção é considerada nova quando não está compreendida no estado da técnica.

Acrescenta tal artigo que, para uma invenção, pudesse ser concedida como patente, teria que implicar actividade inventiva, a qual consistia em para um perito na especialidade, não resultar de uma maneira evidente do estado da técnica (n.º 2).

E no n.º 3 estabelecia-se que uma invenção é susceptível de aplicação industrial se o seu objecto puder ser fabricado ou utilizado em qualquer indústria ou na agricultura.

Esta doutrina transitou para o actual Código (de 2003), com ligeiras alterações (arts. 55.º e 56.º).

---

[22] É claro que a invenção não possui actividade inventiva. *A actividade* inventiva ocorre aquando da execução da invenção. Daí que preferimos carácter inventivo. Cfr. o nosso "Objecto da Invenção", Coimbra Editora, 1970, 7 e ss.

[23] Assim, o Código de 95 Publicado na revista da Faculdade de Direito da Universidade de Lisboa, Vol. XXXVI, Lex 35 e ss.

Deve acentuar-se que os normativos em que se indicam os requisitos de patentibilidade são tautológicos, como já dissemos.

Na verdade, "uma invenção é considerada nova quando não está compreendida no estado da técnica (n.º 1 do art. 55.º)".

E este mesmo artigo, refere que se considera que uma invenção implica actividade inventiva se, para um perito na especialidade, não resultar de uma maneira evidente do estado da técnica (art. 55.º, n.º 2).

Ora este conceito vem dizer-nos que uma invenção é *nova* se não está compreendida *no estado da técnica*, e não está compreendida no estado da técnica *quando é nova*.

Por outro lado, a invenção não implica actividade inventiva. Actividade inventiva verifica-se na *execução* do objecto da invenção. Melhor fora, portanto, dizer-se que a invenção tem carácter inventivo[24].

20. Invalidade

21. Nulidade

Nos termos do art. 113.º, são nulas as patentes:

a) Se o objecto não satisfizer os requisitos de novidade, de actividade inventiva e de aplicação industrial[25];

b) Se o objecto não for susceptível de protecção nos termos dos arts. 51.º, 52.º e 53.º (aquele refere-se ao objecto, o art. 52.º, estabelece limitações quanto ao objecto e o art. 53.º limitações quanto à patente que consistem, em a invenção cuja exploração comercial seja contraria à lei, à saúde e aos bons costumes).

Curiosamente acrescenta-se (art. 55.º, n.º 1) que não podendo a exploração ser considerada como tal pelo simples facto de ser proibida por disposição legal ou regulamento.

---

[24] Esta terminologia que já utilizávamos no nosso trabalho, *O Objecto da Invenção*, Coimbra Editora, 1970, 8 e ss.

[25] Conforme dizemos, a actividade inventiva e a novidade, constituem um único conceito. Esta é nova se contiver actividade inventiva. Portanto, esta (a novidade) é definida por aquela (actividade inventiva).

Supomos que o intuito do legislador terá sido o de, se a patente é explorada mas proibida por qualquer meio legal, não se considerar como explorada.

22. Invalidade Parcial

O art. 114.º estatui que:

> "Podem ser declaradas nulas, ou anuladas, uma ou mais reivindicações, mas não pode declarar-se a nulidade parcial ou anular-se parcialmente uma reivindicação".

Acrescenta o n.º 2 do citado artigo que, "havendo declaração de nulidade ou anulação de uma ou mais reivindicações, a patente continua em vigor relativamente às restantes, sempre que esta puder constituir objecto de uma patente independente".

CARVALHO FERNANDES, entende que se deveria dizer *estas* (as reivindicações) *puderem*, pois são as reivindicações válidas – e não a patente – que podem constituir objecto da patente independente[26]. Mas não parece que seja assim. Na verdade, o que pode ser considerado *válido é a patente*, com as novas (diferentes) reivindicações.

E igualmente entendemos que se uma ou mais reivindicações forem alteradas, tal circunstância não obriga a que se requeira uma patente nova. As reivindicações substituídas podem fazer parte da patente inicial, desde que não seja alterada a *unidade* da invenção.

SECÇÃO II

23. Modelos de Utilidade

24. Generalidades

Indicámos, em traços gerais, a invalidade da patente da invenção.

---

[26] *Trabalho, cit.*, 213, nota de rodapé.

Dado que o modelo não representa mais do que uma invenção, porventura bastaria referir que o que dissemos anteriormente seria aplicável, *mutatis mutandis*, aos modelos de utilidade. Todavia, embora a lei (C.P.I.) se refira aos modelos de utilidade, remetendo muitas vezes para o regime das patentes, afigura-se indispensável abordar directamente a matéria jurídica relativa aos modelos de utilidade.

25. Objecto dos Modelos de Utilidade

O C.P.I. refere-se ao seu objecto no art. 117.º, estabelecendo que podem ser protegidos como modelos de utilidade as invenções novas implicando actividade inventiva, se forem susceptíveis de aplicação industrial (n.º 1). Incorre-se em idêntica tautologia que já vimos, em relação às invenções[27].

No n.º 3 do mesmo artigo, acrescenta-se que: "a protecção de uma invenção que respeita as condições estabelecidas no n.º 1 pode ser feita, por opção do requerente, a título de modelo de utilidade ou de patente"[28].

O n.º 4 estatui que: "a invenção pode ser objecto simultânea ou sucessivamente, de um pedido de patente e de um pedido de modelo de utilidade, deixando porém, aquela de produzir efeitos após a concessão de uma patente relativa à mesma invenção (n.º 5)".

No Código de 95, dava-se uma redacção diferente da que consta no actual, considerando modelo de utilidade as invenções novas implicando uma actividade inventiva e susceptível de aplicação industrial, que consistissem em dar a um objecto uma configuração, estrutura, mecanismo ou disposição de que resulta o aumento da sua utilidade ou melhoria do seu aproveitamento (art. 122.º/1).

E num número 2, acrescentava-se: "em particular poderão ser protegidos como modelos de utilidade os utensílios, instrumentos, ferramentas,

---

[27] Não deixa de ser curioso o facto de se dizer no n.º 2 do art. 117.º que "os modelos de utilidade visam a protecção das invenções por um procedimento administrativo mais simplificado e acelerado do que o das patentes". Isto pode ser matéria para interpretação ou justificação nos considerandos, que normalmente se fazem para justificar uma lei. Tal matéria a constar da lei deve ser, senão um caso único, pelo menos um caso muito curioso.

[28] Tentando manter a distinção entre invenções e modelos de utilidade, cfr. MARIE--ANGÉLE PÉROT – MOREL, *in* Studi *in* Onore di Remo, FRANCESCHELLI, Milano, Dott. A. Giuffrè Editore, 1983, 423 e ss.

aparelhos dispositivos ou partes dos mesmos, vasilhame e demais objectos que reúnem os requisitos indicados no número anterior".

Vê-se assim, que, embora se fale em invenções, o que se pretende dar é uma protecção a objectos e não a processos ou produtos obtidos por um processo químico ou químico-farmacêutico, como se estabelece no actual C.P.I. [art. 119.°, c)].

O art. 119.°, alínea a) contém doutrina idêntica à do art. 53.°/1. Mas finalmente refere-se que as invenções que incidam sobre matéria biológica não podem ser objecto de patente [alíneas b) e c) do art. 119.°].

Depois os vários artigos referentes aos modelos de utilidade constituem numa quase infindável remissão para as disposições legais relativas a patentes, o que não é de estranhar, visto que os modelos de utilidade, podem ser, considerados, salvo os aspectos antes referidos na lei, como invenções.

26. Nulidade ou Anulação Parcial

Já atrás abordámos esta questão.

Agora limitar-nos-emos a verificar que a patente pode ser passível de nulidade ou anulação, que pode ser apenas parcial. E qual o critério aplicar à nulidade e à anulação parcial?

Temos que remeter para os normativos que devem ser entendidos como motivos absolutos ou relativos de recusa da patente.

Os motivos absolutos de recusa da patente são todos os que a lei indica não havendo motivos de recusa relativos, incluindo os que se referem aos arts. 58.° e 59.°.

27. Anulabilidade

No art. 152.° diz que é aplicável aos modelos de utilidade o disposto no art. 114.°, relativo a patentes, que já indicámos (supra n.° 24).

SECÇÃO III
Topografia de Produtos Semicondutores

28. Noção

O art. 153.º define este direito (produtos semicondutores) como sendo a forma final, ou intermédia, de qualquer produto que, cumulativamente:

    a) Consta no corpo material que inclua uma camada de material semicondutor;

    b) Possua uma ou mais camadas compostas de material, condutor, isolante ou semicondutor, estando as mesmas dispostas de acordo com um modelo tridimensional predeterminado;

    c) Seja destinado a desempenhar uma função electrónica, quer exclusivamente, quer em conjunto com outras funções.

Por sua vez o art. 154.º define assim este direito privativo de que estamos a tratar:

"Topografia de um produto semicondutor é o conjunto de imagens relacionadas, quer fixas, quer codificadas, que representem a disposição tridimensional das camadas de que o produto se compõe, em que cada imagem possua a disposição, ou parte da disposição, de uma superfície do mesmo produto, em qualquer fase do seu fabrico.

Refere-se ainda a lei (art. 155.º do C.P.I.), que este direito privativo deve resultar do esforço intelectual do seu criador e não sejam conhecidos na indústria dos semicondutores.

29. Invalidade

30. Nulidade

O registo é nulo nos seguintes casos, (a lei passa, partir deste direito, a referir-se ao registo e não ao direito) (art. 170.º).

    a) Quando o seu objecto não satisfizer os requisitos previstos nos arts. 153.º, 154.º e 155.º;

b) Quando se reconheça que o título ou epigrafe dado à topografia abranja objecto diferente;

c) Quando o seu objecto não tenha sido descrito de forma a permitir a sua execução por qualquer pessoa competente na matéria.

SECÇÃO IV
Desenhos ou Modelos Industriais

31. Conceito

32. Preliminares

"O desenho ou modelo designa a aparência da totalidade, ou de parte, de um produto resultante das características de, nomeadamente, linhas, contornos, cores, forma, textura ou materiais do próprio produto e da sua ornamentação"(art. 173.º).

O art. 174.º, por sua vez, contém a definição do produto, estabelecendo que:

> "Produto designa qualquer artigo industrial ou de artesanato, incluindo, entre outros, os componentes para montagem de um produto complexo, as embalagens, os elementos de apresentação, os símbolos gráficos e os caracteres tipográficos, excluindo os programas de computador"[29].

Produto complexo designa qualquer produto composto por componentes múltiplos susceptíveis de serem dele retidos para desmontar e nele recolocados para montar novamente[30].

---

[29] A definição está incorrecta. Pelo menos em dois aspectos: em primeiro lugar por a indicação ser feita a título exemplificativo. Em segundo, porque da própria definição se concluía que os programas de computador eram excluídos pela definição destas figuras.

[30] Sobre esta matéria, cfr. OLIVEIRA ASCENSÃO, *A Reforma do Código da Propriedade Industrial*, in Direitos Industriais, Almedina, I, 493.

33. Nulidade

A nulidade consta do art. 208.°, que remete

a) Para o art. 173.° (definição do desenho ou modelo);
b) For contrário à ordem pública ou aos bons costumes (art. 175.°, *ex vi*, art. 208.°);
c) For contrário à definição do produto (art. 174.°, *ex vi* art. 208.°);
d) Não preencher as condições dos arts. 176.° a 180.° (requisitos da concessão dos modelos ou desenhos art. 176.°, novidade art. 177.°, carácter singular art. 178.°, divulgação art. 179.°[31];
e) Interferir com desenho ou modelo anterior;
f) Constituir utilização indevida de qualquer dos elementos enunciados no art. 6.° ter da CUP ou outros sinais não abrangidos por tal artigo que se revistam de particular interesse para Portugal.

Interessante é notar que o n.° 2 do art. 208.°, refere que "só podem ser declarados nulos os registos de desenhos ou modelos que tenham sido objecto de exame".
Qual o sentido desta disposição?
Certamente não será a de considerar que os direitos que não tenham sido objecto de exame não podem ser anulados (!). No entanto, é o que está na lei. Neste caso, os desenhos ou modelos mesmo enfermando de um motivo de nulidade, podem ser válidos por um tempo que não se sabe quando termina.
A resposta a esta questão prende-se com o que está estabelecido no n.° 1 do art. 194.°, epigrafado "exame".
Este artigo estatui que (n.° 1) a pedido do requerente ou de qualquer interessado o Instituto Nacional de Propriedade Industrial,[32] promove o exame do desenho ou modelo.
Os restantes números do citado artigo referem-se à tramitação processual (administrativa). E finalmente é notificado o requerente, publicando-se aviso de recusa ou concessão parcial, de harmonia com o rela-

---

[31] O art. 180.°, indica as divulgações que não implicam a nulidade dos modelos, pelo que não deveria estar incluído neste normativo.
[32] Verdadeiramente o I.N.P.I., não "promove" o exame. Fá-lo ou, se os técnicos do mesmo não o puderem efectuar, terão que recorrer à perícia de auxiliares para o fazer.

tório do exame. Se o requerente não responder à notificação o registo é recusado publicando-se aviso de recusa no Boletim de Propriedade Industrial.

Há todavia, duas observações que devem ser efectuadas.

1.º Esta refere-se ao facto de aparentemente o requerente ter de responder à notificação que concedeu o registo. Naturalmente que tal não faz o mínimo sentido. A *resposta* à notificação só tem sentido quando a decisão do I.N.P.I., é no sentido do "registo".

2.º Esta refere-se ao facto de a questão não ficar por aqui. Na verdade, estabelece o n.º 3 do art. 193.º, que se o titular do registo *provisório* (itálico nosso), pretende intentar acções judiciais para defesa que o mesmo confere,[33] deve requerer, obrigatoriamente, junto do I.N.P.I. o exame a que se refere o artigo seguinte (que já indicámos na parte que interessa), aplicando-se o disposto no art. 5.º.

Não faz qualquer sentido esta exigência. É certo que ela se refere *apenas* à pretensão de intentar uma acção judicial. Mas ainda assim a conclusão é idêntica.

SECÇÃO V
Marcas

34. Opinião de CARVALHO FERNANDES

Segundo CARVALHO FERNANDES, as particularidades da invalidade das marcas ou direitos derivados ou do seu registo assumem carácter mais complexo do que nos outros direitos privativos e contêm-se nos arts. 265.º a 267.º; tendo, contudo, de se atender ainda, na fixação do seu regime, ao art. 268.º[34].

No entender do citado autor, destes preceitos resultam desvios a vários pontos do regime geral de invalidade dos direitos industriais.

---

[33] Finalmente, emprega-se a expressão adequada: para defesa do registo (provisória apenas?) que o direito confere.

[34] *In A Nova Disciplina, cit.,* R.O.A. 123.

35. Invalidade, Nulidade e Anulabilidade

Devemos com efeito, desde já notar que, pelo que concerne às invalidades, enquanto em relação aos direitos privativos que apreciámos até agora, a nulidade e a anulabilidade não são precedidas daquela figura.
O que para nós, não parece correcto.
Haverá razão para assim se proceder?
Vejamos.
O legislador refere-se à extinção do registo de marca ou de direitos dele derivados e seguidamente à figura da nulidade.
Porém, no projecto de OLIVEIRA ASCENSÃO, embora a invalidade não precedesse a nulidade, no seu art. 228.º, epigrafado *invalidade parcial* é expressamente referenciada.
Com efeito, nesse artigo, dizia-se:

"1 – A declaração de nulidade ou anulação do registo podem ser parciais.
2 – Havendo invalidade parcial o registo continuará em vigor na parte remanescente, sempre que puder constituir objecto de um registo independente".

Mas no Código de 95, para o qual aquele autor emitiu o seu Parecer também esta figura não consta do mesmo.
Porventura terá sido por as marcas e os direitos subsequentes constituírem sinais distintivos do comércio.
Mas se assim foi, tal motivo não justifica a supressão da figura da invalidade, pois as marcas constituem direitos privativos da propriedade industrial.

36. Nulidade

Nos termos do art. 265.º do C.P.I., diz-se que:

"Para além do que se dispõe no art. 33.º, o registo de marca é *nulo* quando, na sua concessão, tenha sido infringido o previsto:
 a) Nas alíneas a) a c) do n.º 1 do art. 238.º.
 b) Nas alíneas a) a e) e i) do art. 239.º.

E no n.º 2 diz que: É aplicável às acções de nulidade, com as necessárias adaptações, o disposto no n.º 3 do art. 238.º.

O art. 238.º, nas alíneas [a) a c)] referem-se respectivamente:

– à marca não ser constituída por representação gráfica. O que coloca desde logo o problema de saber se os sons, os sabores e o odor, podem constituir marca;
– a ser constituída sê-lo-ia por sinais desprovidos de carácter distintivo. O que é óbvio, pois é da natureza e essência da marca distinguir os produtos ou serviços de uma empresa dos de outra empresa.

Também este (art. 266.º) refere que para além do que se dispõe no art. 34.º, o *registo* da marca é anulável (itálico nosso).

Insiste-se em que é o *registo* da marca que é anulável, e não o direito de marca. De facto não se pode considerar, neste aspecto, feliz a terminologia adoptada, o que aliás já dissemos.

Pois bem, vamos limitar-nos a apreciar, no aspecto que nos ocupa, às marcas notórias e de grande prestígio.

Dispõe o citado art. 266.º epigrafado anulabilidade que:

"1 – Para além do que se dispõe no art. 34.º, o registo da marca é anulável:

a) Quando, na sua concessão, tenha sido infringido o previsto no art. 226.º, (registo por agente ou representante do titular), nas alíneas f) a h) e m) do art. 239.º (direitos concedidos ou símbolos ou figurações concedidos a terceiros, e imitação ou reprodução da marca) e nos arts. 240.º (imitação de embalagens e rótulos não registados)[35] a 242.º de (outros idênticos ou provindos de outra empresa).

b) Ser exclusivamente constituída por sinais ou indicações referidas nas alíneas b) a e) do n.º 1 do art. 223.º, que se referem a sinais que não podem constituir uma marca.

37. Anulabilidade da Marca

Esta figura vem regulada no art. 266.º do C.P.I., que remete para os arts. 226.º, alíneas f) a h) e m) do art. 239.º e nos arts. 240.º a 242.º.

---

[35] A não referência a produtos semelhantes, mas a produtos provindos de outra empresa é intencional, pois a marca destina-se a distinguir os produtos de duas ou mais empresas como se dirá.

E ainda o deverá ser se forem violados o disposto nas alíneas g) a h) e m) do art. 239.º e nos arts. 240.º a 242.º, ou se o titular da marca pretende fazer concorrência desleal ou que esta é possível independentemente da sua intenção [art. 266.º, alínea b)].

Porém deste artigo não vamos, especificar como fizemos relativamente ao artigo anterior, todas as causas que dão origem à anulabilidade da marca, pois seria uma indicação muito grande e sem especial utilidade.

Ora os arts. 241.º e 242.º abrangem respectivamente, como referimos as marcas notórias e de prestígio, pelo que, além do exposto, são as únicas que oferecem especificidade.

Apenas devemos notar que o interessado na anulação com base no facto de a marca ser notória ou de prestígio deve requerer o registo da marca que fundamenta o pedido de anulação (art. 266.º, n.º 2).

38. Marcas Notórias

Estatui o art. 241.º que é recusado o registo da marca que, no todo ou em parte essencial, constitua a reprodução, imitação ou tradução de outra notoriamente conhecida em Portugal, se for aplicada a produtos idênticos ou afins e que com ela possa confundir-se, ou se, dessa aplicação, for possível estabelecer uma associação com o titular da marca notória[36].

Devemos, no entanto, efectuar uma observação prévia: O Código refere-se a produtos afins[37].

O texto da CUP, art. 6.º-*bis*, fala em produtos semelhantes.

E parece que esta deve ser a terminologia adoptada.

É que não é indiferente dizer-se afinidade de produtos ou semelhança de produtos. Esta última expressão (semelhança) tem um conteúdo técnico-jurídico, que significa produtos provindos da mesma empresa ou fonte, que é o que distingue os produtos e serviços cuja proveniência o público-consumidor pode ou não atribui-los à mesma origem[38]. A afini-

---

[36] A protecção da marca notória teve origem no art. 6.º-*bis* da Convenção de Paris, com as várias alterações que a mesma sofreu.

[37] É a terminologia de JORGE CRUZ, *Código da Propriedade Industrial,* "Anotado" (embora o mesmo não o diga).

[38] Neste sentido, entre outros, NOGUEIRA SERENS, *A Vulgarização da Marca na Directiva 89/104/CEE, de 21 de Dezembro de 1938*, ID EST, no nosso Direito Futuro, VANZETTI e DI CATALDO, *Manuale di Diritto Industriale,* SENA, *Il Nuovo Diritto dei*

dade do produto foi durante vários anos perfilhada pela nossa jurisprudência e muito bem, pois a afinidade de produtos significa que eles devem prover à satisfação das mesmas necessidades ou terem a mesma utilidade.

Mas, a Directiva Comunitária e o Regulamento da marca Comunitária, bem como o art. 222.° do nosso Código refere-se a produtos ou serviços adequados a distinguir estes dos de outra empresa.

Além disso, no que concerne a semelhança de marcas não é suficiente o risco de *associação* por parte do público, mas ainda o risco de confusão (Directiva de Marcas [art. 4.°, a)] e Regulamento [art. 9.°, n.° 1, b)]. O termo afinidade tinha assim uma conotação com determinada doutrina. O termo semelhante com doutrina diferente.

Esta terminologia é de resto a estabelecida, nos arts. 2.° e 4.° da Directiva Comunitária 89/104/CEE.

Sabido como é que o direito comunitário, excepto em direito constitucional, prima sobre o direito dos Estados-membros da União Europeia, não deve abdicar-se do emprego da expressão produtos semelhantes.

Todavia, deve ainda notar-se que o nosso Código acrescenta a expressão "... ou se, dessa aplicação, for possível estabelecer uma associação com o titular da marca notória". Poder-se-ia dizer que se trata de uma redundância. Não vamos apreciar este aspecto, já que, a adição desta expressão, é inócua.

39. Marca de Prestígio

Se a definição ou a conclusão, de que no caso concreto, estamos perante uma marca notória, não nos parece especialmente difícil, embora tendo de reconhecer que em alguns casos o será, que dizer então do qualificativo da marca como de prestígio?

Não vamos efectuar a apreciação dado que o objecto deste trabalho consiste em invalidades.

No entanto, antes de mais temos de indicar em que consiste a marca de prestígio.

Aparentemente, a questão é extremamente fácil.

Marchie Nazionale e Marchio Comunitario, 2 a 5, CHAVANNE e BURST, *Droit de la Proprété Industrielle*, 5.ª edição, 580, PAUL MATHÉLY, *Le Droit Français des Signes Distintifs*, 602-604, e nosso trabalho *Marca Comunitária, Os Motivos Absolutos e Relativos de Recusa*, 86 e *Direito de Marcas*, 2004, 32 e ss.

Dir-se-á marca de prestígio é aquela que granjeou fama, prestígio mesmo. Nesta comete-se logo um erro: a marca de prestígio, como resulta do que já dissemos, não é equiparável à marca que goza de notoriedade. Coloca-se num grau superior à marca notória.

Diz o art. 242.º/1 do C.P.I.[39] "...o pedido de registo será igualmente recusado se a marca, ainda que destinada a produtos ou serviços sem identidade ou afinidade, constitui tradução, ou for igual ou semelhante, a uma marca anterior que goze de prestígio em Portugal ou na Comunidade Europeia, se for comunitária, e sempre que o uso da marca posterior procure tirar partido indevido do carácter distintivo ou de prestígio da marca, ou possa prejudicá-los".

A conclusão que pode apontar-se imediatamente é a de que a marca de prestígio é independente dos produtos ou serviços para que foi registada.

Quanto às marcas de prestígio podemos indicar um caso muito interessante.

O Acórdão do Tribunal de Justiça das Comunidades Europeias, de 9 de Janeiro de 2003,[40] teve ocasião de apreciar e de se pronunciar sobre um caso extremamente interessante, a nosso ver.

A questão, que decorreu entre Davidoff e Cie e Zino Davidoff SA por um lado, e Gofkid L.da, por outro, consistia, em síntese, no seguinte:

Saber se seria aplicável a protecção que é conferida à marca de prestígio, quando os produtos ou serviços em causa são semelhantes. Dizendo de outro modo, se sendo os produtos distinguidos por duas marcas semelhantes e destinadas a distinguir produtos semelhantes, o titular da marca imitada pode prevalecer-se do direito que lhe confere a marca de prestígio?

Aparentemente a dúvida poderá surpreender, mas só na aparência a dúvida é legítima. Com efeito, no caso sobre que se debruçou o T.J.C.E. a marca dos primeiros era semelhante à marca do segundo mas os produtos não eram semelhantes, e a letra da lei refere-se apenas a produtos ou serviços que não sejam semelhantes (art. 5.º, n.º 2 da directiva sobre direito de marcas).

---

[39] O citado art. 242.º, começa pela frase "sem prejuízo do disposto no artigo anterior", seguindo-se a frase que se indica no texto. E claro que esta expressão é absolutamente desnecessária.

[40] Publicado na *Colectânea de Jurisprudência*, 2003-1 (A), pág. I-389.

A Davidoff intentou acção nos tribunais alemães. O Tribunal de Primeira Instância julgou improcedente a acção. Interposto recurso deste Tribunal, também este não obteve provimento. A Davidoff interpôs recurso para o BVerfG (Supremo Tribunal alemão) o qual, por despacho, reenviou o processo para T.J.C.E.

Matéria assente.

Ficou assente que os produtos eram: uns idênticos ou semelhantes; outros dissemelhantes, como aliás resultam da comparação dos respectivos produtos.

As questões prejudiciais submetidas ao T.J.C.E foram:

O disposto nos arts. 4.°, n.° 4, alínea a), e 5.°, n.° 2 da Primeira Directiva 89/104/CEE deve ser interpretado (e, se for caso disso, aplicado) no sentido de que autoriza igualmente aos Estados-membros a conceder uma protecção mais ampla às marcas que gozam de prestígio quando a marca posterior é ou irá ser usada para produtos ou serviços idênticos ou semelhantes àqueles para os quais a marca anterior foi registada?

Os arts. 4.°, n.° 4, alínea a), e 5.°, n.° 2, da Directiva sobre as marcas autorizam o direito nacional a conceder uma protecção mais ampla às marcas que gozam de prestígio apenas nas hipóteses nelas previstas (uso da marca que, sem justo motivo, tira partido indevido do carácter distintivo ou do prestígio da marca anterior ou possa prejudicá-los) ou autorizam a adopção de disposições nacionais complementares de protecção de marcas de prestígio contra sinais posteriores, que sejam ou venham a ser utilizados para produtos ou serviços idênticos ou semelhantes?

A questão a considerar.

No considerando n.° 23, o T.J.C.E. diz que "a questão que se põe é assim, a de se saber se a letra do art. 5.°, n.° 2, da Directiva, por só se referir expressamente ao uso de um sinal para produtos ou serviços não semelhantes, obsta à aplicação desta disposição igualmente em caso de uso do sinal para produtos ou serviços idênticos ou semelhantes".

Ora bem.

O T.J.C.E. já anteriormente (considerando n.° 15) tinha notado que "a Davidoff, o Governo Português e a Comissão consideraram que se deve responder afirmativamente a esta questão, porque a protecção específica concedida às marcas prestigiadas pelos arts. 4.°, n.° 4, alínea a) e 5.°, n.° 2 da Directiva em relação a produtos não semelhantes deve, por maioria da razão, aplicar-se a produtos idênticos ou semelhantes".

Por seu turno, a Gofkid e o Governo do Reino Unido entendem que deve ser dada uma resposta negativa a tal questão, porquanto a protecção garantida pelos arts. 4.º, n.º 1, alínea b), e 5.º, n.º 1 alínea b), da Directiva, já é suficiente para proteger as marcas destinadas a produtos idênticos ou semelhantes mais amplamente admitida a favor das marcas prestigiadas, sendo o risco de confusão só aplicável, portanto, se os produtos não forem idênticos (art. 5.º, n.º 2 da Directiva).

A questão é esta: se a marca goza de prestígio e é utilizada para produtos idênticos ou semelhantes, se um terceiro usar o sinal, tirando partido do carácter distintivo ou do prestígio da marca ou os prejudique, deve a tal marca ser aplicado o regime desta para produtos *não idênticos nem semelhantes*?

A resposta negativa conduz a que não seja necessário existir no espírito do público um risco de confusão.

    i – Deve aplicar-se o disposto na alínea a) do n.º 1 do art. 5.º, que exige risco de confusão no espírito do público? Dizendo doutra maneira, é manifesto que, dentro de tal condicionalismo, o público atribuirá a marca à mesma origem?

    ii – Ou aplicar-se o disposto na alínea b) no caso? Aparentemente, dir-se-á que esta alínea é confusa, pois nela não se deveria falar de identidade de sinais nem identidade de produtos ou serviços, pois tal situação já está prevista na alínea a)?

E mais curioso é, ainda, em face das conclusões do Advogado-Geral, Jacobs, que havia afirmado que o n.º 2 do art. 5.º da Directiva 89/104/CEE *só* se aplica a situações em que os produtos ou serviços *não* são semelhantes. E diz ainda que os arts. 4.º, n.º 4, alínea a) e n.º 5, n.º 2, são exaustivos não podendo ser complementados por regras nacionais de protecção de marcas famosas.

A apreciação mais pormenorizada do problema.

A nosso ver, os aspectos a ter em consideração são:

- O da capacidade de a marca posterior poder absorver o prestígio da marca anterior. Quanto a este aspecto não podemos deixar de recorrer a um trabalho de NOGUEIRA SERENS,[41] assunto este que também já abordámos num trabalho anterior[42];

---

[41] *A «Vulgarização» da Marca na Directiva 89/104/CEE, de 21 de Dezembro de 1988* (*ID EST*, no nosso Direito Futuro).

[42] *Direito de Marcas*, Coimbra Editora, 2004, págs. 350-396, em especial págs. 368-396.

- O da marca gozar de prestígio em Portugal ou na União;
- O uso da marca posterior procurar sem justo motivo, tirar partido indevido do carácter distintivo, da marca anterior;
- Ou do prestígio da marca;
- Ou possa prejudicá-los[43];
- Se entre a marca de prestígio e a marca posterior deve haver ou não risco de confusão.

Relativamente à capacidade da marca posterior ter capacidade para absorver o prestígio da marca anterior, este requisito conjuntamente com o último constituem a chave da questão.

Na verdade, há que começar por apreciar se a marca posterior tem capacidade para absorver o prestígio da marca anterior.

Mas desde já devemos notar que o facto do distanciamento ou proximidade merceológica dos produtos não é critério que, a nosso ver, possa servir para concluir pela transferibilidade ou intransferibilidade do prestígio da marca.

Ora nos termos da Directiva sobre Marcas [art. 5.º, b)] bem como do respectivo Regulamento para que exista semelhança de marcas é necessário que haja perigo de o publico poder ser induzido em *confusão*. Quer dizer que o risco de associação (entre duas marcas) por parte do consumidor não é suficiente para que elas possam ser consideradas semelhantes. É necessário mais: que o risco de confusão compreenda o risco de associação. Neste sentido *ipsis verbis* aquela Directiva e este Regulamento[44].

Assim, deve, desde logo, questionar-se se as marcas destinadas a produtos semelhantes será o critério que deve servir de base para aquilatar da capacidade de uma marca absorver o prestígio da outra, a aproximação ou distanciamento merceológico?

Tratando-se de produtos idênticos, parece-nos óbvio que a resposta tem de ser afirmativa.

Por exemplo, uma marca destinada a jóias poderá absorver o prestígio da marca Stern?

Uma marca destinada a automóveis poderá absorver o prestígio da marca Mercedes?

---

[43] Cfr. trabalho *cit.*, pág. 379.

[44] FERNÁNDEZ-NÓVOA, ao tratar das causas de nulidade da marca, diz que "nas causas de nulidade relativa pode gerar um risco de *confusão* ou *associação* com uma marca anteriormente pedida (itálico nosso), *Tratado sobre Derecho de Marcas*, Marcial Pons, 2001, 509.

Em nossa opinião:

a) *A apreciação deve ser efectuada não pela aproximação ou distanciamento, merceológico que pode e deve ser extensível, à avaliação da capacidade económica da empresa em causa, isto é, da empresa produtora de tais produtos.*

b) *Assim, se esta última empresa, embora fabrique produtos, merceologicamente diferentes, mas a qualidade desses produtos ou, o que é o mesmo, se a dimensão desta empresa for de molde e puder absorver o prestigio da marca posterior, poder-se-á concluir que a marca anterior, pode ser absorvida por esta.*

c) *Cremos que a mens legislatoris aponta neste sentido, pois no caso de os produtos serem idênticos ou semelhantes, não há que falar em transferência da marca de prestígio, pois, para obstar que o titular da marca posterior absorva o da marca anterior, o titular desta última apenas tem que lançar mão do instituto da confundibilidade das marcas.*

d) *Em última análise, o julgador deve colocar-se na posição do consumidor, e avaliar se este poderia concluir que a marca posterior tinha "capacidade" para gozar do prestígio da marca anterior, e nesse julgamento estaria incluído a capacidade.*

e) *A nosso ver, a transferibilidade ou não transferibilidade da marca de prestígio e a proibição do seu uso por terceiro, tem como pressuposto exactamente a possibilidade da sua apropriação por terceiro, cuja actividade (e naturalmente os produtos produzidos) é distinta da actividade do titular de tal marca. Se os produtos ou serviços produzidos ou prestados são idênticos ou semelhantes, o risco de confusão é a figura jurídica, sob a qual o titular da marca anterior se fundamentará para impedir um terceiro de se utilizar de tal marca, desde que, obviamente, os sinais sejam idênticos ou susceptíveis de indução em confusão.*

f) *Em suma, a possibilidade da transferência da marca deve ser aferida através da capacidade económica do titular dos produtos a que as marcas se destinam.*

Em última análise, afigura-se que a absorção de uma marca de prestígio (destinada a produtos não idênticos ou dissemelhantes) ficará dependente da *capacidade económica* da empresa ou daquele que pretende absorver o prestígio da marca anterior.

40. Nulidade, Anulabilidade e Ineficácia

Já atrás nos referimos a estas figuras. Mas agora há que as defrontar em termos de direitos privativos de propriedade industrial.

Observa CARVALHO FERNANDES que os arts. 33.º e 36.º estão integrados num capítulo epigrafado "extinção dos direitos de propriedade industrial". Nota este autor, que se abrangem, no mesmo capítulo, além das invalidades a caducidade e a renúncia[45]. Acrescentando que sobre o "rigor técnico-jurídico" oportunamente teremos ocasião de nos pronunciar.

A questão, adiantando conclusões, a nosso ver, reside, como aliás observa este autor, no facto de os arts. 33.º a 36.º se referirem *a títulos de propriedade industrial* (itálico do autor).

Parece-nos óbvio que este enquadramento resulta da posição do legislador, que, segundo se afigura, partiu do princípio, aliás, errado que em certos direitos industriais não haveria direitos, mas apenas registos! Ou melhor, quando neste campo, nos queremos referir a direitos a expressão "deve ser" (!) títulos e não direitos.

CARVALHO FERNANDES, comentando o art. 33.º escreve que se referem aí três pontos:

– Âmbito da nulidade;
– Suas causas e
– Prazo de aquisição.

Parece evidente que tem toda a razão.

O que não se pode deixar de notar, desde já, é que se misturaram conceitos.

O art. 33.º, subordinado à epígrafe "nulidade" diz que os títulos de propriedade industrial são total ou parcialmente nulos. Deixando de banda as referências, por um lado, à nulidade dos títulos (para o legislador parece que não há direitos, mas apenas títulos) parcial (dos mesmos) deve notar-se que:

1.º Os direitos são *nulos* (itálico nosso) quando o seu objecto for insusceptíveis de protecção, o que é óbvio[46];

---

[45] Trabalho e *loc. cit.*, 99.
[46] Na terminologia anterior ao Código Civil actual dir-se-ia que se trata de nulidade absoluta.

2.º Quando na respectiva concessão tenha havido preterição, de procedimento ou formalidades imprescindíveis para a concessão do direito;

3.º Quando forem violadas regras de ordem pública.

Diz-se ainda no artigo que contem tal matéria (art. 33.º) que: "2. a nulidade é invocável a todo o tempo (como referimos atrás), por qualquer interessado".

A expressão "por qualquer interessado" não explicita qual o *interesse* que do sujeito que pretenda invocar a nulidade desta. É evidente que o interesse tem que ser de ordem jurídica. Dizendo de outra forma, o interessado deve ser parte *legítima* para poder anular a marca, v.g. se esta for *idêntica* à marca de um terceiro, ou semelhante[47].

A preterição de formalidades, sugere-nos a seguinte observação: Este problema tem sido abordado, preferentemente, no direito administrativo, concluindo-se que se as formalidades preteridas forem de ordem pública, partindo-se do princípio que o são, se a lei for omissa a este respeito, o "direito"deve considerar-se nulo, uma vez que, quando a lei não toma posição, as formalidades devem considerar-se de ordem pública, sendo indispensável para a consecução ou obtenção do direito.

41. Anulabilidade

O art. 34.º epigrafado "anulabilidade" estabelece que "os títulos (é evidente que o legislador deveria ter dito *direitos)* de propriedade industrial são total ou parcialmente anuláveis quando o titular não tiver direito a eles nomeadamente:

a) "Quando o direito lhe não pertence;

b) Quando tiverem sido concedidos com preterição dos direitos previstos nos arts. 58.º, 59.º, 121.º, 122.º, 156.º, 157.º, 181.º, 183.º e 226.º.

2. Nos casos previstos na alínea b), acima mencionado o interessado pode, em vez de anulação e se reunir as condições legais, pedir a reversão total ou parcial do título a seu favor.

---

[47] Pode discutir-se no segundo caso se se trata de arguir a anualidade da marca e não já de nulidade.

SECÇÃO VI
Recompensas

42. Noção e Objecto

Estes encontram-se no art. 271.º, que passamos a transcrever.
"Consideram-se recompensas:

a) As condecorações de mérito conferidas pelo Estado Português ou por Estados estrangeiros;

b) As medalhas, diplomas e prémios pecuniários ou de qualquer natureza, obtidos em exposições, feiras e concursos, oficiais ou oficialmente reconhecidos, realizados em Portugal ou em países estrangeiros;

c) Os diplomas e atestados de análise, ou louvor, passados por laboratórios ou Serviços do Estado ou de organismos para tal fim qualificados;

d) Os títulos de fornecedor do Chefe do Estado, Governo e outras entidades ou estabelecimentos oficiais, nacionais ou estrangeiros;

e) Quaisquer outros prémios, ou demonstrações de preferência de carácter oficial".

As recompensas podem ser aplicadas a produtos ou serviços diferentes daqueles para que foram conferidas (art. 272.º do C.P.I.).

Porém, não se indicam para quais são estes serviços ou produtos, e nem qual o mérito que deve ser atingido.

Todavia, colmata-se tal omissão, de certa maneira, remetendo para o Instituto Nacional de Propriedade Industrial a competência para apreciar se o pedido que lhe é feito merece ou não obter uma recompensa.

43. Anulabilidade

Na parte relativa a esta, diz-se que para além do que dispõe no art. 34.º. o registo é anulável quando for anulado o "título" da recompensa. Mais uma vez não é anulado o direito, mas o título do qual consta a concessão da recompensa.

Não se refere, na secção relativa às recompensas, a nulidade.

Mas parece óbvio que se, for caso disso, a recompensa está sujeita à invalidade, quer na forma de anulabilidade quer na forma de nulidade, embora, quanto a recompensas, seja difícil aparecer a figura da nulidade.

SECÇÃO VII

44. Nome e Insígnia de Estabelecimento

I – A indicação da constituição do nome de estabelecimento vem indicado no art. 282.º do C.P.I.

Poderá constituir nome de estabelecimento *brevitatis causa*, os nomes de fantasia ou nomes históricos e outros (art. 283.º do C.P.I.).

A insígnia consiste num sinal, composto ou não de figuras ou desenhos simples ou combinados.

A nulidade e a anulabilidade constam da secção IV do C.P.I., do capítulo VI do C.P.I., epigrafado nome e insígnia de estabelecimento.

45. Nulidade

a) Os nomes e insígnias de estabelecimento são nulos:

i. Quando o seu objecto for insusceptível de protecção;

ii. Quando, na respectiva concessão, tenha havido preterição de procedimentos ou formalidades insusceptíveis para a concessão do direito (de acordo com a regra que toda a formalidade prevista por lei deve considerar-se, caso a lei não declare o contrário, como formalidade essencial);

iii. Quando forem violadas as regras de ordem pública.

As nulidades, como já se referiu, são invocáveis a todo o tempo (art. 33.º, *ex vi* art. 289.º).

Todavia, tal como acontece com as marcas, se o nome ou insígnia de estabelecimento tiver, ao tempo em que seria decretada a nulidade, adquirido carácter distintivo, aquela não é aplicável (art. 238.º, n.º 3 *ex vi* art. 298, n.º 3).

O art. 285.° do C.P.I., indica os elementos que não podem fazer parte do nome ou insígnia do estabelecimento.

I – O art. 298.°, indica ainda como causas de nulidade, entre outras a infracção ao disposto nas alíneas a) a c) do n.° 1 do art. 238.°.
Porém, logo no art. 299.°, epigrafado anulabilidade, diz-nos que para além do que se dispõe no art. 34.°, o registo é anulável, quando na sua concessão, tenha sido infringido o disposto no art. 285.°(porém, o art. 285.°, refere-se aos fundamentos de recusa, artigo este a que o art. 298.°, *já se referia como causa de nulidade*. Será que o disposto no art. 285.° é simultaneamente causa de nulidade e de anulabilidade?
Vejamos.
Cremos que se podem "encontrar" no art. 285.°, proibições de elementos que não podem compor o nome ou insígnia de estabelecimento por motivos de ordem pública e de ordem particular.

II – Porém a confusão feita pelo legislador entre os motivos com cada uma destas qualificações está longe de ser liquida.
Na verdade, o sistema de legislar, como remissões de artigo, para outro artigo e deste para outro ainda, terão porventura constituído a causa desta confusão.
Na verdade, estabelece, por um lado o art. 298.°, epigrafado nulidade, como causa de nulidade, a concessão do nome ou insígnia, quando for infringido o disposto nas alíneas a) a c) do n.° 1 do art. 238.°, relativo a marcas, que efectivamente contém sinais ou indicações de nulidade (absoluta). Por outro lado, mesmo o art. 298.° estatui que o registo é nulo quando tenha sido infringido o disposto nas alíneas a) a e) e i) a l) do art. 239.°.
Todavia, deve observar-se que CARVALHO FERNANDES, ao apreciar as anulabilidades, diz que a alínea a) do n.° 1 do art. 299.°, estabelece as causas particulares da anulabilidade do registo do nome ou insígnia do estabelecimento "refere igualmente a infracção do «disposto no art. 285.°[48]".
E acrescenta "a harmonização de normas tão desavindas, o intérprete só pode fazê-la se for admissível distinguir as várias alíneas do n.° 1 do art. 285.°, elementos que não sejam imitados, uns por razões de ordem pública outros por razão de ordem particular".

---

[48] Questão que já abordámos perfunctoriamente. Cfr. Autor e trabalho excelente, *A Nova Disciplina, cit.,* 132.

E diz ainda que "pensamos ser viável esta distinção, até por motivos que, mais uma vez, não abonam nada em favor do legislador".

"Em verdade, por força do n.º 1 do art. 285.º, além de outros, é considerado, como elemento que do nome ou insígnia não pode fazer parte «tudo quanto, no n.º 1 do art. 238.º e nas alíneas a) a e) e h) a j) do art. 239.º, se refere ás marcas» (alínea l do n.º 1 do art. 285.º)".

Mas mais acrescenta que "ora acontece que a infracção do disposto nestes arts. 238.º, n.º 1 e 239.º é especificamente considerada causa da nulidade do registo, nas alíneas a) e b) do n.º 2 do art. 298.º, mas não em termos equivalentes aos que constam da alínea f) do n.º 1 do art. 285.º"[49].

Quer dizer, desenvolve, "que no que respeita às alíneas dos arts. 238.º, n.º 1 e 239.º, que estejam referidas na alínea f) do n.º 1 do art. 285.º, mas não nas alíneas a) e b) do n.º 2 do art. 298.º, só pode entender-se haver uma causa de anulabilidade. É o que sucede com a alínea d) do n.º 1 do art. 238.º e alínea h) do art. 239.º"[50].

Em nossa opinião, porém, deve tentar-se que o art. 298.º que estabelece que "o registo é nulo quando na sua concessão, tenha sido infringido o previsto, relativamente às marcas (n.º 2):

a) Nas alíneas a) a c) do n.º 1 do art. 238.
b) Nas alíneas a) a e) e i) a l) do art. 239.º".

A primeira das alíneas do art. 238.º, [a) a c)] referem-se a motivos (absolutos) de recusa

A segunda das alíneas deste art. 239.º, abrange as alíneas a) a e) e i) a l) do citado artigo 239.º relativo a fundamento de recusa (relativos).

É certo, porém, que o art. 285.º, relativo a fundamentos de recusa do nome ou insígnia do estabelecimento, estatui que estão incluídos em tais fundamentos:

"f) Tudo quanto no *n.º 1 do art. 238.º e nas alíneas a) a e) e h) a j) do art. 239.º, que se refere às marcas*" (itálico nosso).

Cremos, assim, que há uma contradição entre o art. 239.º, o qual abrange igualmente motivos (relativos) de recusa.

Só que, a nosso ver, o art. 285.º alínea f) se deve sobrepor à alínea b), pela razão (muito pouco convincente, mesmo para nós) de que

---

[49] *Idem.*
[50] A. e *ob. cit.*, 133.

aquele artigo na alínea b), se refere *directamente aos fundamentos de recusa das marcas*.

Devemos, contudo, notar que não nos repugna aceitar a solução de CARVALHO FERNANDES, daí que aceitemos a mesma.

III – E prosseguindo com este sistema demasiado confuso, como bem observa aquele autor,[51] as causas que geram nulidade ou anulabilidade se devem repartir em dois grupos: um referente à anulabilidade, no qual o elemento que não pode fazer parte do nome ou insígnia do estabelecimento está relacionado directamente com o interesse de outra pessoa, que pode ser afectada com o seu uso. É o que acontece com a infracção do disposto nas alíneas c) a e) e h) do art. 285.º.

Dizendo doutra forma:

– O "registo" é *nulo* quando na sua concessão tenha sido infringido o previsto, relativamente às alíneas a) a e) do n.º 1 do art. 238.º;
– É anulável se forem infringidos o previsto nas alíneas a) a e) e i) a l) do art. 239.º (Cfr. art. 298.º do C.P.I.).

Em conclusão, aceitando a interpretação de CARVALHO FERNANDES, não podemos deixar de notar a infeliz técnica legislativa adoptada, acentuando que no art. 298.º, incluiem-se, sob a *epigrafe nulidade*, não são motivos que deveriam efectivamente considerados como nulidade, conjuntamente com disposições cujo conteúdo se refere a anulabilidade [alínea b) do art. 298.º].

E acrescenta ainda que às acções de nulidade é aplicável, com as necessárias adaptações, o disposto no n.º 3 do art. 238.º.

O art. 238.º no seu n.º 3, por sua vez, estabelece que: "não é recusado o registo de uma marca constituída, exclusivamente por sinais ou indicações referidas nas alíneas a), c) e d) do n.º 1, do art. 223.º; se esta tiver adquirido carácter distintivo". São os sinais ou indicações previstos no art. 7.º do R.M.C., epigrafado, motivos absolutos de marca e também na Directiva Comunitária sobre marcas, art. 3.º. Mas a remissão para o art. 223.º, não parece feliz, pois misturam-se conceitos relativos a diferentes direitos privativos.

---

[51] *Ob. cit.*, 133.

46. Anulabilidade

Não deixa de despertar uma certa curiosidade que, após se terem confundido conceitos de direitos privativos e se estabelecerem no mesmo art. 298.°, (nulidade) afirmar-se no art. 299.° que: "para além do que dispõe o art. 34.°, o registo é *anulável*:

   a) Quando, na sua concessão, tenha sido infringido o disposto no art. 285.°.

   b) Quando se reconheça que o titular do registo pretende fazer concorrência desleal ou que esta é possível independentemente da sua intenção.

SECÇÃO VIII
Logótipos

47. Noção

Nos termos do art. 301.°, o logótipo pode ser constituído por um sinal ou conjunto de sinais susceptíveis de representação gráfica, que possam servir para referencia qualquer entidade que preste serviços ou comercialize produtos.

48. Nulidade e Anulabilidade

Devido à remissão que é feita no art. 304.°, são aplicáveis as disposições relativas aos nomes e insígnias do estabelecimento.

SECÇÃO IX
Denominações de Origem e Indicações Geográficas

49. Noções

Entende-se por denominação de origem o nome de uma região, de um local determinado ou, em casos excepcionais, de um país, que serve para designar ou identificar um produto (n.° 1 do art. 305.°).

As condições a que a denominação de origem deve obedecer, para ser considerada como tal, constam as alíneas a) e b) do n.º 1 e do n.º 2 do citado artigo.

Para que se possa qualificar os objectos da indicação geográfica constam das alíneas a) e b) do n.º 3 do citado artigo.

50. Nulidade

Nos termos do art. 313.º, constituem causas de nulidade:

a) As referidas no art. 33.º;
b) A infracção no previsto do art. 308.º, alíneas b), d) e f) do art. 308.º.

As primeiras referem-se ao objecto do direito ser insusceptível de protecção. Noutros termos, quando as denominações de origem e/ou as indicações geográficas, não correspondem ao que se exige para a primeira figura ao que se exige no n.º 1, alíneas a) e b) e n.º 2 do art. 305.º; quanto à segunda figura ao que se exige no n.º 3, alíneas a) e b) do art. 305.º[52].

Em síntese, pode dizer-se que são nulas as figuras que não obedecerem aos requisitos exigidos para a sua concessão. Mas deve notar-se que o art. 308.º, considera como fundamento de recusa para estes dois direitos (I.G. e D.O.).

Não pode deixar de se notar a curiosidade do art. 308.º, referir como causa de recusa o estatuído no art. 24.º que abrange os fundamentos gerais de recusa dos direitos privativos. Ora se são motivos gerais aplicáveis portanto, a todo e qualquer direito privativo ou se tinha referido em cada um dos motivos de recusa dos vários direitos privativos ou, o que seria mais curial com o sistema jurídico, não se tinha indicado neste art. 308.º, o art. 24.º.

E basta dizer-se, a título exemplificativo, que um dos fundamentos gerais de marca é a falta de pagamento de taxas [art. 24.º, n.º 1, alínea a)].

---

[52] Sobre as Denominações de Origem e Indicações Geográficas, cfr. RIBEIRO DE ALMEIDA, *Denominações de Origem e Indicações Geográficas,* Coimbra Editora, *Indicação Geográfica de Proveniência* (*Os nomes geográficos na Propriedade Industrial, in* Direito Industrial, I, 51 e ss.). *Denominações Geográficas e Marcas*, *in* Direito Industrial, II, Almedina, 341 e ss. *Denominações de Origem e Marca*, Coimbra Editora, 1999.

É elementar que o se o titular de um direito não pagar as taxas este não pode ser concedido. Acresce que no modo como o artigo está redigido, será aplicável as taxas periódicas que se têm que pagar. Mas aí há recusa do direito (que ainda não foi concedido) mas caducidade do mesmo.

51. Anulabilidade

Esta matéria consta do art. 314.°, n.° 1, que dispõe que para além do que se dispõe no art. 34.°, o registo de uma denominação de origem ou de uma indicação geográfica á anulável quando, na sua concessão, tenha sido infringido o previsto nas alíneas a), c), e) e g) do art. 308.°, são como tais considerados a falta de legitimidade de o requerente, não devemos considerar denominação de origem ou indicação geográfica, que constitua reprodução ou imitação de outra já registada, que possa induzir o público em erro ou confusão, constitua infracção dos direitos de autor, seja ofensiva da lei ou dos bons costumes ou da ordem publica ou possa favorecer actos de concorrência desleal.

SECÇÃO X
Observação Final

I – Referimos atrás que, de uma maneira geral, que os motivos de nulidade ou de anulabilidade dos direitos privativos, coincidia com os motivos absolutos ou relativos, respectivamente, mas alertamos para o facto de assim poder não acontecer.

Ora acabamos de estudar um caso, em que os motivos absolutos de recusa não correspondem a nulidade de direitos privativos e os motivos relativos de recusa não correspondem à anulabilidade.

Na verdade, para não nos estendermos em demasia, limitar-nos-emos a apontar que, por exemplo, o caso que acabamos de tratar, isto é, das denominações de origem e das indicações geográficas. Ora o art. 308.°, indica apenas (*tout cour*) os fundamentos de recurso.

Neste caso, o melhor, a nosso ver, é recorrermos aos normativos que indicam o que se deve considerar como motivos de nulidade e de anulabilidade.

II – Perguntar-se-á: para que se torna necessário determinar se estamos perante uma nulidade ou uma anulabilidade? A resposta é muito simples. Com efeito, esta foi dada logo no início ao estabelecermos o regime das nulidades e das anulabilidades. Com efeito, e por exemplo, aquela não é sanável com o decurso do tempo, nem o acto correspondente pode ser confirmado. A anulabilidade é sanável e o acto correspondente pode ser confirmado, passando a existir para a ordem jurídica o que, pelos motivos indicados, não acontece com aquela.

Daí que a articulação entre os conhecimentos teóricos e a sua aplicação prática seja indispensável, diríamos mesmo, exigida para que daqueles se passe a esta, por vezes, com relativa facilidade.

Tais conhecimentos, a haver, não prejudicam o legislador, muito pelo contrário.

BIBLIOGRAFIA

ALMEIDA, ALBERTO FRANCISCO RIBEIRO – *Denominações de Origem e Indicações Geográficas*, Coimbra Editora, *Indicação Geográfica de Proveniência Os Nomes Geográficos na Propriedade Industrial*, in Direito Industrial, I, 51 e ss. *Denominações Geográficas e Marcas*, in Direito Industrial, II, Almedina, 341 e ss. *Denominações de Origem e Marcas*, Coimbra Editora, 1999.

ANDRADE, MANUEL DE – *Teoria Geral da Relação Jurídica*, II, Almedina, 1960.

ASCENSÃO, JOSÉ DE OLIVEIRA – *Direito Civil Teoria Geral, Acções e Factos Jurídicos*, II, 1999. *A Reforma do Código da Propriedade Industrial*, in Direitos Industriais, I Coimbra Editora, 1999. *O Projecto do Código Industrial, e a Lei de Autorização Legislativa*, Revista de Direito da Universidade de Lisboa, Vol. XXXVI, Lex, 1993.

BURST, JEAN JACQUES *vide* CHAVANNE, ALBERT.

CARVALHO, AMÉRICO DA SILVA – *Marca Comunitária: Os Motivos Absolutos e Relativos de Recusa*, Coimbra Editora, 1999. *Direito de Marcas*, Coimbra Editora, 2004. *O Objecto da Invenção*, Coimbra Editora, 1970.

CHAVANNE, ALBERT/BURST/JEAN JACQUES – *Droit de la Propriété Industrialle*, Précis, 5.ª edição, Dalloz, 1998.

CORDEIRO, ANTÓNIO MENEZES – *Tratado de Direito Civil Português*, I, *Parte Geral*, Tomo I, 2.ª edição, Almedina, 2000.

CRUZ, JORGE – *Código da Propriedade Industrial*, "Anotado", 2003.

DI CATALDO *vide* VANZETTI.

FERNANDES, LUIS DE CARVALHO – *A Nova Disciplina das Invalidades dos Direitos Industriais*, Revista da Ordem dos Advogados, Ano 63, Abril, 2003 – *Teoria Geral do Direito Civil*, 3.ª edição, Revista, Universidade Católica, 2001.

FERNÁNDEZ-NÓVOA, CARLOS – *Tratado sobre Derecho de Marcas*, Marcial Pons, Madrid e Barcelona, 2001.

GONÇALVES, LUIS COUTO – *Manual de Direitos Industriais, Patentes, Marcas e Concorrência Desleal*, Almedina, 2005.

MATHÉLY, PAUL – *Le Droit Français des Signes Distintifs*. Librairie du Jornal des Notaires et des Avocats, s.d.

MENDES, JOÃO DE CASTRO – *Teoria Geral do Direito Civil*, II, Edição Revista, 1985.

MONCADA, LUIS CABRAL DE – *Lições de Direito Civil*, II. Atlântida, 3.ª edição, Coimbra 1959.

PÉROT/MOREL, MARIE/ANGÉLE – *L'ambiguité du Concept de Modele d'utilité*, in Studi in Onore di REMO FRANCESCHELLI, Dott. A. Giuffrè Editore Milano.

PINTO, CARLOS ALBERTO DA MOTA – 4.ª edição por ANTÓNIO PINTO MONTEIRO e PAULO DA MOTA PINTO, Coimbra Editora, 2005.

SENA, GIUSEPPE – *Il Nuovo Diritto dei Marchi, Marchio Nazionale e Marchio Communitario*, Giuffrè Editore, 1994.

SERENS, MANUEL NOGUEIRA SERENS – *A Vulgarização da Marca na Directiva 89/104/CEE, de 21 de Dezembro de 1988*, (*ID EST*, no nosso Direito Futuro).

TELLES, INOCÊNCIO GAVÃO – *Manual dos Contratos em Geral*, Reprint, 3.ª edição, 1965, Lex.

VANZETTI, ADRIANO e DI CATALDO/VICENZO – *Manuale di Diritto Industrial*, Milano, Dott. A. Giuffrè Editore, 1993.

A TRANSMISSÃO DA MARCA*

MARIA MIGUEL CARVALHO
Assistente da Escola de Direito da Universidade do Minho

SUMÁRIO:
INTRODUÇÃO; I. SISTEMAS DE TRANSMISSÃO DA MARCA: 1. Os interesses em confronto nos diferentes sistemas de transmissão da marca; 2. Breve resenha da evolução legislativa em matéria de transmissão da marca; 3. A transmissão vinculada da marca no direito norte-americano: *assignment with goodwill*; 4. A livre transmissibilidade da marca nalguns ordenamentos jurídicos europeus (breve referência); 5. A transmissão da marca nos sistemas ecléticos ou mistos (remissão). II. O REGIME JURÍDICO DA TRANSMISSÃO DA MARCA: 1. Regime jurídico da transmissão de marca nacional: 1.1. Ligação entre marca e empresa; 1.2. Modalidades de transmissão: 1.2.1. Transmissão de marca registada e transmissão de pedido de registo de marca; 1.2.2. Transmissão total e transmissão parcial; 1.2.3. Transmissão onerosa e transmissão gratuita; 1.2.4. Transmissão de marca registada não previamente usada; 1.3. Requisitos de validade e eficácia da transmissão da marca: 1.3.1. Requisito substancial: insusceptibilidade de induzir em erro o consumidor: 1.3.1.1. Insusceptibilidade de indução em erro quanto à proveniência empresarial do produto ou serviço marcado; 1.3.1.2. Insusceptibilidade de indução em erro quanto aos caracteres essenciais para a apreciação do produto ou serviço marcado; 1.3.2. Requisitos formais: 1.3.2.1. Forma escrita; 1.3.2.2. Averbamento; 1.3.2.3. Publicação do aviso de averbamento; 1.4. Efeitos da transmissão; 2. Regime jurídico da trans-

---

* Este estudo serviu de base à preparação de uma aula de Direito Industrial sobre o mesmo tema leccionada no Curso de Direito da Escola de Direito da Universidade do Minho, no ano lectivo 2006/2007.

missão de marca comunitária: 2.1. Ligação entre marca e empresa; 2.2. Modalidades de transmissão: 2.2.1. Transmissão de marca registada e transmissão de pedido de registo de marca; 2.2.2. Transmissão total e parcial; 2.3. Requisitos de validade e de eficácia da transmissão de marca comunitária: 2.3.1. Requisito substancial: insusceptibilidade de indução em erro; 2.3.2. Requisitos formais: 2.3.2.1. Forma escrita; 2.3.2.2. Inscrição no registo; 2.3.2.3. Publicidade; 2.4. Efeitos da transmissão; 3. Regime jurídico da transmissão de marca internacional: breve referência.

INTRODUÇÃO

A expressão "transmissão da marca", em sentido amplo, abrange as aquisições derivadas de direitos sobre aquele sinal distintivo que podem ter origem em diferentes *fattispecies* dispositivas, designadamente, *inter vivos* (como a cessão da titularidade e a licença de uso) ou *mortis causa*; voluntárias ou coactivas; gratuitas ou onerosas[1].

A este sentido contrapõe-se um outro, mais estrito – que corresponde a um efeito do contrato pelo qual o titular da marca (cedente) transfere a titularidade da marca para outra pessoa (cessionário) – e que habitualmente é também designado de cessão de marca[2].

---

[1] Cfr., MANGINI, «Le Vicende Traslative del Marchio», in: *Tratatto di Diritto Commerciale e di Diritto Publico dell'Economia* (Francesco Galgano), Vol.V (*Il Marchio e gli altri Segni Distintivi*), CEDAM, Padova, 1982, p. 283 e, entre nós, LUÍS COUTO GONÇALVES, *Função Distintiva da Marca*, Almedina, Coimbra, 1999, pp. 176.

[2] Com efeito, apesar de a transmissão poder referir-se quer à titularidade do direito, quer à exploração ou utilização da marca, no nosso ordenamento jurídico fala-se, tradicionalmente, de transmissão (em sentido estrito) no primeiro caso e de licença no segundo. V. o texto legal (Capítulo III [Transmissão e licenças] do Título I [Parte Geral] do Código da Propriedade Industrial, aprovado pelo DL n.º 36/2003, de 5 de Março [CPI]. Na doutrina, cfr., entre outros, CARLOS OLAVO [«Contrato de licença de exploração de marca», in: AA.VV., *Direito Industrial*, Vol. I, APDI/Almedina, Coimbra, 2001, p. 350 e *Propriedade Industrial*, Vol.I (Sinais distintivos do comércio. Concorrência Desleal), Almedina, Coimbra, 2.ª ed. actualizada, revista e aumentada, 2005, pp. 139 e ss.] que contrapõe a transmissão do registo de marca à licença de exploração ou utilização da marca; JORGE MANUEL COUTINHO DE ABREU, *Curso de Direito* Comercial, Vol.I, 6.ª ed., Almedina, Coimbra, 2006, p. 394 e LUÍS COUTO GONÇALVES, *Manual de Direito Industrial*, Almedina, Coimbra, 2005, pp. 287 e ss.

No presente estudo vamos dedicar especial atenção à transmissão *inter vivos* e voluntária da marca individual[3] registada[4], utilizando como sinónimas as expressões «transmissão» e «cessão». Iniciaremos essa abordagem pela análise sucinta dos diferentes sistemas de transmissão da marca e, posteriormente, centraremos a nossa atenção sobre o regime jurídico adoptado no nosso ordenamento jurídico e no âmbito da marca comunitária, terminando com uma breve referência ao regime jurídico de transmissão de marcas registadas internacionalmente.

I. SISTEMAS DE TRANSMISSÃO DA MARCA

1. Os interesses em confronto nos diferentes sistemas de transmissão da marca

O regime jurídico adoptado relativamente à transmissão da titularidade da marca implica a resolução prévia de outras questões incindivelmente conexionadas com esta matéria – referimo-nos à(s) função(ões) e à natureza jurídicas da marca – que, por sua vez, reflectem uma opção político-legislativa quanto aos interesses que merecem ser protegidos[5]. Atendendo à economia do presente trabalho, limitamo-nos a sublinhar que a maior ou menor abertura à transmissão da marca dependerá em muito do grau de tutela jurídica que se pretenda conceder aos consumidores e aos titulares das marcas[6].

---

[3] Relativamente à transmissão de marcas colectivas, cfr. MARIA MIGUEL CARVALHO, «Marcas Colectivas – Breves Considerações», in: AA.VV., *Direito Industrial*, Vol. V, 2008, APDI/Almedina, Coimbra, pp. 243 e ss.) e *infra* nota 52.

[4] Sobre a transmissibilidade das marcas livres concordamos com PINTO COELHO (*Lições de Direito Comercial*, Lisboa, 1945, 1.º vol., p. 471) que defende a sua transmissibilidade, sublinhando, porém, que a protecção dos direitos do adquirente perante terceiros, por faltar o registo da marca, é bastante precária. Além disso, importa não perder de vista que, na medida em que não são objecto de direito de propriedade, não são transmissíveis autonomamente, dependendo da transmissão enquanto elementos de empresas. Neste sentido cfr., COUTINHO DE ABREU, *op. cit.*, p. 395 e FERRER CORREIA, *Lições de Direito Comercial*, Vol.I, Universidade de Coimbra, 1973, p. 351.

[5] No mesmo sentido, ANTONIO RONCERO SÁNCHEZ, *El contrato de licencia de marca*, Civitas, Madrid, 1999, p. 33.

[6] Para uma síntese dessas questões, cfr. MARIA MIGUEL CARVALHO, *Merchandising de Marcas (A comercialização do valor sugestivo das marcas)*, Almedina, Coimbra, 2003, pp. 190 e ss.

Com efeito, parece-nos evidente que qualquer transmissão da marca – sinal que tem como função essencial distinguir os produtos ou serviços por referência à sua proveniência – pode, em determinadas condições, induzir em erro os consumidores, situação que não deve ser tolerada juridicamente. Por outro lado, pensamos que é igualmente compreensível o desejo dos titulares de marcas poderem negociá-las, nomeadamente, pela transmissão da sua titularidade.

Os sistemas que, ao longo do tempo, foram sendo acolhidos nos diferentes ordenamentos jurídicos são o resultado da valoração destes distintos interesses. Assim, no chamado sistema da transmissão vinculada da marca esta só será possível em conexão com a empresa[7] (ou com o *goodwill*[8]) a que esteja ligada, enquanto que no sistema de livre transmissibilidade da marca não são estabelecidos quaisquer requisitos substanciais para aquela.

Cumpre, no entanto, sublinhar que nenhum destes sistemas foi (ou é) aplicado em termos rigorosos. Na verdade, em ambos é preciso flexibilizar a solução consagrada de forma a atender ao interesse contrário em jogo. Por isso, nos ordenamentos jurídicos que adoptaram o sistema de transmissão vinculada foi-se procedendo a uma interpretação cada vez mais flexível da transmissão da empresa, ao ponto de ser suficiente a transmissão de um ramo desta, como forma de atenuar o regime estabelecido por força das exigências económicas que se fizeram sentir[9]. Por outro lado, nas legislações que adoptaram o sistema de livre transmissibilidade foram consagrados instrumentos jurídicos destinados a combater o engano do consumidor causado pelas marcas, e, apesar destas disposições não visarem especificamente esta situação, parecem abrangê-la[10].

---

[7] Referimo-nos à empresa em sentido objectivo, utilizando-a como sinónimo de estabelecimento. Sobre a possibilidade do uso sinonímico das expressões, cfr. COUTINHO DE ABREU, *Da Empresarialidade – As Empresas no Direito,* Almedina, Coimbra, 1996, p. 4 e ORLANDO DE CARVALHO, *Critério e Estrutura do Estabelecimento Comercial*, I, Coimbra, Atlântida, 1967, pp. 8 e ss., nota 3. Sobre a definição de empresa (em sentido objectivo), cfr. COUTINHO DE ABREU, *ult. op. cit.*, pp. 303 e ss.

[8] Como teremos oportunidade de referir, o sistema de transmissão da marca vinculada ao seu *goodwill* é o que, ainda hoje, é adoptado no direito norte-americano (v. *infra* 3.).

[9] Como teremos oportunidade de referir *infra*, também no ordenamento jurídico norte-americano, que consagra o sistema de transmissão da marca vinculada ao seu *goodwill*, se verificou um relaxamento na interpretação da norma que o estipula. V. *infra* 3, esp. nota 46.

[10] V. *infra* 4.

Atendendo ao que acabamos de expor, surge-nos com naturalidade o chamado sistema misto ou eclético: a marca pode ser transmitida independentemente do estabelecimento comercial, mas são estabelecidos requisitos substanciais para essa transmissão que, normalmente, têm a ver com a proibição de engano do consumidor.

Tendo em conta o exposto, cremos que se pode afirmar, como o faz NADIA ZORZI, que "a tutela dos consumidores permanece desvinculada da adopção de uma regra que estabeleça o princípio de uma circulação vinculada ou livre da marca. A tutela dos consumidores actua independentemente e a prescindir da existência daquela regra"[11] e a forma como essa protecção jurídica opera é o resultado de uma decisão de politica-legislativa[12].

Antes de passarmos à análise do regime jurídico da transmissão da marca nacional, comunitária e internacional, deter-nos-emos, brevemente, sobre cada um dos sistemas de transmissão referidos, começando por uma resenha sintética da evolução que se registou neste domínio.

2. Breve resenha da evolução legislativa em matéria de transmissão da marca

O sistema de transmissão vinculada da marca foi seguido na generalidade das primeiras leis industriais[13]. Todavia, esta situação não se man-

---

[11] NADIA ZORZI, «La circolazione vincolata del marchio: il segno come indicatore di provenienza?», in: *Contratto e Impresa*, 1992, n.° 1, ottavo anno, p. 378.

[12] Por um lado, no que respeita à escolha entre um sistema de transmissão vinculada e um outro de livre transmissibilidade, como NADIA ZORZI afirma («Cessione, licenza e merchandising di marchio», in: AA.VV., *I contratti del commercio, dell'industria e del mercato finanziario* (dir. Francesco Galgano), Tomo Secondo, UTET, Torino, 1995, p. 945), "pode-se sublinhar que a diferença substancial, entre um modelo de controlo de tipo normativo ligado ao princípio da circulação vinculada, e um modelo de controlo judicial, ligado ao princípio da livre transmissibilidade, reside numa maior previsibilidade das decisões e assim numa maior certeza inerente ao funcionamento do próprio sistema".

Por outro lado, no que concerne ao papel a atribuir à protecção dos consumidores num sistema de livre transmissibilidade, a proibição do seu engano pode ser concebida como condição negativa única e geral para a validade do contrato de transmissão da marca ou ser completamente irrelevante para esse efeito e actuar meramente em relação ao uso que o novo titular vier a fazer do sinal, podendo conduzir, eventualmente, à caducidade do registo da marca. Cfr. NADIA ZORZI, *ult.op.cit.*, pp. 946 e ss.

[13] Entre as excepções conta-se Portugal (v. infra nota 20) e a França. Relativamente ao ordenamento francês, apesar de a Lei, de 23 de Junho de 1857, ser omissa a este res-

teve por muito tempo já que, nos anos '30 do séc. XX, e nalguns países ainda antes desta data[14], começou a desenhar-se uma tendência no sentido de estabelecer o princípio da livre transmissibilidade.

Integram-se nessa linha, as resoluções aprovadas pela Associação Internacional para a Protecção da Propriedade Intelectual [AIPPI] e pela Câmara do Comércio Internacional [CCI][15]. E, em 1934, a Convenção da União de Paris [CUP] – na tentativa de mitigar o problema que a transmissão de marcas no plano internacional enfrentava naqueles ordenamentos jurídicos que impõem a vinculação daquela à transmissão de toda a empresa[16] – manifestou grande abertura à livre transmissibilidade da marca, embora não a tenha consagrado expressamente (art. 6.°-*quater*)[17],

---

peito, a doutrina defendia o sistema da livre transmissibilidade. Cumpre relembrar que a este facto, como é referido frequentemente, não terão sido alheias, por um lado, a posição perfilhada maioritariamente quanto à natureza jurídica (direito de propriedade) do direito de marca e, por outro, a proximidade dos ideais da Revolução Francesa.

[14] É o caso da Alemanha, onde, já em 1913, WASSERMANN o defendera, e de Itália, onde GHIRON também o fazia. Cfr. WASSERMANN, «Der Entwurf eines Warenzeichengesetzes»,in: *Juristische Wochenschrift*, 1913, p. 1178 e ss. e GHIRON, «La riforma delle leggi industriali in Germania», in: *Rivista di Diritto Commerciale e del Diritto Generale delle Obbligazioni*, 1914, I, pp. 436 e ss., apud REMO FRANCESCHELLI, «Saggio sul a cessione dei marchi», in: *Studi riuniti di Diritto Industriale*, 2.ª ed. actualizada, Giuffrè Editore, Milano, 1972, pp. 252 e ss. [= *Rivista di Diritto Commerciale e del Diritto Generale delle Obbligazioni*, anno XLVI (1948), parte prima, pp. 18 e ss.]. Também nos EUA, onde desde finais do séc. XIX vigorava a regra *anti-assignment in gross*, referida mais detalhadamente *infra* (v. 3.), se verificou esta tendência, a partir da década de '20 do séc. XX. Para maiores desenvolvimentos, cfr. IRENE CALBOLI, «Trademark assignment "with goodwill": a concept whose time has gone", in: *Florida Law Review*, vol. 57, 2005, pp. 784 e ss.

[15] Cfr. STEPHEN LADAS, *Patents, Trademarks and Related Rights – National and International Protection*, Vol.II, Harvard University Press, Cambridge, Massachussets, 1975, p. 1305.

[16] Sobre este problema cfr. STEPHEN LADAS, *op. cit.*, p. 1303 e ainda G. H. C. BODENHAUSEN, *Guia para la aplicacion del Convenio de Paris para la Protection de la Propiedad Industrial*, revisado en Estocolmo en 1967, BIRPI, Ginebra, 1969, pp. 114 e s.

[17] O art. 6.° – *quater* da CUP estabelece que:
"1) Quando, de harmonia com a legislação de um país da União, a cessão de uma marca não seja válida sem a transmissão simultânea da empresa ou estabelecimento comercial a que a marca pertence, para que essa validade seja admitida, bastará que a parte da empresa ou do estabelecimento comercial situada nesse país seja transmitida ao cessionário com o direito exclusivo de aí fabricar ou vender os produtos assinalados pela marca cedida.
2) Esta disposição não impõe aos países da União a obrigação de considerarem válida a transmissão de qualquer marca cujo uso pelo cessionário fosse, de facto, de natureza a induzir o público em erro, designadamente no que se refere à proveniência, à natureza ou às qualidades substanciais dos produtos a que a marca se aplica".

talvez pelo facto de a esmagadora maioria dos seus membros, nessa altura, preverem nas respectivas legislações restrições nesta matéria[18].

Entretanto, a legislação de alguns países foi alterada, abandonando os sistemas de transmissão vinculada – foi o que sucedeu, p.e., no Reino Unido com o *Trade Marks Act* de 1938[19] – e até de livre transmissibilidade (*v.g.* o CPI'40[20] no nosso ordenamento jurídico), e consagrando um sistema misto.

---

[18] STEPHAN LADAS adianta ainda que, na Conferência Diplomática de Lisboa, foi proposta a introdução do princípio de livre cessão da marca, podendo cada Estado prever condições adequadas para evitar a indução em erro do público. Mas essa proposta não foi aprovada, pelo que o texto se mantém inalterado (*op. cit.*, pp. 1306 e s.).

Relativamente às implicações do disposto no âmbito do Acordo sobre os Aspectos dos Direitos de Propriedade Intelectual relacionados com o Comércio [ADPIC], v. *infra* nota 30.

[19] Com efeito, da Section 22 (1) do TMA'1938 resultava a possibilidade de livre transmissibilidade da marca. Todavia, a Section 22 (7) preceituava que no caso de transmissão da marca sem o *goodwill* da empresa tinha de se observar os requisitos aí estabelecidos e que consistiam em requerer, no prazo de seis meses, ao *Registrar* orientação quanto à publicidade da transmissão e cumprir as indicações que lhe fossem dadas. Cfr. BLANCO WHITE/ROBIN JACOB, *Kerly's Law of Trade Marks and Trade Names*, 12.ª ed., Sweet & Maxwell, London, 1986, Nm.13-14, p. 248.

[20] Na nossa opinião, anteriormente, vigorava, em Portugal, o sistema de livre transmissibilidade da marca. Com efeito, o art. 8.º da Carta de Lei, de 4 de Junho de 1883, sobre marcas de fabricas ou de commercio, estipulava: "A transmissão da propriedade das marcas de fabrica e de commercio effectuar-se-há em harmonia com as disposições do direito commum; mas para ter effeito, segundo esta lei, terá de proceder-se a novo deposito e registo, nos termos dos artigos antecedentes" (in: *Collecção Official da Legislação Portugueza*, anno de 1883, Imprensa Nacional, Lisboa, 1884, p. 139). Daqui concluímos que não existia nenhuma restrição, nomeadamente quanto à necessidade de transmissão conjunta do estabelecimento, para a transmissão da titularidade de uma marca.

Mais tarde, o Decreto Ditatorial, de 15 de Dezembro de 1894, e a Lei da Propriedade Industrial, de 21 de Maio de 1896, nos respectivos artigos 86.º, preceituavam que "uma marca póde ser transferida a outro ou outros proprietários, com o estabelecimento cujos produtos distingue" e o art. 88.º estabelecia que "quando não houver contrato que determine o contrario, entende-se que a marca acompanha o estabelecimento industrial ou commercial a que se refere".

Estas disposições foram interpretadas por doutrina autorizada como consagrando o sistema da livre transmissibilidade (*v.g*, PINTO COELHO, *op.cit.*, p. 452) e a Câmara Corporativa, na discussão do art. 41.º da Proposta de Lei que antecedeu o art. 56.º da Lei n.º 1972 [e que coincide, grosso modo, com o art. 118.º do CPI'40], afirmou que "o artigo 41.º e seus parágrafos da proposta [apresentada pelo Governo] integram-se no sistema da conexão da marca com o estabelecimento. *Diverso é o regime da lei de 1896, que autoriza a*

Em Portugal, o CPI'40, baseando-se no art. 56.º da Lei n.º 1972[21], estabelecia no art. 118.º, § 1 que "a propriedade da marca registada é transmissível, independentemente do estabelecimento, se isso não puder induzir o público em erro quanto à proveniência do produto ou aos caracteres essenciais para a sua apreciação", acrescentando no § 4 uma presunção de indução em erro quanto à proveniência do produto relativamente à "transmissão de uma marca, registada a favor de um português ou estrangeiro estabelecido em Portugal, para português ou estrangeiro estabelecido fora de Portugal, quando nessa marca se faça expressa indicação da proveniência portuguesa do respectivo produto".

Nos restantes países, o debate intensificou-se e nalguns casos (*v.g.*, em Itália[22]), na prática, verificou-se um respeito meramente formal do sistema instituído legalmente.

---

transmissão da marca, sem o respectivo estabelecimento, dentro do sistema da não conexão da marca.

Nos termos da lei de 1896 a transmissão da propriedade das marcas efectua-se segundo as disposições do direito comum (artigo 87.º). Os artigos 86.º e 88.º dispõem que a marca pode ser transferida com o estabelecimento cujos produtos distingue e que, não havendo convenção em contrário, entende-se que a marca acompanha o estabelecimento industrial. E nenhuma disposição proíbe, contra o preceito do artigo 87.º, que a marca seja transmitida independentemente do respectivo estabelecimento.

Dentro desta orientação têm sido invariavelmente interpretados na Repartição da Propriedade Industrial os artigos 86.º a 88.º da lei de 1896" (in: *Diário das Sessões*, n.º 147, de 26 de Novembro de 1936, pp. 117, também disponível na Internet, no sítio: http://debates.parlamento.pt/page.aspx?cid=r2.dan [itálicos nossos]).

[21] Como referimos na nota anterior, da Proposta de Lei do Governo a este respeito constava o regime da transmissão vinculada da marca. Todavia, o texto final viria a ser alterado por a Câmara Corporativa entender, não só que o mesmo era contrário à tendência (referida *supra* no texto) internacional, como a doutrina da transmissão da marca independentemente do estabelecimento corresponde a relevantes interesses económicos que tinham de ser acautelados. Cfr. Parecer da Câmara Corporativa, citado na nota anterior. Criticamente sobre a solução consagrada no CPI'40, cfr. OLIVEIRA ASCENSÃO, *Direito Comercial*, Vol. II (Direito Industrial), Lisboa, 1994, pp. 159 e s.

[22] Em Itália, como NADIA ZORZI («Cessione...», *cit.*, p. 939) afirma, "a jurisprudência nas suas decisões em matéria de transmissão de marca, durante a vigência da velha disciplina [a autora refere-se ao *Regio Decreto 21 giugno 1942, n.929*], utilizou implicitamente o princípio da tutela do público (…) como critério fundamental ao qual devia ser reportada a interpretação da regra da conexão entre marca e entidades empresariais relevantes.

Desta forma, o controlo judicial transformou as duas condições separadas a que o legislador subordinou a validade da cessão, quer dizer, a regra da conexão entre marca

Na década de '60, no âmbito dos trabalhos de preparação de legislação comunitária em matéria de marcas, a orientação seguida inclina-se claramente para o sistema de livre transmissão da marca (v. art. 23.º do Ante-projecto de 1964)[23]. Todavia, volvidos menos de dez anos, no *Mémorandum sur la création d'une marque communautaire* é defendida a opção por um sistema misto, referindo expressamente a necessidade de o consumidor não ser induzido em erro[24].

Se este acabou por ser contemplado no art. 17.º, n.º 4 da Proposta de Regulamento[25] e definitivamente consagrado no Regulamento sobre a Marca Comunitária (RMC)[26], o mesmo não sucedeu relativamente à Proposta de Directiva sobre marcas, em que não surge qualquer disposição respeitante à transmissão da marca[27], situação que se manteve no texto definitivo da Directiva de marcas [DM][28].

Em 1994, a tendência referida *supra* parece confirmar-se, quer no plano do ADPIC[29], que acolhe o princípio da livre transmissibilidade da

---

e empresa ou ramo da empresa, e a regra da inexistência de engano do público, numa única proposição preceptiva.

Assim, acabou-se por demonstrar um respeito puramente formal, uma adesão aparente ao preceito da circulação vinculada. Mas em substância procedeu-se a uma desmaterialização do conteúdo preceptivo com vista a negar, na realidade, qualquer possível consistência efectiva".

[23] Cfr. Avant-Projet de Convention relatif a un Droit Européen des Marques, da Comissão Europeia, publicado em 1973, que estabelecia no n.º 1 do art. 23.º que "independentemente da transmissão do estabelecimento industrial ou comercial, ou de uma parte desse, a marca europeia pode ser transmitida para todos ou para uma parte dos produtos para os quais tenha sido registada"

[24] O *Mémorandum* foi adoptado pela Comissão Europeia, em 6 de Julho de 1976, e publicado no Boletim da Comunidade Europeia, no Suplemento 8/76.

[25] V. «New trade-mark system for the community», apresentado pela Comissão Europeia e publicado no Boletim CE, no Suplemento 5/80.

[26] Regulamento sobre a Marca Comunitária, n.º 40/94, de 20 de Dezembro de 1993, in: *JO L* 11, de 14 de Janeiro de 1994.

[27] Sobre esta omissão e o seu significado, cfr. PAOLA FRASSI, «È possibile un nuovo approcio alla materia della cessione dei marchi? L'esemplio francese e comunitario», in: *Rivista di Diritto Industriale*, anno XXXVIII, 1989, I, pp. 275 e ss. e MARÍA TERESA ORTUÑO BAEZA, «La disciplina reguladora de la cesión de la marca en la ley 17/2001: cuestiones relevantes», in: *Revista de Derecho Mercantil*, n.º 258, 2005, p. 1403.

[28] Primeira Directiva do Conselho, de 21 de Dezembro de 1988, que harmoniza as legislações dos Estados-membros em matéria de marcas, n.º 89/104/CE, in: *JO L* 40, de 11 de Fevereiro de 1989, pp. 1 e ss.

[29] Concluído em Marraquexe, em 15 de Abril de 1994, como Anexo 1 C do Acordo que criou a Organização Mundial de Comércio [OMC].

marca (art. 21.º *in fine*)[30], quer no que respeita ao Tratado sobre Direito de Marcas [TLT][31], que no art. 11.º prevê o mesmo sistema. Relativamente a este último Tratado, não podemos deixar de referir que a situação se mantém no texto revisto em 2006 e que consta do Tratado de Singapura sobre o Direito de Marcas [TS][32-33].

Parece-nos, por isso, legitimo concluir que, actualmente, se verifica um notável declínio do sistema de transmissão vinculada (que continua, não obstante, a vigorar nalguns ordenamentos jurídicos, como é o caso dos EUA) a favor de um sistema de livre transmissibilidade e, em menor número, de sistemas mistos.

De facto, como teremos oportunidade de verificar mais adiante, e limitando o âmbito do nosso estudo às legislações dos diferentes Estados-membros da União Europeia, o que se verifica é que ou é adoptado o sis-

---

[30] O art. 21.º do ADPIC estabelece que "os Membros podem definir as condições aplicáveis à concessão de licenças e à cessão de marcas no pressuposto de que não será permitida a concessão de licenças obrigatórias e que o titular de uma marca registada terá o direito de ceder a marca com ou sem a transferência da empresa a que a marca pertence".

Nuno Pires de Carvalho sublinha que o art. 21.º ADPIC eliminou, relativamente aos membros da OMC, a possibilidade conferida pela CUP de estipularem o sistema de transmissão vinculada (*The TRIPs Regime of Trademarks and Designs*, Kluwer Law International, The Hague, 2006, p. 365, Nm. 21.25). Todavia, esclarece que o art. 21.º ADPIC estabelece uma separação entre o *goodwill* da marca e da empresa. Daí a possibilidade imperativa de transmissão das marcas sem a empresa, mas a não proibição de ser requerida, pelos membros da OMC, a transmissão do *goodwill* dos bens juntamente com as marcas, nomeadamente *standards* de qualidade (*op. cit.*, p. 368, Nm. 21.30).

Em sentido diferente, cfr. Irene Calboli, *op. cit.*, pp. 822 e s., que, a propósito da previsão normativa do *Lanham Act* [que, como veremos *infra*, estabelece, como regra, a obrigatoriedade de transmissão da marca com o seu *goodwill*], afirma que, apesar do alegado cumprimento formal, existem fortes dúvidas se, na prática, o § 10 está de acordo com o ADPIC, acrescentando que só será cumprida a legislação internacional se a definição de *goodwill* não se estender ao conceito de empresa.

[31] Assinado em 28 de Outubro de 1994, ainda não foi ratificado em Portugal.

[32] Assinado em 28 de Março de 2006, ainda não foi ratificado em Portugal e ainda não entrou em vigor em nenhum país.

[33] Cumpre salientar que, não obstante a nomenclatura utilizada não coincidir com a adoptada na maioria dos instrumentos legislativos – em vez de se referir à transmissão ou cessão da marca utiliza a expressão «mudança da pessoa do titular» –, do regime instituído parece resultar a possibilidade de cessão da marca registada ou do pedido de registo (art. 11.º, n.º 3 do TLT e art. 11.º, n.º 2 do TS); de cessão total ou parcial e, mais relevante, no âmbito do presente estudo a livre transmissibilidade da marca (art. 11.º, n.º 4 do TLT e art. 11.º, n.º 3 do TS).

tema da livre transmissibilidade³⁴ ou o sistema misto³⁵. Daí que alguns autores³⁶ se questionem se fará sentido continuar a falar de três sistemas, uma vez que, na amostra a que nos referimos, nenhum consagra o sistema da cessão vinculada.

Com efeito, em nenhum a transmissão da marca depende da transmissão da empresa, mas nalguns – os que adoptaram o sistema misto ou eclético – é imposto expressamente um limite à *validade da transmissão da marca*: a proibição de engano do público³⁷. Além disso, como teremos

---

34 Adoptado em mais de metade dos Estados-membros. É o caso da Alemanha (v. § 27 *Gesetz über den Schutz von Marken und sonstigen Kennzeichen, vom 25. Oktober 1994*); Benelux (v. art. 2.31(1) da *Convention Benelux en matiére de Propriété Intellectuelle*); Eslováquia (v. §29 Act n.º 55/1997, Coll. On Trademarks); Eslovénia (v. § 75 Industrial Property Act of 23 May 2001); Estónia (v. § 18 Trade Marks Act, 22 May 2002); França (v. L 714-1 *Code de la Propriété Intellectuelle*); Grécia (v. art. 22, n.º 1, *Trade Marks Law n. 2239, of September 16, 1994*); Irlanda (v. § 28 (1) *Trade Marks Act* n.º 6, 1996); Lituânia (v. § 43 *Law on Trade Marks, 10 October 2000, n.º VIII-1981*); Malta (v. § 23 (1) *Chapter 416, Trade Marks Law, 2000*); Polónia (v. art. 162.º, n.º 1, *Industrial Property Law*); Reino Unido (v. § 24 (1) d) *Trade Marks Act 1994*); República Checa (v. § 15 (1) *Act n.º 441/2003, Coll. on Trademarks*); e Roménia (v. art. 40.º *Law n.º 84/1998 on Marks and Geographical Indications*).

35 V. *infra* nota 37.

36 É o caso de Ortuño Baeza, *op. cit.*, p. 1418 e de Mercedes Curto Polo, *La cesión de marca mediante contrato de compraventa*, Editorial Aranzadi, Cizur Menor (Navarra), 2002, p. 47.

37 No entanto, essa previsão não é igual em todos. Na verdade, apenas a Áustria (v. § 11 (1) (2) *Markenschutzgesetz*), a Bulgária (v. § 21 (1) (4) *Trade Mark Law*) e a Espanha (arts. 46.º, n.º 2 e 47.º, n.º 2 *Ley 17/2001, de 7 diciembre, de marcas*) estabelecem normas idênticas à do RMC (art. 17.º, n.ᵒˢ 1 e 4). A Finlândia prevê que a entidade competente para o registo da transmissão condicione o registo, nos casos em que o uso da marca após tal transmissão seja, claramente, susceptível de enganar o público, à remoção do elemento enganador através de alteração ou aditamento à marca (v. art. 33.º *Trademarks Act n. 7 of January 10, 1964*).

Os restantes ordenamentos jurídicos dos Estados-membros, que adoptaram um sistema misto, fazem-no em moldes diferentes. Assim, em Portugal é estabelecido como limite para a possibilidade de transmissão a não susceptibilidade de indução em erro do público quanto à proveniência ou aos caracteres essenciais para a valoração dos produtos ou serviços (art. 262.º, n.º 1 *in fine*). Em Itália, o art. 23.º, n.º 4 *Codice della proprietà industriale (D. Lgs. 10 febbraio 2005, n. 30)* impõe como limite a não susceptibilidade de engano quanto aos caracteres dos produtos ou serviços que são essenciais para a apreciação do público.

A Hungria prevê expressamente a nulidade do contrato de transmissão da marca se a cessão for susceptível de enganar o público (v. art. 19.º, n.º 4 *Act XI of 1997 on the protection of trademarks and geographical indications*).

E a Suécia prevê a não inscrição no registo da cessão se a marca tiver sido transmitida sem a empresa e o uso da marca pelo novo titular seja obviamente enganoso para o público (v. art. 33.º *Law n.º 644 of December 2, 1960*).

oportunidade de verificar, em todos existe uma norma que prevê a extinção dos direitos conferidos pelo registo de marca que supervenientemente se tenha tornado deceptiva.

3. A transmissão vinculada da marca no direito norte-americano: *assignment with goodwill*

Nos EUA vigora, ainda hoje, a chamada *anti-assignment in gross rule*. Significa isto que a marca não pode ser cedida sem o *goodwill* que a mesma simboliza[38], sob pena de ser inválida e poder conduzir ao cancelamento da marca cedida se for usada para deturpar a origem do produto marcado[39]. Além disso, a transmissão da marca sem o *goodwill* correspondente pode levar ao "abandono" da marca cedida[40].

Esta exigência deriva, tradicionalmente, da consideração da marca como símbolo do *goodwill*[41] e da necessidade de evitar o engano dos consumidores[42]. No entanto, estes fundamentos têm sido postos em causa, e com eles a bondade da regra estabelecida[43].

---

[38] Este princípio teve início na *common law*, sendo posteriormente codificado e, actualmente, consta do *Lanham Act* § 10, 15 U.S.C. § 1060 (a) (1). De acordo com o sistema formalmente instituído uma marca registada (ou um pedido de registo de marca) pode ser transmitida com o *goodwill* da empresa em que a marca é usada ou com parte do *goodwill* da empresa relacionada com o uso e simbolizado pela marca. Sobre a história legislativa desta norma, cfr. IRENE CALBOLI, *op. cit.*, pp. 784 e ss.

[39] De acordo com o disposto no *Lanham Act* § 14, 15 U.S.C. § 1064 (3) pode ser pedido, a todo o momento, o cancelamento do registo de uma marca, por qualquer pessoa que se considere prejudicada, se a marca registada estiver a ser usada por, ou com o consentimento, do titular do registo de forma a deturpar a origem dos produtos ou serviços ou em relação aos quais a marca é usada.

[40] *Lanham Act* § 45, 15 U.S.C. § 1127.

[41] Referindo que a protecção jurídica da marca tem sido, tradicionalmente, justificada com base no facto de as marcas só existirem como símbolos do *goodwill*, não sendo protegidas *per se*, mas pela informação que veiculam aos consumidores, cfr. IRENE CALBOLI, *op. cit.*, p. 781. Em sentido próximo, cfr., entre outros, THOMAS MCCARTHY, *Trademarks and Unfair Competition*, Vol. 2, 4.ª ed., 1998, West Group, § 18:2, pp. 18-5 e s.

[42] IRENE CALBOLI (*op.cit.*, p. 784) refere ainda que a regra em análise foi também justificada com base na ideia de que a transmissão sem *goodwill* pode implicar uma vantagem económica desmerecida para os cessionários em detrimento do público adquirente, especialmente quando a qualidade dos produtos do cessionário é mais baixa do que a dos produtos do cedente. Mas, mesmo nos casos em que os consumidores possam beneficiar da alteração de qualidade, tem sido afirmado que essas alterações podem aumentar os chamados custos de procura do consumidor.

No que concerne à preocupação de evitar o engano do público importa salientar que essa possibilidade é independente, tal como referimos *supra*, do sistema de transmissão de marca adoptado.

Com efeito, alguma doutrina sublinha que o engano, que, pretensamente, a norma pretende evitar, pode ocorrer mesmo que a regra seja observada (i.e., mesmo no caso de transmissão da marca com o *goodwill* que ela simboliza)[44] e, além disso, importa ter presente que pode não ocorrer nenhum engano no caso de transmissão da marca sem o *goodwill*[45]. Aliás, esta será a situação mais consentânea com o normal interesse do cessionário: manter a qualidade dos produtos ou serviços marcados, sob pena de perder clientes.

Relativamente à ligação entre a marca e o seu *goodwill*, importa referir que, apesar de a letra da norma permanecer intacta no que tange à expressão «assignment with goodwill», a interpretação de *goodwill* e, consequentemente, a aplicação da norma legal, mudou de forma muito significativa no último século, podendo afirmar-se agora que a maioria dos tribunais têm entendido que a transmissão da marca é válida desde que o uso pelo cessionário da marca não engane o consumidor[46].

---

[43] Este tema é, aliás, tratado num artigo muito interessante, e já citado, de IRENE CALBOLI, que assenta, como o título permite antever, no desfasamento da regra que proíbe a livre transmissibilidade das marcas: «Trademark assignment "with gooodwill": a concept whose time has gone».

[44] Como IRENE CALBOLI refere: "contrariamente à assunção geral, a Secção 10 nunca evitou directamente que os cessionários alterassem a qualidade dos seus produtos ou serviços, nem requereu legalmente que eles atribuíssem uma determinada qualidade aos seus produtos. Em vez disso, a norma historicamente tem requerido apenas que as marcas sejam transferidas com o goodwill associado" (*op. cit.*, p. 829).

[45] MCCARTHY, *op. cit.*, § 18: 10, 18-18.

[46] IRENE CALBOLI, *op. cit.*, p. 788.

A autora refere que na *common law* o aspecto crucial para os tribunais apreciarem a validade da transmissão de uma marca consistia em determinar se, simultaneamente, tinha ocorrido transmissão dos bens tangíveis da empresa. Além disso, as transmissões não eram válidas se o cedente continuasse a vender produtos semelhantes sob um nome comercial diferente após a transmissão da marca. Como IRENE CALBOLI afirma: "esta posição reflectia uma visão muito estreita das marcas como indicadoras da origem comercial e interpretava a transmissão da marca como envolvendo necessariamente uma alteração na titularidade da empresa na qual a marca era usada" (*op. cit.*, p. 789). E esta foi a perspectiva que continuou a ser usada na vigência do *Trade Marks Act 1905*, até, aproximadamente, a década de '30 do séc. XX.

A partir daqui, os tribunais, partindo da diferença entre *goodwill* e empresa, começaram a considerar suficiente para a validade da transmissão da marca que o cessionário

4. A livre transmissibilidade da marca nalguns ordenamentos jurídicos europeus (breve referência)

Actualmente, como tivemos oportunidade de referir, o sistema da livre transmissibilidade da marca é adoptado em muitos ordenamentos jurídicos europeus[47]. Aqui a transmissão da marca é independente da empresa e não tem de obedecer a quaisquer requisitos substanciais.

No entanto, no que respeita à legislação nacional dos Estados-membros da União Europeia importa ter presente que cada uma dispõe de uma norma que prevê a caducidade do registo por deceptividade superveniente da marca, correspondendo à transposição da norma imperativa da DM que preceitua que: "O registo de uma marca fica igualmente passível de caducidade se, após a data em que o registo foi efectuado: (...) no seguimento do uso feito pelo titular da marca, ou com o seu consentimento, para os produtos ou serviços para que foi registada, a marca for propicia a induzir o público em erro, nomeadamente acerca da natureza, qualidade e origem geográfica desses produtos ou serviços" (art. 12.º, n.º 2, al. *b*) da DM).

Essa norma permite operar um controlo *a posteriori* dos eventuais efeitos deceptivos das transmissões. Este facto, a par da existência unicamente de uma norma sancionatória[48], é o resultado de uma *determinada*

---

adquirisse, também, a parte [o ramo] da empresa necessária para produzir os mesmos produtos (*op. cit.*, p. 790).

Com o início da vigência do *Lanham Act* (1946), os tribunais começaram a seguir uma perspectiva mais ampla: passaram a admitir que o cedente transmitisse uma marca e continuasse com a sua empresa e a considerar que não era essencial a transmissão dos bens tangíveis, num primeiro momento, desde que os produtos do cessionário fossem substancialmente similares aos produzidos pelo cedente e, mais tarde, satisfazendo-se com a semelhança do tipo de produtos (*op. cit.*, pp. 790 e ss.).

Na década de '90 a interpretação da regra ainda se expandiu mais: adoptando uma definição ampla de *goodwill* – e, por isso, respeitando formalmente a norma estabelecida –, passaram a centrar-se no uso da marca pelo cessionário. Só se esse uso fosse susceptível de confundir o público se declarava a invalidade da transmissão da marca (*op. cit.*, pp. 792 e s.).

Referindo-se a um "relaxamento" na exigência relativa à transmissão da marca pela via jurisprudencial, cfr. ainda PATTISHALL/HILLIARD/WALCH II, *Trademarks and Unfair Competition – Deskbook*, 2.ª ed., LexisNexis, New York, 2003, § 4.04, p. 85.

[47] V. *supra* nota 34.

[48] Estes sistemas caracterizam-se pelo não estabelecimento de requisitos substanciais para a transmissão da marca, nessa medida não existem disposições normativas preventivas do engano que possa derivar daquele negócio.

valoração politico-jurídica dos interesses a proteger que estão em causa: os dos titulares das marcas e o dos consumidores.

5. A transmissão da marca nos sistemas ecléticos ou mistos (remissão)

O sistema misto ou eclético caracteriza-se por admitir a transmissão da marca independentemente da empresa mas, impondo-lhe uma condição substancial ou limite. Este é o sistema adoptado no Regulamento sobre a Marca Comunitária e no nosso CPI, que teremos oportunidade de analisar mais detalhadamente *infra* (v. II, 1. e 2.), e ainda noutros ordenamentos jurídicos europeus, embora com diferenças entre si[49].

Neste sistema conjugam-se normas preventivas e sancionatórias do engano dos consumidores, sendo efectuado um controlo anterior e posterior ao averbamento da transmissão no registo. Mais uma vez, esta escolha é fruto de uma *determinada* opção de politica legislativa de tutela jurídica dos interesses dos titulares das marcas e dos consumidores.

II. O REGIME JURÍDICO DA TRANSMISSÃO DA MARCA

1. Regime jurídico da transmissão de marca nacional

1.1. *Ligação entre marca e empresa*

O Código da Propriedade Industrial português actualmente em vigor, mantendo a tradição iniciada em 1940[50], estabelece um sistema misto, i.e., em que a cessão da marca não depende da transmissão da empresa, preceituando que "os registos de marcas são transmissíveis se tal não for susceptível de induzir o público em erro quanto à proveniência do produto ou do serviço ou aos caracteres essenciais para a sua apreciação" (art. 262.°, n.° 1).

---

[49] V. *supra* nota 37.
[50] Referimo-nos ao CPI'40, já mencionado *supra* e ao Código da Propriedade Industrial aprovado pelo DL n.° 16/95, de 24 de Janeiro [CPI'95], cujo art. 211.°, n.° 2 preceituava: "o pedido de registo ou da propriedade da marca registada são transmissíveis independentemente do estabelecimento, se isso não puder induzir o público em erro quanto à proveniência do produto ou do serviço ou aos caracteres essenciais para a sua apreciação".

Todavia, no actual texto legal desapareceu a expressão "independentemente do estabelecimento" que constava dos Códigos anteriores. Esta omissão em nada altera o facto de a cessão da marca não depender da transmissão da empresa, parecendo-nos querer significar que se sublinha que a única condição para o registo é negativa, ou seja, a cessão da marca é possível, desde que não seja susceptível de induzir o público em erro, quer quanto à proveniência, quer quanto aos caracteres essenciais para a sua apreciação. Estas regras, como teremos oportunidade de referir, são também aplicáveis aos pedidos de registo (art. 262.º, n.º 3)[51].

Podemos, por conseguinte, afirmar que vigora entre nós, relativamente às marcas individuais[52], o chamado sistema misto (ou eclético) uma vez que a transmissão da marca é independente da transmissão da empresa – e, nesse sentido, livre –, mas condicionada ao facto não poder induzir o público em erro, quer quanto à proveniência dos produtos ou serviços, quer quanto aos caracteres essenciais destes.

Todavia, importa sublinhar que o facto de a cessão da marca não depender da transmissão da empresa não exclui que, na prática, frequentemente, ocorra a transmissão da empresa, incluindo a(s) marca(s) que, eventualmente, lhe pertença(m). Impõe-se, então, determinar o que acontece a essa(s) marca(s) na hipótese de trespasse em que nada seja referido expressamente.

Na vigência do CPI'95 esta questão não se colocava, uma vez que o art. 211.º, n.º 1, estabelecia uma presunção *iuris tantum* de que o trespasse do estabelecimento implicava a transmissão do pedido ou da propriedade da marca[53]. Contudo, no actual Código essa presunção relativa deixou de estar expressa.

COUTINHO DE ABREU defende, correctamente, a inclusão da marca no âmbito natural da entrega do estabelecimento em caso de trespasse, alegando, por um lado, que é o que resulta do n.º 5 do art. 31.º, com a ressalva do n.º 4 ("quer dizer, se na marca não constar o nome, etc. do titu-

---

[51] Esta possibilidade foi introduzida no CPI'95 (v. art. 211.º, n.º 2 *ab initio*).

[52] No que respeita às marcas colectivas cumpre, no entanto, sublinhar que o art. 263.º preceitua que "as marcas registadas a favor dos organismos que tutelam ou controlam actividades económicas não são transmissíveis, salvo disposição especial de lei, estatutos ou regulamentos internos". Cfr. MARIA MIGUEL CARVALHO, «Marcas Colectivas...», *cit.*, pp. 243 e ss.

[53] O mesmo sucedia na vigência do CPI'40, em que o art. 118.º, § 2.º estipulava que "o trespasse do estabelecimento faz presumir a transmissão da propriedade da marca, salvo estipulação em contrário".

lar, ela é transmitida naturalmente com o respectivo estabelecimento, não precisando de cláusula *ad hoc*") e, por outro, que o mesmo resulta da noção de estabelecimento[54].

1.2. **Modalidades de transmissão**

1.2.1. *Transmissão de marca registada e transmissão de pedido de registo de marca*

Como tivemos oportunidade de referir *supra*, objecto da transmissão pode ser a marca registada ou o pedido de registo de marca (art. 262.º, n.os 1 e 3). Todavia, na hipótese de transmissão de pedido de registo de marca importa não perder de vista que aquele confere uma simples expectativa de direito, por conseguinte, só se o registo vier a ser concedido é que existirá um direito pleno[55].

1.2.2. *Transmissão total e transmissão parcial*

LUÍS COUTO GONÇALVES distingue a transmissão parcial do ponto de vista objectivo (ou merceológico) e a transmissão parcial do ponto de vista geográfico ou territorial[56]. Atendendo a que o seu regime jurídico é diferente, vamos tratá-las separadamente.

Assim, no que respeita à transmissão de uma perspectiva merceológica, aquela pode ser total ou parcial[57], isto é, pode referir-se a todos ou apenas parte dos produtos ou serviços para os quais a marca está registada ou para os quais o registo foi requerido (arts. 31.º, n.º 1 e 262.º, n.º 2).

A cessão parcial pode suscitar alguns problemas – referidos, entre outros, por FERNÁNDEZ-NÓVOA[58] –, especialmente no caso de o cessionário continuar a ter direitos sobre a marca relativamente a produtos ou serviços idênticos ou afins daqueles para os quais a marca foi cedida, uma vez que o risco de confusão para os consumidores é considerável.

---

[54] COUTINHO DE Abreu, *Curso...*, *cit.*, p. 285, nota 221 e p. 286.
[55] No mesmo sentido, cfr. CARLOS GONZÁLEZ BUENO, «Articulo 47. Transmisión de la marca», in: AA.VV., *Comentarios a la Ley e al Reglamento de Marcas* (coord. Carlos González-Bueno), Editorial Civitas, Cizur Menor (Navarra), 2003, p. 476.
[56] LUÍS COUTO GONÇALVES, *Função Distintiva da Marca*, cit., p. 192.
[57] A cessão merceologicamente parcial foi uma novidade introduzida no nosso Direito pelo CPI'95 (v. arts. 29.º, n.º 1 e 211.º, n.º 3).
[58] CARLOS FERNÁNDEZ-NÓVOA, *Tratado sobre Derecho de Marcas*, 2.ª ed., Marcial Pons, Madrid/Barcelona, 2004, p. 538.

No entanto, outros autores argumentam que a possibilidade de ser criado um risco de confusão não deve ser motivo para impedi-la, quer porque existem meios legais próprios para actuar se existir susceptibilidade de indução em erro, quer porque é frequente que as partes recorram aos chamados «acordos de delimitação de uso» a fim de evitar o risco de confusão ou de engano dos consumidores[59].

No que concerne à transmissão parcial do ponto de vista geográfico ou territorial, devemos, antes de mais, sublinhar que a sua previsão desapareceu, e bem como veremos em seguida, no actual Código[60].

A transmissão da marca, de acordo com esta classificação, pode ser efectuada para que aquele sinal seja utilizado em toda a parte ou em determinados locais. Todavia, a sua admissibilidade é muito criticada, essencialmente por causa da colisão com os princípios vigentes no Direito de Marcas[61]. Como MERCEDES CURTO POLO sublinha, é impensável "(...) que uma marca nacional ou comunitária possa ser cedida unicamente para uma parte do território em que goze de protecção. Uma tal fragmentação não só iria contra os princípios que inspiraram até ao momento o Direito de marcas, como se converteria num instrumento de repartição dos mercados nacionais e supranacionais contrário às normas reguladoras da livre concorrência e ao princípio da unidade de mercado"[62].

1.2.3. *Transmissão onerosa e transmissão gratuita*

A transmissão da marca pode efectuar-se a título gratuito ou oneroso (art. 31.º, n.º 1).

---

[59] MERCEDES CURTO POLO, «Articulo 47 – Transmisión de la marca», in: AA.VV., *Comentarios a la Ley de Marcas* (Rodríguez-Cano/Garcia-Cruces González), Editorial Aranzadi, Cizur Menor (Navarra), 2003, p. 752.

[60] No CPI'95 estava prevista no art. 29.º, n.º 1 *in fine*. Em sentido muito critico desta previsão, cfr. LUÍS COUTO GONÇALVES, *Função Distintiva da Marca*, cit., p. 192, que sugeria a interpretação restritiva do referido artigo de forma a não o aplicar às marcas (*ult. op. cit.*, p. 193).

[61] MERCEDES CURTO POLO, *La Cesión de Marca...*, cit., p. 247. Criticamente sobre a previsão legal de transmissão parcial para certa localidade [e também para certas formas de uso] no TMA, 1994 (Reino Unido), cfr. DAVID KITCHIN/DAVID LLEWELYN/JAMES MELLOR/RICHARD MEADE/THOMAS MOODY-STUART/DAVID KEELING, *Kerly's Law of Trade Marks and Trade Names*, 14.ª ed., Sweet & Maxwell, London, 2005, pp. 346, Nms. 13--015 e ss.

[62] MERCEDES CURTO POLO, *La Cesión...*, cit., p. 247.

1.2.4. *Transmissão de marca registada não previamente usada*

A transmissão de marca registada, mas que não tenha sido usada pode também levantar problemas[63].

Com efeito, como Luís Couto Gonçalves refere, "se (...) a aquisição da marca não usada se justifica, essencialmente, nos casos em que está a ser usada pelo transmitente em relação a outros produtos ou serviços, isso significa que não pode estar liminarmente afastado o risco de erro sobre a proveniência. Isto é razão suficiente para os contraentes adoptarem medidas que, aos olhos dos meios interessados, tornem transparente a mudança de origem. Na nossa opinião, constitui um erro dar por adquirido, aprioristicamente, o requisito do princípio da verdade nestas situações"[64]. Mais uma vez, parece-nos que também aqui poderão ser úteis, se se verificarem os respectivos pressupostos, quer a norma preventiva do engano que se extrai do art. 262.º, n.º 1, quer a caducidade por deceptividade superveniente (art. 269.º, n.º 2, al. *b*)).

1.3. *Requisitos de validade e eficácia da transmissão da marca*

O legislador estabelece requisitos substanciais e formais para a transmissão da marca (arts. 262.º e ss. e 31.º e ss.).

Uns (o requisito substancial e a exigência de forma) são de validade. Se não forem respeitados, o contrato de transmissão é nulo e, por conseguinte, não produz *ab initio* o efeito visado: a titularidade da marca não se transmite[65]. O outro (o averbamento da transmissão) é de eficácia, cin-

---

[63] Essencialmente no que respeita à teoria das funções jurídicas da marca. Sobre estes, cfr. Luís Couto Gonçalves, *Função Distintiva*..., cit., pp. 40 e s. Cfr. ainda Emilia Malinverno, «Trasferimento «autónomo» del marchio non usato», in: *Rivista di Diritto Industriale*, anno XXXVII (1988), Parte Seconda, pp. 228 e ss.

[64] Luís Couto Gonçalves, *Manual de Direito Industrial*, cit., pp. 290 e s.

[65] Na hipótese de não observância do requisito substancial (i.e., se, por causa da transmissão da marca, existir susceptibilidade de esta induzir em erro o consumidor quanto à proveniência empresarial ou quanto aos caracteres essenciais para a sua apreciação do produto ou serviço marcado) há violação de uma disposição legal imperativa (*in casu*, art. 262.º, n.º 2 CPI, v. também o art. 294.º CC) que visa proteger interesses públicos (especialmente, a protecção do consumidor).

Sobre a distinção entre nulidade e anulabilidade, destacando a existência de interesses predominantemente públicos ou privados, respectivamente, cfr., entre outros, Pedro Pais de Vasconcelos, *Teoria Geral do Direito Civil*, 3.ª ed., Almedina, Coimbra, 2005, p. 579. Igualmente com muito interesse, cfr. Luís A. Carvalho Fernandes, *Teoria Geral*

gindo-se a sua não observância à inoponibilidade a terceiros. Vamos focar a nossa atenção sobre eles.

1.3.1. *Requisito substancial: insusceptibilidade de induzir em erro o consumidor*

Como referimos, o legislador nacional impõe como único limite para a transmissibilidade das marcas a proibição de engano do consumidor (art. 262.º, n.º 1 *in fine*).

Esse engano pode ter por objecto quer a proveniência empresarial dos produtos ou serviços marcados, quer os caracteres essenciais para a apreciação desses produtos ou serviços marcados por parte do consumidor[66].

1.3.1.1. *Insusceptibilidade de indução em erro quanto à proveniência empresarial do produto ou serviço marcado*

Esta hipótese pretende evitar o engano dos consumidores quando ocorram mudanças no estabelecimento. Isto poderá suceder sobretudo nos casos em que a marca contém uma indicação (*v.g.*, nome ou insígnia de estabelecimento, firma de empresa) que implica uma referência à proveniência do produto/serviço marcado, e a marca é transmitida independentemente daquela empresa.

1.3.1.2. *Insusceptibilidade de indução em erro quanto aos caracteres essenciais para a apreciação do produto ou serviço marcado*

Aqui está em causa evitar que, logo a seguir à transmissão da marca, o cessionário proceda a alterações pejorativas, relevantes e não divulgadas ao público, nos produtos ou serviços marcados. O engano do público que se pretende evitar respeita, por conseguinte, aos caracteres essenciais para a apreciação dos produtos ou serviços marcados. Saber quais sejam é uma

---

do Direito Civil, Vol.II (Fontes, Conteúdo e Garantia da Relação Jurídica), 3.ª ed., revista e actualizada, Universidade Católica Editora, Lisboa, 2001, p. 467 e «A nova disciplina das invalidades dos direitos industriais», in: AA.VV., *Direito Industrial,* Vol.IV, APDI/Almedina, Coimbra, 2005, esp. pp. 113 e s.

Na hipótese de violação da forma (escrita) exigida para a transmissão da marca, a nulidade do contrato de transmissão da marca decorre dos arts. 31.º, n.º 6 CPI e art. 220.º CC, embora na prática esta dificilmente ocorra, dado que, como é referido *infra* no n.º 1.3.2.2. o averbamento é requerido pelo preenchimento de um formulário que tem de ser acompanhado do documento comprovativo da transmissão.

[66] O confronto com a norma respectiva do RMC é feito *infra*, v. II. 2.

questão de facto a apreciar casuisticamente, mas como linha orientadora é importante não perder de vista que devem respeitar àqueles aspectos que sejam susceptíveis de influenciar a decisão económica de compra do consumidor (*v.g.*, a qualidade, a proveniência geográfica, etc.).

Deste limite à transmissão, a doutrina tem retirado uma obrigação para o cessionário que consiste em manter, durante um período de tempo razoável após a transmissão, esses caracteres essenciais. Entre nós, é a posição sufragada por LUIS COUTO GONÇALVES que, relativamente à consequência no que respeita à teoria das funções jurídicas da marca, sublinha que esta norma não é expressão da protecção jurídica directa e autónoma de uma função de garantia de qualidade, representando (mais) um afloramento do princípio da verdade[67].

1.3.2. *Requisitos formais*

Para além do requisito substancial referido, a transmissão da marca está sujeita a alguns requisitos formais. Esses respeitam à forma do negócio e à publicidade do mesmo.

1.3.2.1. *Forma escrita*

A cessão de marca, como qualquer transmissão por acto *inter vivos*, deve ser provada por documento escrito (art. 31.º, n.º 6). A inobservância da forma acarreta a nulidade do negócio.

1.3.2.2. *Averbamento*

Para além dos requisitos de validade acabados de referir, a transmissão da marca necessita[68] – sob pena de ser inoponível a terceiros[69-70] – de

---

[67] LUÍS COUTO GONÇALVES, *Manual de Direito Industrial*, cit., pp. 288 e s.

[68] MERCEDES CURTO POLO destaca que uma vez que a transmissão da marca opera por acordo das partes não tem por que ser conhecida por terceiros, daí que seja necessário estabelecer certas medidas que assegurem a publicidade adequada para garantir a posse pacifica e o desfrute da titularidade da marca por parte do cessionário da marca (*La Cesión* ..., cit., p. 190). A inscrição da cessão no registo produz esse efeito de publicidade determinando a oponibilidade do inscrito face a terceiro e a inoponibilidade dos actos não inscritos sujeitos a inscrição, salvo se se demonstrar a possibilidade de conhecimento por outros meios (*ult. op. cit.*, pp. 195 e s.).

[69] Como MERCEDES CURTO POLO afirma, é preciso ter presente que, diferentemente do que acontece com a inscrição originária da marca, cujo valor é constitutivo, a inscrição derivada da marca como consequência da cessão tem uma eficácia meramente declarativa. (...) A cessão opera no momento em que ocorra alguma das causas que determinam a

ser averbada ao título[71] pelo Instituto Nacional da Propriedade Industrial [INPI] (art. 30.º, n.º 1, al. *a*), n.º 2 e n.º 4).

O averbamento pode ser requerido pelo cessionário ou pelo cedente. Nesta última hipótese é exigida a assinatura do cessionário no documento que comprova a cessão da marca ou a apresentação de uma declaração de que este aceita a transmissão (art. 31.º, n.º 6).

O averbamento é requerido pelo preenchimento do formulário M4[72], acompanhado do documento comprovativo da transmissão e, se for o caso, das competentes autorizações[73], e implica o pagamento de uma taxa[74].

Após a apresentação do pedido de averbamento da transmissão compete ao INPI proceder ao estudo do processo de forma a verificar se os requisitos se verificam.

Diferentemente do que sucede com o Instituto de Harmonização do Mercado Interno [IHMI], onde graças ao disposto no art. 17.º, n.º 4 RMC, só é relevante a susceptibilidade de indução em erro que se deduza *manifestamente* do *documento* comprovativo da cessão apresentado juntamente com o pedido de inscrição da transmissão, entre nós, a lei não estabelece essa estipulação.

Ora, se é verdade que a susceptibilidade de indução em erro pode ser detectada no momento do pedido do averbamento da transmissão, não é

---

transmissão da marca. Desde este momento, o cessionário converte-se no titular da marca e, em consequência, terá o direito de utilizar em exclusividade a marca no tráfico para distinguir os seus produtos ou serviços de outras empresas. Não obstante, a legitimação activa e passiva para realizar a defesa da marca, entendida esta em sentido amplo, não se consegue até à inscrição no registo" (*La Cesión...*, cit., p. 196).

[70] Como Luís Couto Gonçalves refere, "como acontece com os institutos do registo predial em relação a bens imóveis e do registo de bens móveis sujeitos a registo, também no caso da transmissão de direitos de propriedade industrial pode ter lugar a inoponibilidade de uma transmissão válida não registada a um terceiro que o registo vise proteger" (*Manual de Direito Industrial*, cit., p. 291). No mesmo sentido, cfr. Mercedes Curto Polo, *La Cesión...*, cit., p. 182.

[71] No caso de transmissão parcial da marca, proceder-se-á a um registo autónomo para os produtos ou serviços em questão (art. 262.º, n.º 2).

[72] Disponível no sítio do INPI: www.inpi.pt.

[73] Como referimos *supra*, se da marca figurar o nome individual, a firma ou a denominação social do titular ou requerente do respectivo registo, ou de quem ele represente, é necessária cláusula para a sua transmissão (art. 31.º, n.º 5).

[74] Essa taxa ascende, até ao dia 30 de Junho de 2008, a € 89,16 ou, se implicar divisão do registo ou do pedido de registo, a € 167,19. Os valores referidos foram fixados pela Deliberação n.º 1099/2007, do INPI, IP, in: *DR* N.º 117, II Série, de 20 de Junho de 2007, pp. 17 247 e ss.

menos verdade que isso sucederá em casos contados. Estamos a pensar naquelas situações em que a marca contém uma referência, p. e., ao local de proveniência do produto, sendo que o cessionário não exerce nesse local a actividade de que resulta o produto marcado...

Pergunta-se então se – nos casos em que não resulte de modo evidente dos documentos apresentados com o pedido de averbamento da cessão da marca que, por causa desta, haverá susceptibilidade de induzir o público em erro –, o INPI deve proceder a uma investigação detalhada no sentido de determinar se se cumpre este requisito de validade da transmissão da marca?

O INPI, sendo um instituto público, fica sujeito às disposições do Código do Procedimento Administrativo (CPA), e o processo de averbamento da transmissão de uma marca registada, apesar de ser um procedimento administrativo especial (porque regulado no CPI), fica também subordinado "quer aos *"princípios gerais da actividade administrativa"* constantes do próprio CPA, quer às normas que nesse Código *"concretizam preceitos constitucionais"*, quer ainda, no âmbito da actividade de gestão pública, às próprias regras de *direito* substantivo sobre *organização e actividade administrativas* aí inscritas (CPA, artigo 2.º, n.ᵒˢ 5, 6 e 7)"[75].

Ora, o CPA, relativamente ao procedimento administrativo comum, estabelece o *princípio do inquisitório* (art. 56.º CPA), segundo o qual "os órgãos administrativos, mesmo que o procedimento seja instaurado por iniciativa dos interessados, podem proceder às diligências que considerem convenientes para a instrução, ainda que sobre matérias não mencionadas nos requerimentos ou nas respostas dos interessados (...)".

Todavia, pensamos que, no caso em apreço, esta solução não se deve aplicar não só por razões de ordem prática, como por existirem meios suficientes para postergar as marcas que, após o seu registo, se tenham tornado enganosas.

Com efeito, parece-nos evidente que, numa situação ideal, seria defensável a mais ampla intervenção possível do INPI antes do averbamento. Porém, se se exigisse a actuação do INPI mesmo nos casos onde não decorra de forma manifesta do documento comprovativo da transmissão da marca que a mesma é susceptível de induzir o público em erro, rapidamente se paralisaria a actividade daquele Instituto, com todos os inconvenientes daí advenientes (nomeadamente, incapacidade de cumprimento

---

[75] DIOGO FREITAS DO AMARAL, *Curso de Direito Administrativo*, Vol. II, Almedina, Coimbra, 2001, p. 310.

das competências que lhe foram legalmente atribuídas). Por outro lado, como referimos, o facto de poderem "escapar" ao controlo do INPI (designadamente por não resultarem de forma evidente do documento comprovativo da transmissão), não impede que a referida transmissão seja nula, por violar uma disposição legal imperativa (arts. 262.º, n.º 1 CPI e 294.º CC).

1.3.2.3. *Publicação do aviso de averbamento*

Na hipótese de o INPI ter considerado que a transmissão cumpre os requisitos exigidos pela lei, deve proceder à publicação do aviso competente no Boletim da Propriedade Industrial (art. 30.º, n.º 6).

1.4. *Efeitos da transmissão*

A transmissão da marca ocorre, pois, como efeito imediato do contrato de cessão[76]. A inscrição da cessão no registo, como já foi referido, tem efeitos meramente declarativos e funciona como requisito de oponibilidade a terceiros.

Como consequência da transmissão, o cessionário passa a ter todos os direitos e obrigações decorrentes do registo[77] (ou do pedido de registo[78]) da marca, existentes à data da cessão[79].

---

[76] Daí que MERCEDES CURTO POLO (*La Cesión*..., cit., pp. 262 e s.) refira que o contrato de cessão não gera, diferentemente do que sucede com o contrato de compra e venda de bens corpóreos, a obrigação de entregar a marca para transmitir a titularidade, dado que esta transmissão se produz imediata e automaticamente pelo mesmo contrato de cessão. Mas, sublinha a autora citada, esta qualificação como contrato essencialmente translativo não nos deve fazer esquecer que surge sempre para o cedente um conjunto de obrigações contratuais tendente a assegurar e a tornar efectiva a transmissão operada.

[77] Como refere MERCEDES CURTO POLO (*La Cesión*..., cit., p. 271), a cessão da marca tal como existe no registo acarreta para o cessionário a sub-rogação nos direitos e nas obrigações do cedente. Assim, por exemplo, não há lugar a um novo prazo de cinco anos para proceder ao uso da marca.

[78] Relembramos que tratando-se de transmissão de um pedido de registo de marca há apenas uma expectativa de direito. O direito pleno surge se e quando o registo da marca for concedido. V. *supra* 1.2.1.

[79] Isto significa que, como MERCEDES CURTO POLO (*La Cesión*..., cit., p. 263) sublinha, o cedente transmite a marca tal como deriva do registo, sem garantir a sua validade. Daí que o posterior cancelamento do registo não implique, em princípio, a nulidade do contrato de cessão (v. o 36.º CPI), sem prejuízo da eventual aplicação das regras de responsabilidade civil.

2. Regime jurídico da transmissão de marca comunitária

2.1. *Ligação entre marca e empresa*

Como tivemos o ensejo de referir anteriormente[80], apesar de numa fase inicial se ter previsto, no plano comunitário, o sistema de livre transmissibilidade da marca, a verdade é que acabou por ser consagrado um sistema misto ou ecléctico: um sistema em que a transmissão da marca não está vinculada à da empresa à qual aquela está ligada, mas com o limite da proibição de engano do público (art. 17.°, n.ºs 1 e 4 RMC).

Tal como referimos a propósito da transmissão da marca nacional, também aqui o facto da cessão do referido sinal distintivo não depender da transmissão da empresa, não implica que entre marca e empresa não subsista uma importante relação. De tal forma que – diferentemente do que sucede na actual legislação nacional – está expressamente prevista uma presunção de transmissão da marca quando ocorrer a transmissão da empresa, salvo se, nos termos da legislação aplicável à transmissão[81], existir uma convenção em contrário ou se tal decorrer claramente das circunstâncias (art. 17.°, n.° 2 RMC). De resto, esta disposição é aplicável à obrigação contratual de transmitir a empresa.

2.2. *Modalidades de transmissão*

2.2.1. *Transmissão de marca registada e transmissão de pedido de registo de marca*

Tal como acontece com as marcas nacionais, também aqui a transmissão pode ter por objecto uma marca comunitária registada (art. 17.° RMC) ou um pedido de registo de marca comunitária (art. 24.° RMC).

---

[80] V. *supra* I. 2.

[81] O art. 16.° estabelece no n.° 1 que "salvo disposição em contrário dos artigos 17.° a 24.° a marca comunitária enquanto objecto de propriedade é considerada na sua totalidade e para o conjunto do território da Comunidade como uma marca nacional registada no Estado-membro em que, de acordo com o registo de marcas comunitárias: *a)* o titular tenha a sua sede ou domicílio na data considerada; ou *b)* se a alínea *a)* não for aplicável, o titular tenha um estabelecimento na data considerada" e o n.° 2 que "nos casos não previstos no n.° 1, o Estado-membro em que está sediado o Instituto", ou seja, Espanha dado que o IHMI está sediado em Alicante.

2.2.2. *Transmissão total e parcial*

A marca comunitária também pode ser transmitida para a totalidade ou parte dos produtos ou serviços para os quais esteja registada (art. 17.º, n.º 1 RMC)[82-83].

2.3. *Requisitos de validade e de eficácia da transmissão da marca comunitária*

O RMC estabelece requisitos substanciais e formais para a transmissão da marca comunitária (art. 17.º RMC). Vamos deter-nos brevemente sobre eles, procurando salientar as diferenças que se observam relativamente ao CPI.

2.3.1. *Requisito substancial: insusceptibilidade de induzir em erro*

Como já tivemos oportunidade de referir, o art. 17.º, n.º 4 RMC prevê que "se dos documentos que estabelecem a transmissão resultar ma-

---

[82] FERNÁNDEZ-NÓVOA (*El Sistema Comunitario de* Marcas, Editorial Montecorvo, Madrid, 1995, pp. 267 e s.) frisa que "a cessão parcial (...) é sumamente problemática porque pode ser concebida de acordo com dois critérios antagónicos". O primeiro consiste em considerar que, no momento da cessão, a marca se divide em duas, sendo uma transmitida ao cessionário e a outra, relativa aos produtos ou serviços não incluídos na cessão, mantida na titularidade do cedente. Esta primeira concepção levanta problemas, como FERNÁNDEZ-NÓVOA sublinha, de conciliação com os princípios, vigentes no âmbito do RMC, da unidade e indivisibilidade da marca e, por outro lado, admiti-la conduziria, com grande probabilidade, à declaração de caducidade do registo de ambas por deceptividade superveniente. Por isso, o autor citado sufraga uma segunda concepção, de acordo com a qual a cessão parcial da marca comunitária equivale a uma limitação do registo da marca cedida, sendo eliminados dos mesmos os produtos ou serviços que não tiverem sido incluídos no documento de cessão. No mesmo sentido, cfr. JUAN SÁNCHEZ-CALERO GUILARTE, «Articulo 17 – cesión», in: *Comentarios a los Reglamentos sobre la Marca Comunitaria* (ALBERTO CASADO CERVIÑO/M.ª LUISA LLOBREGAT HURTADO), Vol. I, Universidad de Alicante, 1996, pp. 224 e s. Defende a primeira concepção referida, entre outros, VICENT CUÑAT EDO, «Los contratos sobre la marca comunitaria», in: *Marca y Diseño Comunitarios* (ALBERTO BERCOVITZ RODRIGUEZ-CANO), Aranzadi, Pamplona, 1996, p. 152.

[83] Como referimos *supra* não é possível a transmissão parcial a nível geográfico, i.e., para parte do território da União Europeia, v. *supra* 1.2.2. Cfr., ainda, NADIA ZORZI, «La negoziazione del marchio al vaglio della Corte di Giustizia: il punto della situazioni all'indomani dell'istituzione del marchio comunitario», in: *Contratto e Impresa*, 1995, 3, pp. 1178 e s.; VICENT CUÑAT EDO, *op. cit.*, pp. 147 e s.

nifestamente que, devido a essa transmissão, a marca comunitária poderá induzir o público em erro, nomeadamente sobre a natureza, a qualidade ou a proveniência geográfica dos produtos ou serviços para os quais foi registada, o instituto recusará o registo da transmissão, a menos que o interessado aceite limitar o registo da marca comunitária aos produtos ou serviços em relação aos quais a marca não seja enganosa".

A técnica legislativa utilizada no RMC parece-nos preferível comparativamente à portuguesa, embora na nossa opinião acabem por conduzir aos mesmos resultados.

Com efeito, o legislador comunitário deixou bem claro que o elenco referido no art. 17.º, n.º 4 é meramente exemplificativo ("nomeadamente"). O mesmo não se pode dizer *prima facie* da norma portuguesa, onde é referido que a transmissão é possível "se tal não for susceptível de induzir o público em erro quanto à proveniência do produto ou do serviço ou aos caracteres essenciais para a sua apreciação". No entanto, cremos que atendendo ao conceito indeterminado aí contido («caracteres essenciais para a sua apreciação»), acabamos por chegar ao mesmo resultado, pois naquele poderão caber a natureza, a qualidade, a proveniência geográfica ou outros aspectos que sejam susceptíveis de influenciar a decisão económica dos consumidores.

Repare-se ainda que a fórmula utilizada no RMC é mais coerente com a *ratio* do preceito – corolário do princípio da verdade – e com a que é adoptada noutras normas que se integram no mesmo. Referimo-nos à previsão do impedimento absoluto de registo de sinais enganosos e da caducidade do registo de marca supervenientemente deceptiva. Em todas essas disposições o legislador comunitário refere-se à susceptibilidade de induzir o público em erro, nomeadamente/por exemplo, sobre a natureza, a qualidade ou a proveniência geográfica dos produtos ou serviços (v. arts. 7.º, n.º 1, al. *g*); 17.º, n.º 4 e 50.º, n.º 1, al. *c*) do RMC)[84].

---

[84] No nosso Código a redacção do art. 262.º, n.º 1 afasta-se das dos arts. 239.º, al. *l*) e 262.º, n.º 2, al. *b)*. O art. 239.º, al. *l)* refere-se aos "sinais que sejam susceptíveis de induzir em erro o público, nomeadamente sobre a natureza, qualidades, utilidade ou proveniência geográfica do produto ou serviço a que a marca se destina"; o art. 269.º, n.º 2, al. *b*) menciona a susceptibilidade de indução em erro, "nomeadamente acerca da natureza, qualidade e origem geográfica desses produtos ou serviços", enquanto que o art. 262.º, n.º 1 remete a susceptibilidade de indução em erro para a proveniência do produto ou do serviço ou aos caracteres essenciais para a sua apreciação.

Por outro lado, quer na legislação nacional, quer na legislação comunitária o engano relevante é o que deriva da transmissão, mas no RMC essa previsão é mais clara[85] ("devido a essa transmissão")[86].

Finalmente, no RMC está expressamente prevista a hipótese de sanação do impedimento pela limitação do registo aos produtos ou serviços para os quais a marca não seja enganosa[87].

O mesmo não sucede no CPI. Mas não só não é essa a solução prevista quer para o pedido de registo de sinal enganoso *ab origine*[88], quer para a eventualidade de a marca registada não ser originariamente enganosa, mas ter-se tornado deceptiva, supervenientemente ao seu registo, por causa do uso que dela tiver sido feita pelo seu titular ou por terceiro com o seu consentimento[89], dado que, em todas estas hipóteses, o legislador português prevê expressamente a possibilidade de a recusa/nulidade/caducidade, consoante os casos, ser *parcial*, i.e., limitar-se aos produtos ou serviços em relação aos quais é possível que exista a referida susceptibilidade de indução em erro dos consumidores[90], como a admissibilidade da referida limitação é perfeitamente consentânea com a razão de ser do requisito substancial estabelecido para a transmissão da marca: a transmissão só não será válida se for enganosa e apenas em relação aos produtos ou serviços para os quais é enganosa.

---

[85] O que impede que o IHMI tome em conta "na fase de inscrição da cessão, qualquer outra questão que possa induzir em erro, mas que não esteja relacionada com o vínculo entre o titular e a marca" (v. n.º 4. 4.7.1. das «Directrices relativas a los procedimientos ante la oficina de armonización del mercado interior (marcas, dibujos y modelos), parte e, sección 4: cesión», in: http://oami.europa.eu/es/mark/marque/directives/e4.htm).

[86] No art. 262.º, n.º 1 do CPI ela também está prevista pois é afirmado: "Os registos de marcas são transmissíveis *se tal* não for susceptível de induzir o público em erro (…)" (itálicos nossos). A expressão «tal» refere-se à transmissão do registo da marca ou do pedido de registo de marca (*ex vi* art. 262.º, n.º 3 CPI).

[87] Aliás, mais uma vez há coerência com as outras expressões do princípio da verdade referidas, uma vez que quer em relação ao impedimento absoluto de registo, quer no que concerne à caducidade do registo está prevista, respectivamente, a recusa e a nulidade do registo efectuado, e a declaração de caducidade parcial, quando o sinal não é enganoso para todos (v. arts. 38.º, n.º 1; 51.º, n.º 1, al. *a)*, e 50.º, n.º 2 RMC, respectivamente).

[88] Hipótese em que o pedido de registo deve ser recusado e, não o sendo, o registo efectuado é nulo. V. arts. 239.º, al. *l)* e 265.º, n.º 1, al. *b)* CPI.

[89] Caso em que, como por diversas vezes, tivemos ocasião de referir, ficará exposta à declaração de caducidade do registo (art. 269.º, n.º 2, al. *b)* CPI).

[90] V. arts. 244.º, art. 33.º, n.º 1 *ab initio* e 269.º, n.º 6 CPI.

2.3.2. *Requisitos formais*

2.3.2.1. *Forma escrita*

O art. 17.º, n.º 3 RMC dispõe que "sem prejuízo do disposto no n.º 2[91], a cessão da marca comunitária deve ser feita por escrito e requer a assinatura das partes contratantes, salvo se resultar de sentença; na sua falta, a cessão é nula".

2.3.2.2. *Inscrição no registo*

O art. 17.º, n.º 5 RMC determina que a transmissão será inscrita no registo e publicada a pedido de uma das partes.

O pedido de inscrição tem de conter as indicações referidas na Regra 31 do Regulamento de Execução do RMC [RE][92], sendo recomendado o preenchimento do formulário do pedido de inscrição (Mod.008) do IHMI[93] e, desde 25 de Julho de 2005, não obriga ao pagamento de qualquer taxa[94].

A inscrição pode ser requerida pelo cessionário, pelo titular original da marca ou respectivos representantes[95] e, em regra, tem de ser acompanhado de uma prova separada da cessão (Regra 31, n.º 1, al. *d*) RE)[96]. Para esse efeito o IHMI recomenda e facilita um documento de cessão ou cer-

---

[91] Esta ressalva deve ser entendida no sentido de não exigir um documento escrito especifico da cessão de marca quando ocorre transmissão da totalidade da empresa, pois valerá a presunção de que se transmite também a marca. Neste sentido, cfr. FERNÁNDEZ--NÓVOA, *El sistema comunitario de marcas*, cit., p. 268, nota 41.

[92] Regulamento n.º 2868/95, da Comissão, de 13 de Dezembro de 1995 (in: *JO L*, 303, de 15 de Dezembro de 1995) pelo qual se estabelecem as normas de execução do RMC, com as alterações entretanto introduzidas.

[93] Disponível no sítio da Internet do IHMI: www.oami.europa.eu.

[94] V. supressão do n.º 4 da Regra 31 do RE pelo Regulamento (CE) 1041/2005, da Comissão, de 29 de Junho de 2005 (in: *JO L* 172, de 5 de Julho de 2005).

[95] Se o interessado não tiver sede ou estabelecimento comercial ou industrial efectivo e sério na CE o pedido de inscrição tem de ser efectuado, obrigatoriamente, através de representante.

[96] A não ser que o pedido de registo esteja assinado pelo titular inscrito e pelo cessionário (ou pelos respectivos representantes); ou seja acompanhado de um impresso ou documento de cessão – contemplado na Regra 83, n.º 1, al. *d*) RE – e assinado pelo titular inscrito e pelo cessionário (ou pelos respectivos representantes), ou ainda, no caso de o pedido ser apresentado pelo cessionário, pela apresentação de uma declaração assinada pelo titular inscrito ou pelo seu representante em que dá o seu acordo ao registo do cessionário (Regra 31, n.º 5 RE).

tificado de cessão[97], sem naturalmente excluir o recurso a outros meios, como sejam, p.e., a apresentação do próprio contrato de cessão.

A entidade competente para a tramitação dos pedidos de inscrição de cessão é a Divisão de Administração de Marcas e de Questões Jurídicas (art. 128.º, n.º 1 RMC).

O pedido de inscrição só será analisado se foram apresentadas provas suficientes da cessão. O IHMI não analisa a cessão propriamente dita[98]. No entanto, se *dos documentos que estabelecem a transmissão* resultar *manifestamente*[99] que, devido a essa transmissão, a marca comunitária poderá induzir o público em erro, em princípio[100], recusará o registo da transmissão (art. 17.º, n.º 4 RMC).

Na hipótese de ser detectada qualquer irregularidade no pedido de inscrição o requerente será notificado para a suprir no prazo de dois meses (Regra 31.º, n.º 6 RE)[101], sob pena de recusa da inscrição[102].

A aceitação da inscrição, ou a sua recusa, no caso de transmissão total é notificada à parte no procedimento (i.e., ao requerente da mesma) e é dada informação quanto ao resultado (inscrição ou recusa) da mesma ao titular original da marca (se não for parte no procedimento), a não ser que o representante deste seja o mesmo do requerente da inscrição ou que tenha deixado de existir.

---

[97] V. ponto 4.4.6. das «Directrices relativas a los procedimientos ante la oficina de armonización del mercado interior (marcas, dibujos y modelos), parte e, sección 4: cesión», in: http://oami.europa.eu/es/mark/marque/directives/e4.htm.

[98] V. ponto 4.1.2. das Directrizes *cit*.

[99] Como é referido nas Directrizes do IHMI *cit*., (ponto 4.4.7.1.), "o requisito de que a probabilidade de induzir em erro se deduza de forma manifesta dos documentos impede o Instituto de basear as suas objecções em argumentos especulativos e acontecimentos hipotéticos futuros. O simples facto de que os produtos e serviços sejam oferecidos ou comercializados no futuro por uma pessoa diferente não constitui em si mesmo um risco de induzir em erro. Não se pode fazer especulações sobre o uso futuro da marca por parte do novo titular. Em particular, não pode tomar-se em consideração uma possível mudança na qualidade dos produtos vendidos sob a marca. Só há motivo para colocar objecções à inscrição da cessão se a marca pode induzir em erro por si mesma em relação com o seu novo titular".

[100] Em princípio, porque, como referimos, se o interessado aceitar limitar o registo da marca comunitária aos produtos ou serviços em relação aos quais a marca não seja enganosa, a inscrição no registo será efectuada para estes.

[101] A notificação será efectuada, pela carta 602, e a outra parte da cessão não será, em princípio, informada (v. ponto 4.4.8. das Directrizes, *cit*.).

[102] A recusa é notificada ao requerente pela carta 603.

Na hipótese de transmissão parcial, quer o titular original, quer o novo titular são notificados da decisão da inscrição ou recusa, dado que são "afectados necessariamente os dois pedidos ou registos de marca comunitária"[103].

2.3.2.3. Publicidade

Após a inscrição da transmissão a mesma é publicitada na Parte C do Boletim de Marcas Comunitárias (art. 17.°, n.° 5 RMC e Regras 84, n.° 3, al. g) e 85, n.° 2 RE).

2.4. *Efeitos da transmissão*

No que respeita aos efeitos da transmissão, o art. 17.° RMC preceitua que "enquanto a transmissão não for inscrita no registo, o interessado não pode prevalecer-se dos direitos decorrentes do registo da marca comunitária"[104] (n.° 6) e que "todos os documentos que devam ser notificados ao titular da marca comunitária, nos termos do artigo 77.°, serão dirigidos à pessoa registada na qualidade de titular" (n.° 8)[105].

---

[103] V. ponto 4.7.2. das Directrizes citadas, onde se refere que, no caso de transmissão parcial de pedido de registo de marca comunitária, a notificação é efectuada através da carta 606 para o novo requerente e pela carta 607 relativamente ao requerente originário e na hipótese de transmissão parcial de marca comunitária registada pela carta 608 relativamente ao novo titular e pela carta 609 no que respeita ao titular do registo. Além disso, se, no caso de transmissão parcial, a lista de produtos ou serviços restantes no pedido ou registo de marca comunitária já existente tiver de ser esclarecida ou modificada, é necessário que o esclarecimento ou modificação seja aceite pelo titular do pedido ou registo da marca comunitária restante.

[104] No entanto, esta regra é atenuada já que o n.° 7 do mesmo preceito estabelece que, quando devam ser observados prazos em relação ao instituto, o interessado poderá fazer perante este as declarações previstas para o efeito a partir do momento em que o Instituto receba o pedido de registo da transmissão.

[105] MERCEDES CURTO POLO («Transmisión de la marca», *cit.*, pp. 750) evidencia a importância prática desta norma, já que sendo a mesma omitida, por um lado, no caso de o requerente da inscrição ser o cedente, o cessionário fica à margem das vicissitudes que podem afectar o pedido e, por outro, releva para efeitos de oposição ao registo de uma marca posterior.

3. Regime jurídico da transmissão de marca internacional: breve referência

A transmissão da marca registada internacionalmente está prevista quer no Acordo de Madrid, de 14 de Abril de 1891, relativo ao registo internacional de marcas de fábrica ou de comércio (Acordo de Madrid)[106], quer no Protocolo respeitante ao Acordo de Madrid relativo ao registo internacional das marcas, adoptado pela Conferência Diplomática, em Madrid, em 17 de Junho de 1989 (Protocolo). Uma vez que Portugal foi um dos seus membros fundadores justifica-se uma breve referência à previsão, nestes instrumentos legislativos, da matéria que estamos a abordar.

No que respeita ao Acordo de Madrid, para haver lugar à inscrição do novo titular da marca internacional é, naturalmente, necessário que este preencha todas as condições exigidas para a apresentação de um pedido de registo internacional de marca (v. o n.º 2 do art. 9.º-*bis* do Acordo de Madrid), ou seja, é necessário que o novo titular da marca seja nacional de um dos países contratantes do Acordo ou seja nacional de um país não aderente ao Acordo que, no território da União particular por ele constituída, satisfaçam as condições estabelecidas no art. 3.º da CUP (v. art. 1.º, n.º 2 e art. 3.º do Acordo de Madrid). Quando o novo titular da marca é nacional do mesmo país do anterior titular da marca este problema não se coloca, mas pode surgir se o novo titular for nacional de um outro país que não seja parte contratante do Acordo de Madrid.

Na hipótese de o novo titular da marca registada internacionalmente ser nacional de um outro país aderente do Acordo de Madrid, o art. 9.º-*bis*, n.º 1, determina que a administração desse país comunique à Secretaria internacional a transmissão da marca registada internacionalmente, que procederá ao seu registo e à notificação das outras Administrações, bem como à publicação.

Se a transmissão for efectuada antes de expirar o prazo de cinco anos, contado da data do registo internacional, a Secretaria internacional pedirá o assentimento da Administração do país do novo titular e, se for possível, publicará a data e o número de registo da marca no país do novo titular.

---

[106] Acordo de Madrid relativo ao registo internacional das marcas, de 14 de Abril de 1891, entretanto revisto (em Bruxelas, em 14 de Dezembro de 1900, Washington, em 2 de Junho de 1911, em Haia, em 6 de Novembro de 1925, em Londres, em 2 de Junho de 1934, em Nice, em 15 de Junho de 1957 e em Estocolmo, em 14 de Julho de 1967) e modificado em 2 de Outubro de 1979.

Quando uma transmissão não puder ser inscrita no Registo internacional, quer em consequência de recusa do país do novo titular, quer por ter sido feita a favor de uma pessoa sem direito a solicitar um registo internacional, a Administração do país do antigo titular terá o direito de solicitar à Secretaria internacional que proceda ao cancelamento da marca no seu registo (art. 9.°-*bis*, n.° 3 do Acordo).

O Acordo prevê ainda a transmissão parcial de uma marca internacional no art. 9.°-*ter*. Neste caso, após a sua notificação à Secretaria Internacional, esta procede à sua inscrição no registo. Porém, cada um dos países contratantes terá a faculdade de não admitir a validade dessa cessão se os produtos ou serviços compreendidos na parte cedida forem semelhantes àqueles para os quais a marca continua registada a favor do cedente.

A transmissão de marca registada internacionalmente pode ser efectuada para todos ou apenas para um ou alguns dos países contratantes. Neste caso, a Secretaria Internacional procederá igualmente à inscrição no registo.

No Protocolo o tema surge no art. 9.° que estipula que: "a pedido da pessoa em nome de quem está inscrito o registo internacional, ou a pedido de uma Administração interessada feito "ex officio" ou a pedido de uma pessoa interessada, a Secretaria internacional inscreve no registo internacional qualquer mudança do titular desse registo, em relação a todas ou algumas das partes contratantes em cujos territórios o referido registo produz efeitos e em relação a todos ou alguns dos produtos ou serviços enumerados no registo, desde que o novo titular seja uma pessoa que, segundo o artigo 2.° 1., está habilitada a depositar pedidos internacionais".

"NOVAS" MARCAS E MARCAS NÃO TRADICIONAIS: OBJECTO*

MARIA MIGUEL CARVALHO
Assistente da Escola de Direito da Universidade do Minho

SUMÁRIO:

INTRODUÇÃO. I. PRINCIPAIS OBSTÁCULOS AO REGISTO DE MARCAS NÃO TRADICIONAIS: 1. Exigência de susceptibilidade de representação gráfica; 2. Aptidão para distinguir os produtos ou serviços de uma empresa dos de outras empresas II. REFERÊNCIA A ALGUMAS MARCAS NÃO TRADICIONAIS EM ESPECIAL: 1. Marcas tridimensionais; 2. Marcas olfactivas; 3. Marcas de cor; 4. Marcas sonoras. CONSIDERAÇÕES FINAIS.

INTRODUÇÃO

A marca pode ser constituída por um sinal ou conjunto de sinais susceptíveis de representação gráfica e adequados a distinguir os produtos ou serviços de uma empresa dos de outras empresas. É este o conceito plasmado na Directiva de marcas [DM][1] e que, por sua influência,

---

* O texto aqui apresentado corresponde às ideias expostas na conferência que pronunciámos, em 22 de Abril de 2008, no VII Curso de Pós-Graduado de Direito Industrial organizado pela Associação Portuguesa de Direito Intelectual e pela Faculdade de Direito da Universidade de Lisboa, com as actualizações impostas pela publicação do DL n.º 143/2008, de 25 de Julho de 2008, que alterou o Código da Propriedade Industrial aprovado pelo DL n.º 36/2003, de 5 de Março [CPI].

[1] Directiva 2008/95/CE do Parlamento Europeu e do Conselho, de 22 de Outubro de 2008, que aproxima as legislações dos Estados-membros em matéria de marcas (in: *JO*

consta da legislação da maioria dos Estados-Membros da União Europeia[2] – como é o caso do art. 222.°, n.° 1 do Código da Propriedade Industrial português [CPI][3] – e do art. 4.° do Regulamento sobre a marca comunitária [RMC][4].

A técnica-legislativa adoptada inclui ainda um elenco *exemplificativo* de sinais que podem constituir uma marca se para tanto estiverem preenchidos os pressupostos referidos. Esta previsão é extremamente relevante já que, por um lado, além de mencionar os casos, mais frequentes, de os sinais consistirem em palavras (incluindo os nomes de pessoas) ou desenhos, esclarece que existem outros sinais que podem constituir uma marca – *v.g.*, letras, números e forma do produto – cujo registo nem sempre foi admitido[5].

Por outro lado, tratando-se claramente de um elenco exemplificativo, do mesmo resulta que o leque de sinais admissíveis é (cada vez mais) amplo[6]. O carácter não exaustivo da listagem de sinais efectuada nesta norma implica a possibilidade, pelo menos teórica, de outros sinais constituírem uma marca, se forem aptos para distinguir os produtos ou servi-

---

L 299, de 8 de Novembro de 2008, pp. 25 e ss.) que corresponde à versão codificada da Primeira Directiva do Conselho, de 21 de Dezembro de 1988, que harmoniza as legislações dos Estados-membros em matéria de marcas, n.° 89/104/CE.

[2] A *Markengesetz* [*MarkenG*] alemã afasta-se desta sistematização já que no §3 refere os sinais que podem constituir uma marca exigindo-lhes capacidade distintiva, mas não a susceptibilidade de representação gráfica, o que se deve ao facto de esta lei adoptar uma definição comum para as marcas registadas e não registadas e de a susceptibilidade de representação gráfica apenas ser exigida relativamente às marcas que pretendam obter tutela através do registo (v. § 8 Abs.2 Nr.1 *MarkenG*). Cfr., por todos, PAUL STRÖBELE/ /FRANZ HACKER, *Markengesetz*, 7.ª ed., Carl Heymanns Verlag KG, Köln/Berlin/München, 2003, § 3, nm.3, p. 8.

[3] Doravante todos os preceitos que não sejam seguidos da indicação da fonte entender-se-ão referidos a este Código.

[4] Regulamento (CE) n.° 40/94, de 20 de Dezembro de 1993, sobre a marca comunitária, in: *JO L* 11, de 14 de Janeiro de 1994, pp. 1 e ss.

[5] No caso do CPI são ainda referidos expressamente os sons e os *slogans* (art. 222.°, n.os 1 e 2).

[6] Sobre a amplitude do leque de sinais susceptíveis de constituir uma marca, cfr. DAVID VAVER, «Recent trends in european trademark law: of shape, senses and sensation», in: 95 *TMR*, p. 897 e referindo, detalhadamente, a evolução legislativa verificada no que respeita a este aspecto, relativamente ao direito francês, alemão e norte-americano, cfr., entre nós, M. NOGUEIRA SERENS, *A monopolização da concorrência e a (re-)emergência da tutela da* marca, Almedina, Coimbra, 2007, pp. 702 e ss., 849 e ss., 897 e ss.

ços provenientes de uma empresa dos de outras e, além disso, susceptíveis de representação gráfica[7].

A tentativa de aproveitamento comercial destes outros sinais é compreensível. Com efeito, o Homem é um animal multi-sensorial e "a priori, tudo o que é perceptível pelos sentidos pode constituir uma indicação para o consumidor e pode, consequentemente, cumprir a função de uma marca: um som, um perfume, um sabor e talvez mesmo uma impressão táctil, podem perfeitamente simbolizar e caracterizar um produto ou um serviço"[8]. Esta tem sido, de resto, a tendência registada, nos últimos anos, no domínio do *marketing*[9]. No entanto, a aptidão que um sinal tem para poder ser apreendido por qualquer dos sentidos, não significa que essa percepção seja sempre a mesma[10].

Por razões ligadas ao sistema de registo, vigente na maioria dos ordenamentos jurídicos para protecção da marca e à própria fundamentação do direito de marca, nem todos os sinais que possam constituir uma marca podem ser registados como tal; apenas aqueles que, além de serem sus-

---

[7] No mesmo sentido, cfr., entre outros, LUTZ G. SCHMIDT, «Definition of a trade mark by the european trade marks regime – a theoretical exercise?», in: *IIC*, Vol. 30, 7/1999, p. 739.

[8] MARIE ANGELE PEROT-MOREL, «Les difficultés relatives aux marques de forme et a quelques types particuliers de marques dans le cadre communautaire», in: *RDI*, 1996, Parte I, p. 257.

[9] Os profissionais de *marketing* detectaram novas oportunidades para desenvolver marcas e com estas vender mais produtos e serviços, porque constataram que 83% das comunicações comerciais apelam apenas a *um* sentido: a visão, deixando 17% por explorar... Constatando que 75% das nossas emoções diárias são influenciadas pelo que cheiramos e que há uma possibilidade de 65% de mudança de humor quando expostos a um som positivo, percebe-se o "novo" rumo do *marketing* (informações retiradas do sítio da Internet: *www.brandsense.com*). Para maiores desenvolvimentos, cfr., por todos, MARTIN LINDSTRON, *Brandsense – A marca multisensorial*, Bookman, 2007. Por outro lado, o *marketing* mais recente tem alterado a aproximação das marcas aos consumidores, incentivando a criação de *love marks*, i.e., de marcas que vão além da razão, apelando a emoções e sentimentos. Cfr., por todos, KEVIN ROBERTS, *Love marks – O futuro além das marcas*, tradução de Monica Rosemberg, M. Books, 2005.

[10] Como é referido pelo Advogado-Geral DÁMASO RUIZ-JARABO COLOMER, nos n.os 24 e ss. das conclusões por este apresentadas, em 6 de Novembro de 2001, no âmbito do processo C-273/00, relativas ao caso «Sieckmann» que referimos *infra* (disponíveis na Internet no sítio: http://curia.europa.eu/jurisp/cgi-bin/form.pl?lang=pt), essa percepção varia consoante estejamos a falar de sentidos «mecânicos» (visão, audição e tacto) ou «químicos» (gosto e olfacto), consoante a perfeição da percepção sensorial e do maior ou menor rigor na descrição que o receptor faz do que apreende.

ceptíveis de representação gráfica, forem aptos para distinguir os produtos ou serviços de uma empresa dos de outras empresas, sob pena de o pedido ser recusado (ou se concedido, declarado nulo)[11]. Acresce que mesmo que um determinado sinal possa, teoricamente, constituir uma marca não se pode afirmar que o mesmo será registado, já que pode acontecer que se verifique um outro impedimento de registo (absoluto ou relativo).

O âmbito do tema que nos foi confiado – «novas marcas e marcas não tradicionais: objecto» – impõe que iniciemos a nossa exposição por uma breve análise da representação gráfica e da aptidão para distinguir, já que é, normalmente, da sua falta e, muitas vezes, do modo como são interpretados estes requisitos que surgem problemas no que concerne ao registo de marcas "novas" e/ou cujo objecto não se enquadre no, dito, tradicional. Antes, porém, impõe-se explicar a razão de ser das aspas, apostas por nós, ao tema da conferência de hoje.

Os sinais aceites tradicionalmente como marcas registadas são, como referimos, sinais gráficos (palavras e/ou imagens)[12]. No entanto, na prática, são utilizados, desde há muito, outros sinais cuja possibilidade de registo se discutiu, ou ainda discute, nalguns ordenamentos jurídicos, enquanto noutros são aceites. Pense-se, p.e., nos sinais tridimensionais[13], nos sinais olfactivos, cromáticos... Daí que, na nossa opinião, não seja inteiramente correcto apodá-los de «novos», sendo preferível adoptar a terminologia utilizada, actualmente, ao nível internacional – «marcas não tradicionais»[14] – para referir a temática objecto do nosso estudo.

---

[11] No que respeita ao impedimento absoluto de registo, v. o art. 3.º, n.º 1, al. *a*) da DM [sobre a compatibilização desta norma com a da al. *b*) v. *infra* I., 2.]; o art. 7.º, n.º 1, al. *a*) do RMC e o art. 238.º, n.º 1, als. *a*), *b*) e *e*) do CPI. Quanto à causa de nulidade, v. o art. 3.º, n.º 1, al. *a*) da DM; o art. 51.º, n.º 1, al. *a*) do RMC e o art. 265.º, n.º 1, al. *a*) do CPI.

[12] Baseando-se no significado de «sinal» para excluir os casos que referiremos, *infra*, de marcas olfactivas, gustativas, tácteis e de forma, cfr. JOSÉ MANUEL OTERO LASTRES, «La definición legal de marca en la nueva Ley Española de Marcas», in: *Actas de Derecho Industrial*, Tomo XXII, 2001, pp. 198 e s.

[13] *V.g.*, o caso da garrafa da Coca-Cola utilizada desde 1915, mas apenas registada, nos EUA, em 1960. Cfr. RANDALL FROST, «Trademarking: senses & sensibility», disponível na Internet no sítio:*http://www.brandchannel.com/features_effect.asp?pf_id=207*.

[14] V. no âmbito da Organização Mundial da Propriedade Intelectual [OMPI], os documentos do Comité Permanente da OMPI sobre o direito de marcas, desenhos e modelos industriais e indicações geográficas [SCT], especialmente a partir do Doc. SCT/17/8, de 30 de Julho de 2007, relativo à informação sobre a 17.ª sessão do SCT que teve lugar em Genebra, entre 7 e 11 de Maio de 2007 (documentos que podem ser consultados na Internet no sítio: *http://www.wipo.int/meetings/es/topic.jsp?group_id=63*).

De entre as marcas não tradicionais vamos debruçar-nos em especial sobre as chamadas marcas tridimensionais, olfactivas, cromáticas e sonoras, excluindo da nossa análise as marcas gustativas[15] e tácteis[16], quer pelas limitações impostas pelo tempo disponível para abordar esta temática, quer por estes sinais não poderem ser percebidos pelos consumidores independentemente do produto que pretendem assinalar[17].

I. PRINCIPAIS OBSTÁCULOS AO REGISTO DE MARCAS NÃO TRADICIONAIS

1. Exigência de susceptibilidade de representação gráfica

A exigência da susceptibilidade de representação gráfica para efeitos de registo de uma marca explica-se, fundamentalmente, por razões de ordem técnica e de segurança jurídica.

Por um lado, a representação gráfica facilita a apreciação do pedido de registo como marca pela entidade competente[18-19], bem como a publi-

---

[15] Recordamos, porém, que o Instituto de Harmonização do Mercado Interno [IHMI] já recusou o registo como marca comunitária de um sinal gustativo. Referimo-nos ao gosto do sabor artificial de morango para assinalar produtos farmacêuticos (v. a decisão da 2.ª Câmara de Recurso, de 4 de Agosto de 2003, proferida no caso R 120/2001-2, que pode ser consultada no sítio: *http://oami.europa.eu/LegalDocs/BoA/2001/en/R0120_2001-2.pdf*).

[16] LUIS M. COUTO GONÇALVES («Marca tridimensional», in: *Nos 20 anos do Código das Sociedades Comerciais – Homenagem aos Profs. Doutores A. Ferrer Correia, Orlando de Carvalho e Vasco Lobo Xavier,* Vol.I (Congresso, empresas e sociedades), Faculdade de Direito da Universidade de Coimbra/Coimbra Editora, Coimbra, 2007, p. 143) refere como marca táctil, embora disfarçada numa *veste* de marca tridimensional, o pedido de marca comunitária de lentes ópticas com um determinado toque, apreciada e recusada pela Câmara de Recurso do IHMI, no caso Five Ribs, em decisão de 21 de Março de 2001 (R-0448/1999-2), que pode ser consultada no sítio da Internet: *http://oami.europa.eu/LegalDocs/BoA/1999/en/R0448_1999-2.pdf*.

[17] No mesmo sentido, cfr. MARIE ANGELE PEROT-MOREL, *op. cit.*, p. 260; MARIA DOLORES RIVERO GONZÁLEZ, «Los problemas que presentan en el mercado las nuevas marcas cromáticas y olfactivas», in: *RDM*, n.º 238, 2000, p. 1647.

[18] No mesmo sentido, CARLOS FERNÁNDEZ-NÓVOA, *Tratado sobre Derecho de Marcas*, 2.ª ed., Marcial Pons, Madrid/Barcelona, 2004, p. 43. MARCO ARCALÁ refere-se a este requisito como sendo «de carácter objectivo, formal e funcional», revelando uma opção legislativa a favor do registo como via fundamental para a aquisição da marca na maioria dos ordenamentos comparados e no direito comunitário («Prohibiciones absolutas», in:

cação oficial do pedido e da sua eventual concessão. Por outro, é necessária para determinar com rigor o objecto da protecção conferida à marca[20].

O facto de esta exigência derivar do sistema constitutivo do registo e não propriamente do conceito de marca[21], bem como o de ter sido estabelecida num momento em que não existiam meios tecnológicos que possibilitassem a divulgação de registos de sinais diferentes (o que hoje é já uma realidade e sê-lo-á cada vez mais no futuro[22]...) permite que alguma doutrina critique a inclusão deste requisito no âmbito de uma norma que respeita à noção de marca, suscitando dificuldades ao registo de alguns sinais que, nalguns casos, se traduz na impossibilidade prática de os regis-

---

Comentarios a la Ley de Marcas (RODRIGUEZ-CANO/GARCÍA-CRUCES GONZÁLEZ), Editorial Aranzadi, Cizur Menor (Navarra), 2003, pp. 138 e s.).

[19] No que respeita ao pedido de registo de marca nacional resulta da lei que ao requerimento deve juntar-se uma representação gráfica do sinal ou, quando se trate de sons, as respectivas frases musicais em suporte definido por despacho do presidente do conselho directivo do Instituto Nacional da Propriedade Industrial (art. 234.º, n.º 1 na redacção dada pelo DL n.º 143/2008, de 25 de Julho e Despacho n.º 24 743/2008, de 3 de Outubro de 2008, in: *DR*, II Série, n.º 192, de 3/10/08).

Quanto à marca comunitária, como foi referido, o RMC exige a representação gráfica do sinal (art. 26.º, n.º 1, al. *d)* do RMC). V. ainda a Regra 3 do Regulamento (CE) n.º 2868/95 da Comissão, de 13 de Dezembro de 1995, pelo qual se estabelecem as normas de execução do RMC [RE] e o n.º 2.3.1. das Directrizes relativas aos procedimentos perante o Instituto de Harmonização do Mercado Interno (IHMI), Parte B – Exame, Versão final: Abril 2008, p. 6 (que podem ser consultadas na Internet, no sítio: *http://oami.europa.eu/ows/rw/resource/documents/CTM/guidelines/examination_es.pdf*).

[20] Neste sentido, cfr., entre nós, LUÍS M. COUTO GONÇALVES, «Marca olfactiva e o requisito da susceptibilidade de representação gráfica – Ac. do Tribunal de Justiça, de 12.12.2002, P. C-273/00», in: *Cadernos de Direito Privado*, n.º 1, Janeiro/Março 2003, p. 26. Cfr., ainda, FRANCISCO J. ALONSO ESPINOSA, «Las Prohibiciones de Registro en la Ley 17/2001, de 7 de Diciembre, de Marcas», in: *RDM*, n.º 245, 2002, p. 1203; LUTZ G. SCHMIDT, *op.cit.*, p. 740, entre outros. Discutindo o acerto da exigência de susceptibilidade de representação gráfica, cfr. JOSÉ MANUEL OTERO LASTRES, *op. cit.*, pp. 200 e ss.

[21] O ADPIC parece diferenciar o conceito de marca da possibilidade de os Membros da OMC exigirem, *como condição do registo*, que os sinais sejam *perceptíveis visualmente*.

[22] Nesse sentido, cfr. SERGIO BALAÑA («El entorno digital, segunda oportunidad para la marca olfativa? Estudio acerca de la capacidad del signo olfativo para funcionar como marca en el mercado», in: *ADI*, Tomo XXVI, 2005-2006, pp. 25 e ss.) que se refere, em especial, às redes telemáticas. Cfr. ainda o estudo sobre «virtual reality environment» de CAROLINE WILSON, «Trade mark law in an online future – coming to its senses?», de 19 de Setembro de 2007, consultado na Internet no sítio: *http://www.law.ed.ac.uk/ahrc/gikii/docs2/wilson.pdf*.

tar. É o que sucede, p.e., com os sinais tácteis, gustativos, olfactivos e sonoros, cuja susceptibilidade de representação gráfica, por não serem visualmente perceptíveis, varia consoante a acepção daquele requisito.

Com efeito, como é sublinhado por FERNÁNDEZ-NÓVOA, se a susceptibilidade de representação gráfica for interpretada em sentido estrito exigir-se-á que esta proporcione directamente, por si só e de maneira precisa informação sobre o sinal que se pretende registar como marca. Ao invés, interpretada em sentido amplo bastará uma representação gráfica indirecta do sinal, completada com recurso a outros meios[23].

Este primeiro obstáculo ao registo de marcas não tradicionais já foi objecto de atenção pelo Tribunal de Justiça a propósito da interpretação do art. 2.º da DM. Referimo-nos, especialmente, ao acórdão proferido no caso «Sieckmann»[24], onde foi apreciada, pela primeira vez, a possibilidade de registo de uma marca olfactiva.

De acordo com a jurisprudência aí fixada, e que tem sido reiterada em acórdãos posteriores, "o artigo 2.º da Directiva 89/104/CEE do Conselho, de 21 de Dezembro de 1988, que harmoniza as legislações dos Estados-Membros em matéria de marcas [leia-se, hoje, Directiva 2008//95/CE do Parlamento Europeu e do Conselho, de 22 de Outubro de 2008] deve ser interpretado no sentido de que *um sinal que não é, em si mesmo, susceptível de ser visualmente perceptível pode constituir uma marca, desde que* possa ser objecto de representação gráfica, nomeadamente através de figuras, de linhas ou de caracteres (...)" (itálicos nossos)[25]. No entanto, o Tribunal de Justiça procedeu simultaneamente à enunciação dos chamados «critérios Sieckmann», i.e., das sete características que a representação gráfica tem de observar para que se considere preenchido o requisito em apreço (clareza, precisão, completude, fácil acessibilidade, inteligibilidade, durabilidade, objectividade), parecendo perfilhar uma interpretação estrita do mesmo que poderá inviabilizar, na prática, o registo deste tipo de sinais.

---

[23] CARLOS FERNÁNDEZ-NÓVOA, *op. cit.*, p. 44.

[24] Acórdão do TJ, de 12 de Dezembro de 2002, proferido no proc. C-273/00, entre Ralph Sieckmann e Deutsches Patent-und Markenamt (caso «Sieckmann»), in: *Col.* 2002--12, pp. I-1171 e ss. (que também pode ser consultado na Internet, no sítio: *http://curia.europa.eu/jurisp/cgi-bin/form.pl?lang=pt*). Sobre este acórdão v. *infra* II., 2.

[25] V. n.º 1 da parte decisória do Acórdão proferido no caso «Sieckmann», *cit.*, in: *Col.* 2002-12, p.I-11776.

2. Aptidão para distinguir os produtos ou serviços de uma empresa dos de outras empresas

Como referimos, os sinais susceptíveis de representação gráfica só poderão constituir marcas «desde que sejam adequados a distinguir os produtos ou serviços de uma empresa dos de outras empresas» (art. 222.º, n.º 1, *in fine*). E também este requisito tem suscitado celeuma na doutrina, motivada, fundamentalmente, pela dúbia redacção das als. *a*) e *b*) do art. 3.º, n.º 1 da DM[26].

Com efeito, a Directiva de marcas começa por referir, na al. *a*) do n.º 1 do art. 3.º, como motivo de recusa absoluto de registo, "os sinais que não possam constituir uma marca" – estes são, como já tivemos oportunidade de afirmar, os que sejam insusceptíveis de representação gráfica e os *desadequados para distinguir* os produtos ou serviços de uma empresa dos de outras empresas (art. 2.º da DM) – e na al. *b*) do mesmo número, "as marcas desprovidas de carácter distintivo". Importa pois precisar o significado de cada um destes impedimentos absolutos de registo, já que o motivo de recusa da al. *a*) é inultrapassável, enquanto que o da al. *b*) pode ser sanado se o sinal tiver adquirido "distintividade superveniente"[27] (v. o art. 3.º, n.º 3, da DM)[28].

Alguns autores defendem a interpretação restritiva da al. *a*) do art. 3.º, n.º 1, da DM, cingindo o impedimento de registo aí referido à insus-

---

[26] O mesmo sucede no âmbito da marca comunitária (art. 7.º, n.º 1, als. *a*) e *b*) do RMC) e na legislação de vários Estados-membros que seguiram de perto a DM, incluindo – após o aditamento da al. *e*) do n.º 1 do art. 238.º do CPI pelo DL n.º 143/2008, de 24 de Julho – o CPI português (v. als. *a*), *b*) e *e*) do n.º 1 do art. 238.º).

[27] A expressão é de José Antonio Gómez-Segade, «Fuerza Distintiva y «secondary meaning» en el derecho de los signos distintivos», in: *Estudios sobre Marca* (coords. José Justo Navarro Chinchilla/Ramón José Vázquez Garcia), Editorial Comares, Granada, 1995, p. 352 [= «Unterscheidungskraft und "Secondary Meaning" im Kennzeichenrecht», in: *GRUR Int.* 12/1995, p. 946].

[28] Esta dúvida só não se colocaria se se considerasse que o legislador comunitário se refere tautologicamente à falta de carácter distintivo como motivo de recusa absoluto de registo [uma na al. *a*) do art. 3.º, n.º 1 – pois, as marcas que não tenham capacidade distintiva não podem constituir uma marca de acordo com o disposto no art. 2.º – e outra na al. *b*)]. Neste sentido, cfr., quanto à norma correspondente do RMC [art. 7.º, n.º 1, al. *b*)], T. Mollet-Viéville, «Absolute grounds for refusal», in: *European Community Trade Mark: Commentary to the European Community Regulations* (coord. Mario Franzosi), Kluwer Law International, The Hague/London/Boston, 1997, p. 187.

ceptibilidade de representação gráfica do sinal, e fazendo corresponder a falta de carácter distintivo unicamente à al. *b*) do art. 3.º, n.º 1, da DM[29].

Outros, apoiando-se na tese maioritariamente defendida na Alemanha, diferenciam a susceptibilidade de distinguir abstracta (*abstrakte Unterscheidungseigung*) e a capacidade distintiva concreta (*konkreten Unterscheidungskraft*)[30-31] e, por conseguinte, sustentam a coexistência das duas previsões normativas em análise.

Atendendo à economia do presente estudo, não nos deteremos sobre esta interessante polémica, sublinhando apenas dois aspectos. Um respeita ao facto de a aptidão distintiva exigida pelo art. 2.º da DM se bastar com um grau mínimo de distintividade. Na verdade, existem muito poucas restrições *a priori* a este respeito, sendo de destacar o desvio relativo às marcas tridimensionais que respeitem à forma do produto (al. *e*) do art. 3.º, n.º 1 da DM)[32]. Outro tem a ver com o facto de, não obstante um sinal ser susceptível de representação gráfica e ter aptidão para diferenciar produtos ou serviços por referência à proveniência empresarial, para que o registo seja efectuado não se poderem verificar outros impedimentos absolutos ou relativos.

---

[29] Esta parece ser a posição sustentada por M. NOGUEIRA SERENS («A «vulgarização da marca na Directiva 89/104/CEE, de 21 de Dezembro de 1988 (*id est*, no nosso direito futuro), *Separata do número especial do Boletim da Faculdade de Direito de Coimbra – «Estudos em Homenagem ao Prof. Doutor António de Arruda Ferrer Correia»* – 1984, Coimbra, 1995, pp. 75 e s.) que vê no art. 2.º da DM uma referência explícita à capacidade distintiva, e acrescenta que "(...) se isso já seria suficiente para fundamentar a recusa do registo como marcas dos sinais sem capacidade distintiva, a verdade é que o legislador comunitário não se dispensou de o dizer expressamente, estatuindo, outrossim, sobre o regime aplicável aos registos que possam vir a ser efectuados de tais sinais. *Fê-lo precisamente no art. 3.º, n.º 1, alínea b) (...)*" [itálicos nossos].

[30] Neste sentido, cfr., entre outros, CARLOS FERNÁNDEZ-NÓVOA, *op. cit.*, p. 162 e NICCOLÒ ABRIANI, «I segni distintivi», in: *Diritto Industriale* (Niccolò Abriani/ Gastone Cotino/ Marco Ricolfi), Casa Editrice Dott. Antonio Milani, Padova, 2001, p. 37 e DAVID T. KEELING, «About kinetic® watches, easy banking and nappies that keep a baby dry: a review of recent European case law on absolute grounds for refusing to register trade marks», in: [2003] *I.P.Q.*, n.º 2, p. 134.

[31] Sublinhe-se, porém, que a diferenciação referida remonta à *Warenzeichengesetz* [*WZG*] – ou seja, é anterior quer à Directiva, quer à *MarkenG* – e que a *WZG* proibia o registo como marcas de alguns sinais (p.e., letras e números), cobrando então especial sentido a referência à capacidade distintiva abstracta. Sobre o tema, cfr. MARCO ARCALÁ, *op. cit.*, p. 142. Sobre a proibição de registo no âmbito do ordenamento jurídico referido, cfr., entre nós, M. NOGUEIRA SERENS, *A monopolização da concorrência...*, cit., pp. 849 e s.

[32] BENTLY/SHERMAN, *Intellectual Property Law*, 2.ª ed., Oxford University Press, Oxford, 2004, p. 790.

II. REFERÊNCIA A ALGUMAS MARCAS NÃO TRADICIONAIS EM ESPECIAL

1. Marcas tridimensionais

A admissibilidade deste tipo de marca – que consiste na forma do produto ou da embalagem em três dimensões (comprimento, largura e altura) – é hoje indiscutível entre nós (v. art. 222.º, n.º 1)[33], embora nem sempre assim tenha sido.

Esta solução resulta da harmonização operada neste domínio pela Directiva de marcas (v. art. 2.º) e consta também, naturalmente, do Regulamento sobre a marca comunitária (v. art. 4.º).

Todavia, as previsões normativas referidas contêm uma proibição *específica* relativa a este tipo de marca (arts. 3.º, n.º 1, al. *e*) da DM; 7.º, n.º 1, al. *e*) do RMC e 223.º, n.º 1, al. *b*) do CPI) que abarca quer a forma imposta pela natureza do produto[34]; quer a forma necessária para obter um resultado técnico[35] e ainda a forma que confira um valor substancial ao produto. E estas limitações têm uma enorme importância pois não são susceptíveis de serem ultrapassadas através do *secondary meaning* (art. 3.º, n.º 3 DM e art. 238.º, n.º 3 CPI).

A razão de ser deste impedimento de registo, como foi explicitado pelo Tribunal de Justiça, "consiste em evitar que a protecção do direito da marca leve a conferir ao seu titular um monopólio sobre soluções técnicas

---

[33] Sobre a marca tridimensional, cfr. LUIS M. COUTO GONÇALVES, «Marca tridimensional», *cit.* e referindo-se ao CPI'40, M. NOGUEIRA SERENS, «Parecer», in: *CJ*, Ano XVI, Tomo IV, 1991, pp. 59 e ss.

[34] A forma imposta pela natureza do produto, como refere LUÍS M. COUTO GONÇALVES, abrange a forma necessária desse produto se o mesmo tiver, por natureza, uma forma intrínseca e, caso não tenha, a forma da embalagem («Marca tridimensional», *cit.*, p. 149). São, por isso, admitidas as formas arbitrárias e não habituais do produto ou embalagem, desde que tenham capacidade distintiva.

[35] No que concerne à forma necessária para obter um resultado técnico é importante lembrar que o Tribunal de Justiça tem entendido ser suficiente que a forma seja *essencialmente* funcional e isso mesmo que o referido resultado técnico possa ser alcançado por outras formas (v. o n.º 84 do Acórdão do Tribunal de Justiça, de 18 de Junho de 2002, proferido no âmbito do Proc. C-299/99, relativo ao caso «Philips», que opôs a Koninklijke Philips Electronics à Remington Consumer Products, Ltd., disponível no sítio: *http://curia. europa.eu/jurisp/cgi-bin/form.pl?lang=pt*).

ou características utilitárias de um produto, que possam ser procuradas pelo utilizador nos produtos dos concorrentes"[36].

Nos casos em que os sinais tridimensionais puderem constituir uma marca, podem ainda deparar com (outros) obstáculos atinentes à sua aptidão para diferenciar produtos ou serviços por referência à sua proveniência empresarial.

Da jurisprudência comunitária resulta que a capacidade distintiva da marca tridimensional depende de determinar se o consumidor médio (normalmente informado e razoavelmente atento e avisado) do produto consegue distinguir, sem proceder a uma análise e sem demonstrar particular atenção, o produto em questão dos de outras empresas"[37].

A este respeito constata-se que, na prática, o carácter distintivo de uma marca constituída pela forma de um produto pode ser mais difícil de provar do que o de uma marca verbal ou figurativa[38]. Por conseguinte importa atender, em especial, a duas questões.

A primeira consiste em saber se a forma de um produto só é adequada a distinguir o produto se essa forma contiver qualquer elemento adicional arbitrário ou um elemento decorativo sem fim funcional e foi objecto da 2.ª questão prejudicial no Acórdão «Philips».

O Tribunal de Justiça respondeu que "para ser adequada a distinguir um produto para efeitos do artigo 2.º da directiva, a forma do produto relativamente ao qual o sinal é registado *não exige* nenhum elemento adicional arbitrário, tal como um elemento decorativo sem fim funcional"[39] e, mais tarde, acrescentou que para ter capacidade distintiva a marca tridimensional tem de divergir, *de modo significativo*, da norma ou dos usos do sector, não sendo suficiente para esse efeito uma simples divergência[40].

---

[36] V. o n.º 78 do Acórdão proferido no caso «Philips», *cit.*

[37] V. o n.º 32 do Acórdão do Tribunal de Justiça, de 7 de Outubro de 2004, proferido no âmbito do proc. C-136/02P, que opôs a Mag Instrument Inc. ao IHMI, caso «Mag», disponível na Internet no sítio: *http://curia.europa.eu/jurisp/cgi-bin/form.pl?lang=pt*.

[38] V. o n.º 48 do Acórdão do Tribunal de Justiça, de 8 de Abril de 2003, proferido no âmbito dos procs. C-53/01 a C-55/01, em que foram partes Linde AG, Winward Industries Inc. e Rado Uhren AG. No que respeita à forma da embalagem do produto, v. ainda o n.º 52 do Acórdão do Tribunal de Justiça, de 12 de Fevereiro de 2004, proferido no âmbito do proc. C-218/01, caso «Henkel», onde se sublinha que os consumidores médios não têm por hábito presumir a origem dos produtos com base na sua embalagem, na ausência de todo e qualquer elemento gráfico ou textual. Ambos os acórdãos podem ser consultados na Internet no sítio: *http://curia.europa.eu/jurisp/cgi-bin/form.pl?lang=pt*.

[39] V. n.º 50 do Acórdão proferido no caso «Philips» *cit.*

[40] V. o n.º 49 do Acórdão proferido no caso «Henkel», *cit.*

Assim, quanto mais a forma cujo registo é pedido se aproxime da forma mais provável do produto em causa, mais verosimilmente a referida forma será desprovida de carácter distintivo[41] e o simples facto de esta forma constituir uma «variante» de uma das formas habituais deste tipo de produtos não é suficiente para demonstrar que a dita marca possui carácter distintivo.

A segunda consiste em saber se ao determinar o carácter distintivo na acepção do artigo 3.º, n.º 1, alínea b), da directiva das marcas tridimensionais constituídas pela forma do produto se deve aplicar um critério mais estrito do que o aplicado noutros tipos de marcas.

O Tribunal de Justiça responde negativamente[42], apesar de constatar, como foi referido, que na prática pode ser mais difícil aquilatar o carácter distintivo deste tipo de marcas, mas não excluindo que estas possam adquirir carácter distintivo em função do uso que delas é feito e serem, em consequência, registadas como marcas com fundamento no artigo 3.º, n.º 3 da directiva[43].

Admitido que é possível que um sinal tridimensional possa funcionar como um sinal distintivo de um produto por referência à sua proveniência empresarial, importa ter presente que o registo desse sinal pode ainda deparar com outros obstáculos[44] (v.g., sinais descritivos)[45].

Do exposto parece resultar uma tendência algo restritiva para a aceitação do registo de um sinal tridimensional como marca por parte do IHMI e do Tribunal de Justiça. Contrastando com esta e com a prática do INPI, temos a jurisprudência do Tribunal do Comércio de Lisboa.

Com efeito, limitando-nos à análise da jurisprudência nacional posterior ao primeiro Acórdão do Tribunal de Justiça sobre a matéria – que, recorde-se, data de 2002 –, constatamos que praticamente todas as decisões revogaram o despacho de recusa de registo do INPI[46], de forma nem sempre correcta.

---

[41] V., entre outros, o n.º 39 do Acórdão do Tribunal de Justiça, de 29 de Abril de 2004, proferido no âmbito dos procs. C-456/01-P e C-457/01-P, que opôs a Henkel KgaA ao IHMI (disponível no sítio: *http://curia.europa.eu/jurisp/cgi-bin/form.pl?lang=pt.*).

[42] V. o n.º 49 do Acórdão proferido no caso «Linde» *cit.*

[43] V. o n.º 48 do Acórdão proferido no caso «Linde» *cit.*

[44] V. o n.º 68 do Acórdão proferido no caso «Linde» *cit.*

[45] Para maiores desenvolvimentos, cfr. LUÍS M. COUTO GONÇALVES, «Marca tridimensional», *cit.*, pp. 153 e ss.

[46] Embora nem sempre concedendo o registo por se afigurar necessário investigar eventuais impedimentos relativos de registo.

De facto, algumas sentenças limitam-se a analisar se se verifica alguma das proibições específicas dos sinais tridimensionais que consistam na forma do produto (i.e., da al. *b*) do art. 223.º, n.º 1), concluindo que, na ausência das mesmas, o registo pode ser concedido sem cuidar de determinar se aquele sinal tem capacidade distintiva[47].

Por outro lado, nalguns casos em que parece apreciar a capacidade distintiva, o Tribunal de Comércio de Lisboa fá-lo desviando-se dos critérios fixados pelo Tribunal de Justiça, já que parece aceitar que uma simples divergência de pormenores seja suficiente para o referido efeito[48].

Uma outra questão levantada pela marca tridimensional respeita à sua representação gráfica.

No que respeita ao pedido de registo de marca nacional constituída por sinais exclusivamente tridimensionais implica que estes sejam reproduzidos nos moldes apresentados pelo requerente, sendo a reprodução a cores unicamente quando as mesmas forem reivindicadas.

No que concerne ao pedido de registo de marca comunitária, a Regra 3, n.º 4 do RE[49] estabelece que a representação consistirá numa reprodução fotográfica ou uma representação gráfica da marca e pode constar de até seis perspectivas diferentes da marca.

---

[47] V., p.e., a sentença de 19 de Fevereiro de 2004 (in: BPI 9/2004, pp. 3147 e ss.) onde se discutiu o registo de um sinal tridimensional consistente numa forma ovular achatada para assinalar produtos da classe 3.ª (detergentes). O TCL entendeu que "(…) a marca tridimensional *sub judice* não consubstancia a forma necessária de nenhum dos produtos que assinala, não é a forma habitual ou usual de nenhum dos produtos que assinala, não se mostra tecnicamente necessária e, finalmente, tal forma não confere a qualquer dos produtos que visa assinalar qualquer valor substancial no sentido supra assinalado. Sendo estes, e apenas estes, os requisitos negativos, nada obsta à concessão do registo em causa, já que se não mostram infringidas quaisquer das proibições legalmente previstas" (p. 3149).

[48] O TCL na sentença (publicada no BPI 22/10/07, pp. 27 e ss.) relativa ao registo da marca internacional composta pela mão de uma guitarra com a frontal castanha e a letra W maiúscula inscrita na parte superior, e a lateral negra, com cinco cravelhas, três do lado direito e duas do lado esquerdo, em prateado, apresentada na perspectiva frontal e lateral direita e esquerda para assinalar produtos da classe 15.ª (guitarras), revogou o despacho de recusa do INPI. O TCL afirmou que "a forma de uma mão de guitarra é, regra geral muito semelhante, mas diverge nos pormenores. Aliás, tal como alega o recorrente, cada fabricante – pelo menos os mais conhecidos e prestigiados – tem a sua forma própria e as guitarras conhecem-se também pela forma da mão (não unicamente) como sendo desta ou daquela proveniência ou querendo assemelhar-se a esta ou aquela proveniência" (p. 31).

[49] V. ainda o n.º 2.7.1. na p. 9 das Directrizes relativas aos procedimentos perante o Instituto de Harmonização do Mercado Interno (IHMI), Parte B – Exame, Versão final: Abril 2008, *cit*.

No âmbito dos trabalhos desenvolvidos pelo *SCT* a questão está, neste momento, centrada fundamentalmente no número de vistas diferentes da marca, se existirem, que formam a representação[50], já que as diferenças entre as legislações podem levar à recusa do registo de uma marca registada no país de origem, por não estarem preenchidos aqueles requisitos no que concerne a um país para o qual foi requerida a protecção internacional.

2. Marcas olfactivas

A possibilidade de registo de marcas olfactivas suscita maiores dificuldades já que aqui não está apenas em causa a capacidade distintiva[51], mas também a susceptibilidade de representação gráfica e, na opinião de alguns autores, até mesmo, a hipótese de um aroma poder constituir um sinal.

Efectivamente, em regra, um aroma é uma característica de um produto. Mas, como SERGIO BALAÑA salienta, esse facto não deve acarretar inelutavelmente que esse aroma nunca se possa converter em marca, à semelhança do que acontece com as formas tridimensionais que consistam, p.e., numa mera embalagem (não imposta pelo produto). De resto, atendendo ao leque aberto do art. 2.º da Directiva de marcas, o Tribunal de Justiça, instado a pronunciar-se sobre o assunto, admite esta possibilidade (embora em termos práticos inviabilize o seu registo, como veremos) e, nalguns ordenamentos jurídicos, algumas marcas deste tipo têm conseguido ser registadas.

Nos EUA o «leading case» respeita ao caso «Clarke»[52-53]. Em 19 de Setembro de 1990, o *Trademark Trial Appeal Board* (*TTAB*) – órgão admi-

---

[50] V. a p. 6 do documento SCT/19/2 – «La representación y la descripción de marcas no tradicionales – posibles ambitos de convergência», preparado pela Secretaria da OMPI a pedido do *SCT*, de 28 de Abril de 2008, disponível para consulta no sítio da Internet: *http://www.wipo.int/meetings/es/topic.jsp?group_id=63*.

[51] A discussão é fundamentalmente doutrinal já que quer o Tribunal de Justiça, quer o IHMI dão por assente a aptidão distintiva deste tipo de sinal. *V.g.*, a Decisão da 4.ª Câmara de Recurso, de 12 de Dezembro de 2005, no âmbito do processo R 0445/2003-4, relativo ao registo da marca olfactiva («odor de limão»), n.º 12, p. 6 (disponível na Internet no sítio: *http://oami.europa.eu/LegalDocs/BoA/2003/es/R0445_2003-4.pdf*).

[52] In re Clarke, 17 USPQ, 2d, 1238, 1239 (TTAB 1990). Neste caso discutiu-se a admissibilidade do pedido efectuado por Celia Clarke – que era a única fabricante de fios de coser e para bordados *perfumados* – que havia sido recusado pelo examinador invo-

nistrativo competente para apreciar o recurso das decisões de recusa de registo de marcas – admitiu o registo de uma marca consistente numa fragrância fresca floral que faz lembrar as mimosas de flores vermelhas, aplicável a fios para costura e bordado. Posteriormente, foram registadas outras, p.e., em 26 de Junho de 2001, foi registado o perfume de cereja para lubrificantes sintéticos de veículos de competição ou destinados a espectáculo e, em 14 de Setembro de 2004, foi registado um sinal consistente num aroma evocativo de menta para assinalar máscaras de uso médico, que foi «abandonado» em 2007[54].

O mesmo sucede noutros países, *v.g.*, além dos que referem expressamente os sinais olfactivos como sinais susceptíveis de constituir uma marca[55], o Reino Unido[56].

No plano comunitário, o Instituto de Harmonização do Mercado Interno (IHMI) concedeu o registo como marca (comunitária) do «cheiro de erva recentemente cortada» para bolas de ténis[57]. Todavia, na sequência

---

cando quer a falta de capacidade distintiva (o seu carácter era meramente ornamental relativamente ao produto), quer o carácter funcional (i.e., era necessário para proteger a livre utilização de aromas agradáveis como estímulo concorrencial) do sinal em apreço. Em sede de recurso (no qual já não viria a ser invocado o segundo fundamento de recusa invocado), o *TTAB* acabou por aceitar o registo baseando-se, fundamentalmente, no facto de ter sido a requerente do registo a única pessoa a comercializar fios e fibras perfumados e de ela ter provado que os consumidores, comerciantes e distribuidores dos seus fios aromatizados chegaram a reconhecê-la como fornecedora ou origem de tal produto

Sobre este caso, cfr., entre outros, ERIC GIPPINI FOURNIER, «Las marcas olfativas en los Estados Unidos», in: *ADI*, Tomo XIV, 1991-92, pp. 157 e ss.

[53] Para uma perspectiva comparatística da matéria no direito de marcas norte-americano e europeu, cfr. ASHITHA BHAGHWAN/NAMITA KULKARNI/RAMANUJAM PADMANABHA, «Economic rationale for extending protection to smell marks», de 31 de Outubro de 2007, disponível na Internet no sítio: *http://mpra.ub.uni-muenchen.de/5604/1/MPRA_paper_5604.pdf*.

[54] Os exemplos mencionados no texto são referidos por SERGIO BALAÑA, *op. cit.*, pp. 21 e s., notas 9 e 10 e p. 20, nota 1. A informação relativa à última marca mencionada foi retirada da base de dados do *USPTO*, consultada na Internet no sítio: *http://tess2.uspto.gov/bin/showfield?f=doc&state=3lt9pb.2.1*.

[55] É o caso, referido por SERGIO BALAÑA (*op. cit.*, p. 22, notas 12 e 13), da Austrália e da Nova Zelândia.

[56] Relativamente a este último, importa destacar que já foi registada, p.e., a fragrância de rosas aplicadas a pneus. No entanto, desde o Acórdão do TJ proferido no caso «Sieckmann» esta orientação parece ter-se invertido. Neste sentido, cfr. SERGIO BALAÑA, *op. cit.*, p. 22, nota 14.

[57] V. Decisão da 2.ª Câmara de Recurso, de 11 de Fevereiro de 1999, proferida no proc. R 156/1998-2, relativa ao pedido de registo n.º 428 870 («o cheiro a erva recém-

do Acórdão do Tribunal de Justiça proferido no caso «Sieckmann» passou a recusar esta possibilidade[58].

Com efeito, no Acórdão, de 12 de Dezembro de 2002, proferido no âmbito deste caso, foram discutidas as questões prejudiciais relativas ao art. 2.º da Directiva de marcas[59] apresentadas pelo *Bundespatentgericht*, na sequência do recurso intentado por Ralf Sieckmann da decisão do *Deutsches Patent-und-Markenamt* de recusar o registo como marca de um sinal olfactivo – a substância química pura cinamato de metilo (éster metílico de ácido cinâmico)[60] – para vários serviços das classes 35.ª, 41.ª e 42.ª[61].

-cortada») que pode ser consultada no sítio da Internet: *http://oami.europa.eu/LegalDocs/BoA/1998/en/R0156_1998-2.pdf*.

[58] V. Acórdão do Tribunal de 1.ª Instância [TPI], de 27 de Outubro de 2005, proferido no âmbito do proc. T-305/04, onde se discutiu o registo do «odor a morango maduro» para assinalar produtos das classes 3.ª, 16.ª, 18.ª, 25.ª (disponível no sítio da Internet: *http://curia.europa.eu/jurisp/cgi-bin/form.pl?lang=pt*). Para um comentário desta sentença, cfr. ÁNGEL MARTINEZ GUTIÉRREZ, «En torno a la descripción como forma de representación gráfica de un signo olfactivo», in: *ADI*, Tomo XXVI, 2205-2006, pp. 739 e ss. Sobre os pedidos de registo de marcas olfactivas recusados pelo IHMI, v. a base de dados do IHMI (acessível *on-line* a partir do sítio: *http://oami.europa.eu/CTMOnline/RequestManager/es_Result_NoReg*, consultada pela última vez em 12 de Novembro de 2008), de onde resulta que dos sete pedidos apresentados apenas o que foi referido no texto («o cheiro a erva recém-cortada») foi concedido e, entretanto, caducou.

[59] Essas questões foram as seguintes: "1) Deve o artigo 2.º da Directiva 89/104/CEE do Conselho, de 21 de Dezembro de 1988, que harmoniza as legislações dos Estados-Membros em matéria de marcas, ser interpretado no sentido de que o conceito de 'sinais susceptíveis de representação gráfica' apenas compreende os sinais que possam ser directamente representados na sua forma visível? Ou devem considerar-se nele incluídos também os sinais que, ainda que não sejam visualmente perceptíveis – por exemplo, odores ou sons – possam ser indirectamente representados por outros meios? 2) Em caso de resposta afirmativa à segunda parte da primeira questão: os requisitos da representação gráfica, na acepção do artigo 2.º da directiva, são cumpridos quando um odor seja representado: a) mediante uma fórmula química; b) mediante uma descrição (a publicar); c) mediante a apresentação de uma amostra, ou d) mediante uma conjugação das alternativas de representação acima mencionadas?" (n.º 19 do Acórdão *cit.*). Para um comentário a este acórdão, cfr. LUÍS M. COUTO GONÇALVES, «Marca olfactiva…», *cit.*, pp. 14 e ss.

[60] O sinal olfactivo referido era representado pela correspondente fórmula química (C6H5-CH = CHCOOCH3) e, com o pedido de registo, Ralf Sieckmann apresentou ainda um recipiente com uma amostra do odor do sinal, acrescentando que aquele é habitualmente descrito como «balsâmico-frutado com ligeiras notas de canela» (v. n.os 11 e 13 do Acórdão *cit.*).

[61] A recusa do registo pelo *DPMA* fundamentou-se na insusceptibilidade de representação gráfica e na falta de capacidade distintiva (§§ 3.º Abs.1, 8.º Abs. 1 e 2 e *MarkenG*).

Relativamente ao ponto de que nos ocupamos, o Tribunal admitiu a possibilidade de sinais não perceptíveis visualmente, como é o caso dos sinais olfactivos, poderem constituir marcas, na condição de serem susceptíveis de representação gráfica. Contudo, esta decisão não se afigura, na nossa opinião correcta, pois a questão da representação gráfica é motivada por dificuldades de ordem técnica que podem vir a ser superadas. Melhor teria sido, da nossa perspectiva, sublinhar a principal dificuldade com que este tipo de sinais se debate: a (in)aptidão para distinguir produtos ou serviços[62]. Antes de nos debruçarmos sobre esta vamos deter-nos brevemente sobre a questão da representação gráfica dos sinais olfactivos, partindo da apreciação do Tribunal de Justiça.

A este propósito, importa relembrar que o Tribunal de Justiça, no Acórdão referido, não só estabeleceu os sete requisitos (indicados *supra* em I.1.), a que deve obedecer a representação gráfica, como procedeu à apreciação da viabilidade de determinados meios para efeitos do cumprimento destas exigências. Registe-se, porém e desde já, que o Tribunal de Justiça não apreciou todos os meios actualmente disponíveis para representar odores, mas apenas aqueles que foram utilizados no litígio *sub judice* e, seguindo a opinião do Advogado-Geral DÁMASO RUIZ-JARABO COLOMER[63], recusou que qualquer um destes individualmente considerados ou todos em conjunto pudessem representar graficamente o sinal olfactivo.

Assim, referindo-se à representação através de uma fórmula química, considerou que a mesma não é suficientemente inteligível e não representa o odor de uma substância, mas a substância enquanto tal, não sendo suficientemente clara e precisa[64]. No que respeita à descrição de um odor[65]

---

[62] Em sentido próximo, cfr. LUÍS M. COUTO GONÇALVES que sustenta que "a posição mais coerente do TJ seria a de considerar o requisito da representação gráfica preenchido, mas remeter ao tribunal de reenvio a cuidada apreciação dos demais requisitos de validade e, de um modo especial, do requisito da capacidade distintiva", acrescentando ainda que "o que não se (...) afigura congruente é aceitar, teoricamente, a susceptibilidade de representação gráfica de uma marca olfactiva e, em simultâneo, negar o cumprimento desse requisito a um sinal olfactivo representado graficamente" (*ult. op. cit.*, p. 25).

[63] V. os n.os 38, 41 e 42 das Conclusões apresentadas, em 6 de Novembro de 2001, no âmbito do caso «Sieckmann» *cit.*

[64] V. n.º 69 do Acórdão proferido no caso «Sieckmann», *cit.* O Advogado-Geral DÁMASO RUIZ-JARABO COLOMER, no n.º 40 das Conclusões apresentadas neste processo (já citadas), além de ter sublinhado que muito poucas pessoas seriam capazes de interpretar um odor a partir da fórmula química representativa do produto de que emana (i.e., a partir dos elementos que o compõem e das quantidades a misturar para o obter), destacara que

reputou-a como não sendo suficientemente clara, precisa e objectiva, e a apresentação de uma amostra de odor falharia o preenchimento dos requisitos relativos à susceptibilidade de representação gráfica por não ser suficientemente estável ou duradoura[66]. Considerando a possibilidade de estes meios serem utilizados conjuntamente sustentou que lhes faltaria clareza e precisão[67].

Como dizíamos, o Tribunal de Justiça não se pronunciou sobre o recurso a *outros meios* de representação *actualmente disponíveis*, como a cromatografia de gases e a cromatografia líquida de elevado rendimento.

Os meios referidos "permitem a separação de uns odores de outros e proporcionam uma informação qualitativa e quantitativa sobre misturas complexas" que podem ser detalhadas graficamente pelo cromatograma (que representa a quantidade de um composto em função do tempo da sua separação) e pelo aerograma (que se constrói ao cheirar os compostos libertados em relação com o odor libertado no momento)[68]. No entanto, como LAMBERTO LIUZZO afirma, não possibilitam a individualização da estrutura química dos componentes de um perfume e ambos comportam alguns problemas de atendibilidade para perfumes complexos[69]. Daí que alguns autores sugiram que aqueles sejam integrados com outros meios como a espectrometria de massa, a ressonância nuclear magnética, a

---

um mesmo produto é susceptível de produzir sinais olfactivos diferentes em função de factores tão aleatórios como a sua concentração, a temperatura ambiente ou o suporte em que seja aplicado.

[65] V. n.º 70 do Acórdão do caso «Sieckmann» *cit*. Defendendo que, quando o sinal olfactivo cujo registo como marca é requerido é reconhecido previamente pelos consumidores, a descrição do mesmo é suficiente para satisfazer o requisito relativo à representação gráfica, cfr. ÁNGEL MARTINEZ GUTIERREZ, *op. cit.*, pp. 748 e s.

[66] Como o Advogado-Geral referira nas Conclusões citadas (n.º 42), "ainda que se admitisse a consignação de uma amostra-padrão da substância que produz o odor, às dificuldades de registo associadas à sua clareza e precisão juntar-se-iam os inconvenientes relativos à publicação e aos efeitos do tempo. Devido à volatilidade dos seus componentes, um odor modifica-se ao longo do tempo, até que desaparece".

[67] De resto, o Advogado-geral DÁMASO RUIZ-JARABO COLOMER já referira que a incerteza criada seria até maior: o registo de uma fórmula química, acompanhada de uma amostra e de uma descrição do odor produzido, aumentaria o número de mensagens susceptíveis de dar a conhecer o sinal e, consequentemente, o risco de eventuais interpretações diferentes (v. o n.º 43 das Conclusões apresentadas no caso «Sieckmann», *cit.*).

[68] MARIA DOLORES RIVERO GONZÁLEZ, *op. cit.*, p. 1682.

[69] Cfr. LAMBERTO LIUZZO, «Alla scorpeta dei nuovi marchi», in: *RDI*, Parte I, 1997, pp. 124 e s.

espectroscopia por infra-vermelhos ou por ultra-violetas, muito embora em relação a fragrâncias complexas também estes meios deparem com obstáculos quanto à sua fiabilidade[70].

Mais recentemente, tem sido aventada a possibilidade de num futuro próximo estas marcas serem percepcionadas num *ambiente de realidade virtual* (*virtual reality environment*)[71], que comporta, designadamente, o chamado «*e-mail* aromático», i.e., a utilização de um dispositivo periférico que se liga ao computador do destinatário e que contém uma série de odores que é activado, procedendo à mistura de aromas, de acordo com as ordens transmitidas pelo *software* desenvolvido para esse efeito[72].

Do exposto resulta a impossibilidade prática de registo de sinais olfactivos baseada num requisito formal e técnico[73], imposto num momento em que ainda não existiam, ou pelo menos não eram amplamente utilizados, outros meios tecnológicos que, eventualmente, conseguissem atingir os mesmos fins que são perseguidos pela exigência de representação gráfica.

Atendendo (também) à possível evolução neste domínio, parece-nos ser mais relevante, como já referimos, a determinação da capacidade distintiva dos sinais olfactivos.

A questão de um sinal deste tipo poder servir como indicação de proveniência empresarial depara com vários e ponderosos obstáculos.

O Homem tem uma capacidade limitada para *identificar* odores[74], que contrasta com a sua capacidade para diferenciar odores. Da perspectiva organoléptica, como refere Sergio Balaña, nada impede que um sinal olfactivo possa cumprir a função distintiva da marca[75]. Todavia, do regime jurídico da marca resultam vários obstáculos para que tal possa suceder.

---

[70] L. Mansani, «Marchi olfattivi», in: *RDI*, Parte I, 1996, p. 266.

[71] Sobre o tema e a importância no âmbito do Direito de Marcas, cfr. Caroline Wilson, *op. cit*. A autora citada refere que o ambiente de realidade virtual é um "ambiente digital artificial multi-sensorial experimentado através de uma intuitiva interactividade humana/interface do computador que de forma crível torna o comportamento no mundo físico no do ambiente de realidade virtual".

[72] Sergio Balaña, *op. cit*., p. 20.

[73] Sergio Balaña, *op. cit*., p. 24.

[74] Além disso, a percepção olfactiva – como é referido por Sergio Balaña – está mais relacionada com emoções do que com decisões, o que, para alguns autores, constitui um obstáculo à admissibilidade do seu registo como marca. Não é, porém, o caso de Sergio Balaña que recorda que não importa que o consumidor não conheça especificamente a proveniência do produto ou serviço assinalado.

[75] Sergio Balaña, *op. cit*., p. 38.

Desde logo é necessário que o consumidor perceba aquele sinal como *marca* o que nem sempre sucederá. Com efeito, na maioria dos casos a fragrância será vista como uma característica do produto – o que se verifica relativamente aos chamados *primary scents* (produtos que assentam, fundamentalmente, no aroma que desprendem, como é o caso dos perfumes) – ou como uma forma de tornar o produto assinalado mais apelativo – como sucede com os *product scents* (produtos que, normalmente, desprendem uma fragrância, embora não seja essa a causa principal da aquisição, como é o caso dos detergentes) e até com os *unique scents* (produtos que desprendem uma fragrância sem que tal constitua uma prática usual no mercado, de que é exemplo a fragrância fresca floral que faz lembrar as mimosas de flores vermelhas dos fios de coser e bordar)[76].

Por outro lado, como já foi diversas vezes referido, o registo como marca de sinais olfactivos sujeita-se, naturalmente, à eventual aplicação dos demais impedimentos de registo, nomeadamente ao que respeita aos sinais descritivos e usuais[77].

Finalmente, a necessidade de impedir a monopolização de certos sinais conduz-nos a outros argumentos utilizados pela doutrina para recusar o registo deste tipo de sinais.

Referimo-nos à teoria da funcionalidade inicialmente referida a propósito das marcas tridimensionais[78]. Com este fundamento serão de recusar os pedidos de registo de marcas dos sinais em que a "forma" olfactiva seja imposta pela natureza dos produtos[79] e, segundo alguma doutrina, relativos aos chamados *primary scents* e *product scents* (cuja "forma" olfactiva seja qualificada como utilitariamente estética[80] e funcional[81]).

---

[76] A terminologia empregue no texto – *primary, product* e *unique scents* – foi utilizada por ELIAS, «Do scents signify source? An argument against trademark protection for fragances», in: 82 *TMR* (1992), pp. 475 e ss.

[77] Pense-se, por hipótese, e recorrendo aos exemplos referidos por SERGIO BALAÑA (*op. cit.*, p. 43), no cheiro a cacau para produtos que contenham chocolate e no cheiro a limão para detergente de louça.

[78] O recurso à doutrina da funcionalidade no âmbito de sinais olfactivos supõe, como SERGIO BALAÑA correctamente sublinha (*op. cit.*, pp. 44 e s.), "interpretar o termo «forma» num sentido suficientemente amplo para abarcar a ideia de «forma olfactiva»" e "impõe algumas cautelas no momento de extrapolar, sem mais, a aplicação da doutrina da funcionalidade para o âmbito olfactivo".

[79] Seria o caso do pedido de registo do «odor a limão» para assinalar produtos cítricos. O exemplo acabado de referir é de SERGIO BALAÑA, *op. cit.*, p. 47.

[80] SERGIO BALAÑA, *op. cit.*, p. 54, refere o odor a lavanda para ambientadores para o lar, mas discute a aplicabilidade deste impedimento aos perfumes porquanto "a apro-

Além da doutrina da funcionalidade, tem sido também referida a chamada «fragrance depletion», que assenta na ideia de que o monopólio conferido levaria ao esgotamento dos odores disponíveis para os concorrentes e a «scent confusion» que alude às dificuldades que existiriam para delimitar o conteúdo do direito relativo a tais marcas.

3. Marcas de cor

Passando agora à análise de outro tipo de marca não tradicional – a marca de cor – importa desde já esclarecer que os problemas a abordar respeitam unicamente à cor em si mesma, sem forma nem contornos, ou seja, à cor em abstracto. Não nos referimos, portanto, à cor da marca que, como é sabido, pode ser reivindicada.

Uma questão prévia a resolver consiste em determinar se a cor pode constituir uma marca e esta não foi resolvida expressamente pela Directiva de marcas (v. art. 2.º)[83]. Todavia, o elenco da referida norma é meramente exemplificativo, como já referimos por diversas vezes. Além disso, o Conselho da União Europeia e a Comissão emitiram uma declaração conjunta, aquando da adopção da directiva e que consta da acta do Conselho, nos termos da qual «são da opinião que o artigo 2.º não exclui a possibilidade (…) de registar como marca uma combinação de cores ou uma única cor (…) desde que elas sejam adequadas a distinguir os produtos ou serviços de uma empresa dos de outras empresas».

Entre nós, está expressamente prevista a possibilidade de registo de cores combinadas entre si (ou com gráficos, dizeres ou outros elementos) de forma peculiar e distintiva (art. 223.º, n.º 1, al. *e*)[84]) e ainda a proibição de registo (apenas) para a cor única[85].

---

priação exclusiva de um perfume (enquanto aroma de fantasia) não supõe uma barreira à concorrência efectiva no mercado, pois os concorrentes dispõem, em princípio, de uma infinidade de alternativas com as quais conseguem o mesmo objectivo: aromatizar o corpo".

[81] Seria o caso das fragrâncias que desempenham uma função técnica, p.e., "aromas utilizados para mascarar o odor tipicaqmente desagradável de um produto, para repelir insectos, para prolongar o efeito aromático de uma fragrância, aqueles que possam ser utilizados com fins terapêuticos, etc." (SERGIO BALAÑA, *op. cit.*, p. 49).

[82] Para maiores desenvolvimentos, cfr., entre outros, SERGIO BALAÑA, *op. cit.*, pp. 55 e s.

[83] O mesmo não sucede no âmbito do ADPIC.

[84] Resumidamente sobre a situação no nosso ordenamento jurídico na vigência do CPI'40, cfr. LUÍS M. COUTO GONÇALVES, *Manual de Direito Industrial*, 2.ª ed., Almedina, Coimbra, 2008, p. 245.

Uma vez que no que concerne à cor única a legislação nacional se afasta da orientação consagrada em muitos dos ordenamentos jurídicos de outros Estados-membros da União Europeia[86] e parece estar em contradição com a interpretação – que, recorde-se, é vinculativa – que o Tribunal de Justiça tem efectuado reiteradamente do art. 2.º da DM, dedicar-lhe--emos especial atenção.

Com efeito, o Tribunal de Justiça teve ocasião de se pronunciar sobre a possibilidade de uma cor única ser registada como marca no acórdão proferido no âmbito do caso «Libertel»[87], sustentando que não se pode presumir que uma cor *por si só* constitua um sinal (já que normalmente a cor constitui apenas uma característica das coisas), mas admitindo que, dependendo do contexto em que for utilizada, aquela pode constituir um sinal[88-89].

---

[85] "Esta proibição", como LUÍS M. COUTO GONÇALVES refere, "deve abranger tanto as cores simples (as sete cores do arco-íris), onde os problemas de bloqueamento no acesso ao mercado são mais ingentes, como também as cores intermédias pelas inultrapassáveis dificuldades práticas que a solução contrária representaria" (*Manual...*, cit., pp. 245 e s.).

[86] Para uma visão geral da regulamentação jurídica da matéria em apreço nos ordenamentos jurídicos espanhol, francês, italiano e alemão, cfr., entre outros, EVA M. DOMÍNGUEZ PÉREZ, «Tutela del color como marca: especial referencia al carácter distintivo del color (sentencias del TJCE de 6 de mayo de 2003, asunto «naranja», y del TPI de 9 de julio de 2003, asunto «combinación de naranja y gris»), in: *ADI*, Tomo XXIV, 2003, pp. 487 e s.

[87] Acórdão do Tribunal de Justiça, de 6 de Maio de 2003, proferido no âmbito do proc. C-104/01, que opôs a Libertel Groep BV ao Benelux-Merkenbureau (consultado no sítio: *http://curia.europa.eu/jurisp/cgi-bin/form.pl?lang=pt*) em que se discutia a admissibilidade do registo da cor de laranja para assinalar produtos e serviços de telecomunicações (caso «Libertel»). No que respeita à admissibilidade do registo de combinação de cores, v. o Acórdão do Tribunal de Justiça, de 24 de Junho de 2004, proferido no âmbito do proc. C-49/02, caso «Heidelberg», em que se discutia o registo das cores azul e amarelo para assinalar determinados produtos destinados à construção civil, que pode ser consultado no sítio indicado *supra*.

[88] V. o n.º 27 do Acórdão proferido no caso «Libertel» *cit.*

[89] Relativamente ao valor da declaração conjunta que referimos *supra* no texto, o Tribunal de Justiça afirma neste Acórdão que "uma declaração deste tipo não pode ser tomada em consideração para a interpretação de uma disposição de direito derivado quando, como no presente caso, o seu conteúdo não encontre qualquer expressão no texto da disposição em causa, não tendo, assim, relevância jurídica (...). O Conselho e a Comissão reconheceram, aliás, esta limitação no preâmbulo da sua declaração, segundo o qual «[a]s declarações do Conselho e da Comissão a seguir reproduzidas não são parte integrante do acto jurídico e não prejudicam, por esse motivo, a sua interpretação através do Tribunal de Justiça das Comunidades Europeias" (n.º 25 do Acórdão, *cit.*).

Importa, pois analisar sucintamente as principais dificuldades que se levantam ao registo de sinais cromáticos como marca. De entre essas, e para além da representação gráfica, avultam, numa primeira fase, a chamada «depletion theory» e, posteriormente, a aptidão distintiva da cor[90].

Na verdade, inicialmente, registou-se uma tendência restritiva à admissibilidade de registo de sinais cromáticos (especialmente no que respeitava à cor por si só) a que não era alheia a valoração do interesse geral em não se restringir indevidamente a disponibilidade das cores para os restantes operadores no mercado. Daí que, nos EUA os tribunais tivessem recorrido à «mere color rule» para obstar ao registo deste tipo de marcas[91].

Entretanto, como dizíamos, a questão passa a ser colocada em moldes diferentes, centrando-se na aptidão distintiva da marca de cor e, sobretudo, na questão de determinar se este sinal tem capacidade distintiva *ab initio* ou se a adquire pelo uso que dele é feito.

Em 1985 foi registada a primeira marca de cor no ordenamento jurídico estado-unidense. Referimo-nos à cor rosa da fibra de vidro de Owen Corning Co.[92] que, inicialmente, havia sido recusada pelo examinador e pelo *TTAB*. Todavia, atendendo ao longo tempo de utilização da marca (29 anos), o *Court of Appeals for the Federal Circuit*, com 2 votos a favor e 1 contra, acabou por conceder o registo. E, dez anos mais tarde, confirmou-se esta orientação, no caso «Qualitex», em que foi admitido o registo da marca constituída pela cor verde-ouro[93].

Focando a nossa atenção na jurisprudência comunitária, importa referir que o Tribunal de Justiça, como já tivemos o ensejo de explicitar, se pronunciou em sentido afirmativo relativamente à capacidade distintiva da marca constituída pela cor *per se* no caso «Libertel»[94].

Com efeito, apesar de considerar que "os consumidores não têm por hábito presumir a origem dos produtos com base na respectiva cor ou na da sua embalagem, na ausência de todo e qualquer elemento gráfico ou

---

[90] Neste sentido, cfr. EVA M. DOMÍNGUEZ PÉREZ, *op. cit.*, p. 490.

[91] Cfr. EVA M. DOMINGUEZ PÉREZ, *op. cit.*, nota 12, p. 490. Sobre a possibilidade de registo de marcas de cor nos EUA, cfr. MARIA DOLORES RIVERO GONZÁLEZ, *op. cit.*, pp. 1678 e ss.

[92] Re *Owens-Corning Fiberglass Corp.* 774, F 2d, 1128 (Fed.Cir. 1985).

[93] 514 U.S. 159 (1995).

[94] V. os n.os 41 e 66 do Acórdão *cit.* Registe-se ainda que ao defender esta tese afastou-se da opinião que o Advogado-Geral PHILLIPE LÉGER expressara nas Conclusões que apresentou, em 12 de Novembro de 2002, neste caso (v. n.os 40 e ss. das Conclusões, disponíveis para consulta no sítio: *http://curia.europa.eu/jurisp/cgi-bin/form.pl?lang=pt*)

textual, uma vez que uma cor por si só, nos usos comerciais actuais, não é, em princípio, utilizada como meio de identificação" pelo que "a propriedade inerente de distinguir os produtos de uma determinada empresa não existe normalmente numa cor em si mesma", admite que *em circunstâncias excepcionais* tal possa suceder (designadamente, quando o número de produtos ou serviços para os quais é pedida a marca é muito limitado e o mercado relevante muito específico)[95].

Com estas afirmações acaba por tomar partido na questão, já referida, que gerava polémica na doutrina – saber se essa capacidade distintiva existia *ab initio* ou era adquirida pelo uso do referido sinal. Como resulta do acórdão citado, o Tribunal de Justiça entende que antes de qualquer utilização o carácter distintivo da marca de cor só é de conceber em *circunstâncias excepcionais*, admitindo, no entanto, que o pode adquirir, relativamente aos produtos ou serviços para os quais o registo é pedido, após o uso que dela tenha feito[96].

Por outro lado, o mesmo Acórdão sustenta que para apreciar o carácter distintivo que uma determinada cor pode apresentar como marca, é necessário ter em conta o interesse geral em não restringir indevidamente a disponibilidade das cores para os restantes operadores que oferecem produtos ou serviços do tipo daqueles para os quais é pedido o registo[97].

Ultrapassado, eventualmente, este obstáculo a autoridade competente em matéria de registo de marcas terá de apreciar se o sinal cromático para o qual é solicitado o registo como marca preenche os demais requisitos previstos, designadamente, no artigo 3.º da DM[98]. Neste contexto pode assumir relevância, p. e., o facto de uma cor poder ser considerada funcional se, como é referido pelo *SCT*, cumpre uma certa função utilitária ou se é utilizada para obter um determinado resultado técnico relativamente a um produto[99].

---

[95] V. n.º 65 do Acórdão *cit*.
[96] V. n.º 67 do Acórdão *cit*.
[97] V. n.º 60 do Acórdão *cit*.
[98] V. n.º 41 do Acórdão proferido no caso «Heidelberg», cit.
[99] V. n.º 33 na p. 8 do documento do SCT «Relación entre los princípios existentes en materia de marcas y los nuevos tipos de marcas», de 30 de Março de 2007, disponível para consulta na Internet no sítio: *http://www.wipo.int/meetings/es/topic.jsp?group_id=63*. Aí refere-se como exemplo a cor prateada que é conhecida por reflectir o calor e a luz sendo, por esse motivo, a cor predilecta dos fabricantes de revestimentos isoladores para edifícios.

Outro ponto discutido no que respeita aos sinais cromáticos respeita à sua representação gráfica de molde a observar os «critérios Sieckmann» referidos *supra* (v. I., 1.).

O Tribunal de Justiça também se pronunciou sobre este tema, referindo-se concretamente à representação através de uma amostra de cor, de uma descrição verbal e/ou de um código de identificação da cor internacionalmente reconhecido[100] no acórdão proferido no caso «Libertel».

No que concerne à amostra de cor salientou que a mesma não reveste carácter duradouro na medida em que é susceptível de se alterar com o tempo e, como tal, não pode ser admitida, por si só, como uma representação gráfica deste tipo de sinais[101]. Todavia, admitiu que existem alternativas à representação da amostra em papel que não deparam com esse obstáculo[102].

Abordando a descrição verbal da cor, o mesmo Tribunal referiu que pode acontecer que não estejam preenchidos todos os requisitos da representação gráfica, pelo que a sua admissibilidade terá de ser determinada casuisticamente[103]. Alguns autores apontam também a subjectividade dessa descrição como um óbice à utilização deste meio de representação gráfica[104].

A orientação do Tribunal foi, todavia, diferente relativamente à indicação de um código de identificação da cor internacionalmente reconhecido[105]. E, por outro lado, considera suficiente a associação de uma amostra de uma cor complementada com uma descrição verbal da mesma,

---

[100] *V.g.*, PANTONE®, RAL™, FOCOLTONE®, RGB, etc.

[101] V. n.º 32 e n.º 33 do Acórdão *cit.*

[102] Todavia, mesmo o suporte electrónico está sujeito a críticas, v. o documento SCT/18/2, preparado pela Secretaria da OMPI, e intitulado «Marcas no tradicionales: enseñanzas destacadas», de 31 de Outubro de 2007, n.º 19, p. 5 (disponível no sítio: *http://www.wipo.int/meetings/es/topic.jsp?group_id=63*) que, para além de relatar problemas registados devido à distorção da cor original nas imagens transmitidas por meios electrónicos ou passadas através de scanner, adianta que a equipa técnica de normas sobre marcas, do grupo de trabalho sobre normas e documentação do Comité Permanente de Tecnologias de Informação tem estado a elaborar directrizes sobre o formato e o tamanho dos ficheiros electrónicos de imagens, no quadro de um projecto de recomendação para a gestão electrónica dos elementos figurativos das marcas.

[103] V. n.º 35 do Acórdão *cit.*

[104] É o caso de EVA M. DOMÍNGUEZ PÉREZ, *op. cit.*, p. 493.

[105] Em sentido diferente, cfr. os n.ºs 53 e ss. das Conclusões apresentadas pelo Advogado-Geral PHILIPE LÉGER, no caso «Heidelberg», em 15 de Janeiro de 2004, disponível no sítio: *http://curia.europa.eu/jurisp/cgi-bin/form.pl?lang=pt*.

ressalvando que, caso assim não seja, a falta é suprimida pela apresentação de um código de identificação internacionalmente reconhecido[106].

4. Marcas sonoras

Os sinais sonoros constam do elenco (exemplificativo) da norma do Código da Propriedade Industrial que se refere à constituição da marca (art. 222.º, n.º 1). E apesar de tal não suceder no âmbito da Directiva de marcas (art. 2.º DM), o Tribunal de Justiça já afirmou essa possibilidade[107], desde que sejam adequados a distinguir os produtos ou serviços de uma empresa dos de outras empresas e sejam susceptíveis de representação gráfica.

Admitida a possibilidade de os sinais sonoros poderem servir para distinguir os produtos ou serviços de uma empresa dos de outras empresas, o principal problema com que depara o registo como marca deste tipo de sinais é o da sua representação gráfica uma vez que são sinais que, tal como as marcas olfactivas, não são visualmente perceptíveis.

As dificuldades atinentes à representação gráfica deste tipo de sinais prendem-se, essencialmente, com a necessidade de encontrar um meio que preencha os requisitos «Sieckmann», ou seja, uma forma de representação, nomeadamente através de figuras, linhas ou caracteres, que seja clara, precisa, completa por si própria, facilmente acessível, inteligível, duradoura e objectiva[108].

A doutrina tem procedido, para este efeito, à diferenciação entre sons musicais e outros sons.

---

[106] V. n.ºs 36-38 do acórdão *cit*.

[107] V. Acórdão, de 27 de Novembro de 2003, proferido no âmbito do proc. C-283/01 que opôs a Shield Mark BV a Joost Kist h.o.d.n. Memex, caso «Shield», que pode ser consultado no sítio: *http://curia.europa.eu/jurisp/cgi-bin/form.pl?lang=pt*. Para um comentário a este Acórdão, cfr. Ángel Martinez Gutiérrez, *op. cit*., pp. 527 e ss. Na decisão a que nos referimos o Tribunal de Justiça afirmou ainda que "(…) um sinal não pode ser registado como marca sonora quando o requerente não precisou, no seu pedido de registo, que o sinal apresentado se deve entender como um sinal sonoro. Efectivamente, em tal situação, a autoridade competente em matéria de registo das marcas, assim como o público, em especial os operadores económicos, têm razão em considerar que se trata de uma marca nominativa ou figurativa, tal como representada graficamente no pedido de registo" (n.º 58 do Acórdão *cit*.).

[108] V. o n.º 55 do Acórdão proferido no caso «Shield» *cit*.

No primeiro caso, tem admitido a representação através de pentagrama (i.e., através de uma pauta divida em compassos e na qual constem, designadamente, uma clave, notas musicais e silêncios cuja forma indica o valor relativo e, se necessário, acidentes). No entanto, alguns autores admitem ainda a relevância da indicação do título ou de uma descrição que permita a clara e precisa identificação do som concreto quando se trate de um som (ou conjunto de sons) conhecido do público[109].

Nos restantes casos, na impossibilidade de representação através de pentagrama, discute-se a admissibilidade de outras formas de representação, como sejam o recurso à descrição verbal do som e à gravação digital do som.

Ora, no caso «Shield» o Tribunal de Justiça – limitando a sua apreciação aos meios de representação gráfica concretamente apresentados[110] – considerou que os critérios «Sieckmann» não são observados quando o sinal for representado graficamente através da indicação das notas musicais ou através de uma simples onomatopeia sem outra precisão[111] e podem não ser respeitados pela descrição verbal[112]. Mas admite a representação através de pentagrama[113].

---

[109] Cfr. ÁNGEL MARTÍNEZ GUTIERREZ, *op. cit.*, p. 532.

[110] Por isso o Tribunal de Justiça não apreciou a viabilidade da representação gráfica efectuada através de sonograma, suporte sonoro, gravação digital ou da combinação destes meios.

[111] No que respeita à indicação, sem mais, das notas musicais, o Tribunal de Justiça entende que "tal descrição, que não é nem clara, nem precisa, nem completa em si mesma, não permite, designadamente, determinar a altura e a duração dos sons que formam a melodia cujo registo é pedido e que constituem parâmetros essenciais para conhecer esta melodia e, logo, para definir a própria marca" (n.º 61 do Acórdão, *cit.*). No que concerne às onomatopeias, o Tribunal de Justiça baseia a sua posição, por um lado, no facto de existir uma discrepância entre a onomatopeia em si mesma (tal como é pronunciada) e o som ou o ruído reais que ela pretende imitar foneticamente e, por outro, na constatação de que as onomatopeias podem ser diferentemente percebidas, segundo os indivíduos ou de um Estado--membro para outro (n.º 60 do Acórdão, *cit.*).

[112] Efectivamente, o Tribunal de Justiça não exclui a possibilidade de a descrição verbal do sinal sonoro poder preencher os requisitos a que deve obedecer a representação gráfica do sinal. Todavia, apreciando o caso concreto (cuja descrição consistia nas «nove primeiras notas de "Für Elise" e no «canto de um galo») entendeu que lhes faltava precisão e clareza, não sendo, por conseguinte, aceitável como representação gráfica (v. n.º 59 do Acórdão *cit.*).

[113] V. n.º 62 do Acórdão *cit*. Relativamente ao preenchimento dos requisitos «Sieckmann» pelo pentagrama não deixa de ser curioso ter em conta as afirmações do Advogado-Geral DAMASO RUIZ-JARABO COLOMER que, depois de admitir que "esta forma

Tal como vimos suceder relativamente aos sinais olfactivos, também no caso de marcas sonoras que não possam ser representadas através de pentagrama, a possibilidade de constituírem uma marca, admitida pelo Tribunal de Justiça, acaba por deparar com dificuldades de ordem técnica, situação que se agrava pelo facto de não terem sido analisadas outras formas de representação de tais sinais actualmente disponíveis (e alguns utilizados noutros ordenamentos jurídicos).

Efectivamente, para além das gravações em suporte digital, é possível recorrer ao auxílio de gráficos como sejam o oscilograma e espectrograma (ou sonograma) para representar sons não musicais, todavia têm sido colocadas dúvidas acerca da acessibilidade e compreensão destes meios para o público em geral[114].

Após a recente alteração do Código da Propriedade Industrial o legislador português parece manifestar alguma abertura nesta matéria[115], já que no art. 234.º, n.º 1, passa a admitir-se que a representação gráfica dos sinais sonoros seja feita através das respectivas frases musicais, *em suporte definido por despacho do presidente do conselho directivo do Instituto Nacional da Propriedade Industrial*. Todavia, pelo menos para já, a admissibilidade de outros suportes (para além do papel) ainda não se concretizou.

No que respeita à marca comunitária, o IHMI aceita a reprodução do sinal sonoro cujo registo é solicitado em arquivo sonoro electrónico quando o pedido é apresentado por via electrónica e desde que acompanhado de uma representação gráfica do som[116].

No caso de estes sinais serem representados graficamente nos moldes exigidos a admissibilidade do seu registo dependerá, naturalmente, da não aplicação dos impedimentos ao registo previstos legalmente.

---

de representação dos sons cumpre as exigências indicadas pelo Tribunal de Justiça na sentença Sieckmann»", admite que "(...) não é inteligível por todos".

[114] Neste sentido, v. o n.º 47 da p. 10 do documento SCT/19/2, *cit.*
[115] No mesmo sentido, cfr. LUÍS M. COUTO GONÇALVES, *Manual...*, cit., p. 223.
[116] V. p. 6 das Directrizes relativas aos procedimentos perante o Instituto de Harmonização do Mercado Interno (IHMI), Parte B – Exame, Versão final: Abril 2008, p. 6, *cit.*

CONSIDERAÇÕES FINAIS

O tema abordado, que evidencia a notória e progressiva ampliação dos sinais que podem constituir uma marca, tem implicações incontornáveis sobre os interesses protegidos pelo direito de marcas.

É, pois, natural que, após a exposição do panorama actual no que concerne à admissibilidade de registo de marcas não tradicionais, se questionem os fundamentos da protecção jurídica de sinais que são, desde logo, "problemáticos do ponto de vista da sua escassa distintividade"[117].

O Tribunal de Justiça é chamado a desempenhar, neste domínio, um papel muito relevante, cabendo-lhe, de certa forma, reequilibrar os interesses protegidos pelo direito de marcas, o que nem sempre consegue[118].

---

[117] MARIA DOLORES RIVERO GONZÁLEZ, *op. cit*, p. 1653.

[118] Referindo-se à interpretação do art. 3.º, n.º 1 da DM, cfr. JENNIFER DAVIS, «A european constitution for IPRS? Competition, trade marks and culturally significant signs», in: *Common Market Law Review,* 41, 2004, pp. 1013 e ss., que sublinha que, apesar do reconhecimento quer pela Directiva quer pelos tribunais de que a monopolização de certos sinais básicos é indesejável e inibe a concorrência" a questão de determinar o limite desses monopólios é confiado, pela Directiva, "à mão invisível do mercado".

QUESTÕES ATUAIS NA PROTEÇÃO DOS DESENHOS INDUSTRIAIS

GABRIEL DI BLASI
Advogado e Engenheiro – Sócio do Escritório de Propriedade Intelectual Di Blasi, Parente, Vaz e Dias & Associados.

SUMÁRIO:
I – Tendências: 1) A proteção dos desenhos industriais; 2) Requisitos para depósito e publicação; 3) Características funcionais e partes de objetos (*spare parts*); 4) Regimes de proteção e exame substantivo; 5) Prazo; 6) Variações do desenho industrial; 7) Proteção cumulativa; 8) Escopo de proteção; 9) Novas tecnologias; 10) Conclusão. II – Proteção de partes de objetos no Brasil

I. CONSIDERAÇÕES GERAIS

O desenho industrial é um tipo de criação intelectual que envolve tanto características funcionais quanto estéticas em um mesmo objeto. De acordo com a Organização Mundial da Propriedade Intelectual – OMPI, os desenhos industriais são o ponto de encontro entre arte e tecnologia, uma vez que os desenhistas se empenham em criar produtos cujas formas e aparência satisfaçam as preferências estéticas dos consumidores, bem como suas expectativas com relação à performance funcional do produto[1].

---

[1] ORGANIZAÇÃO MUNDIAL DA PROPRIEDADE INTELECTUAL, *Industrial Design and their relation with works of applied art and three-dimensional marks*, Genebra, 1992, p. 3. Disponível em www.wipo.int/edocs/mdocs/sct/en/sct_9/sct_9_6.doc. Acesso em 19 de julho de 2007.

Nos últimos anos, com a globalização e a crescente importância dos desenhos industriais, a ausência de padrões coerentes para sua proteção tornou-se clara e problemática.

A dificuldade reside no fato de que existem muitas interpretações sobre o ponto em que arte e tecnologia, relacionadas à funcionalidade, se encontram e qual a natureza e o escopo de proteção mais apropriado para esse tipo de propriedade. Portanto, existem inúmeras diferenças nas definições ou, em alguns casos, definições insuficientes. Não só existem diferenças significativas nas leis nacionais para a proteção de desenhos industriais, mas também, em muitos casos, há falta de especificidade da lei, como o prazo e o escopo de proteção do desenho industrial. Por exemplo, embora o TRIPs (Acordo sobre Aspectos dos Direitos de Propriedade Intelectual Relacionados ao Comércio) preveja a proteção para todos os desenhos industriais novos e originais, o referido Acordo não apresenta definições ou normas para os desenhos que podem ser protegidos.

Além disso, a crescente tendência para a proteção de desenhos oriundos das novas tecnologias, tais como, as imagens de computador (interfaces gráficas – GUI, ícones e fontes) e características funcionais de um objeto como desenho industrial, confirma a importância dessa espécie de proteção da propriedade intelectual. Simultaneamente, mostra a necessidade de harmonização das leis nos diferentes países, de forma que exista uma coerência na proteção de outras tecnologias pelas diferentes tutelas do direito da propriedade intelectual em relação ao desenho industrial.

Assim, o objetivo deste artigo é considerar as questões atuais e as tendências na regulamentação da proteção de desenho industrial no mundo, pois é um assunto que vem sendo discutido amplamente tanto no contexto nacional quanto internacional. Tais discussões têm concluído que existe uma necessidade crescente de se harmonizar a proteção dos desenhos e a respectiva legislação, especialmente a fim de reduzir as incertezas quanto às exigências para depósito, período de vigência, custos e escopo de proteção.

1) **A proteção dos desenhos industriais:**

A primeira questão que se coloca é "O que pode ser protegido como desenho industrial?" O desenho industrial, em tese, se refere apenas à aparência de um produto, caracterizada por suas cores, linhas, materiais etc. Entretanto, a Diretiva da União Européia sobre desenhos industriais define "desenho ou modelo" como "aparência da totalidade ou de uma parte de um produto, resultante das características, nomeadamente de linhas, contornos, cores, forma, textura e/ou materiais do próprio produto e/ou da sua ornamentação"[2]. A partir dessa disposição, não apenas a aparência de um produto será protegida, mas também o produto em si, desde que ele esteja de acordo com a definição de desenho, seja novo e tenha caráter individual.

No Reino Unido, o desenho industrial é definido como "as características de forma, configuração, modelo ou ornamentação aplicadas a um artigo por qualquer processo industrial"[3]. Assim, a proteção dos desenhos exclui o método ou princípio de construção e as características funcionais do artigo. A mesma tendência está presente na Austrália, onde o desenho industrial significa a aparência total do produto resultando de uma ou mais características visuais do mesmo[4].

Nos Estados Unidos, a proteção de desenhos industrial está disponível para qualquer desenho de um artigo de manufatura novo, original (não-óbvio) e ornamental. Em outros países, tais como a África do Sul e o Reino Unido, "original" significa meramente que ele é um trabalho autoral não copiado, enquanto que a Diretiva da União Européia estabelece que o desenho deva ser novo e ter caráter singular. É importante notar que o conceito de "original" é diferente do "caráter singular"[5]. A Diretiva da União Européia considera que um desenho tem caráter singular se a impressão global produzida no usuário informado difere da impressão global produzida em tal usuário por qualquer desenho que tenha sido disponibilizado ao público antes da data de depósito do pedido[6].

No Japão, é a forma, padrão, cor ou qualquer combinação dessas características, em um artigo ou parte de um artigo, que tenha uma aparência estética, uso industrial, seja novo e não-óbvio que deve ser considerada. No Brasil, um desenho industrial é "a forma plástica ornamental de um

---

[2] Artigo 1, a da Directiva 98/71/CE do Parlamento Europeu e do Conselho de 13 de Outubro de 1998 relativa à protecção legal de desenhos e modelos.

[3] ORGANIZAÇÃO MUNDIAL DA PROPRIEDADE INTELECTUAL, *Industrial Design and their relation with works of applied art and three-dimensional marks*, Genebra, 1992, p. 5. Disponível em www.wipo.int/edocs/mdocs/sct/en/sct_9/sct_9_6.doc. Acesso em 19 de julho de 2007.

[4] Capítulo 1, parte 2 do Designs Acts 2003.

[5] FÉDÉRATION INTERNATIONALE DES CONSEILS EN PROPRIÉTÉ INDUSTRIELLE, *FICPI Submission to WIPO*, 2002, p. 1.

[6] Artigo 5.1 da Directiva 98/71/EC.

objeto ou o conjunto ornamental de linhas e cores que possa ser aplicado a um produto, proporcionando resultado visual novo e original na sua configuração externa e que possa servir de tipo de fabricação industrial"[7].

A legislação brasileira ainda restringe a proteção ao resultado visual externo, o que levanta a questão se os desenhos são limitados a características visuais. Uma decisão alemã sustenta que apenas resultados visuais externos podem ser protegidos. Entretanto, no Reino Unido, existe uma decisão garantindo proteção por desenho industrial ao interior de um ovo de Páscoa. Seguindo esse raciocínio, nos Estados Unidos, existe o entendimento de que caso se pretenda que a característica interna do desenho seja percebida, ela pode ser protegida.

Quanto à novidade, este é um requisito comum e essencial nas leis nacionais e regionais. Dependendo da lei nacional, a novidade pode ser considerada absoluta ou relativa. A maior parte dos paises exige a novidade absoluta. E dessa forma deve prevalecer a regra. Quanto à publicação anterior ao depósito, ela prejudicará o requisito da novidade, exceto quanto às publicações feitas pelo próprio depositante. Nesse caso, alguns países – como os Estados Unidos, o Canadá e a União Européia – têm um período de graça de um ano anterior à data de depósito em seu território. No Brasil, esse prazo é de 180 dias.

É importante notar que algumas legislações de propriedade industrial fazem referência à possibilidade de se reconhecer o desenho industrial não apenas para produtos manufaturados, mas também para trabalhos artesanais, que são geralmente protegidos pelo direito autoral. Este escopo de proteção, onde disponível, está baseado no fato de um desenho industrial ser considerado uma expressão artística, que responde parcialmente a uma preocupação estética do designer[8]. A Diretiva Européia sobre desenhos industriais inclui a proteção para o artesanato. Entretanto, a tendência na maioria das jurisdições é de limitar a proteção do desenho industrial a produtos manufaturados por qualquer processo industrial, sendo a proteção por direito autoral mais indicada para a proteção de artesanato.

No Canadá, o artesanato é protegido tanto por desenho industrial quanto pela legislação autoral. Nos Estado Unidos, ele pode ser protegido

---

[7] Lei 9.279/96 (Lei da Propriedade Industrial).

[8] ORGANIZAÇÃO MUNDIAL DA PROPRIEDADE INTELECTUAL, *Industrial Design and their relation with works of applied art and three-dimensional marks*, Genebra, 1992, p. 3. Disponível em www.wipo.int/edocs/mdocs/sct/en/sct_9/sct_9_6.doc. Acesso em 19 de julho de 2007.

por desenho industrial e no Brasil apenas por direito autoral. Uma terceira perspectiva é encontrada na Indonésia onde a definição de desenho industrial não só inclui a proteção de artesanato como também determina que um desenho industrial é *"...a criação quanto à forma, configuração ou a composição de linhas ou cores, ou linhas e cores, ou a combinação assim obtida, em uma forma bi ou tridimensional que cause uma impressão estética e possa ser percebida em um modelo bi ou tridimensional e usado para produzir um produto, bem ou um artigo industrial e um artesanato"*[9].

Como se pode perceber, há elementos comuns que caracterizam o desenho industrial e que devem ser levados em conta para a harmonização. Visibilidade e característica estética são comumente consideradas um pré-requisito para o reconhecimento de um desenho industrial quando incorporado a um produto. Porém, mesmo que as leis nacionais considerem relevante o requisito estético para determinar um desenho industrial, esse critério não é objetivo, uma vez que depende da subjetividade do examinador. Portanto, deve-se considerar a característica visual geral resultante da combinação de linhas, cores, formas etc. que confira ao produto um resultado novo e original. Contudo, é importante observar que eliminar o elemento estético permitiria a proteção para desenhos funcionais e não funcionais.

2) **Requisitos para depósito e publicação:**

Os requisitos para o depósito variam de país para país. Em geral, desenhos ou fotografias são exigidos. Nos Estados Unidos, por exemplo, o depositante deverá apresentar, ainda, o desenho em uma única reivindicação escrita.

Talvez a questão mais fundamental para a harmonização seja a diferença entre estilos e formatos de desenhos aceitáveis e a especificação determinada pelas respectivas leis nacionais e regionais. Essa diversidade pode ser causa de incertezas entre aqueles que devem usar o regime de registro de desenho, o de desenhos não-registráveis ou o sistema de patentes a fim de se definir o escopo de proteção do desenho.

---

[9] ORGANIZAÇÃO MUNDIAL DA PROPRIEDADE INTELECTUAL, *Industrial design protection in Indonesia: a comparative study of the law on Industrial Design Protection between Japan and Indonésia*, Tokyo, 2004, p. 21.

Dado o padrão seguido pela maioria e considerando o fim de harmonização, a solução preferível seria que os depositantes apresentassem apenas uma clara representação do desenho, mostrando suas características relevantes e uma reivindicação ou declaração de novidade, na qual o depositante especifica o que deseja proteger.

Quanto à publicação, no Canadá, na África do Sul e nos Estados Unidos, o desenho depositado não é publicado e é mantido em sigilo até a concessão do registro. No Brasil, o depositante poderá requerer o sigilo do pedido por um período de 180 dias. Entretanto, isso atrasará o processamento e concessão do desenho. No Japão, o depositante poderá requerer que o desenho seja mantido em sigilo por um período de até 3 anos contados a partir da concessão do desenho. Este é um tipo de desenho chamado "desenho em sigilo"[10]. Já na Europa, no momento do depósito, o depositante poderá requerer que a publicação do desenho seja postergada por um período de até 30 meses contados da data de depósito ou da prioridade[11].

Assim, a tendência é que o sigilo dos depósitos seja mantido até a concessão do registro dos respectivos desenhos.

3) **Características funcionais e partes de objetos** (*spare parts*):

Normalmente, a aparência de um produto ou a característica funcional da forma afeta sua performance técnica, uma vez que suas funções não serão desenvolvidas sem tais características sendo, portanto, necessárias ao produto. Muito embora a proteção por desenho industrial seja indicada apenas para a aparência do produto – e não para suas funcionalidades – a originalidade das características funcionais deveria ser levada em conta pelas leis nacionais.

Segundo a lei da África do Sul, existe uma previsão especial para desenhos funcionais que é semelhante à de modelo de utilidade, uma vez que essa previsão protege um novo aperfeiçoamento funcional em um determinado objeto. Todavia, essa previsão especial exige a presença de um elemento estético. Enquanto a proteção do desenho é feita com base

---

[10] ORGANIZAÇÃO MUNDIAL DA PROPRIEDADE INTELECTUAL, *Industrial design protection in Indonesia: a comparative study of the law on Industrial Design Protection between Japan and Indonésia*, Tokyo, 2004, p. 47.

[11] Disponível em: http://oami.europa.eu/efdsgn/en/default.htm. Acesso em: 07 de maio de 2007.

em desenhos e fotos, a proteção do modelo de utilidade é determinada pelas reivindicações. Outra distinção na lei sul-africana diz respeito ao "desenho estético" que usa a definição clássica de desenho industrial. Também na Austrália, não se exclui da proteção os desenhos que apresentem características funcionais. De acordo com o Design Act 2003, uma característica visual pode, mas não necessita, servir a um objetivo funcional[12]. Já na legislação sobre desenhos dos Estados Unidos, apenas a aparência de um produto, mas não as características estruturais ou utilitárias, é objeto de proteção. A lei japonesa não protege o desenho "composto de formas, que sejam indispensáveis para assegurar as funções de um artigo"[13]. Na União Européia, o artigo 7 da Diretiva 98/71/EC restringe a proteção de produtos que tenham características funcionais, uma vez que "As características da aparência de um produto determinadas exclusivamente pela sua função técnica não são protegidas pelo registro de desenhos e modelos". Ainda, o artigo 8 (1) do Regulamento 6/2002, em relação aos desenhos industriais não registrados, repete os termos do artigo 7 da Diretiva.

No Brasil, de acordo com o inciso II do artigo 100 da Lei 9.279/96, a forma de um objeto, que é determinada essencialmente por características técnicas ou funcionais, não é protegida.

Relacionado ao tópico das características funcionais, as partes de objetos são componentes individuais de um produto complexo que é composto de múltiplos componentes "susceptíveis de serem dele retirados para desmontar e nele recolocados para montar novamente"[14].

A Diretiva Européia prevê proteção para partes de objetos desde que a parte componente seja visível durante o uso do artigo e possa ser substituída quando o produto complexo for reparado. Partes componentes não--visíveis, bem como as partes que têm seus desenhos ditados por aspectos funcionais e são caracterizadas como *"must-fit"*, não podem ser protegidas. Similarmente, no Japão, partes funcionais são excluídas da proteção. Quanto ao Brasil, como será tratado no item II a seguir, essas partes de objetos podem ser registradas e protegidas, desde que sejam fabricadas e vendidas separadamente e a parte do objeto possa ser identificada sepa-

---

[12] Capítulo 1, Parte 2, Seção 7 (2).
[13] ORGANIZAÇÃO MUNDIAL DA PROPRIEDADE INTELECTUAL, *Industrial design protection in Indonesia: a comparative study of the law on Industrial Design Protection between Japan and Indonésia*, Tokyo, 2004, p. 44.
[14] Artigo 1.º da Directiva 98/71/EC.

rada do corpo do objeto principal. A forma da parte deve ser completamente definida ou acabada.

Nos Estados Unidos, as partes podem ser protegidas desde que sejam consideradas não-funcionais.

Portanto, apesar de haver restrições de algumas legislações nacionais, mas considerando que o desenho industrial está relacionado diretamente à aparência do produto ou objeto, que na maioria das vezes é obtida através das características funcionais do mesmo, esses aspectos visuais ditados pela função técnica não deveriam ser considerados obstáculos para a proteção do referido desenho. O mesmo raciocínio deveria ser estendido para proteção das partes dos objetos.

4) Regimes de proteção e exame substantivo:

Basicamente, existem três regimes de proteção ao desenho industrial: direito autoral; sistema *sui generis* de registro de desenhos; e sistema *sui generis* de direitos não-registrados[15]. Adicionalmente, algumas leis nacionais protegem o desenho industrial por patente, como o sistema de patentes norte-americano. Cada regime tem um impacto na natureza da proteção do desenho em muitos aspectos, tais como exame, prazo de proteção, efeitos no contencioso judicial etc.

Por um lado, Japão e Canadá adotam um regime de registro com exame substantivo. Por outro, na Itália, na Argentina e no Brasil, existe o regime de registro sem exame substantivo, o que é permitido pelo Acordo de Haia.

Em contraste com tais regimes está o sistema de desenhos não registrados, que tem como princípio um sistema de responsabilidades, tal como a legislação de repressão da concorrência desleal. É considerado um sistema de proteção muito próximo ao do direito autoral. O Reino Unido conta com esse regime, que é adotado para desenhos industriais em três dimensões, sejam eles funcionais ou não-funcionais.

Com relação ao exame do desenho industrial, existem algumas leis nacionais, como as leis dos Estados Unidos, do Japão e do Canadá, que exigem um exame substantivo, baseado em uma busca de anterioridades. Essas leis podem ser consideradas um desafio à harmonização, uma vez

---

[15] UNCTAD, ICTSD, *Resource Book on TRIPs and Development*, Cambridge University Press, 2005, p. 334.

que, por exemplo, o Acordo de Haia aceita o sistema de registro sem exame substantivo.

No Japão, o exame substantivo é conduzido somente após a conclusão do exame formal. Esse exame é considerado importante porque assegura que o desenho preencheu todos os requisitos administrativos.

No Brasil, o sistema de registro é aplicável, mas o exame substantivo é opcional e pós-registro. Assim, caso o desenho seja objeto de disputa judicial, o exame substantivo, para a aferição dos requisitos previstos no capitulo III da Lei 9.279/96, dependendo da demanda judicial, é obrigatório antes da realização da audiência[16].

Na Austrália, o exame do desenho pode ser requerido por qualquer pessoa ou de ofício pela autoridade que concedeu o registro. Trata-se, porém, de um exame pós-registro, ainda que durante a tramitação do exame sejam consideradas as possíveis razões para a revogação do registro do desenho.

Existem diferentes posições filosóficas que são refletidas em diferentes regimes de proteção. Ainda, há claros obstáculos para que se chegue a um consenso quanto ao regime adequado a ser aplicável, particularmente com relação àqueles regimes que exigem o exame substantivo em comparação com aqueles que não o exigem. Entretanto, a tendência indica a adoção de um sistema de registro sem exame.

5) Prazo:

O prazo de proteção de um desenho industrial depende do sistema de proteção, podendo variar de 10 anos a 25 anos. Por exemplo, no Japão, a proteção de um desenho é de 15 anos contados da data do registro. Na Austrália, o prazo máximo é de 10 anos a partir da data do primeiro depósito em que o desenho tenha sido divulgado. Na União Européia, a proteção inicial é por um período de 5 anos, a partir da data de depósito do desenho, renovável a cada 5 anos, limitado ao prazo máximo de 25 anos de proteção. No Brasil, de acordo com o artigo 108 da lei n.º 9.279/96, o prazo é de 10 anos renováveis por períodos de 5 anos, limitados a um prazo de 25 anos de proteção. Já nos Estados Unidos, a patente de desenho tem um prazo de 14 anos contados da data da concessão.

---

[16] DI BLASI, Gabriel, *A Propriedade Industrial*, Rio de Janeiro, Ed. Forense, 2005, p. 393.

A tendência indica que a harmonização do prazo de proteção para o desenho industrial seja de no máximo 25 anos, renováveis a cada 5 anos[17].

6) **Variações do desenho industrial:**

A proteção de variações de desenhos é prevista nas legislações nacionais. Por exemplo, no Reino Unido, as variações são permitidas desde que elas sejam aplicadas em artigos normalmente vendidos ou usados em conjunto. A legislação do Canadá permite variações e os Estados Unidos aceitam "variantes óbvias". Isto é, o desenho que tenha o mesmo conceito com pequenas variações nas formas modificadas. O Acordo de Haia permite ilimitados depósitos múltiplos na mesma classe. No Brasil, é possível o registro de até 20 variantes do mesmo desenho, desde que eles tenham o mesmo objetivo e apresentem as mesmas características preponderantes.

A tendência é usar o princípio adotado pelo Acordo de Haia, que dispõe de múltiplos depósitos em uma mesma classe de artigos, conforme a Classificação de Locarno.

7) **Proteção cumulativa:**

Com relação à dupla proteção cumulativa, o desenho industrial tem um caráter misto de obra de arte, uma vez que ele pode ser considerado uma expressão da criatividade do desenhista, cumulada com a aplicação industrial. Isso significa que o desenho pode ser protegido por, no mínimo, dois regimes diferentes. É possível que se proteja o desenho industrial tanto pelo direito autoral, uma vez que ele é considerado uma obra de arte, quanto pelo regime *sui generis* de proteção para os desenhos industriais devido a sua aplicabilidade industrial. Além disso, a proteção por marcas também é possível[18].

A lei norte-americana não permite a proteção do desenho industrial como obra artística (direito autoral). A proteção autoral seria possível se as características externas do produto pudessem ser separadas do produto em

---

[17] FÉDÉRATION INTERNATIONALE DES CONSEILS EN PROPRIÉTÉ INDUSTRIELLE, *FICPI Submission to WIPO*, 2002, p. 3.

[18] FÉDÉRATION INTERNATIONALE DES CONSEILS EN PROPRIÉTÉ INDUSTRIELLE, *Working Document – CET1201*, 2002, p. 8.

si (noção de separabilidade e independência). Por exemplo, o desenho de um artista utilizado em estamparia para tecidos.

Em outros países, por exemplo, na Suíça, a proteção cumulativa dupla é aceita se o desenho possuir um elevado caráter artístico. Caso contrário, se a característica não estiver presente, apenas o regime de proteção *sui generis* será permitido[19].

Já no Reino Unido há três tipos de proteção (direito autoral, registro e desenhos não-registráveis).

Em relação ao uso da proteção de marcas para o desenho industrial, é possível quando o requerente usa o desenho como um sinal distintivo. A marca não protegerá o desenho como tal, mas identificará e distinguirá produtos e serviços no mercado com aquele desenho. O escopo dos direitos concedidos pelo registro de marca e o registro de desenho industrial são bastante distintos entre si, uma vez que o desenho garante ao seu titular o direito de impedir terceiros não-autorizados de explorar qualquer produto que incorpore o desenho, enquanto que a marca impede terceiros de utilizar o desenho (como marca) em conexão com determinados bens ou serviços. Nos Estados Unidos, é também possível a proteção por *trade-dress*.

A escolha da estratégia de proteção dependerá do depositante. A tendência é que essa proteção cumulativa não crie obstáculos para a harmonização, uma vez que são tipos distintos e independentes de proteção. O principal problema causado pela proteção cumulativa é a busca nos respectivos sistemas, que consome mais tempo e depende de uma estratégia cuidadosa.

8) Escopo de proteção:

O escopo de proteção conferido pelo desenho varia de acordo com a legislação do país. Por exemplo, a Diretiva européia inclui qualquer desenho que "não produza no usuário informado uma impressão global diferente"[20].

---

[19] ORGANIZAÇÃO MUNDIAL DA PROPRIEDADE INTELECTUAL, *Industrial Design and their relation with works of applied art and three-dimensional marks*, Genebra, 1992, p. 12 e 13. Disponível em www.wipo.int/edocs/mdocs/sct/en/sct_9/sct_9_6.doc. Acesso em 19 de julho de 2007.

[20] Article 9.1 da Directiva 98/71/EC.

No Japão, o desenho industrial confere direitos ao desenho e aos desenhos semelhantes. A violação ocorre se terceiros não autorizados exploram o produto com desenho registrado ou desenhos semelhantes. O escopo de proteção é determinado pelos desenhos e pelos esclarecimentos anexados ao pedido.

Basicamente, o escopo de proteção para os desenhos industriais conferido na Austrália é ditado pela declaração de novidade e distintividade, que irá identificar as características visuais novas e distintas do desenho. Contudo, se o desenho não apresentar a referida declaração, a proteção deve-se basear na aparência como um todo[21].

Ainda, a lei australiana confere os seguintes direitos exclusivos ao titular: (a) fazer ou oferecer o produto que contenha o desenho protegido; (b) importar tal produto na Austrália, com fins comerciais; (c) vender, alugar ou dispor, ou oferecer para a venda, aluguel ou de qualquer outra forma dispor de tal produto; (d) usar o produto com fins comerciais; (e) manter o produto com o propósito de realizar qualquer um dos atos relacionados em (c) ou (d); e (f) autorizar outra pessoa a praticar qualquer um dos atos mencionados nos parágrafos (a), (b), (c), (d), ou (e)[22].

No Brasil, o escopo de proteção está relacionado aos desenhos definidos no respectivo registro de desenho industrial, conforme o artigo 109. Ainda, os direitos conferidos são iguais aos direitos de patentes previstos no artigo 42 da Lei 9.279/96.

A harmonização em relação ao escopo de proteção deveria ter como principio um padrão objetivo, tal como a Classificação de Locarno e os requisitos do Acordo de Haia. Além disso, a proteção deveria referir-se a apenas um desenho ou sua adaptação para uma determinada classe de artigos de acordo com a Classificação de Locarno.

9) **Novas tecnologias:**

A tendência recente é no sentido de estender a proteção do desenho industrial para as novas tecnologias, tais como *web designs* (ícones, fontes tipográficas e interfaces gráficas).

A legislação brasileira sobre desenhos industriais não prevê restrições com relação à proteção de *web designs*. Quanto aos ícones e fontes,

---

[21] Design Act 2003, item 19.
[22] Design Act 2003, Parte 2.10.1.

esses podem ser protegidos por desenho industrial como um padrão ornamental de linhas e cores que pode ser aplicado a qualquer produto, incluindo *websites*, telas de telefones celulares e *media player*, digitais portáteis com disco rígido, tal como o IPOD[23]. A vantagem dessa proteção é que não existe restrição para o uso do ícone em qualquer produto, uma vez que ele é considerado uma configuração. Em alguns casos, esses desenhos também podem ser protegidos por marca. Quanto às interfaces gráficas, elas podem ser protegidas pelo registro de desenho como um padrão ornamental de linhas e cores, embora este desenho possa ser uma aplicação temporária em um *website*, na tela de um telefone celular ou IPOD. O foco da proteção se baseia no padrão ornamental das linhas e cores da interface gráfica. A proteção por desenho industrial é adequada uma vez que a interface gráfica atende o requisito da aplicação industrial e preenche os requisitos legais.

Na Europa, a proteção dos símbolos gráficos e fontes tipográficas são permitidas, mas estão excluídos os programas de computador dessa proteção. Segundo a legislação Européia, as interfaces gráficas são partes de um programa de computador e, em princípio, não seriam consideradas desenho industrial. Porém, considerando os aspectos legal e econômico, essa disposição não faz sentido, mesmo porque a tendência é que todas essas tecnologias possam ser protegidas por desenho industrial[24].

10) **Conclusão:**

Existem muitas diferenças no tratamento nacional do desenho industrial. A ausência de padrões consistentes para desenhos industriais torna-se cada vez mais problemática para aqueles depositantes que necessitam de um sistema sem incertezas com relação ao escopo de proteção, requisitos, prazo de proteção e ao exame. Essa necessidade é reforçada pelo crescente número de tecnologias que podem ser protegidas pelo regime de proteção dos desenhos industriais, tais como imagens de computador e características funcionais de produtos.

---

[23] Trademark of Apple Computer Inc.
[24] KUR, Annette, *Industrial design protection in Europe – Directive and Community Design*. Disponível em http://www.atrip.org/upload/files/activities/tokyo2003/s05-Kur_art.doc. Acesso em 19 de julho de 2007.

A fim de se obter a harmonização entre as leis nacionais de desenho industrial será necessário que se façam mudanças nas referidas leis. Algumas das seguintes propostas de harmonização vêm sendo discutidas tanto nacional quanto internacionalmente.

a) O prazo total do desenho seria de 25 anos, renováveis a cada cinco anos.

b) No pedido deveria ser apresentada uma representação do desenho, mostrando o desenho e suas características relevantes.

c) Uma reivindicação ou declaração de novidade, onde fossem especificadas as novas características a serem protegidas, deveria ser um requisito para o depósito.

d) A regra deveria ser a novidade absoluta, sendo que qualquer publicação anterior prejudicaria esse requisito. Entretanto, deveria ser admitido um período de graça de um ano com relação às publicações dos depositantes.

e) O escopo da proteção haveria de ser determinado pela Classificação de Locarno.

f) O exame deveria envolver apenas requisitos formais, de forma que o regime de registro fosse criado sem o exame substantivo. Esta é uma opção de proteção mais rápida e menos custosa.

II. A PROTEÇÃO DE PARTES DE OBJETOS NO BRASIL

A proteção de partes de objetos no Brasil é hoje um dos assuntos mais importantes relacionados à proteção dos desenhos industriais.

Segundo o art. 95 da Lei 9.279/96, desenho industrial é a forma plástica ornamental de um objeto (tridimensional) ou o conjunto ornamental de linhas e cores (bidimensional) que possa ser aplicado a um produto, proporcionando resultado visual novo e original na sua configuração externa e que possa servir de tipo para fabricação industrial.

O depósito de um desenho industrial deve referir-se a apenas um objeto. De acordo com a legislação brasileira, para o desenho industrial ser registrável, deve obedecer às características de novidade, utilização ou aplicação industrial e originalidade. Portanto, o desenho é registrável quando ele constitui ou modifica as qualidades estéticas ou artísticas de um objeto, ou seu caráter ornamental (não funcional), de maneira a produzir uma nova forma, quanto a características tridimensionais ou à combinação de linhas e cores com relação às características bidimensionais.

Segundo a Lei 9.279/96, o registro será rejeitado se o desenho:

a) for contrário à moral e aos bons costumes ou que ofenda a honra ou imagem de pessoas, ou atente contra liberdade de consciência, crença, culto religioso ou idéia e sentimentos dignos de respeito e veneração[25];

b) for a forma necessária comum ou vulgar do objeto ou, ainda, aquela determinada essencialmente por considerações técnicas ou funcionais[26];

c) tiver caráter puramente artístico[27].

Em princípio, a Lei Brasileira de Propriedade Industrial admite a proteção de partes destacáveis ou partes componentes de objetos, por não tratar expressamente da não registrabilidade de partes de objetos. Portanto, uma parte pode ser objeto de proteção uma vez atendidos os requisitos legais.

Basicamente, a principal diferença entre partes destacáveis e partes componentes é que a maioria dos casos de partes componentes diz respeito a partes do corpo principal do objeto e que não podem ser substituídas por uma nova, embora possa ser produzida separadamente.

A parte destacável do objeto é registrável se feita e vendida separadamente e quando pode ser identificada separada do corpo do objeto principal. A forma da parte deve ser completa e definida ou acabada. Entretanto, se um objeto é parte de um desenho e não pode ser separado do corpo do objeto, ou se o componente é integral na fabricação do objeto principal, a parte componente não pode ser protegida como um desenho brasileiro. Exemplos de partes destacáveis que são protegidas por desenho industrial incluem peças de reposição de veículos, tais como o pára-choque, faróis, espelhos e retrovisores de automóveis, ou a cabeça de lâminas de um aparelho de barbear. Para ser considerada parte destacável e ser protegida pelo registro, torna-se necessário avaliar se aquela parte pode ser produzida ou comercializada separadamente, ou se pode ser aplicada ou

---

[25] Artigo 100, I.
[26] Artigo 100, II.
[27] Artigo 98.

instalada ao objeto principal manualmente pelo usuário sem ser considerada uma parte integral do processo industrial[28].

Similarmente, apesar de não ser parte destacável, a parte componente também poderia ser protegida, ou por ser visível durante o uso normal do produto ou por possuir características visíveis no momento de sua montagem, o que, por si só, preencheria os requisitos da novidade e do caráter singular. Rastros de pneus, por exemplo, podem ser protegidos uma vez que representam uma característica ornamental e distintiva para pneus, cujas carcaças sempre têm a mesma forma. Outro exemplo de parte componente registrável como desenho são os solados de calçados e o teclado de telefones celulares. Não obstante, se uma parte componente for parte do desenho do objeto principal e fizer parte do processo de fabricação do objeto principal, não poderá ser protegida, uma vez que é parte integrante do objeto e, portanto, não poderá ser separada sem, com isso, comprometer a integralidade do objeto.

Quanto à proteção para "partes de objetos" aceitas pela Legislação Brasileira, podemos mencionar os desenhos de rastros de pneus, uma vez que esses apresentam padrões de forma acabada perfeitamente definida e podem ser produzidos separadamente e destacados linearmente em segmentos para serem aplicados, por exemplo, em coberturas sobre as carcaças para fins de recapeamento em processo de recauchutagem. O mesmo ocorre com os solados de calçados. Um outro exemplo classificado como parte destacável de objeto seria a cabeça de lâminas para aparelho de barbear.

A corrente majoritária segue o entendimento de que o registro de um desenho pode ser concedido somente para os casos em que o objeto a ser produzido seja manufaturado em uma seqüência de produção sem interrupções[29]. Assim sendo, se existisse um registro possível apenas para um corpo isolado de garrafa, sem o fundo e sem o gargalo e um terceiro desenvolvesse uma garrafa utilizando esse mesmo corpo, porém aplicando um tipo de gargalo e fundo novos, esta garrafa poderia constituir um novo objeto de registro em nome desse terceiro. No caso de se desejar a proteção exclusiva para uma determinada parte de objeto que não possa ser destacada do conjunto que compõe o todo, o pedido terá que se referir ao objeto completo.

---

[28] CUNHA, Frederico Carlos, *A proteção legal do design: propriedade industrial*, Rio de Janeiro, Lucerna, 2000, p. 129-130.

[29] CUNHA, Frederico Carlos, *A proteção legal do design: propriedade industrial*, Rio de Janeiro, Lucerna, 2000, p. 130.

A jurisprudência entende que esse tema é complexo e deve ser analisado caso a caso. É oportuno mencionar um exemplo em que o registro de DI foi concedido para "Cabeça de escovação de escova de dentes"[30]. O Instituto Nacional da Propriedade Industrial – INPI instaurou de ofício um processo de nulidade, alegando que não há sentido nem viabilidade em produzir apenas um fragmento de escova de dentes, a não ser que essa cabeça fosse produzida como um objeto à parte, com forma acabada e definida, pronta para atender à finalidade de ser aplicada por encaixe em um cabo que também fosse preparado para recebê-la. Mas, no caso em pauta, a manufatura da cabeça de escovação em questão não sugere um processo industrial separado do resto da escova. Como conseqüência, o INPI anulou o respectivo registro.

Portanto, o Brasil adota a posição de que partes de objetos que sejam uma parte integral do processo industrial não podem ser protegidas. Quanto às partes destacáveis, elas só são registráveis se fabricadas e vendidas separadamente e quando podem ser identificadas separadas do corpo do objeto principal. Para ambos os casos, a forma da parte deve ser completamente definida ou acabada. Em casos complexos, o INPI aplicará uma análise prática para determinar se o registro de desenho se justifica nos parâmetros legais. Assim, no Brasil, o registro e proteção da parte destacável e componente de um objeto estão disponíveis para os casos em que a parte tem características próprias ou pode ser identificada separada do objeto principal. Geralmente, isso significa que a parte é feita e vendida separadamente ou pode ser identificada ou separada do corpo do objeto principal.

BIBLIOGRAFIA

CUNHA, Frederico Carlos, *A proteção legal do design: propriedade industrial*, Rio de Janeiro, Lucerna, 2000.
DI BLASI, Gabriel, *A Propriedade Industrial*, Rio de Janeiro, Ed. Forense, 2005, p. 393.
FÉDÉRATION INTERNATIONALE DES CONSEILS EN PROPRIÉTÉ INDUSTRIELLE, *FICPI Submission to WIPO*, 2002, p. 1.
_____, *Working Document – CET1201*, 2002, p. 8.
KUR, Annette, *Industrial design protection in Europe – Directive and Community Design*. Disponível em http://www.atrip.org/upload/files/activities/tokyo2003/s05-Kur_art.doc. Acesso em 19 de julho de 2007.

---

[30] CUNHA, Frederico Carlos, *A proteção legal do design: propriedade industrial*, Rio de Janeiro, Lucerna, 2000, p. 135-138.

ORGANIZAÇÃO MUNDIAL DA PROPRIEDADE INTELECTUAL, *Industrial Design and their relation with works of applied art and three-dimensional marks,* Genebra, 1992, p 5. Disponível em www.wipo.int/edocs/mdocs/sct/en/sct_9/sct_9_6.doc. Acesso em 19 de julho de 2007.

_____, *Industrial design protection in Indonesia: a comparative study of the law on Industrial Design Protection between Japan and Indonésia,* Tokyo, 2004.

UNCTAD, ICTSD, *Resource Book on TRIPs and Development,* Cambridge University Press, 2005.

A APRECIAÇÃO SUBSTANTIVA DA PATENTEABILIDADE

LÍGIA GATA
Faculdade de Direito da Universidade de Lisboa
Associação Portuguesa de Direito Intelectual

SUMÁRIO:
1. Introdução. 2. Os Requisitos de Patenteabilidade para as Patentes: 2.1. A Novidade; 2.2. A Actividade Inventiva; 2.3. A Aplicação Industrial. 3. Os Requisitos de Patenteabilidade para os Modelos de Utilidade: 3.1. A Actividade Inventiva. 4. Outros Requisitos: 4.1. Unidade de Invenção; 4.2. Suficiência de Divulgação. 5. Limitações à patenteabilidade.

1. Introdução

De acordo com a legislação nacional, as invenções podem ser protegidas por direitos de Propriedade Industrial sob duas modalidades distintas: as Patentes e os Modelos de Utilidade.

Os três requisitos previstos na legislação para a concessão de direitos desta natureza são a Novidade, a Actividade Inventiva e a Aplicação Industrial. Contudo, há que distinguir a avaliação da patenteabilidade efectuada para a protecção das invenções por Patente e por Modelo de Utilidade.

Para além disso, para uma invenção poder ser patenteada, é necessário que esteja suficientemete descrita no pedido de patente (Suficiência de Divulgação), e que este contenha apenas uma invenção ou, em caso de existir mais do que uma invenção num determinado pedido de patente, que estas estejam ligadas entre si de tal forma que configurem um único conceito inventivo (Unidade de Invenção).

À luz do direito nacional, a apreciação substantiva das invenções, objecto de pedido de Patente ou Modelo de Utilidade, tem início dois meses após a publicação do correspondente pedido, sendo emitido o Relatório de Exame um mês após o prazo de oposição ter teminado ou, no caso de ter existido oposição, no prazo de três meses após a apresentação da última peça processual da reclamação e contestação (Art. 68.º). Esta análise incide sobre a matéria das Reivindicações, uma vez que estas delimitam o âmbito da invenção (Art. 97.º(1)) e são o elemento do pedido que contém as características técnicas inovadoras da invenção (Art. 62.º (1)(a)), embora estas devam ser interpretadas à luz da matéria divulgada na Descrição do pedido.

2. Os Requisitos de Patenteabilidade para as Patentes

De acordo com o Art. 51.º do Código da Propriedade Industrial (CPI), *"podem ser objecto de patente as invenções novas, implicando actividade inventiva se forem susceptíveis de aplicação industrial (...)"*.

Ao nível do direito nacional, para poder ser atribuído o direito de patente a uma invenção, é necessário que esta cumpra cumulativamente os três requisitos de patenteabilidade, nomeadamente, tem de apresentar novidade, actividade inventiva e ter aplicação industrial (Art. 55.º).

2.1. *A Novidade*

A definição de novidade constante no CPI remete para o conceito de Estado da Técnica, ou seja, uma invenção é considerada como sendo nova se não estiver compreendida no Estado da Técnica (Art. 55.º (1)).

Por seu lado, o Estado da Técnica é definido como sendo *"constituído por tudo o que, dentro ou fora do país, foi tornado acessível ao público antes da data do pedido de patente, por descrição, utilização ou por qualquer outro meio"* (Art. 56.º(1)). Para além disso, são ainda considerados como pertecentes ao Estado da Técnica, o conteúdo de pedidos requeridos em data anterior à do pedido em questão, para produzir efeitos em Portugal e ainda não publicados (Art. 56.º(2)).

Pode-se assim dizer que, no caso nacional, a novidade é aferida de uma forma absoluta, uma vez que o Estado da Técnica é definido como "tudo o que se encontra divulgado" e por qualquer meio, incluindo a divulgação por via oral e por utilização, mesmo numa língua que não seja o português.

Contudo, divulgações realizadas pelo próprio Requerente, num prazo até 12 meses antes da data do pedido de patente, não são passíveis de obstar à novidade da invenção, desde que efectuadas nos termos do Art. 57.º – Divulgações não oponíveis, configurando assim um Período de Graça de 12 meses na legislação nacional.

Paralelamente, também é evidente a relevância que a data do pedido de patente tem na avaliação da patenteabilidade da matéria subjacente, o que determina um tipo de sistema baseado no facto de que o direito à patente pertence à a pessoa que primeiro apresentar o respectivo pedido (sistema *"first-to-file"* em oposição ao sistema *"first-to-invent"* em vigor nos EUA).

A avaliação da Novidade ao nível nacional, para efeitos de determinação da patenteabilidade das invenções, encontra-se harmonizada com a EPC, e é realizada de uma forma relativamente estrita, i.e. se ao comparar-se o objecto da invenção com o Estado da Técnica se verifica que este já se encontra previamente divulgado, então conclui-se que a invenção não apresenta novidade. Por outro lado, se dessa comparação não é possível encontrar evidências que o objecto da invenção tenha sido divulgado, em data anterior à do pedido de patente, então a invenção é considerada nova. Neste sentido, para efeitos de avaliação da novidade, a substituição de um componente de um dispositivo ou de um elemento numa fórmula química, ou ainda a junção de componentes ou elementos já conhecidos, formando sistema novo, determina a evidência de novidade de uma determinada matéria.

Assim, como exemplo de evidência de novidade, podemos referir, a título de exemplo, um composto que compreende ácido acetil-salicílico + paracetamol + cafeína, quando no estado da técnica apenas se conhece um composto constituído por ácido acetil-salicílico + cafeína + vitamina C.

Como exemplo de falta de novidade, podemos referir um composto contendo acetil-salicílico + paracetamol + cafeína, quando existe no Estado da Técnica um composto que compreende acetil-salicílico + paracetamol + cafeína + vitamina C.

O facto de um destes compostos poder ser aplicado a uma finalidade e o outro ser aplicado com uma finalidade distinta da primeira não é relevante para determinação da existência de novidade, uma vez que a comparação é realizada sobre as características técnicas da invenção que, no caso apresentado, se referem à substância activa dos compostos.

Muitas vezes os problemas ocorrentes durante a análise da novidade de uma determinada invenção derivam da falta de evidência da data da divulgação e ainda se esta se trata de uma divulgação total ou parcial, i.e. de uma "enabling disclosure" – uma divulgação que permite que uma pessoa competente na área reproduza a invenção sem ter de recorrer a informação adicional para esse efeito.

Caso se verifique, em resultado da análise de novidade, que uma invenção cumpre o requisito do n.º 1 do Art. 55.º do CPI, então o passo seguinte é verificar se esta também possui actividade inventiva.

2.2. A Actividade Inventiva

Determina o n.º 2 do Art. 55.º do CPI que "uma invenção implica actividade inventiva se, para um perito na especialidade, não resultar de uma maneira evidente do Estado da Técnica", i.e. se para um perito na especialidade a solução técnica proposta ou divulgada, em determinado pedido de patente, não for óbvia à luz dos conhecimentos existentes à data do pedido. Embora noutras legislações os pedidos não publicados, mas com data de entrada anterior à do pedido de patente em questão, não sejam considerados para efeitos de aferição da actividade inventiva, são-no na legislação nacional, uma vez que o n.º 2 do Art. 55.º remete directamente para o Art. 56.º sem distinguir o previsto nos respectivos n.ºs 1 e 2 deste artigo.

Uma vez que na maioria das legislações de patentes este critério remete para o entendimento do "Perito na Matéria" tem havido uma tentativa de definição do conceito desta entidade tendo, em Maio de 2004, sido organizado pelo Instituto Europeu de Patentes um debate sobre esta temática com os representantes dos Offices dos Estados Membros da Convenção de Munique. Desta reunião, concluiu-se que o "Perito na Matéria" deveria ser uma entidade abstracta, com conhecimentos médios em determinada área científica, possuidor de formação e experiência médias nessa área, e conhecedor do Estado da Técnica à data do pedido de patente, embora podendo realizar a aferição da actividade inventiva cerca de 20 meses após esta data e incluir conhecimentos em áreas circundantes, de forma a poder verificar e avaliar os desenvolvimentos ocorridos na área da invenção em questão. Na prática pode-se considerar que existe actividade inventiva se a solução proposta não for óbvia, mas também se pode fazer uma contraavaliação, i.e. verificar se, ao combinar os ensinamentos de uma ou mais matérias constantes no Estado da Técnica, é possível obter-se a solução divulgada no pedido de patente em análise.

Uma forma simples de ilustrar a existência de actividade inventiva, seria por exemplo, ao considerar-se dois compostos no Estado da Técnica, que incluam: a) ácido acetil-salicílico + vitamina C, e b) paracetamol, e a invenção em análise compreender ácido acetil-salicílico + paracetamol + cafeína, uma vez que a cafeína não se encontrava descrita em associação às substâncias activas compreendidas no Estado da Técnica e na invenção.

De forma análoga, é possível ilustrar a falta de actividade inventiva quando, por exemplo, forem considerados dois compostos no Estado da Técnica, compreendendo respectivamente: a) ácido acetil-salicílico + cafeína, e b) paracetamol + cafeína, e a invenção em análise compreender ácido acetil-salicílico + paracetamol + cafeína, uma vez que esta solução resulta da justaposição dos compostos existentes no Estado da Técnica. Assim, neste último exemplo, é ainda possível verificar que a invenção possui novidade, por comparação entre a composição da invenção e a dos compostos existentes no Estado da Técnica, mas não possui Actividade Inventiva.

2.3. *A Aplicação Industrial*

De acordo com o disposto no n.º 3 do Art. 55.º do CPI, "*considera-se que uma invenção é susceptível de aplicação industrial se o seu objecto puder ser fabricado ou utilizado em qualquer género de indústria ou na agricultura*". Se este requisito é evidente quando se trata de invenções relativas a produtos (entidades físicas), ou a processos para obtenção de produtos, o mesmo não se verifica quando se trata de invenções relativas a utilizações médicas de determinados produtos ou métodos.

Assim, por exemplo, considera-se existir Aplicação Industrial quando se reivindica a utilização de uma determinada molécula para o fabrico de um medicamento, sendo até possível identificar qual a patologia a ser abrangida por esse medicamento. Neste caso, a Aplicação Industrial reside no acto de utilizar a molécula para fabricar o medicamento, cumprindo assim o requisito do n.º 3 do Art. 55.º, uma vez que o objecto da invenção, a molécula, é fabricável e utilizável na indústria farmacêutica.

No entanto, se a reivindicação estivesse dirigida, não para a utilização da molécula para o fabrico do medicamento, mas para a utilização da molécula a ser aplicável em forma de medicamento numa toma diária, i.e. o objecto da invenção reside no acto de aplicar a molécula numa toma diária a um doente, então não se pode considerar que exista Aplicação Industrial, uma vez que a aplicação dessa molécula a um ser vivo não é considerado um acto industrial.

3. Os Requisitos de Patenteabilidade para os Modelos de Utilidade

Quando é solicitado o exame substantivo para o pedido de Modelo de Utilidade, é aplicável o disposto no Art. 120.°, no que diz respeito aos requisitos para a sua concessão, em particular, o da novidade novidade (n.° 1), actividade inventiva (n.° 2) e aplicação industrial (n.° 3).

No entanto, se para a definição e avaliação da novidade são utilizados os mesmos critérios anteriormente descritos para as Patentes (ponto 2.1. da secção anterior), o mesmo já não acontece para a definição e avaliação da actividade inventiva quando se trata dos Modelos de Utilidade.

3.1. *A Actividade Inventiva*

Assim, de acordo com o n.° 2 do Art. 120.° do CPI, é possível conceder o direito de Modelo de Utilidade se:

a) *"a invenção não resultar de uma maneira evidente do Estado da Técnica para um perito na matéria; OU*

b) *se a invenção apresentar uma vantagem prática ou técnica, para o fabrico ou utilização do produto ou do processo em causa".*

Desta forma, é possível obter um Modelo de Utilidade para uma invenção nova, mas óbvia, que apresente uma vantagem técnica ou prática e que tenha aplicação industrial (como descrito no ponto 2.3 da secção anterior).

Importa referir que as invenções que incidam sobre matéria biológica, química ou farmacêutica se encontram excluídas da protecção por esta modalidade de Propriedade Industrial, de acordo com as alíneas b) e c) do Art. 119.° do CPI.

Como exemplo de uma invenção passível de ser protegida por Modelo de Utilidade podemos referir um dispositivo de melhoramento de visibilidade de painéis de sinalização, constituído por painéis de sinalização com reflectores luminosos, estando, quer os painéis de sinalização quer os reflectores luminosos, reconhecidamente contidos no Estado da Técnica como elementos isolados. Assim, ao colocar-se os reflectores num painel de sinalização, o conjunto apresenta novidade e, mesmo que não apresente actividade inventiva, cumpre os requisitos de concessão do Modelo de Utilidade, uma vez que apresenta uma vantagem prática ou técnica – o melhoramento da visibilidade da informação contida no painel em questão.

4. Outros requisitos

Durante a análise substantiva efectuada aos pedidos de Patente e de Modelo de Utilidade, é também verificado se estes possuem Unidade de Invenção e se o objecto da protecção requerida se encontra completamente divulgado – Suficiência de Divulgação.

4.1. *A Unidade de Invenção*

A obrigatoriedade de existir apenas uma invenção por pedido de Patente ou Modelo de Utilidade encontra-se prevista, respectivamente, nos Arts. 71.° e 135.° do CPI. Só é possível existir mais de uma invenção por pedido quando aquelas se encontram ligadas entre si por um único conceito inventivo, como por exemplo, no caso de uma invenção se referir a um novo medicamento, outra a um novo processo para a sua obtenção e por fim outra às respectivas utilizações. Nestas circunstâncias, podemos considerar que existem três invenções distintas, mas que se encontram relacionadas entre si, sendo o elo de ligação o medicamento; a invenção refere-se, numa primeira instância, a este, à sua produção e à sua utilização.

Caso se verificasse que o medicamento não era novo, mas sim o processo para a sua obtenção, bem como a utilização reivindicada para esse medicamento, então estaria quebrada a ligação que permite a existência de um único conceito inventivo e, desta feita, seria necessário colocar estas duas invenções (o processo de obtenção do medicamento e a utilização do medicamento) em dois pedidos distintos.

Quando a falta de unidade inventiva é detectada durante a análise de patenteabilidade da invenção, o Instituto Nacional da Propriedade Industrial pode propor ao Requerente a divisão do pedido (Pedido Divisionário) ao qual, caso não ocorra adição posterior de matéria, será atribuída a mesma data de pedido, i.e. a data do pedido inicial. Este pedido será posteriormente analisado independentemente do pedido incial.

Não obstante, o Requerente pode optar por não manter os procedimentos de concessão para uma das invenções, como por exemplo, manter a invenção relativa ao processo de obtenção do medicamento em análise e desistir do patenteamento da invenção relativa à utilização do medicamento, bastando, para esse efeito, não proceder à apresentação do pedido de patente divisionário.

4.2. Suficiência de Divulgação

A obrigatoriedade de divulgação total e completa da invenção, objecto de um pedido de Patente ou Modelo de Utilidade, está subjacente a todos os Sistemas de Patentes: é concedido um direito exclusivo em troca da divulgação da invenção.

Na legislação nacional a Suficiência de Divulgação encontra-se regulada, respectivamente, pelo disposto no n.º 4 dos Art. 62.º e 125.º do CPI: *"A Descrição deve indicar, de maneira breve e clara, sem reservas nem omissões, tudo o que constitui o objecto da invenção, contendo uma explicação pormenorizada de, pelo menos, um modo de realização da invenção, de maneira a que qualquer pessoa competente na matéria a possa executar".*

Para além disso, e de acordo com o Art. 73.º(d), constitui fundamento de recusa da patente se o seu objecto não for descrito de maneira que permita a execução da invenção por qualquer pessoa competente na matéria, sendo aplicável o disposto no Art. 137.º (d) para os Modelos de Utilidade.

Contudo, chama-se a atenção para o facto da data limite da divulgação da invenção, para efeitos de pedido de protecção por direitos de Propriedade Industrial, ser a data de apresentação do pedido, i.e. após a data de apresentação do pedido não é possível adicionar matéria que estenda o âmbito da matéria inicialmente divulgada, sob pena de ser atribuída uma data de apresentação distinta à parte da invenção correspondente à matéria adicionada posteriormente (Art. 11.º CPI – Prioridade).

No caso do objecto da invenção se referir a matéria biológica não acessível ao público através da descrição no pedido de patente, de forma que uma pessoa competente na matéria a possa executar, é possível recorrer ao depósito dessa matéria biológica, num organismo competente e reconhecido para esse efeito, ao abrigo das disposições do Tratado de Budapeste (Art. 63.º CPI).

Se da apreciação da patenteabilidade de uma invenção se concluir que o pedido de patente se encontra em condições de ser concedido, é publicado o respectivo aviso no Boletim da Propriedade Industrial (BPI). Caso contrário, o Requerente é notificado para se pronunciar ou corrigir as irregularidades detectadas no pedido (Art. 68.º).

Se as alterações propostas ou os esclarecimentos fornecidos forem insuficientes ou inapropriados é dada uma nova oportunidade ao Requerente para que possa colocar o pedido em conformidade com o disposto na legislação. Se ainda assim não forem cumpridos os requisitos necessários à patenteabilidade da invenção, é então proposta a recusa, sendo igualmente publicada esta decisão no BPI.

Em determinadas circunstâncias pode ser proposta a concessão parcial, de acordo com o Relatório de Exame produzido pelo INPI (Art. 69.º).

5. Limitações à patenteabilidade

Para além dos aspectos anteriormente mencionados e directamente relacionados com os requisitos de patenteabilidade, importa ainda referir a impossibilidade de patentear determinado tipo de matéria, incluindo matéria que pode ser considerada como invenção, i.e contendo caracterísitcas técnicas.

As limitações quanto ao objecto da Patente e do Modelo de Utilidade encontram-se reguladas, respectivamente, pelos Art. 52.º e Art. 118.º e dizem respeito àquelas que são atribuídas à natureza do objecto intelectual, como por exemplo, as criações estéticas.

As limitações quanto à Patente e ao Modelo de Utilidade, por sua vez, encontram-se reguladas, respectivamente pelos Art. 53.º e Art. 119.º e dizem respeito a matéria intelectual que, embora possa apresentar características técnicas, ser nova e inventiva, não é passível de ser patenteada por razões de ordem ética, moral ou legal. Nestas circunstâncias, encontram-se por exemplo, respectivamente, as invenções sobre processos de clonagem de seres humanos ou utilização de embriões humanos para fins industriais ou comerciais, invenções relativas a minas anti-pessoais e invenções relacionadas com variedades vegetais ou raças animais.

OBJECTO. SINAIS PROTEGÍVEIS. MODALIDADES*

Luís Couto Gonçalves
Professor na Escola de Direito da Universidade do Minho

INTRODUÇÃO

Tradicionalmente, a marca era um sinal *independente* do produto. O produto teria de estar acabado, sob o ponto de vista *essencial, funcional* ou *estético,* independentemente da marca[1].

Hoje, o princípio da independência física da marca já não colhe apoio legal. As importantes alterações verificadas na legislação de marcas foram ditadas, em grande medida, pela necessidade de transposição da Primeira Directiva do Conselho de 21/12/1988 de harmonização das legislações dos Estados-membros em matéria de marcas (DM)[2].

Na parte que mais importa ao tema deste trabalho, uma das preocupações da DM foi a de impor aos Estados-membros um conceito abran-

---

* O presente trabalho corresponde ao texto que serviu de base à intervenção que efectuámos, em 15/02/2007, na Faculdade de Direito da Universidade de Lisboa, no âmbito do VII Curso de Pós Graduação sobre Direito Industrial, organizado por esta Faculdade e a Associação Portuguesa de Direito Intelectual.

[1] Assim ensinava, nos anos 70 do século passado, Ferrer Correia, *Lições de Direito Comercial*, Coimbra, 1973, vol. I, pp. 322-323. Esta posição, diga-se, parecia-nos, aliás, a mais correcta face ao disposto no proémio do art. 79.º do Código da Propriedade Industrial de 1940 que, na nossa opinião, consagrava o princípio da independência física da marca. Neste sentido *vide* o nosso *Direito de Marcas*, Almedina, Coimbra, 2ª ed., p. 84, nota 195.

[2] N.º 89/104/CEE, JO n.º L 40/1 de 11/2/1989.

gente dos sinais susceptíveis de constituir uma marca acompanhado de uma enumeração a título exemplificativo (cfr. art. 2.°)[3].

Em sintonia com este preceito comunitário, o art. 222.°, n.° 1 do actual CPI, de 2003[4], estatui que "a marca pode ser constituída por um sinal ou conjunto de sinais susceptíveis de representação gráfica, nomeadamente palavras, incluindo nomes de pessoas, desenhos, letras, números, sons, a forma do produto ou da respectiva embalagem, desde que sejam adequados a distinguir os produtos ou serviços de uma empresa dos de outras empresas".

A abertura expressa à forma do produto ou da respectiva embalagem é bastante, por si só, para justificar a derrogação do princípio da independência física da marca.

Esta solução legal corresponde a um processo gradual de *desmaterialização* do conceito de marca e de alargamento de protecção de sinais não convencionais, isto é, que não são física e visualmente perceptíveis como elementos externos do produto. A autonomia da marca, enquanto sinal distintivo ou significante, evoluiu da autonomia física, em relação ao produto assinalado[5], para uma autonomia conceptual que acaba por emergir, apenas, por separação meramente ideal ou intelectual, a partir da apreciação do objecto que visa distinguir através do seu próprio significado.

O limite legal sobre a possibilidade do sinal passa a ser o da susceptibilidade de representação gráfica (art. 222.°, n.° 1, 1ª parte).

O requisito da representação gráfica não é um *capricho* do legislador comunitário ou nacional, antes deve ser entendido como uma condição necessária à salvaguarda da segurança jurídica que um sistema de registo constitutivo de direitos exige. O sinal, ainda que não visualizável em si mesmo, deve ser identificável, estável e delimitado através de uma reprodução susceptível de ser objectivamente lida e interpretada, documentada e registada. Só deste modo, a autoridade registal sabe o que regista e por que regista (respeitando o princípio da tipicidade dos direitos de propriedade industrial) e o respectivo titular sabe qual o objecto e âmbito de protecção do seu direito privativo.

---

[3] Este, aliás, um aspecto considerado crucial para o objectivo de harmonização das legislações dos Estados-membros (§ 7.° do Preâmbulo da Directiva).

[4] Todas as referências legais citadas, sem indicação do contrário, são do Código da Propriedade Industrial (CPI) aprovado pelo Decreto-Lei n.° 36/2003 de 5/3.

[5] Inicialmente, ao tempo da chamada revolução industrial, a marca era apenas a marca figurativa por se entender que a inclusão de nomes na composição de marcas poderia fazer perigar o princípio da livre utilização das palavras.

Sobre este requisito, a propósito do pedido de registo de uma marca olfactiva, o Tribunal de Justiça da União Europeia (TJ) considerou que "um sinal que não é, em si mesmo, susceptível de ser visualmente perceptível pode constituir uma marca, desde que possa ser objecto de representação gráfica, nomeadamente através de figuras, de linhas ou de caracteres, que seja clara, precisa, completa por si própria, facilmente acessível, inteligível, duradoura e objectiva"[6].

A posição muito restritiva do TJ explica-se pela referida preocupação de o direito de marcas não resvalar para um *terreno pantanoso* de atribuição de direitos com menos estabilidade, objectividade e sem observação do necessário equilíbrio entre direito privativo, liberdade de concorrência, interesse dos consumidores e funcionamento do mercado.

A severidade dos requisitos constantes do referido acórdão coloca sérias restrições à admissibilidade das chamadas marcas sensoriais não convencionais (inacessíveis ao sentido da visão) que, para além das olfactivas, incluem, essencialmente, as sonoras, as gustativas e as tácteis[7].

De seguida, vamos analisar as modalidades de sinais passíveis de constituirem uma marca, começando com os convencionais (menos controversos) para, de seguida, abordar os não convencionais (mais controversos).

---

[6] Ac. de 12/12/02, C-273/00 (*Sieckmann v. Deutsches Patent und Markenamt*), http://europa.eu.int/jurisp/cgi-bin/getext.pl?lang=pt. *Sieckmann* apresentou no Instituto Alemão de Patentes e Marcas um pedido de registo de uma marca olfactiva de cinamato de metilo destinada a produtos e serviços das classes 35, 41 e 42 do Acordo de Nice de 1957, que descreveu através de uma fórmula química e de uma amostra acrescentando que o aroma é habitualmente descrito como "balsâmico-frutado com ligeiras notas de canela". O TJ considerou que "os requisitos da representação gráfica não são cumpridos através de uma fórmula química, de uma descrição por palavras escritas, da apresentação de uma amostra de um odor ou da conjugação destes elementos". Sobre esta decisão *vide* a nossa anotação, *A marca e o requisito da susceptibilidade de representação gráfica,* "Cadernos de Direito Privado" (CDP), n.º 1, pp. 23 e ss.

[7] Sobre o problema da admissibilidade das chamadas marcas não convencionais, cfr. SANDRI, *La giurisprudenza comunitaria in tema di marchi non convenzionali,* "Rivista di Diritto Industriale" (RDI), 2004, pp. 212 e ss. e SCUFFI/FRANZOSI/FITTANTE, *Il Codice della Proprietà Industriale*, CEDAM, Padova, 2005, pp. 95 e ss.

1. Sinais Protegíveis. Modalidades

1.1. *Sinais convencionais*

Atendendo à estrutura do sinal utilizado há lugar para distinguir três tipos essenciais: verbais, gráficos e mistos.

a) *Sinais verbais*

Entre estes devem distinguir-se os *sugestivos e arbitrários* (com significado conceptual) e os de *fantasia* (carentes de significado conceptual).

Os sinais verbais são muito eficazes, do ponto de vista distintivo, por poderem ser "vistos" e "ouvidos".

O art. 222.º, n.º 1 refere expressamente a possibilidade de registo de nome das pessoas. Se o nome for do próprio, de princípio, não se suscitam problemas desde que sejam respeitadas as demais proibições legais, nomeadamente as correspondentes aos princípios da distintividade, verdade e novidade da marca.

A autorização para um terceiro registar o nome é mais complexa.

Nos termos do art. 81.º do C.C., qualquer limitação voluntária de um direito de personalidade é sempre revogável ainda que com a obrigação de indemnização dos prejuízos causados às legítimas expectativas da outra parte.

No caso da autorização prevista no CPI (art. 239.º a 1ª g)) é aceitável que não seja aplicável, em todos os casos, a livre revogabilidade dessa autorização[8] ou, pelo menos, que seja defensável a aplicação da teoria do abuso de direito em casos mais extremos[9].

Na hipótese de não ter havido autorização, o titular do direito atingido pelo registo da marca tem o prazo de dez anos para interpor uma acção de anulação do registo ou pode fazê-lo a todo o tempo se provar ter havido má fé do titular da marca (art. 266.º, n.º 4).

---

[8] Aceitando que não estaremos perante uma verdadeira limitação ao exercício do direito de personalidade e que o respectivo titular ficou vinculado ao consentimento prestado – cfr. CAPELO DE SOUSA, *Direito Geral de Personalidade*, Coimbra Editora, 1995, pp. 522-523 e MARIA MIGUEL CARVALHO, *Merchandising de marcas (A comercialização do valor sugestivo das marcas)*, Almedina, 2003, pp. 53-54.

[9] No sentido da sindicância do direito geral de personalidade pela cláusula do abuso do direito, mas decerto não se opondo à extensão dessa sindicância aos direitos especiais de personalidade, *vide* CAPELO DE SOUSA, ob. cit., pp. 404 e ss. e 518 e ss.

b) *Sinais gráficos*

Este grupo abrange os sinais *puramente gráficos*, os quais se limitam a evocar a imagem do sinal utilizado e os *figurativos*, os quais suscitam não só uma imagem visual, mas também um determinado conceito concreto[10].

A circunstância de uma marca figurativa poder evocar um conceito concreto confere a possibilidade de imitação entre uma marca nominativa e uma marca figurativa "sempre que esta evoque de maneira inequívoca e directa um conceito e a marca nominativa constitua a denominação evidente, espontânca e completa desse conceito"[11].

c) *Sinais mistos*

Combinam elementos verbais e gráficos.

Dada a coexistência de elementos verbais e gráficos a comparação das marcas mistas com marcas posteriores mistas, nominativas e gráficas coloca a questão de saber qual dos elementos é prevalecente: se o verbal, se o gráfico.

O critério correcto parece ser o de, *a priori*, não privilegiar nenhum dos elementos embora, por regra, o elemento verbal deva ser considerado o elemento predominante[12].

Na hipótese de ser possível encontrar o elemento prevalecente da marca mista passar-se-á ao confronto com a nova marca; se esta for igualmente mista deverá sujeitar-se ao mesmo tipo de operação de determinação do elemento característico; se dela resultar a determinação do elemento característico (verbal ou gráfico) o confronto, de acordo com as regras gerais, será feito com a dimensão característica (verbal ou gráfica) da marca anterior.

Na hipótese de não ser possível encontrar o elemento dominante deverá alargar-se o espectro de protecção da marca mista, resguardando-a

---

[10] A classificação apresentada é de FERNÁNDEZ-NÓVOA, *Tratado sobre Derecho de Marcas*, Marcial Pons, Madrid, 2ª ed., 2004, pp. 293 e ss.

[11] Como já decidiu a jurisprudência portuguesa, a figura de um pinguim é imitação da marca nominativa *Pinguim*, tanto mais que haverá tendência para o consumidor "ler" a marca figurativa (6.º JCL de 23/7/79, BPI-10/79, p. 1722).

[12] Neste sentido, autor e ob. ult. cits., p. 338. Todavia, o elemento gráfico terá vantagem quando concorram alguns factores (*idem*, pp. 340 e ss).

tanto no caso de confronto com marca mista semelhante, como no caso de confronto com marca verbal ou marca gráfica confundível[13].

Sem prejuízo das especificidades colocadas por cada um destes tipos de sinais há um conjunto de critérios de apreciação relativamente consensuais na doutrina.

O primeiro é o de se dever apreciar a marca no seu conjunto[14] só se devendo recorrer à dissecação analítica por justificada necessidade (*v.g.* no caso de não resultar dessa visão unitária um resultado claro). A justificação deste critério está no facto de ser a imagem de conjunto aquela que normalmente sensibiliza mais o consumidor, não se devendo pressupor que este tenha condições de efectuar um exame comparativo e contextual dos sinais entre si.

O segundo é o da irrelevância, no conjunto da apreciação das marcas, das suas componentes genérica ou descritiva. O facto de se assemelharem, unicamente, na parte respeitante aos sinais genéricos ou descritivos não é determinante[15].

O terceiro é o de, nas marcas complexas (constituídas por mais de um elemento verbal ou gráfico) se dever privilegiar, sempre que possível, o elemento dominante[16].

Note-se que não há contradição entre este e o primeiro critério. É no respeito da visão unitária e não espartilhada da marca que se retira ou não a prevalência de um dos seus elementos[17].

---

[13] Seguimos de perto os critérios defendidos por FERNÁNDEZ-NÓVOA, *Fundamentos de derecho de marcas*, Ed. Montecorvo, 1984, p. 241.

[14] Seguindo a lição de BEDARRIDE de que "a imitação deve ser apreciada mais pelas semelhanças que resultem do conjunto dos elementos que constituem a marca do que pelas dissemelhanças que poderiam oferecer os diversos elementos constituídos isolada e separadamente" – cfr., *Commentaire des lois sur les brevets d'invention sur les noms des fabricants et des lieux de fabrication, sur les marques de fabrique et de commerce,* tomo III, Cosse, Marchal et Billard Lib., 1869, p. 160.

[15] Este critério prende-se com a problemática da menor protecção às marcas débeis, em sede de imitação (ressalvada a hipótese de *secondary meaning* prevista no art. 223.º, n.º 2).

[16] Sobre o confronto de uma marca complexa posterior (*Thomson Life*) com uma marca anterior (*Life*), admitindo o risco de confusão mesmo na hipótese de o sinal comum (*Life*) não ser um elemento dominante da marca complexa, cfr. a decisão do TJ no caso *Medion v. Thomson* (Ac. de 6/10/2005), in http://europa.eu.int/jurisp/cgi-bin/gettext.pl?lang=pt.

[17] Outro critério de apreciação, embora não tão consensual, é baseado na teoria da distância, de origem alemã. De acordo com esta teoria o titular de uma marca não poderá

d) *Letra e Número*

Ao contrário das cores, as letras e os números figuram na enumeração do art. 3.º da DM. Não restam, por isso, quaisquer dúvidas acerca da respectiva admissibilidade na condição de apresentarem carácter distintivo (cfr. art. 222.º, n.º 1 do CPI).

A tarefa confinar-se-á, assim, à apreciação da capacidade distintiva de cada marca alfanumérica.

Em face da diversidade de situações que a prática pode oferecer não é possível abarcar, teoricamente, toda a realidade. É, pois, com um propósito mais comedido que iremos traçar algumas linhas de orientação. Nesta perspectiva defendemos que uma simples letra do alfabeto ou um simples algarismo de numeração decimal ou romana, apresentados, como tal, desprovidos de qualquer singularidade gráfica, não reúnem, por si mesmos, a suficiente capacidade distintiva[18].

Acresce que não encontramos justificação para que um concorrente possa monopolizar sinais tão correntes e necessários aos operadores económicos para fins de natureza descritiva dos produtos ou serviços.

Admitimos, porém, que uma letra ou um número, caracterizados graficamente, de uma forma particular e original, possam ser protegidos como marcas. Nestas hipóteses já não se está tanto em face de uma marca alfanumérica, mas mais em face de um sinal gráfico "apoiado" numa letra ou número.

Em relação às marcas compostas por uma combinação de letras ou números a orientação terá de ser diferente. Já não estamos em face, pelo menos no plano teórico, de sinais fracos. Reunirão, assim, condições para serem protegidas a menos que se demonstre, em concreto, não terem eficácia distintiva ou terem natureza descritiva. Este último aspecto deve, aliás, merecer uma atenção especial dado o facto de, como referimos atrás,

---

exigir que a marca de um concorrente tenha maior distância distintiva em relação à sua do que a distância que ela mesmo estabelece relativamente a marcas anteriores. De acordo com esta premissa, num processo de imitação de marca, o pretenso imitador poderá evitar a anulação do registo da marca se demonstrar que o autor tem vindo a aceitar a existência de marcas concorrentes tão ou mais próximas que a sua.

[18] Pensamos que só verificados esses apertados requisitos se pode falar de sinal fraco. Isto não significa, necessariamente, que sejam válidas as marcas constituídas por simples letras que não pertençam ao alfabeto português, ou as representações por extenso em língua portuguesa ou estrangeira de um simples algarismo. O que entendemos é que há razões para, nestes casos, não considerar a marca, liminarmente, como um sinal fraco.

os números e as letras serem normalmente usados pelos operadores económicos como sinais descritivos dos produtos ou serviços indicando nomeadamente, no caso das letras e números, a classe, série, modelo e tamanho e, no caso dos números, o preço, quantidade, peso e data de validade dos mesmos.

1.2. *Sinais não convencionais*

Nesta classificação cabem os sinais não independentes fisicamente do produto e que, por via disso, ou são apenas conceptualmente autónomos (cor, sinal tridimensional), ou são apreensíveis por sentidos diferentes da visão (sons, aromas, sabores, tactilidades[19]).

1.2.1. *Cor*

A questão essencial é saber se a cor, uma combinação ou uma disposição de cores podem desempenhar a função distintiva própria da marca.

A nossa lei só responde negativamente à primeira parte da questão, ou seja, só a cor única apresentada isoladamente não pode constituir uma marca – cfr. art. 223.°, n.° 1 al^a e).

Esta proibição deve abranger tanto as cores simples (as sete cores do arco-íris), onde os problemas de bloqueamento no acesso ao mercado são mais ingentes, como também as cores intermédias pelas inultrapassáveis dificuldades práticas que a solução contrária representaria[20].

---

[19] No estado actual da "arte", os sinais gustativos e tácteis não revestem o mesmo grau de importância. Em relação aos primeiros o Instituto de Harmonização do Mercado Interno (IHMI) já se confrontou com um pedido de marca com sabor de framboesa destinada a preparados farmacêuticos (classe 5). A decisão dos examinadores e da Câmara de Recurso (decisão de 5/12/2001, R-0120/2001-2 *in* http://oami.eu.int/) foi negativa com base no princípio da livre disponibilidade do sinal. LLOBREGAT (*Caracterización Jurídica de las Marcas Olfativas como Problema Abierto*, "Revista de Derecho Mercantil" (RDM), 1998, p. 102) duvida que algum dia os sinais gustativos possam ser registáveis a título de marca na medida em que só podem ser apreciados, enquanto marca, depois de saboreados e, portanto, num momento posterior ao da venda e já fora do circuito económico. Em relação aos segundos (embora disfarçada numa *veste* de sinal tridimensional) podemos dar o exemplo do pedido da marca comunitária de lentes ópticas com um determinado *toque*, apreciada e recusada pela Câmara de Recurso do IHMI, no caso *Five Ribs*, em decisão de 21 de Março de 2001 (R-0448/1999-2 *in* http://oami.eu.int/).

[20] Para uma visão destas dificuldades *vide* FERNÁNDEZ-NÓVOA, *Derecho de marcas*, Ed. Montecorvo, 1990, pp. 99 e ss. e *El color y las formas tridimensionales en la nueva ley*

Ao contrário deve permitir-se a união ou combinação de cores, desde que peculiar e distintiva[21] e, por maioria de razão, a disposição de cores.

Nestes casos já não se verifica o perigo de obstrução no acesso ao mercado dos restantes concorrentes dada a infinita margem de combinação ou disposição que as cores proporcionam, nem se colocam os problemas práticos, a que aludimos atrás, dado ser mais fácil a determinação da especificidade de cada marca.

Ainda uma chamada de atenção para o facto de a DM não se ter pronunciado quanto à cor apesar de um dos seus propósitos, como dissemos, ser o de tornar comuns aos Estados-membros os sinais susceptíveis de constituir uma marca[22].

---

española de marcas, "Actas de Derecho Industrial" (ADI), 13, pp. 48 e ss. e MARTINEZ MIGUEZ, *La protección del color único como marca en el derecho español,* ADI, 8, pp. 118 e ss. Este autor salienta haver dois caminhos para proteger as tonalidades cromáticas: um seria determinar com rigor a tonalidade específica, o outro seria proteger todas as tonalidades que estivessem ligadas a cada cor principal. No primeiro caso surgiriam as dificuldades práticas a que se aludem no texto (*v.g.* possibilidade de coexistirem marcas com tonalidades próximas; maior risco de confusão aos olhos do consumidor médio; risco de alteração da marca por ligeiras diferenças, etc.). No segundo caso estar-se-ia, no fundo, a voltar a proteger a cor na sua forma pura, pois seria a esta que se aferiria a novidade de qualquer outra marca de cor única para os mesmos produtos ou produtos afins (*idem*, pp. 133 e ss.).

[21] A lei refere-se a "cores combinadas entre si (...) de forma peculiar e distintiva" (art. 223.º, n.º 1 al^a e)). O TJ, em Acórdão de 24/06/2004, Processo C-49/02 (http://europa.eu.int/jurisp/cgi-bin/gettext.pl?lang=pt), considerou, em interpretação do art. 2.º da DM, que as combinações de cores podem constituir uma marca na medida em que "seja demonstrado que, no contexto em que são empregues, essas cores ou combinações de cores se apresentam efectivamente como um sinal e em que o pedido de registo comporte uma disposição sistemática que associe as cores em questão de forma predeterminada e constante".

[22] O TJ, numa decisão a título prejudicial (Ac. de 6/5/03, Proc. n.º C-104/01 – caso cor de laranja) in http://europa.eu.int/jurisp/cgi-bin/gettext.pl?lang=pt., e numa decisão de recurso do Tribunal de Primeira Instância (Ac. de 21/10/2004, Proc. N.º C-447/02 P, http://europa.eu.int/jurisp/cgi-bin/gettext.pl?lang=pt) chamado a pronunciar-se sobre a admissibilidade da cor em si mesma, entendeu que uma marca constituída por uma única cor só poderá revestir carácter distintivo antes de qualquer uso em "circunstâncias excepcionais designadamente quando o número de produtos ou serviços para os quais é pedida a marca é muito limitado e o mercado relevante muito específico". Sobre o primeiro acórdão *vide* o comentário de CUSUMANO, *Ritorno ai marchi di colore,* RDI, II, 2003, pp. 238 e ss. A Câmara de Recurso do IHMI (numa decisão de 3/7/2002, R194/2000-3, http://oami.eu.int.) já concedeu o registo de uma marca de cor verde (correspondente ao pantone n.º 348), para distinguir serviços de aluguer de automóveis.

1.2.2. Sinal tridimensional

Um dos importantes contributos da DM foi ter posto cobro à grande querela doutrinal e jurisprudencial, observada em alguns países comunitários, acerca da admissibilidade da marca de forma.

A marca tridimensional significa, literalmente, uma marca de forma de produto ou da respectiva embalagem em três dimensões (comprimento, largura e altura).

A noção de marca tridimensional deve ser restritiva, isto é, limitar-se--á forma e não incluir quaisquer outros elementos. A forma deve ser apreciada autonomamente e não com os eventuais elementos (nominativos, gráficos, cores etc.) que lhe sejam apostos porque só assim se garante o princípio da igualdade dos concorrentes e se evita a sobreposição ou igualização do acessório ao essencial. A apreciação da capacidade distintiva da marca deve, pois, limitar-se exclusivamente à forma tridimensional[23]. Neste sentido pode colher-se um argumento legislativo adicional: o requerente do registo de uma marca deve indicar expressamente se a marca é tridimensional (art. 233.º, n.º 1 al\ª. d)).

A forma para ser protegida deve ser também uma forma estável. Isto significa que o registo protege a marca *tal qual* ela se encontra registada e não pode abranger eventuais formas evolutivas do produto ou do respectivo continente. Para poder ser protegida uma forma diferente, no plano distintivo, é necessário novo registo. De outro modo, o uso da marca que difira em elementos distintivos essenciais dos da marca registada não é considerado um uso sério e pode acarretar a caducidade do registo (art. 269.º, n.º 1). O princípio da inalterabilidade da marca consta do art. 261.º, n.º 1. O requisito da estabilidade significa ainda que só podem ser protegidas formas susceptíveis de garantir essa mesma estabilidade, não sendo possível registar formas instáveis, animadas ou mutáveis.

A protecção da marca tridimensional coloca problemas específicos que justificam um tratamento igualmente específico.

O legislador comunitário, ao impor aos Estados-membros a protecção da marca de forma, tinha perfeita consciência do perigo que representa para a unidade, coerência e teleologia do sistema de protecção da propriedade industrial admitir o registo deste tipo de marcas.

---

[23] O TJ já respondeu a esta questão afirmando que a "forma do produto relativamente ao qual o sinal é registado não exige nenhum elemento adicional arbitrário, tal como um elemento decorativo sem fim funcional" (Ac. de 18/06/2002-Processo C-299/99, n.º 50 (caso *Philips v. Remington*), http://europa.eu.int/jurisp/cgi-bin/gettext.pl?lang=pt).

O maior risco reside na atribuição a um concorrente de uma situação de monopólio de mercado em relação à utilização de uma forma *necessária* para comercializar o produto. O outro risco, igualmente relevante, diz respeito ao eventual aproveitamento do direito de marcas (através do seu regime de protecção potencialmente intemporal[24]) para evitar que outros concorrentes possam utilizar formas técnicas ou ornamentais livres, quer por não serem passíveis de protecção, quer por se encontrarem já fora do regime de protecção temporária, próprio das patentes e modelos de utilidade (cfr. arts. 51.º e ss e 117.º e ss, respectivamente), ou dos desenhos ou modelos (cfr. arts. 173.º e ss).

Nesta medida, o art. 3.º, n.º 1 al^a e) da DM consagrou três proibições à *possibilidade* de constituição das marcas de forma que passaram *ipsis verbis* para a al^a b) do n.º 1 do art. 223.º do nosso Código.

Essas proibições são as seguintes:

1^a) Forma imposta pela própria natureza do produto

Esta proibição abrange a forma necessária do produto na hipótese deste ter, por natureza, uma forma intrínseca. Na hipótese contrária, se os produtos forem líquidos ou em pó, por exemplo, não há, como é óbvio, uma forma do produto. No entanto, a forma da embalagem deve ser equiparada à forma do produto sempre que este seja necessariamente embalado (como é o caso dos líquidos ou do pó). A *ratio legis* da proibição é impedir que uma forma necessária ao fabrico e comercialização de um género de produtos seja registada como marca conferindo ao seu titular uma situação de monopólio no mercado. Por esta razão, deve ser aplicável a ambas as situações[25].

Será admissível apenas a forma arbitrária, fantasiosa, original, inabitual de um produto ou da respectiva embalagem, desde que revista suficiente capacidade distintiva[26].

---

[24] O registo da marca é válido pelo prazo de 10 anos indefinidamente renovável por iguais períodos (art. 255.º).

[25] Neste sentido já se pronunciou o TJ no Ac. de 12/02/2004, n.º 37 (Processo C--218/01, *in* http://europa.eu.int/jurisp/cgi-bin/gettext.pl?lang=pt) considerando que as "marcas tridimensionais constituídas por embalagens de produtos que se encontram embalados no comércio por razões conexas com a própria natureza do produto, a embalagem deste deve ser equiparada à forma do produto".

[26] O Ac. T. Com. de 21/9/2004, BPI-6/2005, p. 2101, decidiu a concessão do registo de uma marca tridimensional, com a forma de uma embalagem, por entender que a forma é suficientemente original.

2ª) Forma necessária à obtenção de um resultado técnico

Esta proibição é igualmente aplicável tanto à forma do produto como à forma da embalagem. Numa interpretação declarativa a proibição incide apenas sobre a forma que seja condicionante de um resultado técnico, não abrangendo a forma que, apesar de produzir resultados técnicos, possa ser substituível por outra que permita obter o mesmo resultado. No entanto, o TJ interpreta esta limitação de um modo mais restritivo, considerando que é bastante que a forma seja *essencialmente* funcional[27]. Diz o Tribunal do Luxemburgo: "quando as características funcionais essenciais da forma de um produto são atribuíveis unicamente ao resultado técnico (....) exclui o registo de um sinal constituído pela referida forma, mesmo que o resultado técnico em causa possa ser alcançado por outras formas".

Concordamos com a interpretação restritiva. O fundamento da proibição está na necessidade de garantir que uma forma útil do ponto de vista técnico, revista ou não os requisitos de protecção temporária através da patente ou modelo de utilidade, possa – desde o início ou a partir do momento em que expire o regime de protecção privativa – ser livremente apropriável e não beneficie do regime de protecção, potencialmente ilimitado, próprio das marcas.

Permitir que o direito de marcas pudesse proteger intemporalmente formas técnicas socialmente úteis (ainda que não exclusivas) poderia representar, uma confusão de institutos jurídicos (patentes e modelos de utilidade *versus* marcas), uma perversão da função da marca e uma medida legal restritiva de concorrência, com prejuízo para o mercado e para o interesse geral na disponibilidade de sinais úteis.

Nesta medida, só nos parece aceitável que sejam registáveis formas que apenas se limitem a produzir resultados úteis irrelevantes[28].

---

[27] Ac. de 18/06/2002 – Processo C-299/99, n.º 84 (caso *Philips v. Remington*), in http://europa.eu.int/jurisp/cgi-bin/gettext.pl?lang=pt. O caso diz respeito a um recurso prejudicial interposto pela *Court of Appeal* de Inglaterra e País de Gales sobre a validade do registo de uma marca de forma de uma máquina de barbear eléctrica fabricada pela *Philips* consistente em três cabeças circulares de lâminas rotativas dispostas em forma de triângulo equilátero. No processo nacional a *Philips* moveu um processo de contrafacção de marca contra a *Remington* que começou a fabricar e a comercializar uma máquina de barbear com uma configuração semelhante à utilizada pela *Philips*. A interpretação restritiva do TJ é criticada por SCUFFI/FRANZOSI/FITTANTE, *Codice della Proprietà Industriale* cit., pp. 115-116.

[28] A. VANZETTI, *I diversi livelli di tutela delle forme ornamentali e funzionali*, RDI, 1994, p. 337, defende o registo de "formas úteis (...) que não sejam susceptíveis de constituir uma decisiva motivação de aquisição por parte do público e não representem uma concepção inovadora".

É, assim, legalmente incompatível que uma mesma forma possa ser protegida, cumulativamente, como patente e modelo de utilidade, por um lado, e marca, por outro.

3ª) Forma que confira valor substancial ao produto

O propósito é afastar do direito de marcas as formas que sejam tão incindivelmente conexas com o valor dos produtos correspondentes que não possam ser concebíveis, sequer mentalmente, separadamente desses produtos. A forma não pode distinguir o produto porque é parte integrante, física e conceptualmente, do próprio produto[29].

Sendo, como é, uma proibição de difícil apreciação a verdade é que, em certos sectores da actividade económica (por exemplo, produtos decorativos em geral), "a aparência estética incide directamente sobre a valoração positiva do produto por parte dos consumidores"[30].

Ao contrário das proibições anteriores, esta só abrange a forma do produto e já não a forma da embalagem.

O registo da forma ornamental de uma embalagem é possível desde que essa forma (de acordo com as proibições anteriores) não seja necessária e tecnicamente essencial.

A qualificação destas três proibições como definidoras do requisito da *possibilidade* do sinal tridimensional (e não do requisito da capacidade distintiva) tem um interesse prático da maior importância que é o da insusceptibilidade do recurso ao *secondary meaning* para sanação do incumprimento dos referidos requisitos legais específicos relativos à constituição da marca de forma[31].

Por *secondary meaning* quer-se aludir ao particular fenómeno de conversão de um sinal originariamente privado de capacidade distintiva num sinal distintivo de produtos ou serviços, reconhecido como tal, no trá-

---

[29] A forma apresenta um nível de esteticidade decisivo na motivação do público consumidor, para citarmos A. VANZETTI, *I diversi livelli* cit., p. 332 ou "a substância mesma do produto reside nessa forma", para citarmos P. MATHÉLY, *Le nouveau droit français des marques*, ed. JNA, Vélizy, 1994, p. 72.

[30] Cfr. FERNÁNDEZ-NÓVOA, *Tratado sobre Derecho de Marcas* cit., p. 228.

[31] Neste sentido bem tem andado o TJ ao considerar que estas proibições são obstáculos preliminares, insusceptíveis de convalidação pelo uso (*secondary meaning*), mas não esgotam as proibições aplicáveis às marcas de forma (para além do já referido Ac. Philips, n.º 76, cfr. o Ac. de 8/4/2003, Processos Apensos n.ºs C-53/01 a C-55/01, n.º 44, *in* http://europa.eu.int/jurisp/cgi-bin/gettext.pl?lang=pt).

fico económico, através do seu significado secundário[32], em consequência do uso e de mutações semânticas ou simbólicas.

Este fenómeno pode emergir em duas situações distintas: ou antes do registo da marca ou depois do registo. O n.º 3 do art. 3.º da Directiva estabeleceu soluções diferentes em relação às duas situações. No caso de o fenómeno ocorrer antes do pedido do registo impôs aos Estados-membros a aplicação do princípio aos sinais desprovidos de carácter distintivo, descritivos e usuais; no caso inverso, limitou-se a propor esse princípio.

Em Portugal, desde o CPI de 1995, passou a ser possível, no momento do registo, aferir o uso de uma marca para justificar a aquisição da capacidade distintiva de um sinal doutra forma indistintivo por descritivo ou usual (art. 188.º, n.º 3). Com o CPI actual, é possível, para além disso (art. 238.º, n.º 3), invocar o *secondary meaning* para a convalidação de uma marca registada (art. 265.º, n.º 2). O princípio do *secondary meaning* contempla os sinais desprovidos de qualquer carácter distintivo, descritivos e usuais (cfr. arts. 223.º, n.º 1 al^{as} a), c) e d), 238.º, n.º 3 e 265.º, n.º 2).

Do exposto resulta que uma marca tridimensional *impossível* por revestir uma forma necessária, funcional ou substancial é insanável pelo uso (*secondary meaning*) ainda que do mesmo possa resultar a aquisição de um qualquer segundo significado distintivo. Esta é a única solução que garante a referida unidade e coerência do sistema de protecção da propriedade industrial. De outro modo, a atribuição do direito de marca, nestes casos, como vai dito, permitiria o monopólio de formas necessárias, úteis ou consideradas de livre disponibilidade na actividade económica.

1.2.3. *Marcas sensoriais não convencionais*

1.2.3.1. *Marcas sonoras*

O registo é possível desde que os sons possam ser reproduzidos graficamente de acordo com o n.º 1 do art. 234.º do CPI[33].

---

[32] Entenda-se o significado secundário não como um significado inferior, mas como um significado que surge em segundo lugar.

[33] Neste sentido, igualmente, PETITTI, *La Direttiva CEE sul ravvicinamento delle legislazioni degli stati membri in materia di marchi d'impresa: spunti per alcune riflessioni sulla normativa italiana*, "Rivista del Diritto Commerciale" (RDC), 1991, pp. 331 e ss; Contra VANZETTI, "Sul ravvicinamento delle legislazioni degli Stati membri in materia di marchi d'impresa-Commento", *La Nuove Leggi Civili Commentate*, 1989, p. 1433.

Um qualquer ruído, som ou conjunto de sons não representáveis graficamente (pentagrama ou espectrograma[34]), só susceptíveis de serem apresentados em disco ou banda magnética não podem constituir uma marca.

Nos EUA, ao invés, há condições para efectuar o depósito de discos e bandas magnéticas especialmente visando as marcas de serviço (*v.g.* programas de rádio e televisão) de acordo com o disposto no § 45 da *Lanham Act*.

1.2.3.2. *Marcas olfactivas*

a) A representação gráfica das marcas olfactivas

A questão da representação gráfica é um dos pontos mais polémicos.

A *cromatografia de gases* e a *cromatografia líquida de alto rendimento* usadas em conjunto permitem separar e analisar os voláteis libertados pelos aromas, conseguindo-se uma informação, qualitativa e quantitativa, sobre misturas complexas. Destes exames, resulta um gráfico (o *cromatograma*) que representa as quantidades dos compostos, medidas em função do tempo necessário para a sua separação dos demais. Depois de se conhecerem os compostos existentes (através do *cromatograma)*, poder-se-á conhecer a estrutura química de cada um deles através da *espectrometria de massas*, da *ressonância magnética nuclear* e da *espectroscopia de infravermelhos e ultra violeta*. Daqui resulta, em suma, um *aromograma*. Através do *cromatograma* e do *aromograma*, pode representar-se graficamente um odor sem se revelar a sua composição química que permanece, convenientemente, em segredo empresarial. Contudo, estes meios de representação gráfica são excessivamente formais, um sistema tão sofisticado que é, sobretudo, "uma reprodução abstracta própria de especialistas, que dificilmente transmite ao examinador a impressão adequada sobre a delimitação e a distintividade do sinal"[35].

---

[34] O pentagrama para registo de sons musicais e o espectrograma para sons não musicais. O TJ considerou que um sinal sonoro onomatopaico (canto de um galo) só satisfaz o requisito se for "representado através de uma pauta dividida em compassos e na qual constem, designadamente, uma clave, notas musicais e silêncios cuja forma indica o valor relativo e, se necessário, acidentes" (Ac. de 27/11/2003, Processo C-283/01 *in* http://europa.eu.int/jurisp/cgi-bin/gettext.pl?lang=pt). O espectrograma de sons designa-se também sonograma. No entanto, como se pode ler na decisão da Câmara de Recurso do IHMI 781/1999-4, http://oami.eu.int/, a propósito do registo do conhecido rugido do leão requerido pela "Metro-Goldwyn-Mayer Corporation", o sonograma para poder ser lido precisa de uma escala de tempo e de frequência não bastando a sua apresentação gráfica.

[35] MARCO ARCALÁ, *Las causas de denegación de registro de la marca comunitaria*, Tirant lo Blanch, Valencia, 2001, pp. 133 ss.

b) Direito comparado

Estados Unidos da América

Os EUA foram o primeiro país a registar uma marca olfactiva que consiste numa *fragrância floral fresca* aplicada a fios de costura e bordados[36]. Foi recusada, inicialmente, em sede de exame, pela autoridade de registo (*USPTO*), por não ser distintiva e ser funcional.

Da recusa coube recurso para o *Trademark Trial and Appeal Board (TTAB)* que decidiu, em 19 de Setembro de 1990, pela concessão da marca (caso *In Re Celia Clarke*[37]).

Segundo o *TTAB*, face à matéria de facto apresentada, destacavam-se quatro aspectos fundamentais:

1.º A requerente era a única a comercializar fios de lã e de algodão perfumados;
2.º A fragrância não era um atributo, nem uma característica inerente ou natural, dos produtos em causa;
3.º A requerente promovera o sinal olfactivo através da publicidade;
4.º A requerente demonstrara que os distribuidores, retalhistas e clientes dos seus produtos lhe reconheciam carácter distintivo.

Nesta decisão, o *TTAB* definiu uma orientação jurisprudencial segundo a qual, por um lado, reconheceu que o sinal aromático pode ser registado como marca e, por outro, excluiu desta possibilidade os produtos naturalmente odoríficos.

Actualmente, estão registados nos EUA, como marcas olfactivas: o *odor de pastilha elástica*[38], o *odor evocativo de vários frutos de pomar*[39],

---

[36] Pedida em 1988, por *Celia Clarke*, cuja actividade económica, que exercia há mais de vinte anos, consistia no fabrico e distribuição de fios para costura e bordados. Em causa estava o registo de um *Kit* de linhas para bordar, designado por *Scented Skunk Kit*, embalado para que o aroma fosse percepcionado no momento da venda.

[37] "United States Patent Quarterly" (USPQ), 2d 1238 a 1240 (TTAB), 1990.

[38] Aplicado a fluidos e óleos usados no corte e remoção de metal (marca n.º 2.644.707).

[39] Aplicado a um componente para preparações destinadas à limpeza, ao polimento, ao humedecimento e à protecção de mobiliário, almofadados, madeiras e outras superfícies rígidas (marca n.º 2.644.707).

[40] Aplicado a lubrificantes e a combustíveis para veículos terrestres, aéreos e náuticos (marca n.º 2.596.156 que se encontra registada no *Supplemental Register*).

os *odores de morango*[40], *uva*[41] e *cereja*[42], pertencendo os três últimos ao mesmo titular.

Reino Unido

O Reino Unido é o único Estado-membro da União Europeia onde se encontram registadas marcas olfactivas: *o odor de rosas*[43] e o *odor de cerveja*[44].

A entidade registal do Reino Unido definiu um conjunto de critérios sobre a representação gráfica expressos no manual de aplicação: possibilidade de determinação do sinal que o requerente usa, ou pretende vir a usar, sem necessidade de apresentação de amostras; inalterabilidade da representação, independentemente do uso; acessibilidade da representação ao conhecimento dos interessados[45].

O registo é condicionado ainda a três condições: o requerente demonstrar que o odor é usado como marca; o odor não ser um atributo nem uma característica natural dos produtos, mas algo que lhes é adicionado pelo requerente; o público interpretar o sinal olfactivo como identificador dos produtos daquele requerente.

Estes requisitos e condições fazem com que a protecção de sinais aromáticos dependa em muito da natureza corrente da fragrância. Foi o que aconteceu com as duas únicas marcas olfactivas registadas, cuja representação gráfica se limitou às seguintes descrições: *a marca compreende um forte odor de cerveja aplicado a dardos* e *a marca é uma fragrância/odor que lembra rosas, aplicada a pneus*[46].

Instituto de Harmonização do Mercado Interno (IHMI)

A 11 de Dezembro de 1996 entrou no IHMI o pedido da marca olfactiva, o *odor de erva recentemente cortada* aplicado a bolas de ténis[47] gra-

---

[41] Aplicado a lubrificantes e a combustíveis para veículos terrestres, aéreos e náuticos (marca n.º 2.568.512 que se encontra registada no *Supplemental Register*).

[42] Aplicado a lubrificantes e a combustíveis para veículos terrestres, aéreos e náuticos (marca n.º 2.463.044 que se encontra registada no *Principal Register*).

[43] Aplicado aos pneus *Dunlop* (Marca n.º 2001416); a marca foi concedida em 1996 à *Japan's Sumitomo Rubber Co* que posteriormente a transmitiu à *Dunlop Tyres*.

[44] Aplicado a dardos (Marca n.º 2000234), concedida em 1996 à *Unicorn Products*.

[45] § 2.3 do Capítulo VI do *Registry Work Manual*.

[46] Para mais desenvolvimentos cfr. KERLY'S *Law of Trade Marks and Trade Names*, Thomson-Sweet & Maxwell, London, 2ª ed., 2005, pp. 14 e ss.

[47] Aplicado a bolas de ténis (marca comunitária n.º 428870) que pode ser consultada na base de dados da OHMI em http://oami.europa.eu

ficamente representada por essa descrição verbal e com a indicação expressa de se tratar de uma marca olfactiva.

Na fase de exame, o Instituto de Alicante considerou que a descrição verbal do sinal não preenchia o requisito da representação gráfica e que, por isso, deveria ser recusada nos termos do disposto na alínea a) do n.º 1 do art. 7.º do RMC.

A suposta representação gráfica apresentada era mais um *relatório verbal* da marca, do que a marca em si e, como tal, não era claro onde começava e acabava o alcance da protecção do que se pretendia registar. Em que medida, perguntava, *"o odor de erva recentemente cortada"* diferia da *"erva fresca"* ou só da *"erva cortada"*? Será que o alcance de protecção incluía as palavras em si? Finalmente, realçou que o facto de a marca se encontrar registada no *Office* do Benelux e o de o Reino Unido ter marcas olfactivas registadas eram argumentos, que embora abonatórios para o requerente, não conseguiam evitar a recusa.

Da recusa, a requerente interpôs recurso, para as Câmaras de Recurso do IHMI. O processo foi atribuído à 2.ª Câmara a qual reduziu a matéria controvertida à representação gráfica, afastando a apreciação da distintividade (até porque, se tratava, como expressamente afirmou na decisão, *de um aroma distintivo e reconhecido imediatamente por todos, lembrando a primavera, o verão, a erva aparada, os campos de jogos ou outras experiências agradáveis*).

O fundamento do examinador de que a representação gráfica, tal como tinha sido feita, correspondia à descrição da marca e não à marca em si, não encontrava, para o órgão *ad quem*, nenhuma base no RMC e equivalia a uma exigência adicional extralegal. Aliás, lê-se na decisão que sendo as marcas olfactivas abrangidas pelo RMC, ao manter-se a recusa da que estava em apreço, seria excluir-se, em geral, todas as olfactivas por inacessibilidade de representação gráfica.

Em resultado, a 2.ª Câmara considerou que a indicação da marca como *"marca olfactiva"* e a descrição verbal eram suficientes para preencherem o requisito da representação gráfica; com efeito, decidiu que a descrição da marca e do seu objecto eram claros e evidentes, pelo que o seu depósito, pesquisa e registo não levantavam nenhum problema prático.

A decisão foi no sentido de que as marcas olfactivas podem ser registadas, se *descritas graficamente* e distintivas, em particular se, ao serem combinadas com uma *indicação-padrão* e com uma descrição adicional, definirem adequadamente a marca (como acontece nomeadamente com as sonoras), preenchendo assim o requisito formal e material dos art. 4.º e 7.º do RMC[48].

Em conclusão, a marca *"odor de erva recentemente cortada"* aplicado a bolas de ténis foi concedida e registada a 11 de Outubro de 2000.

Tribunal de Justiça (O Acordão Sieckman)
Ralf Sieckmann apresentou no Instituto Alemão de Patentes e de Marcas o pedido de registo, como marca olfactiva, do aroma da substância química pura *cianato de metilo (éster metílico de ácido de canela)* graficamente representada: a) pela descrição verbal, como *«aroma balsâmico-frutado com ligeiras notas de canela»* e referência expressa de que se tratava de uma marca olfactiva; b) pela sua fórmula química estrutural, $C6H5-CH=CHCOOCH3$ e; c) pelo depósito de uma amostra do aroma.

O Instituto indeferiu o pedido com o fundamento de que o sinal registando não poderia constituir uma marca por falta de cumprimento de requisitos formais e materiais.

Do indeferimento, Ralf Sieckmann recorreu para o Tribunal Federal de Patentes (*Bundespatentgericht*) que, perante a dúvida sobre se a marca olfactiva preenchia, ou não, o requisito da representação gráfica levou a questão ao TJ submetendo as seguintes questões:

1.ª Deve o art. 2.º da Directiva, ser interpretado no sentido de que o conceito de sinais susceptíveis de representação gráfica, apenas compreende os visualmente perceptíveis, ou, pelo contrário, podem considerar-se nele incluídos, os visualmente imperceptíveis, como os odores e os sons?

2.ª Se se entender que no art. 2.º da Directiva se incluem os visualmente imperceptíveis, considera-se que os requisitos de representação gráfica estão preenchidos desde que o aroma seja representado pela descrição verbal, fórmula química e apresentação de uma amostra, ou pela conjugação destas alternativas?

Interpretando o art. 2.º da Directiva, o TJ[49] considerou que, dadas as exigências do próprio registo de marcas, um sinal visualmente impercep-

---

[48] Decisão da 2ª Câmara de Recurso do IHMI, de 11/2/1999. Sobre esta decisão vide, FERRÁNDIS GABRIEL, "Prohibiciones absolutas de registro: signos que no pueden ser marca, carentes de carácter distintivo, descriptivos y habituales", *Derecho de marcas* (AA.VV. – Coordenador BAYÓN COBOS), Ed. Bosch, 2003, pp. 90 e ss.

[49] Ac. de 12/12/2002, Proc. C-273/00, http://europa.eu.int/jurisp/cgi-bin/gettext.pl?lang=pt.

tível, pode ser registado como marca, desde que seja representado visualmente, nomeadamente através de figuras, linhas ou caracteres, para ser identificado com exactidão[50]).

Na interpretação do TJ a representação gráfica é extremamente importante para: i) os próprios titulares, porque determina, em concreto, o objecto da protecção que lhes é conferido[51]; ii) as autoridades competentes, que devem conhecer, com clareza e precisão, a natureza dos sinais para poderem examiná-los, publicá-los e manter o registo adequado e rigoroso[52]; iii) para os operadores económicos, que devem poder certificar-se com clareza e exactidão dos registos efectuados e dos pedidos de registo apresentados pelos concorrentes, bem como ter acesso a informações pertinentes sobre os direitos de terceiros[53]; iv) para os utilizadores do registo em geral permitindo-lhes determinar a natureza exacta da marca[54].

Na resposta à primeira questão o TJ considerou que um sinal visualmente imperceptível poderá constituir uma marca "desde que possa ser objecto de uma representação gráfica, nomeadamente através de figuras, de linhas ou caracteres, que seja clara, precisa, completa por si própria, facilmente acessível, inteligível, duradoura e objectiva".

Quanto à segunda questão, cabia saber se a descrição verbal, a apresentação da fórmula química e a apresentação de uma amostra, em separado ou em conjunto, preenchiam os requisitos de representação gráfica exigidos pela DM.

No seu relatório o Advogado-Geral chamou a atenção para os critérios definidos pela neurofísica que distingue os sentidos mecânicos "aos quais correspondem o tacto, a visão e a audição, pela inerência da forma vinda do exterior", dos químicos, "aos quais correspondem o paladar e o olfacto, já bem mais difíceis de precisão, dado o grau de imprecisão objectiva"[55]. O Advogado-Geral sublinhou que a capacidade abstracta dos sinais perceptíveis pelo odor preencherem uma função distintiva é indiscutível. Contudo, considerou que a propensão dos sinais olfactivos preencherem a função de diferenciação das marcas não é senão teórica por se tratar de sinais insusceptíveis de uma representação gráfica que permita a sua apreensão clara e precisa.

---

[50] Considerando n.º 46.
[51] Considerando n.º 48.
[52] Considerando n.º 50.
[53] Considerando n.º 51.
[54] Considerando n.º 52.
[55] Considerando n.º 25 das conclusões do Advogado-Geral.

Na resposta, o TJ considerou que a fórmula química representava o produto em causa e não o seu odor (faltando-lhe clareza e precisão). Sublinhou ainda que a generalidade das pessoas não reconheceria, na fórmula, o odor em questão. Em relação à amostra, considerou que a amostra não seria suficientemente estável ou duradoura.

Em suma, à segunda questão, o TJ considerou que, tratando-se de um sinal olfactivo, "os requisitos da representação gráfica não são cumpridos através de uma fórmula química, de uma descrição por palavras escritas, da apresentação de uma amostra de um odor ou da conjugação destes elementos".

Já tivemos oportunidade de comentar este importante acórdão[56].

Escrevemos, então, que as duas respostas não são muito congruentes. O TJ entendeu, e bem, no plano dos princípios, que um sinal não susceptível, em si mesmo, de ser visualmente perceptível pode constituir uma marca se for representável graficamente. Ora, à luz desta orientação parece-nos que não faz muito sentido que o TJ, no momento em que passou à apreciação concreta do cumprimento do requisito da susceptibilidade de representação gráfica, tivesse decidido que uma marca olfactiva representada através de uma fórmula química (de modo, inevitavelmente, indirecto), não preenchia o referido requisito. Se uma fórmula química pura da substância aromática (cinamato de metilo) não satisfaz o referido requisito (e não vemos, no actual estado da técnica, que outro meio gráfico possa ser apresentado) o problema deixa de ser a insusceptibilidade de representação gráfica para passar a ser, eventualmente, um problema de falta de capacidade distintiva. Na nossa opinião, a posição mais coerente do TJ seria a de considerar o requisito da representação gráfica preenchido, mas remeter ao tribunal de reenvio a cuidada apreciação dos demais requisitos de validade e, de um modo especial, do requisito da capacidade distintiva.

O que se nos afigura incongruente é aceitar, teoricamente, a susceptibilidade de representação gráfica de uma marca olfactiva e, em simultâneo, negar o cumprimento desse requisito a um sinal olfactivo representado graficamente.

Um sinal é representável graficamente se for passível de ser reproduzido visualmente, directa ou indirectamente, de modo bidimensional, em

---

[56] *Marca olfactiva e o requisito da susceptibilidade de representação gráfica*, Ac. do Tribunal de Justiça, de 12/12/2002, P. C-273/00, CDP, 1/2003, pp. 14 e ss.

qualquer suporte, através, nomeadamente de palavras, figuras, incluindo formas do produto ou da embalagem, letras, números, cores, notas musicais, fórmulas, que delimitem objectivamente a marca. Ora, os sinais aromáticos, se representáveis graficamente, podem ser sinais *possíveis* de constituir uma marca.

Mas dizer que um sinal aromático é um sinal possível não significa que seja um sinal que revista capacidade distintiva suficiente para se converter numa marca. Pensamos, até, que só em condições excepcionais um sinal olfactivo teria capacidade para distinguir produtos ou serviços[57]. Basta lembrar, por exemplo, a dificuldade em precisar e descrever um aroma, a pouca garantia que a fragrância de uma substância não possa ser produzido por uma outra, a improbabilidade de um cheiro se manter temporalmente constante, os factores subjectivos ligados à percepção odorífica, a fundada dúvida de que os consumidores estejam preparados para distinguir e identificar um produto ou serviço por uma aroma.

Face a estas ponderosas especificidades e ao interesse na manutenção de um sistema de registo público da propriedade industrial minimamente seguro e fiável, propendemos a aceitar o registo de uma marca olfactiva susceptível de representação gráfica apenas no caso excepcional em que o requerente prove que usou previamente a marca e que esta tem desempenhado no mercado uma finalidade distintiva[58].

---

[57] O requisito da capacidade distintiva obrigaria a que estas marcas tivessem de ser arbitrárias e não marcas de produtos aromáticos por natureza.

[58] Esta exigência não deve ser confundida com a figura do *secondary meaning*, prevista igualmente na DM e imposta aos Estados-Membros para situações anteriores ao registo (art. 3.º, n.º 3). O *secondary meaning*, como referimos, corresponde ao fenómeno de um sinal originariamente sem capacidade distintiva adquirir um carácter distintivo pelo uso que dele foi feito. Sobre a figura em análise, para mais considerações, *vide* o nosso *Manual de Direito Industrial: patentes, desenhos ou modelos, marcas e concorrência desleal*, Almedina, Coimbra, 2008, pp. 250 e ss. Ora, o uso a que nos referimos no texto não serve para tornar distintivo um sinal inicialmente indistinto, mas para permitir aferir o carácter distintivo complexo de um sinal aromático.

SOCIEDADE DA INFORMAÇÃO E DIREITO INDUSTRIAL*

Luís Couto Gonçalves
Professor na Escola de Direito da Universidade do Minho

SUMÁRIO:
I – Patentes de software; II – Nomes de domínio e marcas; III Concorrência desleal em rede.

I. PATENTES DE *SOFTWARE*

A primeira reacção legislativa à protecção do *software* foi atribuir esse papel ao direito de autor. Desde que, em 1980, os EUA introduziram essa solução na *Copyright Law* (incluída no título 17 do *United States Code* – USC) o *copyright approach* tem sido seguido, de modo pacífico, quer a nível internacional (referimo-nos ao disposto no art. 10.º, n.º 1 do Acordo sobre os Aspectos dos Direitos de Propriedade Intelectual Relacionados com o Comércio de 1994 – ADPIC/TRIPS – e ao art. 4.º do Tra-

---

* O texto que se segue, com alguns aditamentos, corresponde, apenas, a uma *simples apresentação* (efectuada na qualidade de moderador, com "poderes reforçados", de uma mesa-redonda sobre *Sociedade da Informação e Direito Industrial*) de três temas (*patentes de software*; *nomes de domínio e marcas*; *concorrência desleal em rede*) desenvolvidos por três distintos conferencistas, no âmbito do Congresso: *Internet e Propriedade Industrial*, que teve lugar na Faculdade de Direito da Universidade de Lisboa, nos dias 6 e 7 de Dezembro de 2006, organizado por esta Faculdade e a Associação Portuguesa de Direito Intelectual.

tado da Organização Mundial da Propriedade Industrial sobre Direito de Autor de 1996), quer a nível nacional (nos países da União Europeia, com a transposição da Directiva Comunitária n.º 91/250/CE do Conselho de 14 de Maio de 1991, relativa à protecção jurídica dos programas de computador).

Na Convenção da Patente Europeia, de 1973 (CPE) e na legislação dos países europeus, para além deste enquadramento normativo, observa--se, ainda, uma outra limitação legal expressa, agora imposta pelo direito de patentes, que é a proibição legal de patentear programas de computador *como tais*.

Todavia, este, aparentemente, muito apertado condicionalismo legislativo não tem sido suficiente para evitar a protecção de programas de computador nos EUA e, também, nos países europeus.

Nos EUA, de um modo especial, desde a publicação da versão do *Examination Guidelines for Computer-Implemented Inventions*, de 1996, aprovado pela autoridade registal americana (USPTO), tem-se registado um grande número de concessão de patentes de programas de computador.

Na Europa o caso afigura-se mais surpreendente. A orientação dominante tem sido a de considerar que a expressão legal *como tais* (consagrada no art. 52.º, n.ºs 2, al. c) e 3 da CPE e, em Portugal, no art. 52.º, n.ºs 1, al. d) e 3 do Código da Propriedade Industrial de 2003) se refere a programas *sem carácter técnico*.

No entanto, a situação é manifestamente insatisfatória na medida em que se vem assistindo a uma perturbadora insegurança jurídica na apreciação do referido requisito, de um modo especial, a nível da Câmara Técnica de Recurso do Instituto Europeu de Patentes (IEP) ou das decisões do Supremo Tribunal Federal Alemão (BGH).

Ou seja, no momento importante da aplicação do direito há decisões díspares sobre a patenteabilidade de invenções relacionadas com programas de computador. A exigência do carácter técnico da invenção tem sido interpretada e aplicada de um modo contraditório.

A União Europeia, recentemente, tentou algum arrimo sobre o problema de protecção de programas de computador (numa tentativa de aproximação da legislação dos Estados-membros com a prática do IEP), mas, em Julho de 2006, o Parlamento Europeu, em segunda leitura, recusou a aprovação da Directiva Comunitária relativa à patenteabilidade dos inventos que implicam programas de computador (JO C-151, de 26/6/2002). O problema subsiste e tende a agudizar-se ainda mais no espaço europeu.

De todo o modo, afigura-se estranho que o direito de patentes europeu invoque o argumento técnico para, ora afastar, ora aceitar, a protecção de inovações na área das *novas tecnologias*.

Duas questões essenciais:

1ª O problema da patenteabilidade de invenções de programas de computador deve ser resolvido por um *paradigma técnico* ou por um *paradigma político-legislativo*?

2ª *De iure condito*, qual a interpretação a dar à proibição legal de patentear um programa de computador *como tal*?

Trata-se de um tema complexo, controverso e, também, não estritamente jurídico.

Do nosso ponto de vista, o paradigma técnico não serve para resolver satisfatoriamente a questão em apreço. *Contra a corrente*, nós afirmamos que não é correcto *disfarçar* um problema político com uma *roupagem* técnica.

Afinal, o problema da patenteabilidade deve ser resolvido por um outro *paradigma, político-legislativo*, que se traduz num juízo de razoabilidade, jurídica, social e económica, de aplicação do sistema de patentes aos programas de computador.

Também não aceitamos a equiparação de programa *como tal* à ausência de carácter técnico. A distinção entre programas com carácter técnico e sem carácter técnico é artificial e não é esclarecedora.

Os programas de computador não são patenteáveis, precisamente por que são programas de computador e só devem ser patenteáveis *per relationem* se, e quando, fizerem parte de uma invenção programável que não seja exclusivamente um computador. Só quando o programa não se destine a um computador, *como tal*, é que deixa de ser um programa de computador *como tal*.

II. NOMES DE DOMÍNIO E MARCAS

1. **Conflito entre marcas**

O uso de uma marca na Internet cria um problema específico e complexo no que diz respeito ao âmbito de protecção do direito de marca.

Por definição, uma marca usada no ciberespaço não conhece limitações de ordem territorial. A Internet é, por definição, transnacional e plurijurisdicional. Como conciliar esta situação com a protecção do direito de marca assente, por via de regra, no princípio da territorialidade?

O eventual conflito entre marcas na Internet já foi objecto de uma importante Recomendação Conjunta das Assembleias Gerais da União de Paris (CUP) e da Organização Mundial da Propriedade Industrial (OMPI) aprovada durante a 36ª série de reuniões que tiveram lugar de 24 de Setembro a 3 de Outubro de 2001, relativa às disposições sobre a protecção de marcas e outros sinais distintivos na Internet.

A preocupação central da Recomendação é determinar os casos em que a utilização de um sinal na Internet é relevante para a aquisição, manutenção ou infracção de um direito de marca ou de outro sinal distintivo.

O conceito operativo essencial é o de o uso produzir um *efeito comercial* num Estado membro determinado ao qual pertença o titular do direito afectado (art. 2.º).

O uso na Internet releva não apenas pela negativa (o uso como factor de violação de direito de marca de terceiro), mas também pela positiva (o uso como factor de aquisição e manutenção de direito).

A questão interessante que se coloca é a de saber se esta recomendação tem relevância no plano legislativo nacional no que diz respeito à aquisição do direito, à salvaguarda de marca não registada ou à manutenção do direito de marca.

2. A marca e o nome de domínio

Outro problema é a utilização abusiva da marca como nome de domínio.

O nome de domínio é uma direcção electrónica alfanumérica que serve para identificar sítios na *Web* ou, por outras palavras, distinguir os distintos computadores ligados à rede. Esta é a função puramente técnica do nome de domínio.

O nome de domínio, para além da referida finalidade imediata e técnica, tem sido aproveitado igualmente para desempenhar uma importantíssima função distintiva, na qual vem sobressaindo a utilização a título de marca.

Ora, é no desempenho desta dimensão distintiva *marcária* que podem ocorrer conflitos com uma marca pertencente a terceiro. Tudo agravado pela circunstância de o direito sobre o nome de domínio ser atribuído segundo o critério da prioridade temporal *(first come first served)*. O nome de domínio, ao contrário de outras direcções electrónicas, como, por exemplo, o número de telefone, é escolhido pelo seu titular.

A experiência inicial de registo de nomes de domínio veio confirmar os perigos de utilização abusiva de marcas alheias (*domain grabbing*, *domain pirating* ou *cybersquattering*).

A OMPI, em 1999, elaborou um Relatório sobre o processo de protecção de nomes de domínio na Internet e formulou um conjunto de recomendações ao *Internet Corporation for Assigned Names and Numbers* (ICANN) e aos Estados membros. Uma dessas recomendações dizia respeito à necessidade de adopção de um *procedimento uniforme para a solução de controvérsias* relacionadas com o registo abusivo de nomes de domínio com violação de marcas pertencentes a terceiros (ciberocupação indevida).

O ICANN, em 1999, adoptou a *Política Uniforme de Solução de Controvérsias em Matéria de Nomes de Domínio* (UDRP). O requerente do registo de um nome de domínio aceita submeter-se a esta *política*.

A política uniforme é um procedimento extrajudicial, que permite a resolução célere de litígios cuja única causa de pedir é o registo abusivo de nomes de domínio de 2.º nível confundíveis com marcas. Uma das instâncias de apreciação de controvérsias é o Centro de Mediação e Arbitragem da OMPI.

A UDRP não preclude a possibilidade de os interessados recorrerem aos tribunais judiciais. Nesta medida não é, em rigor, um meio alternativo de conflitos. Por outro lado, também não é um meio exaustivo, na medida em que só está em condições de apreciar situações em que o demandado actue de má fé.

O problema que se suscita para análise é, pois, o problema do modo judicial de resolução dos casos de *domain grabbing*.

O registo de um domínio confundível com uma marca pode ser considerado um acto de violação do direito de marca? E um acto desleal de aproveitamento?

Outra importante questão diz respeito à competência judiciária internacional e ao direito aplicável para conhecer casos com conexões com mais de um Estado?

Por último, reveste interesse a reflexão sobre a natureza jurídica do nome de domínio. Uma mera direcção virtual? Um direito assimilável a um dos direitos de propriedade industrial existentes? Um novo sinal distintivo *sui generis*?

III. CONCORRÊNCIA DESLEAL EM REDE

A Internet, para além de um espantoso meio de informação e comunicação, também é um palco de concorrência e onde há concorrência pode haver concorrência leal e concorrência desleal.

No estudo do tema não se deve perder de vista a estrutura *sui generis* do mercado em rede (a ausência de fronteiras, a liberdade e a descentralização) e as implicações que daí possam advir para os conceitos de acto de concorrência ou da relação de concorrência e para a valorização dos interesses em presença: o interesse geral, o interesse dos concorrentes e o interesse dos consumidores.

O mercado em rede não pode (não deve) fazer-se *sem rede*, isto é, sem direito e muito menos contra o direito. Se onde está a sociedade está o direito então onde está a *cibersociedade* também deve estar o direito.

Do nosso ponto de vista, a questão da regulação da Internet a qualquer nível, e, portanto, também ao nível da concorrência desleal, deve fazer-se de modo plural, usando diferentes *terapêuticas*, atendendo à especificidade do mercado em questão e à facilidade de os *vírus* se multiplicarem e se tornarem resistentes à desejada *vacina* contra a deslealdade concorrencial na rede.

Isto significa a proposição de um modelo misto de co-regulação que combine a auto-regulação e a hetero-regulação (nacional ou internacional) e que envolva Estados, Organizações Internacionais (Públicas e Privadas), Empresas e Utilizadores. Pensamos que só, desta forma, se pode alcançar, com mais eficiência, o desejado equilíbrio entre liberdade, ética e responsabilidade.

Trazendo esta proposta para o tema em apreciação isto significa:

a) A aplicação, sempre que possível, do direito vigente nacional a actos desleais que não revistam outra especificidade senão a de serem praticados na Internet, resolvidos que estejam os complexos problemas de determinação da legislação e jurisdição aplicáveis. Por outras palavras, deve aplicar-se o disposto no artigo 317.º do CPI que estabelece o regime jurídico da concorrência desleal. A dúvida que se coloca é saber se os actos desleais no ciberespaço serão subsumíveis à disciplina legal sem qualquer diferença em relação aos actos praticados externos à rede, ou se deverá haver alguma adaptação.

b) A abertura prudente a nova legislação (nacional, comunitária ou internacional). Este meio só deve ser usado se for necessário à segurança jurídica e ao combate eficaz de novos actos desleais de concorrência. A questão será a de saber se actos desleais específicos praticado apenas na Internet ligados a hiperligações, *frames*, *metatags*, *links* patrocinados, *marketing* interactivo, etc. justificam uma disciplina punitiva própria, nacional ou internacional.

c) A admissibilidade da auto-regulação (juridicamente reconhecida e controlada) e da resolução extrajudicial de conflitos, tendo em conta as virtualidades jurídicas e as vantagens práticas de aplicação deste modelo a um mercado transnacional e plurijurisdicional.

A PROTECÇÃO DA PROPRIEDADE INDUSTRIAL (INTRODUÇÃO AO SISTEMA NACIONAL)[*]

Luís Couto Gonçalves
Professor na Escola de Direito da Universidade do Minho

INTRODUÇÃO

A propriedade industrial tem por objecto a protecção legal de um conjunto específico de direitos sobre coisas incorpóreas: as criações ou inovações industriais e os sinais distintivos. São direitos de propriedade industrial protegidos pelo Código da Propriedade Industrial (CPI)[1]: do lado das criações industriais, a patente de invenção, o modelo de utilidade, a topografia de produtos semicondutores e o desenho ou modelo; do lado dos sinais distintivos, a marca, a recompensa, o logótipo[2], a denominação de origem e a indicação geográfica.

Coisas incorpóreas são, para citarmos Orlando De Carvalho, "Ideações que, uma vez saídas da mente e, por conseguinte, discerníveis, ganham autonomia em face dos meios que as sensibilizam ou exteriorizam

---

[*] O presente trabalho, que se encontra actualizado até Setembro de 2008, corresponde ao texto que serviu de base à intervenção que efectuámos, em 18/03/2008, na Faculdade de Direito da Universidade de Lisboa, no âmbito do VII Curso de Pós Graduação sobre Propriedade Industrial, organizado por esta Faculdade e a Associação Portuguesa de Direito Intelectual.

[1] Aprovado pelo Decreto-Lei n.º 36/2003 de 5 de Março. A referência a artigos sem indicação de diploma deve entender-se, doravante, feita a este diploma.

[2] Com a alteração ao CPI, efectuada pelo Decreto-Lei n.º 143/2008, de 25 de Julho, registou-se a "fusão" de três modalidades de direitos da propriedade industrial (nomes, insígnias e logótipos) numa só (logótipo). Sobre esta figura, ver o nosso *Manual de Direito Industrial: patentes, desenhos ou modelos, marcas e concorrência desleal*, Almedina, 2ª ed., 2008, pp. 289 e ss.

e em face da própria personalidade criadora justificando uma tutela independente da tutela da personalidade como da tutela dos meios ou objectos corpóreos que são o suporte sensível dessas mesmas ideações"[3].

A propriedade industrial visa garantir a afirmação da identidade da empresa em mercado aberto e com produção em massa.

Dito de outra forma, o direito da propriedade industrial é o ramo do direito que surgiu para resolver um problema que se começou a manifestar com particular especificidade após a, designada, revolução industrial: a necessidade de proteger a identidade da empresa e respectivos modos de *afirmação concorrencial*. Essa protecção concretizou-se e concretiza-se pela atribuição de *direitos privativos* em relação a concretas formas de afirmação de identidade: a afirmação *técnica* (*v.g.* patentes e modelos de utilidade), *estética* (desenhos ou modelos) e *distintiva* (marca, logótipo e outros sinais distintivos).

Seria estranho que o sistema português de protecção da propriedade industrial tivesse como fonte única o direito nacional. Tratando-se de um país pertencente à União Europeia, que instituiu um mercado único, e sabendo-se da importância da propriedade industrial para o funcionamento harmonioso e coerente desse mercado, não faria sentido pensar que a legislação portuguesa não estivesse influenciada, e muito, pelo direito europeu.

O equilíbrio frágil entre o princípio da liberdade de circulação de mercadorias e os direitos privativos industriais resulta do disposto no art. 30.º do Tratado da Comunidade Europeia (TCE). A solução comunitária admite que a protecção da propriedade industrial constitua uma excepção ao princípio estruturante da livre circulação de mercadorias previsto no art. 23.º do Tratado. No entanto, prevê-se uma *excepção à excepção*. A protecção da propriedade industrial não pode representar um meio de discriminação arbitrária nem qualquer restrição dissimulada ao comércio entre os Estados-Membros.

Num primeiro momento, e estamos a falar da então Comunidade Económica Europeia, a intervenção do Tribunal de Justiça foi garantindo, não sem sobressalto, crítica e mesmo autocrítica, a aplicação minimamente estável da referida solução normativa *salomónica*.

Num segundo momento, após o Acto Único Europeu de 1986, a necessidade crescente de construção de um mercado integrado tornou insuficiente a via jurisprudencial de resolução do problema. Era necessária

---

[3] *Direito das Coisas*, Coimbra, 1977, p. 181, nota.

uma via mais eficaz que não expusesse o funcionamento do mercado ao risco de qualquer orientação judicial menos previsível ou razoável de ajustamento da observância do princípio da liberdade de circulação com o respeito pelos direitos privativos industriais conferidos pelas diferentes e díspares ordens jurídicas nacionais. Estavam criadas as condições para a aprovação de Directivas Comunitárias de aproximação de legislações nacionais. É um segundo estádio de evolução.

Num terceiro momento, após o Tratado da União Europeia em 1992, de consolidação e aperfeiçoamento do mercado único, o caminho da integração jurídica passou, e ainda passa, preferencialmente, pela adopção de um outro instrumento legislativo comunitário: o regulamento. Do que se trata agora é de atribuir um título de propriedade industrial único e unitário de âmbito comunitário que confira segurança ao seu titular, não suscite a mesma conflitualidade com o princípio estruturante da livre circulação de bens e evite distorções à concorrência[4].

O CPI regula, essencialmente, os direitos de propriedade industrial, as respectivas infracções e a concorrência desleal.

O Código reflecte a influência de quatro importantes directivas comunitárias:

a) A directiva n.º 89/104/CEE, de 21/12/1988, sobre marcas[5].

b) A directiva n.º 98/44/CE, de 6/07/1998, relativa à protecção jurídica das invenções biotecnológicas[6];

c) A directiva n.º 98/71/CE, de 13/10/1998, de desenhos ou modelos[7];

d) A directiva n.º 2004/48/CE, de 29/04/2008, relativa ao respeito dos direitos de propriedade intelectual[8].

Para além desta importante harmonização, as legislações nacionais de patentes dos países da União Europeia são, hoje, praticamente comuns

---

[4] É o que já acontece, neste momento, para salientar os mais importantes, com a marca comunitária (Regulamento (CE) n.º 40/94 de 20/12/1993, JO n.º L 11 de 14/1/1994) e o desenho ou modelo comunitário (Regulamento (CE) n.º 6/2002 relativo a desenhos ou modelos comunitários, JO n.º L 3 de 5/1/2002). Cabe ao Instituto de Harmonização do Mercado Interno (IHMI), com sede em Alicante, conferir o título jurídico comunitário único sobre estes importantes direitos de propriedade industrial.

[5] JO n.º L 40/1 de 11/2/1989.
[6] JO n.º L 213 de 30/07/1998.
[7] JO n.º L 289 de 28/10/1998.
[8] JO n.º L 157 de 30/04/2004.

em domínios relevantes como o da definição do objecto da patente e o da regulação dos requisitos de patenteabilidade. Esta situação é explicada pela fortíssima influência uniformizadora da Convenção da Patente Europeia de 1973 (artigos 52.º a 57.º), que não é um organização da União Europeia, mas à qual pertencem todos os países membros.

Ao contrário da grande maioria das legislações nacionais, o direito português tem uma longa tradição de codificação da matéria da propriedade industrial e da concorrência desleal, desde a longínqua lei de propriedade industrial de 1896, passando pelos CPI de 1940 e de 1995 e confirmada no actual código de 2003[9].

Em relação ao CPI em vigor, em bom rigor, apenas seria imperioso proceder a uma alteração parcial para transpor as referidas directivas comunitárias relativas à protecção jurídica das invenções biotecnológicas e à protecção legal de desenhos ou modelos, já que a transposição da directiva sobre marcas já havida sido efectuada pelo CPI de 1995.

Mas a opção do legislador não foi essa. Aproveitou o ensejo, e bem, para fazer uma alteração mais profunda e também um trabalho de aperfeiçoamento legislativo, para colmatar um conjunto de evidentes insuficiências técnicas do CPI anterior.

O legislador não enjeitou também a oportunidade para reforçar ainda mais a lógica codificadora integrando legislação avulsa: a Lei n.º 16/89 de 30 de Junho sobre protecção jurídica das topografias dos produtos semicondutores (arts. 153.º a 172.º) e o Decreto-Lei n.º 106/99 de 31 de Março, que regula o processo de emissão dos certificados complementares de protecção para medicamentos e para produtos fitofarmacêuticos (arts. 115.º e 116.º), criados pelos Regulamentos (CEE) 1768/92 do Conselho, de 18 de Junho de 1992 e 1610/96 (CE), do Parlamento Europeu e do Conselho, de 23 de Julho de 1996, respectivamente.

Afinal, a necessidade de transposição das referidas directivas relativas a invenções biotecnológicas e a desenhos ou modelos – e também, diga-se, a de acolher algumas normas do Acordo sobre os Aspectos dos Direitos de Propriedade Intelectual Relacionados com o Comércio (ADPIC/TRIPS)[10] – acabou por ser um bom *pretexto* para o legislador

---

[9] Embora a técnica de codificação tenha, nos últimos anos, saído reforçada com as opções legislativas feitas pela França (*Code de la Propriété Intellectuelle*, de 1992) e Itália (*Codice della Proprietà Industriale*, de 2005).

[10] Anexo IC ao Acordo que cria a Organização Mundial do Comércio, ratificado pelo Decreto do Presidente da República n.º 82-B/94 de 27/12, que entrou em vigor no dia 1/01/1996.

empreender um mais vasto conjunto de alterações que acabaram por justificar a publicação do Código de 2003.

Mais recentemente, a Lei n.º 16/2008, de 1/4, transpondo a Directiva n.º 2004/48/CE, de 29/04/2008, atrás referida, relativa ao respeito dos direitos de propriedade intelectual, aditou ao CPI os arts. 338.º-A a 338.º-P e o Decreto-Lei n.º 143/2008, de 25/7, extinguiu o nome e a insígnia de estabelecimento fundindo-os, "por incorporação", no logótipo. Para além disso, este último diploma introduziu importantes alterações aos desenhos ou modelos e as marcas e teve ainda a preocupação de simplificar e melhorar o acesso à propriedade industrial por parte dos cidadãos e das empresas, reduzindo prazos, procedimentos e formalidades.

Vamos, de seguida, fazer uma *depuração* jurídica ao sistema normativo nacional vigente, nos aspectos que consideramos mais estruturantes.

1. Parte geral do CPI (artigos 1.º a 50.º)

a) Atribui-se a protecção provisória de todos os direitos privativos, a partir da publicação do pedido no Boletim da Propriedade Industrial (art. 5.º). Era assim, apenas, para as patentes no Código anterior (art. 62.º, n.º 6).

b) Consagra-se o restabelecimento de direitos (art. 8.º). A *restitutio in integrum* é aplicável a todos os direitos privativos, com algumas limitações. Com o DL n.º 143/2008, passa a ser possível restabelecer um prazo de prioridade, no prazo de dois meses a contar do termo do prazo não observado (art. 8.º, n.º 3). Para a hipótese de caducidade por falta de pagamento de taxas pode ter lugar a revalidação dentro do prazo de um ano a contar da data da publicação do aviso de caducidade no BPI (art. 350.º).

c) Nos termos dos arts. 39.º e 40.º cabe recurso para o juízo de propriedade intelectual do tribunal de comarca de Lisboa[11] do recurso das decisões do Instituto Nacional da Propriedade Industrial (INPI) respeitantes à concessão ou negação do registo de direitos de propriedade industrial ou de outras que possam afectar, modificar ou extinguir direitos de propriedade industrial.

---

[11] O art. 167.º da Lei n.º 52/2008, de 28/8 (que aprovou a Organização e Funcionamento dos Tribunais Judiciais), alterou a redacção do n.º 1 do art. 40.º do CPI cometendo a competência ao juízo de propriedade intelectual do tribunal de comarca de Lisboa, salvo quando exista, na comarca respectiva, juízo de propriedade intelectual.

Tratando-se de recursos de actos administrativos seria natural que eles corressem seus termos nos tribunais administrativos. Não é isso, porém, o que sucede. O art. 40.º, n.º 1, na linha da tradição portuguesa, atribui a competência, por regra, ao Tribunal de Comarca de Lisboa. Porém, qualifica-se, o que se sublinha e se subscreve, o recurso como de plena jurisdição. Da decisão da 1ª instância há recurso para o Tribunal da Relação (art. 40.º, n.º 2).

d) Mediante convenção de arbitragem, pode ser constituído tribunal arbitral para o julgamento de todas as questões susceptíveis de recurso judicial (art. 48.º, n.º 1).

As partes, mediante convenção de arbitragem, podem submeter um litígio a arbitragem desde que o mesmo não respeite a direitos indisponíveis (art. 1.º, n.º 1 da Lei n.º 31/86, de 29 de Agosto, que regula a arbitragem voluntária).

Esta limitação legal suscita dúvidas na admissibilidade do recurso arbitral nos casos que digam respeito a acções de nulidade do registo sempre que estejam em causa interesses supra-individuais (interesse público ou interesses colectivos).

2. Patentes e modelos de utilidade (artigos 51.º a 152.º)

a) A invenção, que é uma solução técnica para um problema técnico, pode ser protegida, em alternativa, por patente ou modelo de utilidade por opção do requerente (arts. 51.º, n.º 4 e 117.º, n.º 3). Trata-se de uma importante inovação do CPI de 2003, ditada pelo confessado interesse em estimular a actividade de investigação, desenvolvimento, valorização e protecção do conhecimento técnico. Face aos códigos anteriores o modelo de utilidade era considerado uma *pequena invenção* que conferia apenas maior funcionalidade a um produto existente e em relação à qual o grau de apreciação dos requisitos de patenteabilidade não era tão exigente[12].

b) Por contraposição ao sistema baseado nas patentes há também a possibilidade de protecção das invenções pelo segredo industrial ou *know-how*.

---

[12] A nível europeu não foi coroada de êxito a tentativa de aprovação da directiva de protecção de invenções por modelo de utilidade. A Comissão, após uma Proposta inicial (JO-C 36, de 3/2/1998, pp. 13 e ss), alterada pela Proposta do Parlamento e do Conselho de 28/6/1999 (JO-C 248 E, de 29/8/2000, pp. 56 e ss) acabou por retirar a referida Proposta de Directiva (JO-C 64, de 17/3/2006, p. 5).

A protecção com base no segredo acarreta sérios riscos para o investidor especialmente no domínio da invenção de produto. Acaba mesmo por ser uma protecção algo contraditória se o objectivo for o da comercialização. Na verdade, no momento em que o produto inovador, coberto por segredo, chegasse ao mercado seria muito pouco provável que a respectiva tecnologia não fosse apreendida, com mais ou menos dificuldade, pelos concorrentes mais directos. Na ausência de um direito privativo exclusivo restaria ao investidor a protecção por via das normas repressivas da concorrência desleal. Mas tratar-se-ia de uma protecção mais complexa e sempre condicionada à prova do requisito da deslealdade do meio empregue pelo concorrente[13].

A protecção pelo segredo também não é satisfatória tendo em conta o interesse da comunidade: por um lado, a ser bem sucedida, potencia um maior risco de criação de uma posição de monopólio no mercado e, por outro, não garante que a inovação *sobreviva* após o desaparecimento do seu inventor.

c) O CPI, como já dissemos, transpôs a directiva comunitária relativa às invenções biotecnológicas.

Passam a ser patenteáveis os elementos *isolados* ou destacados do corpo humano incluindo a sequência ou a sequência parcial de um gene que revistam contributo técnico (art. 54.º, n.º 1 al. c)). A abertura é compensada com um conjunto importante de limitações éticas (art. 53.º, n.ºs 2 e 3).

d) O modelo de utilidade caduca após a concessão de uma patente relativa à mesma invenção (art. 117.º, n.º 6).

e) O pedido de patente está sujeito a exame de fundo (art. 68.º) e a duração de patente é de 20 anos contados da data do respectivo pedido (art. 99.º).

f) Com a entrada em vigor do DL n.º 143/2008, de 25 de Julho, passa a ser possível o pedido provisório de patente que permite a fixação imediata, em língua portuguesa ou inglesa, da prioridade de uma invenção com um mínimo de formalidades, concedendo um prazo de 12 meses para apresentar a documentação necessária (art. 62.º-A n.º 1). Ao requerente basta entregar um documento que descreva o objecto do pedido de maneira a permitir a execução da invenção por qualquer pessoa competente na matéria (art. 62.º-A, n.º 2 al. e)). O objectivo é o de "incentivar

---

[13] Para mais desenvolvimentos sobre esta protecção alternativa da invenção, *vide* CORNISH/LLEWELYN, *Intellectual property: patents, copyright, trade marks and allied rights*, 5.ª ed., Thomson/Sweet & Maxwell, 2003, pp. 299 e ss.

a procura de pedidos de patentes por parte dos pequenos e médios inventores, que passam a poder fixar imediatamente uma prioridade num acto simplificado e com menos custos numa fase inicial". O pedido provisório pode ser útil quando haja falta de tempo para avaliar a potencialidade da invenção ou falta de financiamento imediato para avançar directamente para um pedido definitivo de patente.

O pedido provisório fica sem efeito, caso não tenha lugar a apresentação da documentação necessária (discriminada nos artigos 61.° e 62.°) dentro do prazo de conversão de 12 meses (art. 62.°-B n.° 6).

g) O titular da patente é obrigado a explorar a invenção patenteada. A exploração deve ter início no prazo de quatro anos a contar da data do pedido de patente, ou no prazo de três anos a contar da data da concessão, aplicando-se o prazo mais longo (art. 106.°, n.ºs 1 e 2).

h) A duração do modelo de utilidade é de seis anos, a contar da data da apresentação do pedido, podendo ser prorrogada até ao limite máximo de dez anos (art. 142.°).

i) O modelo de utilidade não pode proteger invenções biotecnológicas ou que incidam sobre substâncias ou processos químicos ou farmacêuticos (art. 119.° als. b) e c).

j) É possível a concessão provisória de modelo de utilidade sem exame prévio (art. 130.°).

3. Desenhos ou modelos (artigos 173.° a 210.°)

a) O CPI de 2003 transpôs a directiva comunitária relativa aos desenhos ou modelos, a que aludimos na introdução.

A definição de desenho ou modelo abrange a totalidade ou parte da aparência (aspecto exterior) de um produto industrial ou artesanal. É um conceito unitário e mais amplo do que os conceitos de modelo industrial ou desenho industrial do CPI anterior.

b) Produto, de acordo com o disposto no artigo 174°, n.° 1, designa qualquer artigo industrial ou de artesanato, incluindo, entre outros, os componentes para montagem de um produto complexo, as embalagens, os elementos de apresentação, os símbolos gráficos e os caracteres tipográficos, excluindo os programas de computador.

O n.° 2 acrescenta que produto complexo designa qualquer produto composto por componentes múltiplos susceptíveis de dele serem retirados para o desmontar e nele recolocados para o montar novamente.

É possível a protecção de um componente de um produto complexo desde que seja susceptível de visibilidade durante a utilização normal do produto feita pelo utilizador final e preencha os requisitos de novidade e de carácter singular (cfr. artigo 176.°, n.ºs 4, als. a) e b) e 5).

Na prática, normalmente, o fabricante do produto complexo é o fabricante da parte componente o que potencia situações de barreiras concorrenciais à entrada no mercado secundário, nomeadamente no que tange ao fabrico de peças sobresselentes ou de substituição (*must-match* ou de *correspondência exacta*). A possibilidade ou não de excepcionar a protecção da aparência de peças componentes de reparação em vista exclusivamente da reposição da aparência original (*cláusula de reparação*) tem sido uma questão muito controvertida. Na impossibilidade de um consenso entre os países partidários da liberalização do mercado secundário de peças sobresselentes (por exemplo, Espanha, Itália e Reino Unido) e os adversários (por exemplo, Alemanha e França), a Directiva optou por não tomar uma posição definitiva[14].

c) Só gozam de protecção legal os desenhos e modelos *novos* que tenham *carácter singular* (art. 176.°, n.° 1). A lei estabelece, pois, dois requisitos de protecção: novidade (art. 177.°) e carácter singular (art. 178.°).

É novo o desenho ou o modelo se, antes da data do respectivo pedido de registo (ou da data da prioridade reivindicada), nenhum desenho ou modelo idêntico foi divulgado ao público, dentro ou fora do país (art. 177.°, n.° 1). O conceito de identidade abrange ainda os desenhos ou modelos cujas características específicas apenas difiram em pormenores sem importância (art. 177.°, n.° 2). Isto significa que o requisito da novidade não é cumprido se houver um desenho ou modelo anterior divulgado idêntico ou substancialmente muito semelhante (*quase* idêntico) para o mesmo sector de actividade (novidade em sentido relativo). Ao contrário, são considerados novos os desenho ou modelos que, não sendo inteira-

---

[14] A solução encontrada (art. 14.°) foi a do *standstill*, ou seja, a de congelar a legislação existente em cada Estado-membro introduzindo, contudo, uma cláusula transitória permitindo aos Estados apenas alterações no sentido da liberalização (*freeze plus*). É uma questão com muita importância, por exemplo, na indústria automóvel e com interesses contrapostos entre os fabricantes da marca (mercado primário) e os fabricantes independentes (mercado secundário). Neste momento, encontra-se em discussão uma Proposta de Directiva de revisão da Directiva 98/71 sobre protecção de desenhos ou modelos, com o objectivo de introduzir a chamada *cláusula de reparação* permitindo a liberalização do mercado secundário de fabrico de peças não originais.

mente novos, realizem combinações novas de elementos conhecidos ou disposições diferentes de elementos já usados, de molde a conferirem aos respectivos objectos de carácter singular (art. 176.°, n.° 2).

Considera-se que um desenho ou modelo possui carácter singular se a impressão global que suscita no utilizador informado diferir da impressão global causada a esse utilizador por qualquer desenho ou modelo divulgado ao público antes da data do pedido de registo ou da prioridade reivindicada (art. 178.°).

Não basta, se houver outro desenho ou modelo anterior próximo, ser diferente (requisito da novidade), é necessário, ainda, ser *qualificadamente* diferente ou, na hipótese de não haver desenho ou modelo anterior confundível, que revista carácter criativo e não tenha uma aparência simplesmente banal (requisito do carácter singular)[15].

d) Com o DL 143/2008 de 25 de Julho, o exame oficioso dos requisitos de novidade e do carácter singular só tem lugar se houver oposição ao registo (art. 190.°-A n.° 3).

e) Com esta alteração legislativa também é alargado de 10 para 100, o número de produtos que podem ser incluídos num pedido múltiplo de desenhos ou modelos (art. 187.°, n.° 1).

f) O mesmo diploma também suprimiu a protecção prévia dos desenhos ou modelos introduzida originariamente pelo CPI de 2003 (arts. 211.° e ss).

Podiam ser objecto de pedido de protecção prévia os desenhos ou modelos de têxteis ou vestuário ou de outras actividades regulamentadas por portaria do Ministro da Economia (art. 211.°). O legislador pretendia facultar aos sectores com ciclos de vida comercial breves (*produtos de estação*) um instrumento legal que conferisse alguma protecção de um modo mais simples e expedito.

A explicação para esta brusca mudança legislativa só pode estar, como confiamos, na escassa utilidade do referido regime. Apesar do propósito louvável do legislador, o certo é que a protecção provisória instituída pelo CPI para todos os direitos de propriedade industrial a partir da publicação do pedido no BPI (artigo 5.°), o regime de inoponibilidade regulado no artigo 180.° e a protecção do desenho ou modelo comunitário não registado (artigo 11.° do Regulamento (CE) n°6/2002 do Conselho, de

---

[15] Para uma visão mais aprofundada do significado dos requisitos de protecção ver o nosso *Manual de Direito Industrial cit.*, pp. 150 e ss.

12 de Dezembro de 2001) retiraram, ao que parece, efeito útil a este mecanismo de protecção.

4. Marcas (artigos 222.º a 270.º)

a) A marca individual[16] é um sinal distintivo adequado a distinguir os produtos ou serviços de uma empresa dos de outras empresas (art. 222.º, n.º 1)[17].

Em matéria de marcas não era previsível que o Código procedesse a uma reforma profunda. Como dissemos atrás, as grandes alterações, a este nível, ocorreram no CPI de 1995 que transpôs a Directiva Comunitária sobre Marcas de 1988.

No direito de marcas, embora a expectativa, pela razão aduzida, não fosse a de haver grandes modificações surgiu, todavia, uma surpresa, de grande monta, com importantes implicações no que tange ao regime jurídico de protecção da marca e ao reforço, neste âmbito, do papel do instituto da concorrência desleal.

Referimo-nos ao novo enquadramento jurídico estabelecido na relação entre o direito de marcas e o instituto da concorrência desleal, especialmente no que diz respeito ao modo de aquisição do direito de marca e à amplitude dos actos desleais por confusão.

No plano formal, o CPI preceitua que o direito de marca nasce com o registo (art. 224.º).

Ao titular de uma marca não registada é concedido um direito de prioridade de registo durante o período de seis meses (art. 227.º).

---

[16] À marca individual contrapõe-se a marca colectiva. A marca colectiva *latu sensu* é uma marca cujo titular do registo é uma *única* pessoa (que, na nossa ordem jurídica, é obrigatoriamente uma *pessoa colectiva*) e cujo uso é feito por qualquer pessoa (singular ou colectiva) por ela autorizada. Ao contrário do que se poderia pensar não é a titularidade da marca que é colectiva, mas antes o seu uso.

Consoante a sua finalidade podemos distinguir a marca colectiva *stricto sensu* ou marca de associação – que visa dar a conhecer que o produto ou serviço sobre a qual é aposta provém de um membro de uma determinada associação – e a marca de certificação – que tem por objectivo atestar que o produto ou serviço sobre o qual é afixada foi objecto de controlo e/ou observa as normas fixadas pelo titular da marca (arts. 229.º e 230.º).

[17] Sobre o significado da função distintiva da marca ver o nosso *Função distintiva da marca*, Livraria Almedina, 1999, pp. 218 e ss. e *Manual de Direito Industrial* cit., pp. 185 e ss.

O titular de uma marca livre ou não registada, durante o período de seis meses a contar do uso inicial, tem, para além do direito a registar em primeiro lugar a sua marca, o direito a reclamar do pedido do registo feito por outrem dentro daquele prazo ou a recorrer judicialmente contra a decisão de concessão desse registo (cfr. arts. 227.º, 236.º, n.º 1, 17.º, n.º 1 e 41.º).

Fora do período de seis meses o usuário tem o direito de se opor ao registo de marca posterior desde que o requerente pretenda fazer concorrência desleal ou que esta seja possível independentemente da sua intenção.

Até aqui, este sistema de protecção difusa do titular da marca não registada não apresenta novidades em relação à tradição legislativa portuguesa. Já era assim no CPI de 1995 e no CPI de 1940.

Mas o CPI actual foi mais longe. Permite, ainda, a anulação do registo de uma marca com fundamento em concorrência desleal objectiva, isto é, que não pressupõe qualquer prova de ter havido por parte do titular da marca registada intenção de praticar um acto de registo desleal (art. 239.º, n.º 1 al. e) art. 266.º, n.º 1)). Ora, do ponto de vista prático, a situação que melhor cabe nesta previsão legal é, sem dúvida, a de uma marca registada ser confundível com uma marca usada anterior, mas não registada.

Esta possibilidade de o usuário poder passar a invalidar o registo de uma marca com fundamento em concorrência desleal objectiva (art. 266.º, n.º 1) aumenta substancialmente o conteúdo de protecção da marca não registada e não deixa de atingir a lógica de um sistema de aquisição do direito de marca baseado no registo, de acordo com o princípio legal enunciado.

b) Sobre o controlo do registo verificou-se uma alteração relevante: o INPI, em relação às proibições relativas passa a examinar apenas as indicadas no art. 239.º, n.º 1. Em relação às enumeradas no art. 239.º, n.º 2 só se as mesmas forem invocadas em reclamação.

c) Cessou, também com a entrada em vigor do DL n.º 143/2008, de 25/7, a exigência de apresentação periódica da (criticável) declaração de intenção de uso (revogação do art. 256.º).

d) Há lugar para falar em três categorias de marcas: a marca ordinária, a marca notoriamente conhecida e a marca de prestígio.

A marca ordinária tem a sua protecção limitada ao princípio da territorialidade e ao princípio da especialidade[18];

A marca notória é isenta do princípio da territorialidade (art. 241.º);

A marca de prestígio pode ser isenta da aplicação dos dois princípios (art. 242.º).

---

[18] Cujo significado é o de a protecção ficar confinada aos produtos ou serviços idênticos ou afins.

5. Logótipo (artigos 304.°-A a 304.°-S)

a) O logótipo, que foi introduzido na nossa ordem jurídica pelo CPI de 1995, readquiriu uma importância muito maior, após a entrada em vigor do Decreto-Lei n.° 143/2008 de 25 de Julho, tendo, agora, um regime jurídico mais vasto e decalcado da marca (artigos 304.°-A a 304.°-S), acompanhado da supressão de dois sinais distintivos com tradição na nossa ordem jurídica: o nome e a insígnia de estabelecimento

b) Conforme se pode ler no preâmbulo do referido diploma, o logótipo corresponde à fusão de três direitos de propriedade industrial (nomes, insígnias e logótipos).

c) Isto significa que o logótipo não se limitou a substituir o nome e insígnia, que eram sinais distintivos do estabelecimento, entendido este no sentido de unidade técnica de venda de produtos ou de prestação de serviços[19].

d) Não se tratou de uma simples substituição. O que aconteceu foi uma espécie de "fusão por incorporação" do nome e insígnia no logótipo, mantendo-se, pois, o interesse em definir o "sinal incorporante", isto é, o que representa o logótipo, propriamente dito, para saber qual é a sua função actual.

e) O logótipo é um sinal distintivo de uma entidade individual ou colectiva, de carácter público ou privado (art. 304.°-B).

f) O logótipo pode ser constituído por um sinal ou conjunto de sinais susceptíveis de representação gráfica, nomeadamente por elementos nominativos, figurativos ou por uma combinação de ambos, desde que sejam adequados a distinguir uma entidade que preste serviços ou comercialize produtos (art. 304.°-A, n.os 1 e 2).

g) O logótipo distingue uma entidade, isto é, uma pessoa, individual ou colectiva, pública ou privada, desde que exerça uma actividade económica concreta, revista ou não fim lucrativo, tenha ou não organização empresarial.

---

[19] No mesmo sentido: LUÍS MENEZES LEITÃO, "Nome e insígnia de estabelecimento", *in* AA.VV., *Direito Industrial*, vol. I, Livraria Almedina, 2001, pp. 157 e ss.; OLIVEIRA ASCENSÃO, *Direito Comercial. Direito Industrial*, vol. II, Lisboa, 1988, p. 122; CARLOS OLAVO, *Propriedade Industrial*, Coimbra, Almedina, 2.ª ed., 2005, pp. 167 e ss. Contra, considerando que o nome e insígnia distinguem o estabelecimento = empresa em sentido amplo, COUTINHO DE ABREU, *Curso de Direito Comercial,* I, Almedina, Coimbra, 6.ª ed., 2006, 346-347, e nota (17).

h) O logótipo distingue-se da firma ou denominação não no âmbito subjectivo (são sinais que se reportam, essencialmente mas não exclusivamente, a sujeitos), mas na finalidade: o logótipo não distingue entidades no plano estritamente registal, estatístico e estático[20], mas distingue entidades que operam no mercado e nele querem ser conhecidas e reconhecidas pelo público (cfr. art. 304.º-D n.º 1 al ͣ b)).

i) O logótipo pode distinguir a entidade, directa e unitariamente, através de um único sinal (logótipo em sentido estrito) ou, indirectamente, através da identificação dos estabelecimentos pelos quais essa entidade exerce uma actividade económica (logótipo em sentido amplo), aproximando-se da função do nome ou insígnia extintos (cfr., de um modo especial, os artigos 304.º-C n.º 2, 304.º-P n.º 2 e 304.º-S al ͣ a), 1ª parte)[21].

6. Denominações de origem e indicações geográficas (artigos 305.º a 315.º)

a) Um passo importante no sentido da clarificação conceitual da denominação de origem a nível dos países da comunidade europeia foi dado pelo regulamento comunitário n.º 2081 de 14/7/92[22] (já revogado pelo regulamento (CE) n.º 510/2006 de 20/3/2006[23]) relativo à protecção das indicações geográficas e denominações de origem dos produtos agrícolas e dos géneros alimentícios. Assinale-se que aquele regulamento introduziu o conceito de indicação geográfica, também adoptado no nosso Código.

b) A denominação de origem é o nome de uma região, de um local determinado ou, em casos excepcionais, de um país que serve para designar ou identificar um produto: i) originário dessa região, desse local determinado ou desse país; ii) cuja qualidade ou característica se devem, essencial ou exclusivamente, ao meio geográfico, incluindo os factores naturais

---

[20] Como acontece com o Registo Nacional de Pessoas Colectivas (Decreto-Lei n.º 129/98 de 13 de Maio).

[21] Devemos ter ainda atenção ao disposto no art. 8.º da Convenção da União de Paris (CUP) de 1883 que protege o nome comercial em todos os países da União sem obrigação de registo, quer faça ou não parte de uma marca de fábrica ou de comércio. A doutrina divide-se se a protecção unionista do nome deve ou não abranger a insígnia. Para mais desenvolvimentos sobre esta questão, cfr. o nosso *Manual de Direito Industrial* cit., p. 288 (nota 586) e Luís MENEZES LEITÃO, *ob. cit.*, pp. 165 e ss.

[22] JO-L de 24/7/1992.

[23] JO-L de 31/3/2006.

e humanos, e cuja produção, transformação e laboração ocorrem na área geográfica delimitada (art. 305.°, n.° 1).

São, igualmente, consideradas denominações de origem certas denominações tradicionais, geográficas ou não, que designem um produto originário de uma região, ou local determinado, e que satisfaçam as condições previstas na alínea b) do n.° 1 do art. 305.° (art. 305.°, n.° 2).

c) A indicação geográfica é o nome de uma região, de um local determinado ou, em casos excepcionais, de um país que serve para designar ou identificar um produto: i) originário dessa região, desse local determinado ou desse país; ii) cuja reputação, determinada qualidade ou outra característica podem ser atribuídas a essa origem geográfica e cuja produção, transformação ou elaboração ocorrem na área geográfica delimitada (art. 305.°, n.° 3)[24].

d) A maior diferença entre a denominação de origem e a indicação geográfica parece estar no facto desta, ao contrário da primeira, não exigir "uma ligação estreita com o meio natural bastando (por exemplo) que a reputação possa ser atribuída à origem geográfica do produto" e, "por outro lado, as operações a que o produto é sujeito não têm todas que ocorrer na área determinada"[25].

e) O registo é atribuído ao representante dos comproprietários da denominação de origem ou da indicação geográfica que deve indicar o nome das pessoas singulares ou colectivas públicas ou privadas com legitimidade para usar o respectivo sinal (arts. 305.°, n.° 4 e 307.°, n.° 1, al. a)) e é válido por tempo ilimitado (art. 310.°).

f) Admite-se a protecção da denominação de origem e da indicação geográfica de prestígio em derrogação do princípio da especialidade (art. 312.°, n.° 4).

---

[24] Este conceito não coincide com o que consta no ADPIC/TRIPS. O seu art. 22.°, n.° 1 refere que "para efeitos do disposto no presente Acordo, entende-se por indicações geográficas as indicações que identifiquem um produto como sendo originário do território de um Membro, ou de uma região ou localidade desse território, caso determinada qualidade, reputação ou outra característica do produto seja essencialmente atribuível à sua origem geográfica". Para maiores desenvolvimentos, cfr. ALBERTO RIBEIRO DE ALMEIDA, «Indicação Geográfica, Indicação de Proveniência e Denominação de Origem (os Nomes Geográficos na Propriedade Industrial)», *in Direito Industrial* (AA.VV.), vol. I, Liv. Almedina, Coimbra, 2001, p. 33.

[25] RIBEIRO DE ALMEIDA, *Denominação de origem e marca*, Coimbra ed., 1999, p. 48.

7. Concorrência desleal (artigos 317.º, 318.º e 331.º)

a) Segundo o nosso entendimento, o direito industrial (que não apenas o direito da propriedade industrial) é o sub-ramo do direito comercial que surgiu para resolver um problema que se manifestava com particular especificidade: a necessidade de proteger os modos de *afirmação económica da identidade da empresa*[26]. Essa protecção concretiza-se por duas vias distintas: pela atribuição de *direitos privativos* em relação a concretas formas de afirmação e pela *proibição de determinados comportamentos* concorrenciais. Pela primeira via (propriedade industrial), como já referimos no início, é possível proteger, eficazmente, conforme o caso, a afirmação *técnica* (patentes de invenção e modelos de utilidade), *estética* (desenhos ou modelos) e *distintiva* (sinais distintivos) da empresa; pela segunda via (a concorrência desleal), é possível garantir que não seja prejudicada a afirmação autónoma de uma empresa e-ou seja possível a afirmação desleal de uma outra.

O direito industrial protege a afirmação da empresa e, portanto, a sua principal preocupação é a *defesa da actividade empresarial concreta*. Essa defesa é feita através de dois mecanismos legais: pela atribuição de direitos privativos (propriedade industrial) e pela proibição de determinadas condutas (proibição da concorrência desleal).

O instituto da concorrência desleal, embora não conceda nenhum direito subjectivo aos concorrentes, porquanto, essencialmente, estabelece uma proibição de actos desleais, reconhece a cada um deles um interesse juridicamente protegido.

Neste sentido, o direito industrial regula os direitos privativos industriais e ainda os interesses legitimamente protegidos da empresa na sua afirmação concorrencial no mercado.

b) A grande alteração operada pelo CPI em vigor reside, sem dúvida, no abandono da sanção penal para punir o acto desleal, como era a tradição no nosso ordenamento jurídico.

A concorrência desleal surge como um ilícito contra-ordenacional dando origem à aplicação de uma coima (art. 331.º).

Por outro lado, desde que os requisitos de aplicação do art. 483.º do Código Civil (CC) estejam preenchidos, o acto de concorrência desleal dará origem a responsabilidade civil. Apesar de não existir uma norma expressa, é essa a solução que decorre da aplicação das regras gerais.

---

[26] Cfr. o nosso *Manual de Direito Industrial* cit., pp. 31 e ss.

Ao contrário de outras legislações, como a actual lei espanhola ou alemã[27], por exemplo, a lei portuguesa não rompeu, contudo, com a concepção tradicional da concorrência desleal mantendo, no essencial, o *modelo profissional* não tendo adoptado o chamado *modelo social* ou *integrado*[28]. A concorrência desleal continua a ser encarada como um ordenamento dirigido primacialmente a resolver conflitos entre os concorrentes e não um instrumento de regulação e controlo de condutas no mercado[29].

A noção de concorrência desleal continua a ser dada através de uma definição (cláusula geral), seguida de uma enumeração exemplificativa de actos que constituem a concorrência desleal (arts. 317.º e 318).

Mas no novo Código foram efectuadas algumas alterações. Desde logo, no que respeita à definição de concorrência desleal. Destacamos a supressão do elemento finalístico (o chamado dolo específico alternativo). Por outro lado, foi reintroduzido o qualificativo da actividade económica.

Um acto de concorrência desleal pressupõe três requisitos: a) um acto de concorrência; b) contrário às normas e usos honestos; c) de qualquer ramo de actividade económica.

O legislador nas diversas alíneas do n.º 1 do art. 317.º e no art. 318.º enumerou exemplificativamente actos de concorrência desleal (como decorre da expressão "nomeadamente"), mas para que estes sejam qualificados como tal é indispensável que observem os requisitos estabelecidos no proémio.

O CPI autonomizou, no art. 318.º, a ilícita aquisição, utilização ou divulgação dos segredos de negócios de outrem, mas trata-se de uma autonomização formal porque este artigo contempla, na verdade, mais um tipo de actos desleais, não revestindo qualquer tipo de infracção autónoma[30].

Trata-se da protecção de "informações não divulgadas" ou, melhor dito, de "segredos de negócios" (como consta do corpo do artigo 318.º) e já não apenas de "segredos da indústria ou comércio". A diferença não é,

---

[27] Lei espanhola 3/1991, de 10/1 e Lei alemã de 3/7/2004.

[28] Sobre estes modelos de regulação, para mais desenvolvimentos, cfr., por todos, AURELIO MENENDEZ, *La competencia desleal*, Ed. Civitas, Madrid, 1988, pp. 65 e ss.

[29] Numa perspectiva diversa, centrada mais na relação concorrente-consumidor e na defesa dos interesses dos consumidores, foi aprovada a Directiva sobre práticas comerciais desleais das empresas nas relações com os consumidores (Directiva 2005/29/CE de 11/5/2005), transposta para o direito português pelo Decreto-Lei n.º 57/2008 de 26 de Março.

[30] Aliás, o corpo do artigo 318.º é suficientemente explícito em relação a este ponto ao começar por dizer que "Nos termos do artigo anterior (...)".

porém, muito significativa, pois os segredos de indústria e comércio cobrem, indiscutivelmente, a quase totalidade dos segredos de negócios.

c) O instituto da concorrência desleal pode concorrer com a aplicação do regime jurídico próprio de cada direito de propriedade industrial. Em que sentido deve ser resolvido este concurso? A nossa posição é a de estamos perante disciplinas jurídicas autónomas e não regimes jurídicos que se relacionam, entre si, numa relação de género e espécie. Ainda que num caso concreto possa ter lugar o concurso de ambas as disciplinas isso não acontece por um e outro instituto concorrerem directamente na protecção do mesmo bem jurídico, mas por, circunstancialmente, se verificarem, cumulativamente, os pressupostos autónomos de actuação de cada instituto.

A ser assim, parece-nos mais coerente sustentar a possibilidade de haver o cúmulo das referidas normas e não a solução do mero concurso aparente, com sacrifício da aplicação das normas de concorrência desleal.

8. Infracções à propriedade industrial (artigos 320.° a 345.°)

A violação da propriedade industrial pode configurar um conjunto de ilícitos de natureza criminal (arts. 321.° e ss) e contra-ordenacional (arts. 331.° e ss[31]). Há um aspecto a salientar.

Os ilícitos criminais (por violação de patente, modelo de utilidade, topografia de produtos semicondutores, desenhos ou modelos, marcas, denominações de origem ou indicações geográficas), com o CPI de 2003, deixaram de ser crimes públicos passando o respectivo procedimento a depender de queixa (art. 329.°).

Uma última nota, para salientar a transposição da aludida Directiva n.° 2004/48/CE de 29 de Abril, relativa ao respeito dos direitos de propriedade intelectual, pela Lei n.° 16/2008, de 1 de Abril, que aditou, ao CPI, os artigos 338-A a 338.°-P[32].

---

[31] Em bom rigor conceitual, a violação das normas punitivas da concorrência desleal não corresponde a uma infracção da propriedade industrial, apesar de o Código a incluir (*enganosamente*) no âmbito destes ilícitos (art. 331.°).

[32] Esta Directiva vem na linha da orientação vertida na parte III do ADPIC/TRIPS (artigos 41.° a 61.°) que consagra um regime de aplicação efectiva dos direitos de propriedade intelectual dirigido à legislação dos Estados-membros, de modo a permitir uma efectiva acção eficaz contra qualquer acto de infracção dos direitos de propriedade intelectual previstos no Acordo, incluindo medidas correctivas dissuasoras de novas infracções.

O DESENHO INDUSTRIAL COMO INSTRUMENTO DE CONTROLE ECONÔMICO DO MERCADO SECUNDÁRIO DE PEÇAS DE REPOSIÇÃO DE AUTOMÓVEIS

Karin Grau-Kuntz[*]
*Doutora e mestre em direito pela Ludwig-Maximillians-Universität
(LMU) de Munique*

PARTE I – DO PODER ECONÔMICO EXERCIDO NOS MERCADOS SECUNDÁRIOS

1. Sobre as estratégias

O produto chamado de primário é um bem durável adquirido na expectativa de que venha a ser utilizado por um período consideravelmente longo. Característico deste produto é o fato dele necessitar com determinada freqüência – freqüência variável de acordo com a sua natureza – de peças complementares, de peças de reposição ou de serviços de manutenção ou, em outras palavras, de produtos ou serviços secundários.

Produtos ou serviços secundários são assim, valendo-nos da definição de Shapiiro (1995)[1], aqueles produtos e serviços que servem a um outro produto – o chamado produto primário – e que, em ordem temporal, virão a ser utilizados depois daqueles primeiros. Característico da relação

---

[*] *Doutora e mestre em direito pela Ludwig-Maximillians-Universität (LMU) de Munique.*
[1] Shapiro (1995), *apud* Wendenburg (2004), pág. 2.

entre produto secundário e produto primário é a complementaridade do primeiro em relação ao segundo.[2]

O aparelho manual de barbear, por exemplo, é um produto primário. Por sua vez, a lâmina de barbear, um produto em geral adquirido como conseqüência da aquisição do aparelho de barbear, é o chamado produto secundário. O rol de produtos secundários é extenso. Pensemos por exemplo nos filmes de máquinas fotográficas, nos cartuchos de tintas para impressoras, no filtro de coar café, nas escovas para os aparelhos elétricos de escovar os dentes, nas peças de reposição de automóveis, nos sacos de aspirador de pó, entre muitos outros.

Por sua vez, produtos ou serviços que servem aos produtos secundários são chamados de produtos terciários. Neste sentido chamamos uma impressora de produto primário, o cartucho de tinta de produto secundário e o serviço de recarga de cartuchos de serviço terciário.

O fato do produto secundário ser funcionalmente dependente do produto primário não quer dizer que a sua importância econômica não seja significativa. Pelo contrário. A estratégia usada pelos produtores de impressoras, por exemplo, serve para ilustrar a importância econômica dos bens secundários: enquanto as impressoras são encontradas no mercado por um preço módico, os cartuchos de tinta são oferecidos ao consumidor por um preço que, se comparado com aquele pago para adquirir o produto primário a que servem, pode vir a ser descrito como extremamente salgado.

Uma impressora da marca Hewlett-Packard, tipo Photo Smart C6280, da série *all-in-one* pode, por exemplo, ser encontrada hoje no mercado alemão por cerca de 200,- Euros. O litro de tinta preta do cartucho compatível com a impressora daquele tipo custa, por sua vez, cerca de 1.700,- Euros.[3] Este mesmo cálculo aplicado a outros tipos de produtos nos fornecerá sempre um resultado semelhante.

Esta desproporcionalidade acontece porque o fabricante, para fazer frente a forte concorrência no mercado primário, oferece suas impressoras

---

[2] Vide a definição de *aftermarkt* fornecida pela Comissão Européia no *paper* de discussão sobre o art. 82 do tratado de constituição da união econômica em questão, pág. 68 s. O documento está à disposição para download no endereço http://ec.europa.eu/comm/competition/antitrust/art82/discpaper2005.pdf, visitado pela última vez em 18.04.08.

[3] De acordo com MITCHENER (2002), *apud* WENDENBURG (2004), pág. 3, durante o primeiro trimestre de 2002, mais da metade dos lucros do setor de impressão da Hewlett--Packard não provieram da venda de impressoras, mas antes da venda de cartuchos de tintas. Se a isto acrescentarmos os lucros alcançados com a venda de papel para impressão o percentual de lucros advindos do setor secundário atinge o patamar do 74%.

ao mercado por um preço baixo. O lucro que deixa de auferir no momento em que o consumidor adquire a impressora é repassado para um momento posterior, nomeadamente para o momento da compra dos cartuchos de tinta.

A conseqüência desta estratégia é óbvia: o repasse da fonte de lucros do setor primário para o setor secundário só pode ser vantajoso se a empresa lograr impedir, ou pelo menos dificultar de maneira considerável, a concorrência naquela setor secundário. Valendo da afirmação de PENZIAS (1996), o controle exercido sobre os produtos secundários apresenta-se como uma *"licença para imprimir dinheiro"*[4].

Quando para um determinado produto primário escolhido entre várias alternativas o mercado só oferecer um único produto secundário compatível, quando o consumidor não puder encontrar alternativas no mercado secundário, encontrando-se assim em uma situação de dependência em relação a um único fabricante do produto secundário, falamos em "efeito *lock-in*".

Aplicando o nosso exemplo das impressoras à noção de efeito *lock-in* o consumidor conta, no momento da decisão de compra daquele produto primário, com um leque de alternativas. Porém, em razão da falta de alternativas no mercado de cartuchos de tinta, nosso consumidor dependerá, a partir do momento em que comprar a impressora, do único fabricante dos cartuchos, devendo assim pagar um altíssimo preço pela tinta, como ilustra o modelo acima.

Partindo de situações deste tipo, WENDENBURG (2004) fala em *"posterior exploração do cliente encarcerado"* ("encarcerado" no mercado secundário), exploração esta que iria *"de encontro com as expectativas geradas anteriormente* (no momento da compra do produto primário, nota nossa) *de conformidade concorrencial"*.[5] Este fenômeno é também chamado de *"installed-base opportunism"*.[6]

Um outro exemplo de estratégias empregadas com o intuito de controlar o mercado secundário nos é fornecido em um caso que versou sobre a questão de recarga de cilindros de CO_2 por um fabricante de aparelhos para adicionar gás à água da torneira, aparelhos estes de uso bastante difundidos nas residências européias.

---

[4] PENZIAS, *apud* WENDENBURG (2004), pág. 3.
[5] A tradução aqui é livre. WENDENBURG (2004), pág. 5, fala em *"nachträgliche Ausbeutung der eingeschlossenen Kunden"*.
[6] SALOP, 7 Antitrust 20, 21, (1992) *apud* WENDENBURG (2004) pág. 5.

Nos anos 90, o fabricante destes aparelhos foi a juízo pretendendo impedir, com base em seu direito de marca, que terceiros recarregassem os cilindros de gás de seus aparelhos com CO_2. Os tribunais alemães rejeitaram tal pretensão, afirmando que neste caso a marca não estaria sendo utilizada de forma legítima, como um meio de garantia da função de origem do produto, mas antes de forma ilegítima, ou seja, como instrumento para entravar a concorrência.

A empresa em questão desenvolveu então um sistema de "aluguel" dos cilindros, ou seja, o consumidor, ao comprar pela primeira vez o aparelho em questão, que vinha sendo oferecido ao mercado em conjunto com um cilindro carregado e com uma garrafa de plástico, não estaria comprando o cilindro, mas antes pagando um preço pelo seu aluguel.

Enquanto o aparelho e a garrafa de plástico têm uma vida útil longa, os cilindros usados, e portanto vazios, precisam ser continuamente substituídos por cilindros cheios.

O preço que o consumidor pagaria ao trocar o cilindro vazio pelo cilindro cheio seria assim o preço do gás, pois o preço do aluguel daquele recipiente ele já haveria pago no momento em que o adquiriu junto com o aparelho. Valendo-se agora de um direito de propriedade sobre os cilindros – bens materiais – a empresa em questão procurou impedir que terceiros viessem a recarregar os seus cilindros com gás.

A criatividade expressa no exemplo acima reforça, por um lado, a argumentação da importância econômica do mercado secundário, que acima cuidamos de ilustrar com o exemplo das impressoras e, por outro lado, destaca o quão vantajosa pode ser a situação do agente econômico que logra enfrentar a luta concorrencial naquele mercado munido de um direito exclusivo.

Tal afirmação aparece traduzida em números nas informações citadas em um documento elaborado no âmbito da União Européia concernente a um outro caso, nomeadamente à questão sobre as peças de reposição de veículos automotores protegidas por desenhos industrias, onde se lê: (...) *"Foi efectuado um estudo que demonstrou que 10 em cada 11 peças sobressalentes são mais caras nos mercados protegidos do que nos mercados liberalizados. Além disso, o preço cobrado pelo fabricante do veículo por um guarda-lamas da frente, por exemplo, pode ser superior em mais de 200% ao da mesma peça no mercado livre."*[7]

---

[7] Relatório sobre a proposta de directiva do Parlamento Europeu e do Conselho, que altera a Directiva 98/71/CE, relativa à protecção legal de desenhos e modelos COM(2004)

Retomando o caso dos aparelhos de adicionar gás à água, somou-se à estratégia baseada no argumento da propriedade sobre os cilindros o fato da empresa titular daqueles aparelhos ter adquirido uma de suas concorrentes, conquistando assim 70% do mercado de aparelhos de gasificação de água de torneira. Neste sentido a análise posterior do problema procedida pelos tribunais e pelo órgão de defesa da concorrência (*Kartellamt*) alemães partiu do poder econômico exercido no mercado primário, para então chegar à conclusão de abuso de poder econômico no mercado secundário.[8]

As estratégias empregadas na tentativa de conquista de uma posição de controle no mercado secundário são inúmeras.

2. Controle sobre mercados secundários: as teorias

2.1. *Introdução*

Antes de abordarmos o problema do desenho industrial como instrumento de exercício de poder no mercado secundário faz-se mister analisar as diferentes teorias que pretendem explicar as formas de manifestação de poder no mercado secundário.

Para tanto, parte-se de diferentes modelos de interação entre mercado primário e secundário, voltados à verificação dos efeitos das estratégias de controle, sob o ponto de vista do bem-estar. Os resultados fornecidos pelas diferentes teorias podem levar a conclusões antagônicas: enquanto uma das teorias procura demonstrar que o controle exercido no mercado secundário geraria um *plus* de bem-estar, outras, por sua vez, chegam a uma conclusão diametralmente oposta.

Do ponto de vista metodológico todas estas teorias têm em comum o fato de partirem do princípio de que os agentes agem sempre de forma

---

0582 – C6-0119/2004 – 2004/0203(COD)) Comissão dos Assuntos Jurídicos Relator: Klaus-Heiner Lehner. O documento está à disposição para download no endereço: http://www.europarl.europa.eu/sides/getDoc.do?pubRef=-//EP//TEXT+TA+P6-TA-2007-0609+0+DOC+XML+V0//PT, sitado pela última vez em 18.04.08.

[8] Decisão proferida pelo Bundeskartellamt no caso Soda-Club em 09.02 de 2006, disponível no endereço http://www.bundeskartellamt.de/wDeutsch/download/pdf/Kartell/Kartell06/B3-39-03.pdf, visitado pela última vez em 18.04.08. Decisão do Bundesgerichtshof de 04.03.2008 proferida no caso Soda Club II, disponível no endereço: http://juris.bundesgerichtshof.de/cgi-bin/rechtsprechung/document.py?Gericht=bgh&Art=en&nr=43415&pos=0&anz=1, visitado pela útlima vez em 18.04.2008.

racional no mercado, ou seja, que eles são capazes de decidir sem contradições entre diferentes alternativas, optando por aquela que apresente maior utilidade ou, em outras palavras, maiores vantagens.

Quando falamos em controle do mercado secundário pressupomos necessariamente que o mercado dos produtos primários e o mercado dos produtos secundários formem mercados distintos entre si. Se considerássemos os mercados dos produtos primários e o dos produtos secundários como um único mercado o resultado da análise, independentemente do modelo econômico empregado para tanto, divergiria sempre do resultado da análise que parte do pressuposto da existência de dois mercados independentes entre si. Na delimitação do mercado, ou dos mercados, um mecanismo importante para a compreensão da maleabilidade do direito antitruste, maleabilidade esta imprescindível para que este venha cumprir a sua função de instrumento de implementação de políticas públicas.[9] Nesta mesma linha de raciocínio o resultado da análise será diferente, caso se considere que os produtos secundários de natureza diversa – por exemplo as diferentes peças de reposição de veículos automotores – concorram em um só mercado, ou em mercados específicos.

2.2. Sobre a teoria do monopólio

A teoria do monopólio vem exemplarmente traduzida em uma decisão proferida no âmbito da Comunidade Européia em um caso que ficou conhecido como "Hilti"[10] Nesta decisão o Tribunal Europeu decidiu que a empresa Hilti AG, fabricante de pistolas de pregos acionadas por cartuchos de pólvora, de cartuchos compatíveis com as pistolas de pregos e de pregos, abusava de sua posição dominante no mercado ao impedir o

---

[9] A este respeito a valiosa leitura do trabalho de FORGIONI (2005).

[10] 88/138/CEE: Decisão da Comissão de 22de dezembro de 1987 relativa a um processo de aplicação do artigo 86 do Tratado CEE (IV/30.787 und 31.488 – Eurofix-Bauco//Hilti), JO L 65 de 11.3.1988, p. 19-44; Acórdão do Tribunal de Primeira Instância (Segunda Secção) de 12 de Dezembro de 1991. Hilti AG contra Comissão das Comunidades Europeias, Processo T-30/89, Colectânea da Jurisprudência 1991, página II-01439; Conclusões do advogado-geral Jacobs apresentadas em 10 de Novembro de 1993. Processo C-53/92 P., Colectânea da Jurisprudência 1994, página I-00667; Acórdão do Tribunal de 2 de Março de 1994. Processo C-53/92 P., Colectânea da Jurisprudência 1994, página I-00667. Os documentos estão à disposição no endereço: http://eur-lex.europa.eu/Result.do?arg0=hilti&arg1=&arg2=&titre=titre&chlang=de&RechType=RECH_mot&Submit=Suche, visitado pela última vez em 18:05.2008.

acesso e a penetração dos produtores independentes de pregos compatíveis com seus cartuchos.

A Comissão das Comunidades Européias[11] definiu três mercados distintos: a) o primário, ou o mercado de pistolas Hilti; b) o secundário, ou o mercado de cartuchos compatíveis com a pistola de fixação; c) o terciário, ou o mercado de pregos. Por sua vez, a defesa da Hilti baseava-se na existência de apenas um mercado relevante único, englobando todos aqueles produtos.[12]

A Comissão, e posteriormente o Tribunal, partindo da análise e identificação das necessidades concretas dos consumidores, entenderam por delimitar o mercado primário referente à querela como aquele mercado de pistolas acionadas por pólvora.[13] Neste sentido ambos os órgãos optaram por uma linha restritiva, deixando de considerar para a delimitação do mercado relevante a possibilidade de substituição do produto à base de pólvora por outros sistemas de fixação de pregos.

---

[11] Vide nota 11, *supra*.

[12] Neste sentido um trecho da argumentação da Hilti transcrito na sentença de primeira instância: "*52. (...) El coste total de los productos consumibles Hilti necesarios para 1.200 fijaciones equivale al precio de una pistola grapadora. Por término medio, el gasto de dos meses en cartuchos y grapas de un usuario final iguala a su inversión en una pistola grapadora. En una situación así, los usuarios finales habrían podido reaccionar de un modo muy rápido si la demandante hubiera intentado en cualquier momento explotar su posición en materia de patentes, pasando a utilizar otro sistema de fijación accionado mediante pólvora o bien un sistema de fijación de otro tipo.*" Vide referências da decisão de primeira instância na nota 11 *supra*.

[13] O leque de produtos/serviços que, no sentido de serem todos eles capazes de satisfazer uma necessidade social concreta específica podem ser classificados como substituíveis entre si, delimita aquilo que se chama de mercado relevante. A definição do mercado relevante é *conditio sine qua non* para a aplicação das normas antitruste. Neste sentido um trecho da decisão do Tribunal Europeu proferido no caso Continental Can, de 21 de fevereiro de 1973: "*14. The definition of the relevant market is of essential significance, for the possibilities of competition can only be judged in relation to those characteristics of the products in question by virtue of which those products are particularly apt to satisfy an inelastic need and are only to a limited extent interchangeable with other products. In order to be regarded as constituting a distinct market, the products in question must be individualized not only by the mere fact that they are used for packing certain products, but by particular characteristics of production which make them specifically suitable for this purpose.*" Esta decisão está à disposição no endereço: http://eur-lex.europa.eu/Notice.do?val=33641:cs&lang=en&list=172988:cs,46905:cs,33641:cs,28664:cs,28708:cs,27372:cs,27371:cs,&pos=3&page=1&nbl=7&pgs=10&hwords=continental%20can~&checktexte=checkbox&visu=#texte, visitado pela última vez em 18.04.08.

A Hilti, por sua vez, por conta de uma patente sobre o sistema de fixação em questão, ocupava neste mercado uma posição de fato dominante, posição esta que nem ela própria contestava.

O advogado-geral JACOB, partindo do pressuposto da posição dominante da Hilti no mercado primário e na conseqüente ausência de produtos substitutos à disposição do consumidor, conclui, por sua vez, que a posição dominante do mercado primário refletiria no mercado secundário. O raciocínio aqui é simples: se o cartucho – produto secundário – deve necessariamente ser compatível com a pistola – produto primário, e no mercado primário a empresa fabricante das pistolas gozava de posição dominante, então sua posição no mercado secundário seria conseqüentemente também caracterizada como dominante.

Por fim, a Comissão e o Tribunal levaram em conta o fato de haver no mercado outros produtores de pregos como indício determinante para a caracterização de um terceiro mercado de pregos, mercado este diferente e independente do mercado de cartuchos. E partindo do mesmo raciocínio exercido para analisar a posição de domínio entre mercado primário e secundário chegaram à conclusão de que a posição dominante naqueles dois mercados antecedentes refletiria também no mercado terciário de pregos, caracterizando também aqui uma situação de domínio econômico.

Usando o raciocínio inverso, se os órgãos competentes houvessem delimitado o mercado primário mais amplamente, considerando outros sistemas de fixação de pregos como possíveis produtos substitutos e, desta forma, constatando uma situação de concorrência no mercado primário, não teriam chegado à conclusão de que a produtora de pistolas à base de pólvora gozaria de posição dominante também no mercado terciário. Este raciocínio, que ignora qualquer possibilidade de concorrência exercida verticalmente, é conhecido como "teoria do monopólio".

Rejeitando a noção de que as pistolas, os cartuchos e os pregos formassem um sistema indivisível, constatando a existência de três mercado distintos e aplicando a tese do monopólio, a Comissão e o Tribunal Europeu defenderam o princípio de que qualquer fabricante independente tem o direito de fabricar produtos a serem utilizados em aparelhos fabricados por terceiros, desde que tal fabricação não venha a ferir direitos imateriais alheios. Descartando deste modo a teoria da existência de um mercado unitário, que levaria à conseqüência de que o uso de pregos de outra origem nas pistolas da Hilti viria a afetar as características daquele sistema indivisível, a decisão proferida teve por característica não apenas proteger o consumidor que adquirisse a pistola de fixação de pregos, mas também a indústria de pregos.

A definição estreita do mercado primário nesta decisão deixa transparecer a afirmação de que a maleabilidade na delimitação dos mercados serve como instrumento para a implementação de uma determinada política pública, política esta que no caso em questão não só visava a proteção do consumidor, mas e especialmente da indústria de médio e pequeno porte.[14] Se se houvesse decidido por uma delimitação ampla do mercado primário a decisão teria tomado um outro rumo, desembocando na proteção de interesses de outro quilate.

2.3. *Sobre a teoria da impossibilidade*[15]

2.3.1. *Introdução*

Uma teoria diametralmente oposta à teoria do monopólio é a chamada *teoria da impossibilidade*, que parte do princípio de que não será possível exercer poder no mercado secundário, se no mercado primário houver concorrência. Esta tese é resultado da famosa *Chicago School of Antitrust Analysis*, entre nós conhecida como escola de Chicago. As teorias defendidas pela escola de Chicago foram posteriormente, como veremos a seguir, superadas por uma outra escola econômica, denominada por sua vez de "pós Chicago".

Para cumprir o fim do estudo que aqui nos propomos, fim este que do ponto de vista de uma análise em parte calcada no direito comparado passa necessariamente por comentários sobre a decisão proferida pelos tribunais americanos no caso *Kodak*, faz-se mister proceder, neste passo, uma breve introdução nos princípios da teoria proclamada pela escola de Chicago. Estas noções fornecerão, como veremos a seguir, o pano de fundo de toda a discussão concernente à decisão no caso *Kodak* que, por sua vez, foi a responsável por abrir o caminho para o desenvolvimento das teorias pós-Chicago.

---

[14] Neste sentido WENDENBURG (2004), pág. 43 s. Ainda de acordo com este autor a tendência de proteção da pequena e média empresa aparece no âmbito comunitário também em outras decisões, como por exemplo na decisão do Tribunal Europeu no caso "Hugin", de 31.05.1979.

[15] *System Theory* é uma outra denominação para a teoria da impossibilidade.

2.3.2. Escola de Chicago

A escola de Chicago erige a maximização do bem-estar do consumidor como o único objetivo do direito antitruste.[16] A medida do bem-estar, por sua vez, encontraria a sua expressão no conceito de eficiência econômica. A noção de eficiência se sobreporia e eliminaria qualquer outro objetivo que o direito antitruste pudesse vir a ter,[17] inclusive a própria existência da concorrência.

BORK (1993) diferenciou entre a eficiência alocativa e a eficiência produtiva.[18] Eficiência produtiva significa a habilidade de produzir a custos menores. Por sua vez, a expressão eficiência alocativa traduz a ordenação eficiente dos recursos disponíveis, ordenação esta orientada pelas preferências do consumidor.

Economicamente falando, alocar significa ordenar os recursos escassos aos respectivos usuários potencias. Um bem uma vez alocado a um usuário potencial não poderá ser ao mesmo tempo alocado a outro usuário. Simplificando o pensamento, alocar significa ordenar um determinado fator de produção, digamos por exemplo o aço, para o industrial A, para que ele produza o bem X. O aço alocado (ordenado) para produzir o bem X, não poderá ser utilizado ao mesmo tempo pelo produtor B, para produzir um bem Y.

No palco da economia de mercado o exercício da alocação é dirigida pelo preço dos recursos no mercado. Assim, podemos afirmar que aquele que precisa do recurso mais urgentemente estará provavelmente mais inclinado a pagar um preço mais alto pelo bem do que aquele que não tem urgência em adquirir tal bem.

Entendida a alocação como o modo de ordenamento dos recursos escassos no mercado, surge claro não ser apenas possível uma determinada forma de alocação, mas antes existirem diferentes possibilidades de aloca-

---

[16] A expressão bem-estar vem aqui conotada como riqueza material.

[17] Este entendimento vem traduzido em um pequeno trecho de uma reportagem da revista *Der Spiegel*, Nr. 30 (27/07/01) sobre a globalização, titulada "Wiederspruch!" (Protesto!). que já tivemos a oportunidade de citar em outra ocasião: "*De repente ali está um George Bush, onde apenas o W. faz lembrar que aqui é o Júnior quem governa. O velho clã familiar, os velhos ideologistas da Escola de Chicago, o mesmo bolor da era Reagan estão novamente presentes: defesa por meio de mísseis, aforismos de conotação guerreira e uma política que, acima de tudo, cuida da prosperidade dos grandes trustes, para os quais tudo o mais – meio ambiente, os pobres, os sentimentos dos jovens – é indiferente.*"

[18] BORK, (1993), pág. 91 ff.

ção dos recursos escassos. Por meio da comparação entre estas diferentes possibilidades de alocações pode-se, como afirmaram os economistas da escola de Chicago, determinar qual destas possibilidades, do ponto de vista do bem-estar do consumidor, se apresentaria como a melhor ou, em outras palavras, como a mais eficiente.

Como critério para medir o impacto econômico das medidas anti-trustes a escola de Chicago lançava mão de uma fórmula chamada de "eficiência de Kaldor-Hicks". O ponto de partida para o critério Kaldor-Hicks é o conhecido "ótimo de Pareto", critério este expresso na idéia de que uma situação econômica será caracterizada como ótima quando não for possível melhorar a situação de um agente econômico, ou quando não for possível maximizar ainda mais uma utilidade para este agente econômico, sem ao mesmo tempo degradar a situação ou a utilidade de qualquer outro agente.[19] Tomando esta noção como base chega-se à conclusão de que uma determinada medida política fomentará a eficiência quando ela:

a) for capaz de trazer benefícios para no mínimo uma pessoa;
b) quando os perdedores desta medida puderem (potencialmente) ser compensados pelo ganhador. A conseqüência de uma medida tomada nestes moldes seria o fomento do bem-estar social.

Seguindo a linha deste raciocínio, o exercício do poder no mercado seria sempre admissível, quando dele resultasse a maximização da eficiência alocativa.[20] O fim do direito antitruste seria então estritamente o de melhorar a eficiência alocativa sem ao mesmo tempo gerar a perda de eficiência produtiva.

---

[19] A rigidez do "ótimo de Pareto" vem expressa no fato de tal critério não levar em consideração qualquer aspecto social. Neste sentido a concentração de recursos em num único agente poderá, por exemplo, ser caracterizada como ótima no sentido de Pareto.

[20] Para a escola de Chicago a proteção à concorrência e o bem-estar do consumidor seriam conceitos antagônicos, não passíveis de serem objetos de uma composição de interesses. Assim sendo a escola de Chicago, ao optar por seguir o caminho da proteção do bem-estar do consumidor, assume conscientemente o risco de colocar em jogo a noção de proteção da concorrência. Neste sentido SALOMÃO FILHO (1998), pág. 21, "(...) a proteção exclusiva da competição pode levar a concluir pela ilicitude de uma concentração econômica que, contando com ganhos de produtividade e eficiência, poderia vir a ser benéfica aos consumidores. O inverso é igualmente verdadeiro, isto é, a preocupação exclusiva com o interesse dos consumidores pode levar a aprovar concentrações que levem a forte dominação de certos agentes econômico sobre o mercado, o que pode ser bastante prejudicial aos concorrentes. Esse aparentemente paradoxo demonstra, segundo os teóricos de Chicago, que ambos (bem-estar do consumidor e defesa da concorrência) não podem conviver."

Esta tendência de *laissez-faire*, de deixar as forças do mercado atuarem em paz, sem intervenções, virá expressa na teoria da impossibilidade que, como veremos a seguir, parte do pressuposto de um sistema de concorrência entre mercado primário e secundários e da conseqüente impossibilidade de abuso de poder econômico no mercado secundário, quando houver concorrência no mercado primário.

2.3.3. Teoria da impossibilidade

a) *O voto dissidente do Juiz POSNER no caso Sterling*

A análise do conteúdo da teoria da impossibilidade passa necessariamente pelo voto dissidente do juiz POSNER, um proeminente defensor da escola de Chicago, na decisão americana de 1988 proferida no caso *Sterling*.[21]

No caso em questão a empresa *Sterling*, uma produtora de motores industriais, condicionava a venda de peças de reposição mais baratas à venda de uma determinada quota mínima de seus motores.[22] Partindo da determinação das necessidades dos consumidores a corte, com exceção do juiz POSNER, decidiu por reconhecer a existência de um mercado secundário independente do primário, e concluiu pela caracterização de posição dominante no mercado secundário de peças de reposição para os motores *Sterling*.

O voto dissidente, por sua vez, partiu de premissas completamente diversas. O juiz POSNER, ressaltando o fato da *Sterling* ser uma pequena produtora de motores, iniciou sua explanação reconhecendo que, de fato, apenas a *Sterling* produzia peças de reposição para os seus motores. Em um segundo momento o juiz POSNER cuidou de verificar a participação da *Sterling* no mercado primário de motores, constatando que esta empresa não ocupava posição dominante naquele mercado ou, em outras palavras, que ela atuava em um mercado de motores industriais marcado por relações de concorrência.

Partindo desta situação fática, o juiz POSNER argumentou que a *Sterling* só poderia elevar os preços de suas peças de reposição até o momento

---

[21] Parts and Electric Motors, Inc v. Sterling Electric, Inc., Court of Appels 866 F 2d 228 (7th Cir., 1988).

[22] O teor do voto dissidente do juíz POSNER, bem como o teor da *lead opinion* do juíz BAUER estão à disposição no endereço: http://www.projectposner.org/case/1988/866 F2d228, visitado pela última vez em 18.04.08.

em que o consumidor, chocado com estes preços, decidisse por ser economicamente mais vantajoso, ao invés de consertar o motor *Sterling*, adquirir um motor industrial de outra marca. Esta estratégia, que o juiz POSNER denominou de "suicida", significaria o fim da *Sterling* no mercado primário de motores.[23] Ao exigir demais pelas peças de reposição a Sterling estaria abrindo mão de sua competitividade no mercado primário.

A análise assim procedida, onde o mercado primário e o secundário são tomados como partes de um único sistema, provaria a impossibilidade de reconhecer à *Sterling* posição dominante no mercado secundário de peças de reposição. Em outras palavras, apesar da *Sterling* gozar de um "monopólio"[24] no mercado secundário, "monopólio" este caracterizado no fato de somente ela produzir as peças de reposição para os seus motores, ela não se encontraria na situação de exercer naquele mercado *market power*.

Market power só seria caracterizado se a *Sterling* continuasse a lucrar apesar der ter elevado os preços das peças de reposição acima do nível de concorrência exercido no mercado primário.

b) *Conteúdo da teoria da impossibilidade*

A teoria da impossibilidade, incorporando a noção de que o mercado primário e o mercado secundário formam um sistema, e partindo do pressuposto de que os efeitos das relações econômicas dentro deste sistema devem ser vistos a longo prazo, premissas estas típicas do pensamento da escola de Chicago, chega à máxima de que se no mercado primário hou-

---

[23] No voto dissidente lê-se: *"One-tenth of one percent is no one's idea of market power, so P & E (autora na ação, nota nossa) argues that Sterling has a monopoly of replacement parts for Sterling motors. This is true in the trivial sense that only Sterling manufactures parts usable in those motors. But it would be absurd to infer from this, as the jury benightedly did, that Sterling has market power, that is, the power to raise the price of its parts above the price that a competitive market would charge, without losing so many sales as to make the price increase unprofitable (...) Sterling could in principle exploit its "monopoly" by setting its price for replacement parts just below the point at which owners of Sterling motors would decide to scrap the motors rather than pay an exorbitant price for the parts necessary to keep then in service. But this would be a short-run game, since as soon as word got out no one would buy Sterling motors. As there is no evidence that Sterling ever played or contemplated playing this suicidal game, the jury's verdict cannot be upheld on this ground."*

[24] As aspas entre a palavra "monopólio" são colocadas pelo próprio juíz POSNER, vide a citação na nota 23, *supra*.

ver concorrência, o abuso de poder econômico no mercado secundário será, hipoteticamente falando, impossível.

Esta teoria pressupõe um consumidor que não só age racionalmente, mas que também é dotado de um determinado grau de inteligência que o capacite a não só comparar os preços do produto por ele desejado no mercado primário, mas também a incluir neste cálculo comparativo os possíveis gastos com os produtos secundários que venham a ser eventualmente necessários.[25] Para este pressuposto parte-se necessariamente da noção de grande transparência do mercado.

Neste sentido o consumidor poderia, de antemão, proteger-se do *installed-base opportunism* contratando, por exemplo, serviços de manutenção a longo prazo, ou até mesmo optando pelo produto concorrente que, considerado o preço total oferecido pelo sistema do mercado primário e secundário, se apresentasse mais em conta.[26]

c) *Diferenças entre as teorias do monopólio e da impossibilidade*

Enquanto a teoria do monopólio concentra-se nos efeitos concorrenciais manifestados dentro dos limites do mercado secundário, a teoria da impossibilidade parte da consideração de que o mercado primário e secundário são partes integrantes de um único sistema procedendo, assim, uma análise ampla dos efeitos concorrenciais.

Por conta daquela delimitação estrita de mercado relevante, a teoria do monopólio concentra-se necessariamente nos efeitos diretos e momentâneos gerados por uma eventual posição dominante naquele mercado secundário e, por conseqüência, se houver necessidade de intervenção naquele mercado, tal intervenção será exercida imediatamente após a verificação daquele acontecimento.

Por sua vez, a teoria da impossibilidade, ao considerar mercado primário e secundário como um único sistema, adota necessariamente uma postura mais relaxada em relação aos acontecimentos no mercado secundário, apostando desta maneira na capacidade de autocorreção dos mercados.

---

[25] Por certo aqueles que defenderam tal teoria nunca foram tão ingênuos ao ponto de acreditar que todos os consumidores incluiriam em seu cálculo comparativo os custos com os produtos secundários. O fato de parte dos consumidores não ir tão longe em sua comparação não implicaria, porém, que tal pressuposto não teria validade, posto que estes estariam protegidos no mercado por aqueles outros que procedessem tal comparação complexa; assim WENDENBURG (2004), pág. 59.

[26] Vide WENDENBURG (2004), pág. 60.

No que diz respeito ao método empregado para delimitação do mercado relevante, a teoria do monopólio parte estritamente da averiguação das necessidades específicas do consumidor ou, em outras palavras, da pergunta, "quais bens seriam substituíveis entre si?". O círculo de bens fungíveis entre si será, assim, o responsável por emprestar os contornos àquele mercado.[27]

De outro maneira, ao considerar o mercado primário e o secundário como partes de um único sistema, a teoria da impossibilidade parte do pressuposto de concorrência vertical admitindo, deste modo, que o mercado relevante seja formado por bens de natureza diversa e não necessariamente substituíveis entre si.

Por fim, ambas as teorias são construídas partindo de modelos diferentes de consumidores.

Enquanto a teoria do monopólio parte do consumidor dependente dos produtos secundários oferecidos por um único produtor, a teoria da impossibilidade pressupõe um consumidor racional e inteligente, que não se deixará encarcerar em uma situação de dependência do mercado secundário e que, deste modo, atuaria ativamente como um dínamo que poria em movimento as forças autoregulativas do mercado. Neste sentido a teoria da impossibilidade ignora os consumidores que já tenham por ventura adquirido o produto primário, e só considera aqueles consumidores que ainda não tenham adquirido o produto primário.

No que diz respeito às suas conseqüências, a teoria do monopólio, ignorando a possibilidade de concorrência vertical, corre o risco de reconhecer precipitadamente um comportamento abusivo no mercado. Por outro lado, por conta da rigidez de seu modelo altamente ideal, a teoria da impossibilidade não está em condição de integrar quaisquer imperfeições de mercado ao seu conceito.

---

[27] Para determinar o mercado relevante para o produto X pergunta-se como o consumidor irá se comportar frente a um pequeno e duradouro aumento no preço daquele produto (aumento de ca.5 a 10% no preço). Se diante deste aumento de preço o consumidor tender a substituir o produto X pelo produto Y, por exemplo, então os produtos X e Y serão considerados como integrantes de um mesmo mercado relevante. Este método de delimitação de mercado é chamado em inglês de *small but not significant and non transitory increase of price*.

2.3.4. *A decisão Kodak sob a perspectiva da teoria da impossibilidade*

a) *O caso Kodak*

O ponto de atrito do caso *Kodak*[28] girou em torno da política adotada pela empresa Eastman Kodak Co. com relação aos prestadores independentes de serviços de manutenção de máquinas de fotocópia e micrografia comercializadas sob aquela marca.

A Kodak, além de produzir e comercializar as referidas máquinas e além de ser a única produtora de peças de reposição compatíveis, também cuidava de oferecer serviços de manutenção ao mercado. Frente a concorrência exercida pelos prestadores independentes de serviços de manutenção, serviços estes caracterizados por alta qualidade e por preços mais baixos, a Kodak modificou a sua política de vendas passando a só fornecer peças de reposição para os compradores das máquinas fotocopiadoras e microcopiadoras que, ou fizessem eles mesmos a manutenção das máquinas, ou que usassem para tanto os serviços de manutenção oferecidos pela própria Kodak.

Frente a tal situação as empresas independentes, impossibilitadas de agirem no mercado por falta de peças de reposição, entenderam por bem ir a juízo questionar a prática comercial adotada pela Kodak.

O cerne da querela girou assim em torno da questão se a Kodak ocupava uma posição dominante no mercado de peças de reposição e se esta empresa fazia uso desta posição no sentido de criar um monopólio no mercado derivado de serviços de manutenção.

Para compreendermos o desenrolar deste processo e a dimensão da sentença daí resultante são necessários alguns esclarecimentos sobre o direito processual civil americano, sobre os quais discorremos a seguir.

b) *Sobre a decisão na primeira instância e sobre a* motion for summary judgement

As "*Federal Rules of Civil Procedure*" colocam à disposição do réu em uma ação de primeira instância diferentes procedimentos, ou instrumentos, dos quais ele poderá valer-se durante o andamento do processo.[29]

---

[28] Eastman Kodak Company v. Image Technical Services, Inc., Supreme Court, N. 90-1029 (June, 1992).

[29] Sobre estes procedimentos veja os comentários de MÜLLER (1995), sobre a decisão no caso Kodak.

Imediatamente após a autora ter proposto a ação, o réu poderá entrar com um recurso conhecido como *motion to dismiss*, requerendo à Corte que se manifeste no sentido de confirmar se a pretensão da autora estaria tipificada em alguma Lei, ou não. Caso a Corte conclua que a lei não oferece um remédio legal para a pretensão argüida, o processo será rejeitado de plano.

Um outro instrumento é aquele chamado de *motion for summary judgment*, podendo ser requerido em qualquer momento antecedente à fase processual marcada pela audiência oral (*trial*). O réu poderá requerer o procedimento sumário quando puder demonstrar que nenhum juiz – ou que nenhum júri – razoável (*reasonable trier of fact*) decidiria a favor da autora, mesmo e apesar dele considerar as provas apresentadas pela autora sob uma luz bastante positiva.

Não preenchendo aqueles requisitos o procedimento sumário não poderá ser adotado e, por ocasião da fase oral chamada de *trial,* a autora deverá demonstrar que os fatos argüidos por ela são mais prováveis do que aqueles argüidos pela ré.

Por fim, terminada a fase do *trial* e mesmo que o júri tenha decidido a favor da autora, o réu ainda poderá requerer uma *motion for judgment notwithstanding the verdict*. O juiz poderá aqui decidir que a decisão dos jurados é nula se ele for da opinião que nenhum jurado razoável poderia ter chegado a este resultado.

No caso Kodak a ré cuidou de requerer uma *motion for summary judgment*, que lhe foi concedida. A Kodak entrou com este requerimento, ao contrário do que se costuma fazer, no início da fase de instrução do processo (fase chamada de *discovery*), ou seja, no início da fase de trocas de documentos entre as partes. O juiz da primeira instância, aceitando os argumentos apresentado pela Kodak e partindo da premissa de que o mercado de peças de reposição não formaria um mercado independente do de prestação de serviços de manutenção, aceitou a *motion for summary judgment*. O processo contra a Kodak concentrou-se assim em responder se seria possível exercer posição dominante no mercado secundário quando no mercado primário houvesse uma situação de concorrência, o que, nas palavras de WENDENBURG (2004), propiciou aos partidários da Kodak apresentarem em travessa de prata a teoria da impossibilidade.[30]

---

[30] WENDENBURG (2004), pág. 53.

Neste sentido a Kodak defendeu perante o tribunal de primeira instância a posição de que os mercados primário, secundário e terciário deveriam ser vistos como um sistema e, assim sendo e uma vez que a sua participação no mercado primário alcançava entre 20% a 23%, não haveria de ser falar em posição dominante no mercado primário e, conseqüentemente, não se constataria posição dominante também no *single-brand-market* de peças de reposição.

c) Sobre os votos dissidentes na segunda instância e na Suprema Corte

Corroborando a decisão de primeira instância, que havia de plano concedido à Kodak a *motion for summary judgement,* a Corte de apelação decidiu de outra maneira, dando ganho de causa às empresas independentes.

Nesta decisão, como veremos mais adiante, a rejeição da teoria da impossibilidade.

No que diz respeito porém ao voto dissidente proferido pelo juiz WALLACE, baseado no já citado voto dissidente do juiz POSNER proferido no caso *Sterling*, encontramos uma ode à teoria da impossibilidade, bem expressa na seguinte frase:*"(I) am convinced that power in the primary interbrand market is prerequisite to power in the derivative market of replacements parts…".*[31]

A Kodak, inconformada com a decisão proferida na segunda instância, recorreu à Suprema Corte. A defesa apresentada por ela vinha calcada na argumentação do voto dissidente proferido pelo juiz WALLACE. A Corte Suprema, por sua vez, rejeitou por seis votos a três a pretensão da Kodak.[32]

O voto dissidente do juiz da Suprema Corte SCALIA, ignorando a perspectiva do consumidor encarcerado no mercado secundário pela situação de dependência das peças de reposição da Kodak, tomou como ponto de partida aquela máxima proposta pela teoria da impossibilidade, perguntando se a Kodak poderia aumentar o preço das suas peças de reposição sem perder competitividade no mercado primário. Considerando o comportamento do consumidor racional e inteligente, a resposta à questão

---

[31] *Apud* WENDENBURG (2004), S. 53.
[32] A decisão completa da Suprema Corte bem como o voto dissidente do juiz SCALIA estão à disposição no endereço eletrônico: http://supreme.justia.com/us/504/451/case.html

só poderia ser negativa: A conclusão aqui: o aumento no preço das peças de reposição levaria a perda de competitividade no mercado primário.

O juiz SCALIA argumentou que do ponto de vista das conseqüências para as empresas independentes de serviços de manutenção, o comportamento da Kodak não geraria efeitos diferentes daqueles que seriam gerados caso ela tivesse cuidado vender as sua máquinas oferecendo uma garantia que abarcasse toda as peças de reposição durante toda a vida útil daqueles aparelhos. O mesmo se poderia dizer se a Kodak sempre tivesse seguido uma política restritiva de comercialização de peças de reposição. Uma vez que aquela empresa não ocupava posição dominante no mercado primário, do ponto de vista do direito antitruste, disse o juiz, nada teria obstado à adoção daquelas políticas, mesmo e apesar dos efeitos negativos gerados em relação ao mercado de serviços de manutenção.[33]

Por fim, o juiz cuidou destacar em seu voto o perigo de uma interpretação ampla do direito antitruste, interpretação esta que teria como conseqüência o reconhecimento de inúmeros micromonopólios.

Estes argumentos, como o próprio conceito de voto dissidente exprime, não foram aqueles adotados pela maioria dos juízes que compunham o plenário da Suprema Corte. A sentença proferida por aquela Corte que decidiu o caso Kodak, como veremos a seguir, não aplicou nem a teoria da impossibilidade, nem tão pouco a teoria do monopólio.

A argumentação empregada para fundamentar a decisão proferida no caso Kodak teve porém por pano de fundo, como cuidamos de demonstrar, o arcabouço lógico da teoria da impossibilidade e das noções desenvolvidas pela escola de Chicago. Aqui a razão de termos optado por iniciar os comentários do caso Kodak partindo da menção e de uma breve análise dos votos dissidentes proferidos na segunda instância e na Corte Suprema.[34]

---

[33] *"Had Kodak – from the date of its entry into the micrographic and photocopying equipment markets – included a lifetime parts and service warranty with all original equipment, or required consumers to purchase a lifetime parts and service contract with each machine, that bundling of equipment, parts and service would not doubt constitute a tie under the costs enunciated in* Jefferson Parish, *supra. Nevertheless, it would be immune from per se scrutiny under the antitrust laws because the typing product would be equipment, a market in which (we assume) Kodak has no power to influence price or quantity"*, dissenting, SCALIA, pág. 490 s.

[34] Esta foi a linha metodológica escolhida por WENDENBURG (2004) para analisar o caso Kodak. De todo o material lido para a elaboração deste trabalho, esta forma de abor-

Em outras palavras, para de fato compreendermos a dimensão político-econômica da decisão proferida no caso Kodak, dimensão esta que será tema dos itens seguintes, faz-se mister ter em mente noções da discussão econômica que antecedeu tal decisão.

Além disso, já se diz de plano, é importante não esquecer as peculiaridades de natureza processual civil que envolveram o processo movido contra a Kodak, uma vez que estes emprestaram à discussão do mérito, como já acima anotado, um âmbito bastante limitado.

2.4. *Sobre a dogmática desenvolvida na decisão Kodak ou sobre a perspectiva pós-Chicago*

a) *Sobre a superação das teorias da escola de Chicago, ou sobre a Post-Chicago Economics*

Seguindo a tradição da escola de Chicago, ou seja, tomando as suas linhas gerais como acertadas, mas, por outro lado, cuidando de procurar superar as imperfeições das teorias propostas por aquela escola, a *Post-Chicago Economics*, partindo do pressuposto de que o modelo desenvolvido pela escola de Chicago seria muito abstrato e simplista, defendeu uma análise econômica mais dinâmica do direito antitruste. Neste sentido, deveriam ser consideradas não só as imperfeições do mercado, mas também a possibilidade de adoção pelos agentes de comportamentos estratégicos.[35] Criticando a falta de empirismo adotada por aquela escola, que se concentrava em considerações teóricas sobre eficiência, a nova linha de pensamento se propõe a partir dos fatos reais.

Por fim, o movimento pós-Chicago vai além daquela tese da *Chicago School*, que via os fins do direito antitruste centrados apenas no fomento da eficiência econômica. Pelo contrário, aquele movimento não nega a instrumentalidade do direito antitruste como meio para atingir determinados objetivos econômicos, como por exemplo o fomento das pequenas e médias indústrias etc.

O mote pós-Chicago de consideração da realidade é, nas palavras de HEINEMANN (2002) o apelo fenomenológico no sentido de uma análise centrada em si mesma, que terá por conseqüência negativa a perda de

---

dagem da sentença proferida no caso Kodak foi, sem dúvida, a mais feliz de todas, o que nos moveu a construir o presente trabalho naqueles mesmos moldes.

[35] HEINEMANN (2002), pág. 77.

segurança de aplicação e prognose do direito antitruste, o que, por sua vez, levaria à perda de segurança jurídica.[36] O autor ressalta, porém, que esta falta de segurança de prognose, o preço lógico que se paga pela opção de concentrar a análise nos fatos específicos que envolvam cada caso, ao invés de se adotar teorias desvinculadas da realidade dos acontecimentos, não significa necessariamente um fator negativo. O importante aqui seria que as vantagens de um direito "flexível" se sobreponham às desvantagens.

Neste clima de embate entre as teorias desenvolvidas pela escola de Chicago e o movimento pós-Chicago, movimento que resumidamente perseguia como fim corrigir os defeitos do empirismo e estatismo acentuados das teorias daquela escola, foi proferida a decisão no caso Kodak.

b) *A decisão no caso Kodak*

A decisão no tribunal de segunda instância partiu do princípio de que a existência de posição dominante no mercado primário não seria pré-condição para a caracterização de posição dominante no mercado secundário. Pelo contrário outros fatores poderiam gerar tal situação e, uma vez que durante a fase da *discovery* não havia sido possível esclarecer ou verificar a existência de tais fatores, nenhum juiz razoável poderia excluir de plano a possibilidade de existência de poder dominante no mercado de peças de reposição e, neste sentido, o pedido de *summary judgment* não deveria ter sido acatado na primeira instância.

A maioria dos juízes que compunham a Suprema Corte, como já visto, entendeu por acertado manter a decisão proferida na segunda instância.

Na exposição de motivos agora a Corte Suprema partiu da consideração de mercados distintos e independentes entre si, sendo que o primeiro abarcaria as máquinas fotocopiadoras e microcopiadoras, enquanto que o segundo abarcaria as peças de reposição e o terceiro os serviços de manutenção.

Feita esta diferenciação a Suprema Corte cuidou de verificar se havia concorrência no mercado primário, atitude esta que indica forte influência da escola de Chicago no momento de decisão do caso Kodak. A Corte porém não chegou à conclusão de que a existência de concorrência naquele mercado excluiria a possibilidade de exercício de posição dominante no mercado secundário.

---

[36] HEINEMANN, (2002), pág. 82.

Partindo da teoria apresentada pela Kodak, de que os mercados se comportavam de forma complementar, ou seja, que ao subir o preço das peças de reposição a procura pelas copiadoras necessariamente cairia, a Corte destacou que a averiguação deste mecanismo não seria possível em um processo de rito sumário, o que deporia contra o pedido da Kodak de *summary judgement*. Mas mesmo que a Kodak estivesse em condições de aumentar os preços das peças de reposição sem perder clientes no mercado primário, tal fato não seria garantia contra a possibilidade da Kodak exercer poder no mercado de peças de reposição. Neste sentido a Corte lembra que também um monopolista no mercado primário iria sofrer com a redução da procura de suas máquinas, caso aumentasse muito o preço das peças de reposição, porém o lucro advindo da sua posição de monopolista no mercado primário compensaria estas perdas. Determinante nesta hipótese não é a perda em si, mas a relação entre perdas e lucros manifestada na dinâmica dos mercados dependentes entre si.

Seguindo este raciocínio a Corte argumentou que a política adotada pela Kodak seria contraditória com a tese apresentada por ela mesma, pois se os seus clientes tivessem de fato em mente o preço do sistema (preço das máquinas + preço das peças de reposição + preço dos serviços de manutenção = preço do sistema), então seria natural que ela recebesse os serviços de manutenção oferecidos pelas empresas independentes, serviços estes qualitativos e mais baratos do que aqueles oferecidos por ela, de forma positiva, uma vez que os preços baixos exigidos para os serviços de manutenção das máquinas fariam delas aparelhos ainda mais atrativos. A falta de coerência na pretensão da Kodak em eliminar a concorrência feita por estes prestadores de serviços saltaria aqui aos olhos.

A Corte decidiu então que a teoria apresentada pela Kodak ignoraria os custos de informação para os clientes, ou seja, os custos que o consumidor teria de arcar ao ter de fazer comparações complexas entre diferentes "sistemas". Isto, é claro, partindo do pressuposto de que ele teria acesso a estas informações e que ele de fato estaria disposto a fazer uso delas.

E rebatendo contra aquele argumento da Kodak calcado na noção de que os consumidores bem informados, ou seja, os consumidores instruídos quanto ao preço do sistema, cuidariam de proteger aquele grupo dos não instruídos, a Corte considerou que esta proteção só seria viável enquanto o vendedor das máquinas não diferenciasse entre o cliente informado e o cliente não informado ou, em outras palavras, enquanto não fossem feitas discriminações de preço.

Por fim, a Corte destacou que o consumidor sem alternativas no mercado derivado tenderia a suportar os aumentos de preços naquele mercado ao invés de arcar com os custos de uma eventual troca de sua copiadora da marca Kodak por uma outra copiadora concorrente.

A sentença reconheceu assim três diferentes imperfeições do mercado – os custos de informação, os custos gerados pela mudança de sistema e a discriminação de preços –, e partindo destas premissas concluiu que a Kodak abusava de sua posição de poder no mercado de peças de reposição.

A Kodak foi condenada a fornecer para as empresas independentes durante o período de 10 anos as peças de reposição necessárias para ao conserto de suas máquinas. Além disso a empresa foi condenada a pagar uma alta quantia a títulos de perdas e danos.

c) *A decisão Kodak como expressão das idéias desenvolvidas pela escola pós-Chicago*

O método desenvolvido na decisão no caso Kodak é caracterizado como um método aberto, que parte do reconhecimento de que a realidade dos mercados não é ideal e que os desvios do modelo teórico podem ser corrigidos.

A Suprema Corte, ao invés de aceitar de plano a tese de que não seria possível exercer poder no mercado secundário, se no mercado primário houvesse concorrência efetiva, optou por se concentrar no caso específico dos mercados envolvidos na querela, chegando ao fim desta análise à determinação de três imperfeições, imperfeições estas que criariam espaço para que a Kodak abusasse de sua posição dominante no mercado de peças de reposição. Neste sentido a decisão Kodak é considerada o marco de passagem da escola de Chicago para a escola pós-Chicago.[37]

d) *A recepção do método de análise desenvolvido na decisão Kodak nos EUA*

As palavras de JACOB (1993)[38] expressam sinteticamente a forma como a decisão Kodak foi recebida nos EUA: "*Kodak is arguably the most important antitrust decision of the last twenty years.Unfortunately, it is a disaster.*"

---

[37] Veja as referência oferecidas por HEINEMAN (2002), pág. 81, neste sentido também WENDENBURG (2004), pág. 68 ss. e BECHTOLD (s/d), pág. 4.

[38] Jacobs, 52 Md. L. Rev. 337, 373 (1993), *apud* WENDENBURG (2004), pág. 71.

Nos processos que seguiram aquela decisão os tribunais americanos trataram de aplicar a decisão Kodak de forma restritiva, ora não enfocando para a sua análise o mercado secundário de um produto específico como mercado relevante,[39] ora só admitindo o abuso de poder econômico quando o produtor tivesse aumentado seus preços em um momento posterior a aquisição do produto primário pelos consumidores. No que dizia respeito aos consumidores que ainda não haviam adquirido o produto primário estes poderiam, na opinião dos tribunais americanos, antes da compra daquele produto levar em conta o preço alto exigido pelo produto secundário.[40] Neste sentido os tribunais elegeram a chamada "*Surprise Theory*", teoria que trabalha a possibilidade do produtor se aproveitar do efeito *lock-in* aumentando de repente os preços dos produtos secundários, como a condição para a aplicação da doutrina desenvolvida na decisão Kodak.[41]

No que diz respeito a decisões mais recentes BECHTOLD (s/d) chama a atenção para o julgamento no caso Trinko,[42] quando a Suprema Corte teve de decidir se a recusa da empresa Trinko em autorizar uma concorrente a acessar o seu sistema de apoio de clientes caracterizaria uma violação do direito antitruste, ou não. A decisão proferida teve como ponto central a questão de concessão de licenças compulsórias, além de envolver questões de regulação do setor de telecomunicações. O que faz dela potencialmente interessante para o tema deste trabalho é o ceticismo em relação a uma possível função do direito antitruste como um instrumento de regulador das microrelações no mercado. Esta posição vem expressa no teor da sentença redigida por aquele mesmo juiz SCALIA que, doze anos antes, havia sido o responsável pela *dissenting opinion* no caso Kodak.

A Suprema Corte americana defendeu no caso Trinko que, mesmo no caso de empresas monopolistas ou em posição dominante no mercado, as intervenções na liberdade contratual e no direito de propriedade deveriam caracterizar exceções. Também o monopolista teria um espaço de atuação a ser respeitado, dentro do qual ele poderia agir sem ao mesmo tempo abusar de sua posição no mercado.

---

[39] BECHTOLD (s/d) cita neste sentido a decisão SMS Sys Maintenance Servs. Inc. versus Digital Equip. Corp. (1999); Brokerage Concepts, Inc. versus U.S. Healthcare (1998); Queen City Pizza, Inc. versus Domino's Pizza (1997).
[40] BECHTOLD (s/d) oferece na nota de rodapé 196 uma lista dedecisões neste sentido.
[41] Neste sentido BECHTOLD (s/d), pág. 44.
[42] Verizon Communications, Inc. v. Trinko, in GRUR Int 2004, pág. 674 ss.

A Corte defendeu que o poder monopolista seria um importante elemento do sistema livre de mercado. O poder monopolista não seria de plano ilegal, mas apenas quando acompanhado de elementos de conduta anticoncorrenciais. Pelo contrário, um curto período caracterizado pela concentração de poder nas mãos de um único agente e por preços monopolistas serviriam de estímulo aos concorrentes a adotarem uma postura inovadora, procurando por meio dela ganhar espaço no mercado monopolizado e, assim, contribuindo para o crescimento econômico. Entendido sobre este prisma o objetivo do direito antitruste seria então o de estimular a concorrência de inovação.[43]

Esta postura, que nas palavras de BECHTOLD (s/d)[44] expressaria a tendência da Suprema Corte americana em se distanciar das teorias pós-Chicago, poderá, ainda seguindo a opinião daquele autor, vir no futuro a influenciar as decisões a respeito das questões envolvendo poder econômico nos mercados derivados. Tal hipótese parece de fato plausível. A análise da jurisprudência americana pós-decisão Kodak indica uma tendência contínua de distanciamento das teorias que dão espaço a intervenções e correções no microcosmo do mercado econômico. A decisão proferida no caso Trinko deixa clara a confiança da Suprema Corte americana nas forças de autoregulamentação do mercado.

e) *A recepção do método de análise desenvolvido na decisão Kodak na União Européia*

No meio dos anos 90, as decisões proferidas no âmbito da UE começam a se distanciar da teoria do monopólio, deixando-se influenciar pelo debate iniciado pela decisão americana proferida no caso Kodak.[45]

Em 1995 a Comissão Européia foi chamada a se manifestar em um caso envolvendo a empresa produtora de impressoras Kyocera, acusada pela Pelikan de adotar um comportamento anticoncorrencial no mercado ao valer-se de medidas voltadas à eliminação daquela empresa do mercado secundário de cartuchos de tinta. A Comissão, partindo do reconhecimento de dois mercados distintos entre si, ou seja, do mercado primário de impressoras, onde a participação percentual da Kyocera era relativamente

---

[43] Assim GRAF V. MERVELDT (2004), pág. 679.
[44] BECHTOLD (s/d), pág. 45.
[45] WEDENBURG (2004), pág. 70 ss. é quem cuida de analisar as influências do caso Kodak no âmbito comunitário. Vide também CHEVALIER (1998) e Bericht über die Wettbewerbspolitik 1995.

pequena,[46] e do mercado secundário de cartuchos compatíveis com aquelas impressoras, tomou por acertado analisar a inter-relação entre aqueles mercados levando em conta as três imperfeições desenvolvidas na decisão Kodak.[47]

No que diz respeito ao nível de informação do consumidor, a Comissão, adotando um entendimento estrito e argumentando que 70 % do custo do ciclo de vida de uma impressora seria formado por gastos com os cartuchos de tinta,[48] concluiu que tal fato seria evidência de que o consumidor já estaria informado a respeito dos custos com o produto secundário no momento da compra do produto primário. Caso não estivesse porém informado, ele poderia facilmente prever os custos futuros com o aparelho impressor, uma vez que a base de cálculo para estes custos estaria expressa em apenas uma medida, nomeadamente no custo de uma página imprimida.[49] Neste sentido a Comissão refere-se em seu Relatório explicitamente ao fato dos consumidores levarem em conta o preço dos cartuchos no momento da escolha do sistema primário mais adequado às suas necessidades.[50]

Com relação à análise dos custos envolvidos por uma eventual troca de sistema a Comissão, seguindo a argumentação de que os custos com cartuchos representavam mais da metade do custo de vida das impressoras, previu que o consumidor não hesitaria em trocar sua impressora Kyocera por uma outra, se os preços dos cartuchos subissem muito.[51] Em outras palavras, a procura pelas impressoras no mercado primário reagiria com relação a mudanças no preço dos cartuchos de forma bastante elástica.[52]

Por fim, no que diz respeito à discriminação de preços, a Comissão não pode verificar nenhum comportamento discriminatório da Kyocera.

Em 1997 a Comissão teve a oportunidade de se confrontar com um outro caso envolvendo relações entre mercado primário e secundário. Par-

---

[46] As máquinas da Kyocera representavam 7% do mercado, enquanto que as máquinas da marca HP representavam 28% do mercado.
[47] FISCHER (1999), págs. 35-37.
[48] Assim CHEVALIER (1999).
[49] A este respeito vide CHEVALIER (1999). Sobre o caso Kyocera vide Bericht über die Wettbewerbspolitik 1995, pág. 43 s.
[50] Bericht über die Wettbewerbspolitik 1995, pág. 43 s.
[51] Bericht über die Wettbewerbspolitik 1995, pág. 43 s.
[52] BECHTOLD (s/d), pág. 49.

tindo da mesma análise procedida no caso Kyocera, ou seja, na averiguação empírica daquelas três imperfeições no mercado, aquele órgão comunitário chegou a uma conclusão completamente diferente àquela proferida no caso das impressoras japonesas.

O caso *Digital* envolvia a prestação de serviços independentes de manutenção para um determinado sistema de computador. Com relação ao nível de informação do consumidor, a Comissão argumentou que os serviços de informação neste caso representariam um percentual mínimo no custo de vida do produto primário. Além disso, as necessidades individuais variáveis de cada consumidor deporiam contra uma medida padrão que pudesse ser usada para o cálculo dos custos completos do produto. Para dificultar ainda mais a situação, a *Digital* negociava individualmente com seus clientes os preços dos serviços de manutenção oferecidos por ela mesma, o que tirava qualquer transparência deste mercado.[53]. Neste sentido o argumento necessário para a constatação da imperfeição de discriminação de preços.

Por último, a Comissão entendeu ver na substituição de um sistema de computador custos altos manifestados nos investimentos em pessoal, que deveriam ser treinados para usar o novo sistema, bem como em investimentos com softwares aplicativos compatíveis com o novo sistema.[54]

A decisão da Comissão no caso *Digital* se torna ainda mais interessante se a compararmos com a decisão proferida nos Estados Unidos no caso *SMS versus Digital*.[55]

Partindo do mesmo método de análise, a Comissão Européia e a Corte de Apelações americana chegaram a resultados antagônicos. Decisivo aqui foi a forma de interpretação dos custos que seriam gerados por uma eventual troca de sistema. Enquanto a Comissão partiu em suas considerações de altos custos de troca e, conseqüentemente, de um consumidor em posição desvantajosa no mercado secundário (efeito *lock--in*), o tribunal americano cuidou de encarar a troca de sistema por uma perspectiva positiva o que, por sua vez, colocou o consumidor em uma situação muito diversa daquela considerada pela Comissão Eu-

---

[53] Com relação a toda esta argumentação vide CHEVALLIER (1999).
[54] WENDENBURG, (2004), pág. 79.
[55] Decisão na íntegra no endereço: http://caselaw.lp.findlaw.com/scripts/getcase.pl?navby=search&case=/data2/circs/1st/991009.html&friend=nytimes, visitado pela última vez em 18.04.08.

ropéia, direcionando a decisão para o sentido oposto daquele encontrada a nível comunitário.[56]

e) *Conclusão*

Enquanto as teorias do monopólio e da impossibilidade são caracterizadas por uma determinada rigidez; a teoria desenvolvida no caso *Kodak* destaca-se por sua maleabilidade. A escolha entre a aplicação da teoria do monopólio ou da teoria da impossibilidade, ou o aproveitamento da malea-

---

[56] Assim a decisão Digital: "The complex nature of the decision to purchase a new computer system means that an analysis of switching costs in this context cannot parrot the linear inquiry that proved possible in Kodak. Here, the cost of shifting to another system must take into account the efficiency gains of buying new software – gains that often may dwarf hardware price in dollar terms. This is true even if one considers the switching costs that are associated with retraining employees and discarding software designed to run exclusively on a particular platform. The record demonstrates convincingly that, in this industry, both software vendors and hardware manufacturers offer migration support for new customers in the form of significant discounts on training, installation, and software conversion, thus internalizing much of the switching costs. The impressions that we have gathered from the marketing survey are largely confirmed by the very witnesses on whose testimony SMS relies. Quite aside from the statements these witnesses make about the magnitude of the cost of randomly switching from one currently functioning computer system to another – testimony which, as is clear from our discussion, addresses an irrelevant scenario – all of them acknowledge that, all things considered, if a new computer system would bring more benefits, there would be no objection to the switch. The actual behavior of these witnesses' employers illustrates the point: their firms were in fact in the process of switching some of their systems to other platforms, citing the sorts of reasons we have catalogued. In fine, the record does not support the conclusion that a substantial number of installed base customers are locked-in – and SMS has failed to make the case. The power of software vendors, the rapid progress of software solutions, the unpredictability of when consumers will seek to purchase a brand new system, the ready willingness of competitors to absorb migration costs, and the uncertain calculus of cost versus efficiency gains that obtains when a firm moves to new applications all distinguish the computer purchase context from the copier context. This plethora of factors strongly implies that, in most instances, DEC has no effective control over whether a customer will remain loyal when opting to purchase a new computer system. "Por sua vez os argumentos da Comissão Européia, nas palavras de CHEVALIER (1998): "(…) le remplacement d'un système Digital propriétaire par un système d'une autre marque est un processus long à mettre en oeuvre qui doit être préparé longtemps à l'avance: un tel remplacement est un exercice délicat et onéreux car les systèmes en question sont souvent au centre de systèmes d'information et de gestion opérationnels et conduit généralement, outre au rachat d'un nouvel équipement, à la réécriture de logiciels, au remplacement de matériels non compatibles et à des actions de formation spécifiques. Il n'est pas rare que les seuls coûts de réécriture de logiciels soient supérieurs au prix d'achat d'un nouveau système informatique."

bilidade da dogmática aplicada ao caso *Kodak*, no sentido de se negar ou afirmar uma situação de abuso de posição dominante no mercado secundário, pressupõe, porém, uma questão anterior, qual seja, "quais são os interesses protegidos pelo direito antitruste?" Ou em outras palavras, "o que se pretende proteger em primeira linha? A concorrência em si, como instituição, os pequenos empresários, os consumidores?".

Por detrás da aplicação desta ou daquela teoria, por detrás desta ou daquela interpretação das imperfeições do mercado, encontraremos assim sempre uma determinada tendência político-econômica.

Enquanto os tribunais americanos alimentam grande confiança na autoregulamentação do mercado, o que explica a tendência em aceitar a supressão da concorrência por um curto período de tempo, quando tal ocorrência vier a gerar ganhos de eficiência, na União Européia a Comissão persegue um outro caminho, almejando os ganhos com eficiência desde que estes não sejam alcançados ao custo de supressão da concorrência no mercado, mesmo e apesar de tal supressão estender-se por apenas um curto período de tempo. Em outras palavras, enquanto os tribunais americanos se preocupam em primeira linha com os ganhos com eficiência, a União Européia concentra-se na proteção da livre concorrência.

Esta diferente instrumentalização do direito antitruste é coerente com a cultura econômica daquele país e daquele mercado comum, o que leva a afirmação de que ambos os modelos propostos devem ser compreendidos dentro daqueles limites econômico-culturais específicos.[57] Aqui bem expressas as dificuldades, senão impossibilidade, de "importação" de modelos e de soluções jurídicas.

Depois de proferida a sentença americana no caso Trinko, por exemplo, uma pequena parcela da literatura alemã tentou aplicar aquele modelo desenvolvido pela Suprema Corte americana como parâmetro de crítica em relação à política antitruste adotada pela União Euro-

---

[57] Cada país tem a sua própria cultura econômica, a este respeito destaca-se a discussão sobre a "americanização" da economia alemã. Em um artigo publicado na revista *Das Kapital*, de 20.09.2006, HÜBNER, ressalta as diferenças entre a estrutura econômica alemã, caracterizada pelos princípios da segurança e da estabilidade social, e a americana. Neste sentido o autor cita por exemplo as diferenças de comportamento dos acionistas americanos e alemães, estes últimos tradicionalistas no sentido de apostarem por um longo tempo no crescimento da mesma empresa. O tema já foi inclusive tópico de trabalhos acadêmicos, como por exemplo no trabalho de HILGER, "Amerikanisierung" deutscher Unternehmen. Wettbewebsstrategien und Unternehmenspolitik bei Henkel, Siemens und Daimler Benz, Stuttgart 2004, in: Soz-u-Kult 04.02.2005.

péia.⁵⁸ Destacado de suas raízes econômico-culturais, a crítica desenvolvida a partir daquele modelo não poderia ser mais despropositada.

Ressaltada a função instrumental do direito antitruste cabe, por fim, tecer algumas considerações sobre a inter-relação entre direito e análise econômica.

f) *Análise econômica*

Teorias econômicas são importantes norteadores de políticas públicas. A instrumentalização pura e estrita do direito no sentido de maximização de bem estar e de eficiência alocativa não é porém suficiente para fazer frente à complexidade social. A "economização" do direito procedida a todo e qualquer custo tem como vítima a noção de justiça distributiva.

O mercado, o palco das relações econômicas, não é uma instituição espontânea, natural, mas antes uma instituição jurídica, uma ordem no sentido de regularidade e previsibilidade de comportamentos.⁵⁹ Em outras palavras, a expectativa daquela regularidade de comportamentos garantida pelo Estado é que constitui o mercado como uma ordem.⁶⁰ Esta regularidade, que se pode assegurar somente na medida em que critérios subjetivos sejam substituídos por padrões objetivos de conduta, implica sempre a superação do individualismo próprio ao atuar dos agentes do mercado. Estado e mercado são assim instituições interdependentes, "construindo-se e reformando-se no processo de sua intersecção".⁶¹

A decisão que parte exclusivamente do ponto de vista da maximização da eficiência alocativa, o que geraria a maximização do bem-estar, pode criar situações sociais bastante indesejáveis.⁶²

Pensemos por exemplo na patente de invenção. Em sua formulação clássica pretende-se, por meio da concessão da patente, incentivar a contínua renovação tecnológica e estimular as empresas a investir em pesquisa e desenvolvimento, fatores estes geradores de bem-estar. Partindo deste raciocínio, a concessão de licença compulsória seria, do ponto de vista econômico, uma decisão ineficiente que levaria a perda de bem-estar

---

⁵⁸ Vide os comentários de GRAF v. MERVELDT (2004) a respeito da decisão americana no caso Trinko.

⁵⁹ Vide GRAU (2007), pág. 29 ss.

⁶⁰ Assim IRTI, *apud* GRAU (2007), pág. 30 s.

⁶¹ Anotações de GRAU (2005).

⁶² Neste sentido a observação de GERT WÜRTENBERGER, proferida em uma discussão sobre o assunto: "*Nem todo interesse econômico é protegido juridicamente.*"

social. Tomando uma situação concreta, a decisão do governo brasileiro de licenciar compulsoriamente o medicamento "Efavirenz" teria sido, do ponto de vista econômico, incoerente, posto que geradora de ineficiência. O que tal argumentação ignora é que entre a concessão da patente sobre o medicamento e o resultado eficiente encontra-se um grupo de pessoas portadores do vírus da AIDS, que necessitam de tratamento médico. A maximização do bem-estar aqui só poderia ser alcançada sacrificando-se aquele grupo de doentes. E não respeitar aquele grupo de doentes significa, por sua vez, passar por cima do conceito fundamental do ordenamento jurídico de respeito à dignidade humana. O raciocínio econômico aqui não é coerente com a racionalidade jurídica, ou seja, ele não é adequado ao direito.

Esta crítica foi tema de um artigo no jornal *Süddeutsche Zeitung*, baseado em um artigo do jurista ALAIN SUPIOT, um dos mais importantes especialistas em direito do trabalho francês, publicado recentemente na *La Revue du M.A.U.S.S.*, criticando duas decisões do Tribunal Europeu, nomeadamente no cao *Viking Line* e *Laval*, onde se sustentou que o direito nacional de greve deve ser ponderado em relação aos direitos fundamentais empresarias.[63] SUPIOT, diz PORNSCHLEGEL, o autor do comentário naquele jornal alemão, detecta uma subtil penetração do direito comunitário, direito este primariamente voltado à consecução de objetivos econômicos, no direito nacional dos Estado-membros. O direito nacional politicamente legitimado viria sendo assim nivelado para baixo ao custo dos empregados. Lembrando que o direito do trabalho encontra-se explicitamente fora do âmbito de competência da UE, o autor cita literalmente a crítica de SUPIOT: "O tribunal europeu já vem adotando há bastante tempo a postura de que a jurisprudência nacional não pode se safar do império da liberdade econômica garantida pelo tratado de consolidação da comunidade. Nenhuma competência nacional deve limitar o seu poder nos Estados-membros." Neste sentido o autor francês compara " de forma fatal" a jurisdição do Tribunal Europeu com os tribunais soberanos do *Ancien Régime*. Os juízes do tribunal comunitário estariam, a exemplo de seus antepassados feudais, chegando a decisões destacadas de seus quadros democráticos.

A crítica de SUPIOT destaca o processo de perda de substância política dos Estados que cede à pressão econômica global. Esta tendência de eco-

---

[63] PORNSCHLEGEL (2008), o artigo de SUPIOT pode ser lido no endereço: http://www.journaldumauss.net/spip.php?article283&var_recherche=supiot#forum54, visitado pela última vez em 18.04.08.

nomização deu asas a uma onda de privatizações que, por sua vez, tem por pano de fundo a liberalização da economia, o que, argumenta-se, geraria a maximização da eficiência e o melhoramento dos serviços. SUPIOT chama atenção para o fato de que a reestruturação dos serviços feito sob o toque de princípios exclusivamente econômicos desconsidera a noção de justiça distributiva, de regras de proteção ao trabalhador, bem como da noção da importância de prestações de serviços públicos, fatores estes que do ponto de vista da eficiência econômica não são rentáveis. Este tipo de raciocínio sacrifica a coesão social, cuja essência está no comportamento solidário. Em outras palavras, a eficiência não é solidária. E o artigo segue tecendo considerações acerca da solidariedade, ressaltando que "quem pensa em poder abrir mão dela não deve se admirar com a formação de sociedades paralelas, zonas sociais marginalizadas e precariedade."

O Tribunal Europeu teria, naqueles casos mencionados pelo autor francês, limitado o exercício de direitos fundamentais, como o direito de liberdade de expressão e de reunião, aos limites traçados nas determinações estipuladas nos contratos de trabalho. Na busca pela eficiência econômica o exercício do direito fundamental passa a ser exercido em conformidade com o direito da concorrência.

A análise de SUPIOT chama a atenção a um dos grandes perigos e às sérias conseqüências de decisões tomadas apenas considerando o ponto de vista da eficiência econômica, nomeadamente a sua falta de adequação à racionalidade jurídica.[64] Os perdedores desta política não serão apenas aqueles diretamente marginalizados por tais decisões, mas antes a sociedade como um todo.

---

[64] Neste sentido as palavras de Fogioni (2006), "é evidente que a eficiência paretiana não pode ser simplesmente transposta para o mundo jurídico, *porque o direito abarca outros valores, transformados em premissas implícitas do ordenamento*. Como se vê, o afastamento da lógica puramente econômica não é uma questão de ojeriza ou preconceito, *mas uma imposição a ser atendida tendo em vista o funcionamento do ordenamento, desde seu fundamento jurídico, visando ao dinamsimo do mercado de acordo com uma lógica também jurídica (e não apenas econômica)*."

PARTE II – SOBRE O DIREITO SOBRE DESENHOS INDUSTRIAS COMO INSTRUMENTO DE CONTROLE DO MERCADO SECUNDÁRIO

1. Sobre a complementaridade entre o direito sobre bens imateriais e o direito antitruste

A interação entre o direito antitruste e o direito sobre bens imateriais é marcada por uma dinâmica bastante peculiar. Do ponto de vista teórico falou-se durante muito tempo sobre uma relação conflitante entre estes dois institutos jurídicos. Partindo desta perspectiva entendia-se o direito exclusivo sobre os bens imateriais como um monopólio[65], monopólio este que estaria contraposto de forma direta, e assim em situação antagônica, com os fins do direito antitruste.

Deixando de lado a concepção estática do direito sobre bens imateriais, que por um lado vê na garantia de um direito exclusivo sobre aqueles bens a expressão de um "monopólio", enquanto que por outro lado descreve o objetivo do direito antitruste de forma limitada, no sentido de garantir a existência da concorrência sob a perspectiva de uma rivalidade estática,[66] parte-se hoje do entendimento de que direitos sobre bens imateriais e direito antitruste interagem de forma complementar. Se por conta de sua natureza o direito sobre os bens imateriais limita em um primeiro momento a concorrência, a análise dinâmica – ou a longo prazo – de seus efeitos indica o fomento da concorrência de inovação que, por sua vez, geraria a intensificação da concorrência entre produtos como um todo.[67]

Neste sentido, no desenvolver deste capítulo a relação entre aqueles dois direitos não será delimitada por parâmetros rígidos e estáticos. O fato de alguém ser titular de um direito sobre um bem imaterial não o coloca

---

[65] A palavra monopólio aqui não está sendo empregado no sentido de monopólio econômico. De acordo com HEINEMANN (2002), pág. 64, a palavra monopólio empregada para designar o direito exclusivo sobre um bem imaterial deve ser necessariamente entendida de forma abstraída do direito antitruste e na sua acepção originária em grego, derivada de μονοσ (*monos*) = único e de π_λειν (*p_lein*) = vender. Neste sentido o titular de um direito sobre um bem imaterial teria um monopólio por ser o único autorizado a explorar economicamente aquele bem.

[66] HEINEMANN (2002), pág. 1.

[67] HEINEMANN (2002), pág 23 ff.

em uma posição absoluta, excluída de qualquer possibilidade de intervenção limitadora do exercício deste direito. Pelo contrário, a extensão de tal direito exclusivo encontrará seus limites em sua própria natureza dinâmica de fomentador da concorrência.

2. Algumas considerações sobre o conceito de inovação

Antes porém de prosseguirmos com a exposição aqui proposta cabe, de plano, tecer algumas considerações sobre a premissa de que a garantia de um direito de exploração exclusivo sobre um bem imaterial gera necessariamente incentivos para a inovação técnica.

Esta premissa sempre foi e ainda continua a ser colocada em dúvida. Em 1961 MALCHUP assim se referiu à questão:

"Se entre nós não fosse reconhecida proteção patentária e tendo em vista o conhecimento atual sobre as conseqüência econômicas geradas por ela, seria irresponsável a hipótese de recomendação de uma lei sobre patentes. Mas uma vez que nós temos há muito tempo uma lei sobre patentes, seria irresponsável, de acordo com o nosso estado de conhecimentos atual, recomendar a eliminação desta Lei."[68]

A frase de MACHLUP continua ainda hoje a expressar o dilema que envolve a possibilidade de provar empiricamente o potencial de fomento econômico das inovações.[69] Especialmente no que diz respeito às dificul-

---

[68] MALCHUP, (1961), apud HEINEMANN (2002), pág. 12.

[69] Uma posição de ceticismo em relação aos efeitos econômicos positivos de inovações gerados pela concessão de patentes é defendidad por ULRICH (1996), pág. 555. V. WEIZSÄCKER (1981), Rechte und Verhältnisse in der modernen Wirtschafslehre, *apud* HEINEMANN (2002), por sua vez, entende que as vantagens da proteção sobre bens imateriais seriam maiores do que as desvantagens; neste sentido pergunta *"Não se deveria então dizer: Na dúvida para a concorrência de inovação e contra a concorrência de imitação?"*. Um outro dado interessante é fornecido em uma recente notícia redigida por SCHNABEL (2008) A reportagem, que trata do fracasso da implementação do trem "Transrapid" (trem de levitação magnética desenvolvido pela empresa *Transrapid International GmbH & Co*), conta que quando o projeto daquele trem finalmente ficou pronto, a sua utilização não era mais necessária, uma vez que os trens convencionais estão cada vez mais rápidos e que as passagens de avião são vendidas a preços cada vez mais baixos. O saldo negativo do projeto do Transrapid é exorbitante: o projeto que já vinha sendo desenvolvido desde os anos

dades de provar empiricamente os efeitos econômicos das inovações nos países em desenvolvimento, vale a pena transcrever um pequeno trecho de um estudo informativo da Comissão sobre direitos de Propriedade Industrial da UE:

> *"La cuestión crucial, desde nuestro punto de vista, es hasta qué punto los DPI fomentan el crecimiento. Los datos que hemos estudiado no sugieren que éstos tengan repercusiones directas importantes sobre el crecimiento en los países en desarrollo. (…) Tal vez la prueba más clara del impacto del sistema de PI sea el uso que se hace del mismo, sobre todos por los ciudadanos del país. La predisposición a solicitar patentes refleja una opinión sobre los beneficios de este sistema, aunque por supuesto se tratará de los beneficios privados, más que de los beneficios para la sociedad. (…) La principal conclusión que se puede sacar de todo lo anterior es que, en el caso de aquellos países en desarrollo que han adquirido una capacidad innovadora y tecnológica significativa, durante el período formativo de su desarrollo económico normalmente han estado asociados con formas de protección de la PI "débiles". Hemos llegado a la conclusión, por tanto, de que en la mayoría de los países con ingresos bajos y con una infraestructura científica y tecnológica débil, la protección de la PI a los niveles impuestos por el ADPIC no favorece el crecimiento de forma significativa. Por el contrario, el crecimiento rápido se asocia más frecuentemente con una protección menor de la PI. La evidencia indica que, en los países en desarrollo avanzados tecnoló-*

---

60 exigiu um investimento extraordinário de recursos, recursos estes que não retornarão em forma de bem-estar para a sociedade. Sem dúvida os fracassos fazem parte do sistema de inovação. O que se espera é que a soma dos fracassos e sucessos seja expressa em um saldo positivo. O que surpreende na notícia é a informação de que o fracasso não é exceção no âmbito das inovações técnica, pelo contrário SCHNABEL afirma que 85 a 95% dos projetos de natureza técnica nunca chegam a ser introduzidos no mercado – ou seja, e agora as palavras são nossas, 85% a 95% dos investimentos nestes projetos não serão revertidos em desenvolvimento inovativo e, conseqüentemente, em bem-estar. Nas palavras do especialista em história técnica REINHOLD BAUER, segue-se lendo no artigo, o sucesso seria a exceção, enquanto que o fracasso é regra. A receita para os grandes fracassos estaria, nas palavras de SCHNABEL, na combinação de engenheiros aficionados por técnica, executivos hiper-ambiciosos e políticos mão abertas em relação às subvenções públicas. Ao fazer uso destes dados não estamos aqui, por certo, defendendo uma postura "anti-inovativa", o que aqui se pretende é chamar a atenção para a relatividade do conceito de "desenvolvimento inovativo".

gicamente, la protección de la PI cobra importancia en una fase determinada de su desarrollo, pero esa fase no se produce hasta que un país entra claramente en la categoría de país en desarrollo con ingresos medianos altos"[70]

Estes argumentos indicam as dificuldades de valoração dos efeitos econômicos da concorrência de inovação. Neste sentido defende-se aqui uma postura comedida em relação ao argumento de que a concessão de direitos sobre bens imateriais geraria sempre efeitos econômicos positivos. Seguindo por um lado a posição de HEINEMANN (2002) que, considerando o fato da existência do sistema de proteção de bens imateriais, destaca a necessidade de nos darmos por satisfeitos com aquela afirmação que do ponto de vista empírico parecem no mínimo plausíveis[71], rejeita-se aqui, por outro lado, aquele entendimento estático, que elege o efeito econômico positivo da proteção garantida aos bens imateriais como verdade absoluta e sempre válida.

3. Breves considerações sobre o debate econômico e sobre o debate jurídico

Partindo da perspectiva da lógica do lucro, o produtor titular de um direito sobre bens imateriais espera poder contar com este direito como um protetor contra possíveis preocupações de caráter antitruste.

Se por um lado um determinado grau de limitação das possibilidades de substituição no mercado é conseqüência lógica da própria natureza do direito sobre bens imateriais, tais direitos, considerados como fatores isolados, raramente levarão à formação de um monopólio no sentido econômico. Em outras palavras, a concessão de um direito exclusivo de exploração sobre um bem imaterial não significa geralmente que o seu titular não sofrerá qualquer concorrência no mercado. Pelo contrário, isto só acontecerá quando tal proteção excluir qualquer possibilidade de substituição do produto protegido e por ele produzido. O que ocorre com mais

---

[70] Informe de la Comisión sobre Derechos de Propriedad Intelectual – Integrando los Derechos de Propriedad Intelectual y la Política de Desarrollo – Londres, Septiembre de 2002, págs. 28-30. O estudo está à disposição para download no endereço: http://www.iprcommission.org/graphic/Spanish_Intro.htm, visitado pela última vez em 18.04.08.

[71] HEINEMANN (2002), pág. 13.

freqüência é que a combinação do direito exclusivo sobre bens imateriais com outros fatores venha a gerar uma situação em que, na falta de autorização do titular do direito imaterial seja praticamente impossível oferecer um produto substituto no mercado. Mas também tal situação caracteriza-se por ser exceção, e não regra.

Se em razão de seu potencial fomentador da concorrência de inovação aceitamos o argumento de que tal direito gera efeitos positivos para a coletividade, então sob o ponto de vista econômico cabe perguntar se aqueles efeitos positivos gerados pelo controle do mercado secundário são maiores do que os efeitos negativos. Em outras palavras, o aumento do bem-estar gerado pelo estímulo à concorrência de inovação deve ser maior do que as desvantagens geradas por aquelas três imperfeições tratadas no capítulo anterior.[72]

Por fim, no que diz respeito ao aspecto jurídico, cabe lembrar que o bem imaterial não é garantido pelo ordenamento jurídico como um direito absoluto, direito que sempre prevalecerá em qualquer hipótese de composição de interesses. Este direito exclusivo é parte de um sistema. Ele não comporta um fim em si mesmo, mas é antes um fator a ser aplicado de acordo e para alcançar fins jurídicos maiores.

4. Um exemplo clássico do emprego do desenho industrial como instrumento de controle do mercado secundário: o caso das peças de reposição de automóveis

4.1. *Introdução*

A controvérsia que envolve a proteção imaterial manifesta nas peças visíveis de reposição de automóveis fornece não só um exemplo clássico de emprego de direito exclusivo sobre bem imaterial como instrumento de controle do mercado secundário, mas também ganha em importância em razão da atualidade do tema.

A discussão aqui envolve dois aspectos distintos: por um lado o direito exclusivo das montadoras de veículos, que registram como desenho industrial as peças externas que compõem seus automóveis – produtos complexos, posto que formados por vários elementos – e, por outro lado, a questão de controle do mercado secundário formado por aqueles produtos.

---

[72] Neste sentido BECHTOLD (s/d), pág. 57 s.

É importante destacar que a disputa não envolve a proteção garantida a estas peças enquanto no mercado primário. Isto quer dizer que não se coloca em dúvida a proteção conferida às peças novas e originais nas fases de preparação e montagem dos automóveis, mas sim em um momento posterior, quando estas serão utilizadas como alternativa de reposição de uma peça defeituosa ou danificada.

Aqui implícito que a peça de reposição deve então ser necessariamente idêntica à peça original de fabricação, sob pena de ser impossível restituir ao produto a sua aparência original.[73] Neste sentido estas peças são também chamadas de peças *must-match*.[74]

4.2. Sobre o problema na perspectiva da União Européia

4.2.1. Histórico

A publicação em 13 de outubro de 1998 da Diretiva 98/71/CE da União Européia (na época Comunidade Européia) relativa à proteção legal de desenhos e modelos foi precedida da publicação de um "Livro Verde sobre a proteção jurídica dos desenhos industriais" que, além de apresentar os resultados de uma análise sobre a matéria, continha uma proposta voltada a viabilizar a aproximação das legislações dos Estados Membros. No que diz respeito às peças *must-match*, o Livro Verde continha uma disposição chamada cláusula de reparação (*repair clause*), segundo a qual os direitos exclusivos sobre desenhos protegidos não poderiam ser exercidos contra terceiros que, passados três anos após a primeira colocação no mercado de um produto "complexo" em que um determinado desenho ou modelo tivesse sido incorporado, copiassem esse desenho, desde que o desenho ou modelo em questão dependesse da aparência do produto complexo de modo a restituir-lhe a sua aparência original.

Considerando que a proteção jurídica garantida às peças de reposição excluía a possibilidade de concorrência no mercado secundário, foi lan-

---

[73] Aqui se trata de fato de peças externas dos automóveis, como por exemplo um espelho retrovisor, uma porta ou um pára-choque. As peças não visíveis durante o uso normal do veículo, como por exemplo aquelas escondidas por debaixo da capota do motor poderiam, teoricamente falando, ser diferentes das originais, posto que não sendo visíveis em nada prejudicariam a aparência original do veículo.

[74] É necessário distinguir entre peças *must-match* e interconexões ou interfaces. Estas últimas são peças que cuja função é conectar um produto ou um componente a outro.

çada mão da cláusula de reparação como um mecanismo voltado a evitar o estabelecimento de um monopólio no mercado de peças de reposição.

A cláusula de reparação prevista no Livro Verde sofreu severas críticas do setor industrial. Os produtores independentes de peças de reposição, por exemplo, criticaram o prazo de proteção de três anos previsto naquela cláusula. A Comissão procurou então adotar uma nova abordagem, apresentando uma nova proposta onde previa que os terceiros interessados em copiar o desenho de um determinado produto complexo para fins de reparação poderiam fazê-lo imediatamente, mediante uma remuneração eqüitativa e razoável. Tal solução não foi por sua vez aceita nem pelos produtores independentes e nem pela indústria automobilística. Face às divergências profundas optou-se então pela renúncia de harmonização das legislações nacionais dos Estados-Membros nesta matéria. Para a elaboração da Diretiva relativa à proteção legal de desenhos e modelos lançou-se mão, assim, de um mecanismo chamado *freeze plus*, ou seja, do congelamento das legislações nacionais existentes e da determinação da possibilidade de introduzir alterações a essas disposições apenas quando o objetivo das mesmas fosse a liberalização do mercado desses componentes.

A solução definitiva do problema foi deixada para mais tarde. Neste sentido a Diretiva determinou que até outubro de 2004 fosse apresentado um estudo onde deveriam ser abordadas as conseqüências desta situação insatisfatória para a indústria comunitária, para os consumidores, para a concorrência e para o funcionamento do mercado interno. A Diretiva também previu para mais tardar um ano após a apresentação do Estudo a proposição ao Parlamento e ao Conselho Europeu das alterações à Diretiva necessárias para regular definitivamente o mercado interno de componentes e produtos complexos. Em conformidade com os prazos previstos na Diretiva, a Comissão da Comunidade Européia apresentou em 14 de setembro de 2004 uma Proposta de alteração do artigo 14 daquele instrumento legal.[75] Esta proposta foi acompanhada de um estudo extenso, onde as relações de mercado entre os setores econômicos afetados pelo estudo foram analisadas.[76] Os resultados deste estudo forneceram as bases para a Proposta da Comissão.

---

[75] Vorschlag für eine Richtlinie des europäischen Parlaments und des Rates zur Änderung der Richtlinie 98/71/EG über den rechtlichen Schutz von Mustern und Modellen, KOM (2004) 582 (01).

[76] Comission Staff Working Document – Extendet Impact Assessment of the Proposal for a Directive of the European Parliament and the Council Amending Directive 98/71/EC on the Legal Protection of Designs, COM (2004) 582.

Partindo do princípio de que a diferença de regimes jurídicos nos Estados-Membros prejudica o funcionamento do mercado interno distorcendo a concorrência, e que uma decisão no sentido de unificar as legislações seria imprescindível, a Comissão decidiu, a despeito das críticas que embasadas no argumento de que uma limitação da proteção garantida ao desenho industrial traria em si o germe da erosão de todo o sistema da proteção aos bens imateriais,[77] por adotar a chamada *free repair clause from day one*, ou seja a liberalização completa do mercado secundário de peças de reposição *must-match*. Nos motivos da proposta foram elencados os seguintes motivos que embasam a opção de adoção de um regime de liberalização completa, imediata e gratuita:

- o único objetivo da proteção dos desenhos industriais é conceder direitos exclusivos sobre a aparência de um produto, mas não um monopólio relativo ao produto em si;
- a proteção de desenhos industriais em relação aos quais não haja alternativa prática conduz a uma situação de monopólio de fato;
- se se conceder a terceiros autorização para fabricar e distribuir peças de reposição a concorrência será mantida;
- se a proteção de desenhos industriais se estender também às peças de reposição, os produtores independentes violariam estes direitos, o que acarretaria a eliminação da concorrência favorecendo aos titulares dos direitos sobre desenhos industriais um monopólio de fato sobre os produtos

Justificando a opção pela liberalização imediata e rejeitando assim a possibilidade de estabelecer um prazo durante o qual as peças *must-match* gozariam de proteção, a Comissão argumentou que um período de proteção reduzido poderia implicar a possibilidade de que, durante esse período, os titulares dos direitos aumentassem os preços.

A opção pela liberalização gratuita encontrou sua justificativa no argumento de que um sistema que consistisse em conceder a terceiros autorização para utilizarem os direitos sobre desenhos detidos por outrem, mediante remuneração, levantaria problemas em relação à determinação da titularidade dos direitos, à adequação da compensação e, por último, à disponibilidade de terceiros para pagarem efetivamente essa remuneração.

---

[77] Assim DREXEL; HILTY; KUR (2005), pág. 450.

Com relação aos argumentos de caráter técnico, de que as peças sobressalentes não originais não garantem níveis qualitativos idênticos aos das peças originais, haja vista que não raro os fabricantes independentes não gozam de competências específicas em matéria de processos, de qualidade e de tecnologia, próprias dos fabricantes de veículos, a Comissão argumentou que a proteção de desenhos industriais se destina a recompensar o esforço intelectual dos seus criadores, e não as funções técnicas ou a qualidade da peças. Desenho industrial e parâmetros de segurança são objetos de legislações específicas diferentes. Neste sentido, por exemplo, o pára-choque de um veículo que não apresente os requisitos de registrabilidade necessários não poderá ser protegido como desenho industrial, mas por ter sido produzido de acordo com conhecimentos técnicos de primeira qualidade poderá preencher todas as expectativas de segurança.

4.2.2. Os argumentos econômicos e jurídicos

Como já dito anteriormente, a proteção garantida aos bens imateriais encontra sua fundamentação na noção de que ela serviria de estímulo à inovação. Tal noção estaria, por sua vez, expressa nas seguintes premissas: (1) a limitação da concorrência no nível de produção leva ao estímulo da concorrência em um nível mais elevado, nomeadamente no nível da inovação; (2) a dimensão do estímulo devido ao titular do direito exclusivo sobre o bem imaterial será formada durante o processo de concorrência entre o seu bem e um outro bem não protegido, ou entre o seu bem e um outro bem protegido de um terceiro titular.[78] Em outras palavras, o preço do produto que incorpora o bem imaterial será formado durante o processo concorrencial, neste sentido a vantagem econômica – ou o lucro – do titular do direito sobre o bem imaterial, ou seja, a dimensão do incentivo, será uma conseqüência da dinâmica do mercado.

A noção de concessão de vantagens econômicas como incentivo à atividade inovadora pressupõe, assim, que o mercado seja dotado de uma relação de competição. Quanto maior a qualidade inovativa expressa no bem imaterial, maior será a vantagem concorrencial do seu titular em relação aos outros bens ou, em outras palavras, maior será a dimensão do prêmio que ele receberá pelo seu esforço inovador. Aqui desponta claro que

---

[78] Assim DREXEL; HILTY; KUR (2005), pág. 450, valendo-se das lições de v. WEIZSÄCKER, Rechte und Verhältnisse in der modern Wirtschaftslehre, Kyklos Nr. 34 (1981) pág. 345 ss.

o prêmio que se pretende garantir pelo esforço inovador é um prêmio de natureza concorrencial e nunca um prêmio de caráter monopolista.

A sutileza deste raciocínio expressa de maneira exemplar a diferença entre a consideração da propriedade imaterial dentro de um sistema de concorrência e a consideração deste instituto como algo isolado, destacado da realidade jurídica.

Ao aplicarmos este raciocínio às peças de reposição de automóveis percebe-se uma distorção destas premissas.[79] O fator inovador do desenho industrial deixa-se explicar pelo argumento de que a criatividade de *design* faria do produto um bem mais atrativo, o que fomentaria a concorrência. Enquanto o *design* do pára-lama pode influenciar o consumidor em sua decisão de preferir determinado automóvel, visto sob a perspectiva do mercado secundário de peças de reposição o *design* desta peça não exerce mais qualquer influência na escolha do consumidor, uma vez que ele não tem opção de manifestar a sua preferência neste mercado, pois a opção entre as alternativas de *design* dos veículos foi feita no momento da compra do produto primário.[80] A compra da peça de reposição no mercado secundário não será, por sua vez, movida por critérios de preferência, mas antes de necessidade. Conseqüência desta situação especial de necessidade da peça de reposição, e não de preferência entre alternativas, é que o preço de tal peça não será determinado pela concorrência com outros produto de substituição. Se se admite que o titular do desenho industrial exerça seu direito exclusivo também no mercado secundário, então se estaria admitindo que ele mesmo determine a dimensão do prêmio devido pela inovação.[81]

Aqui faz-se mister que se tome uma posição clara em relação às seguintes questões:

---

[79] Aqui seguimos o raciocínio feito por DREXEL, HILTY e KUR (2005), pág. 450 s.

[80] Aqui o primado "se não há alternativas de design então não cabe proteção como desenho industrial" proposto por RIEHLE (1993).

[81] Um outro argumento econômico que deporia contra a proteção das peças de reposição no mercado secundário é apresentado por BECHTOLD (s/d), pág. 59. De acordo com este autor os custos que envolvem a criação de carrocerias como um todo atingem o montante de cerca 0,7% do preço total de venda dos automóveis. No caso de um bom modelo VW Golf Variant vendido hoje no mercado alemão o preço investido na criação da carroceria seria cerca 175,- Euros (os cálculos com o preço do carro da marca Golf são nossos, BECHTOLD trabalha com preços médios) Seguindo o raciocínio de BECHTOLD, e diante deste dado percentual ínfimo, a repartição dos custos entre o mercado pirmário e secundário parece ridícula.

a) o mercado secundário e o mercado primário seriam mercados distintos e independentes entre si ou, ao contrário, seriam uma coisa só, uma unidade?

b) a proteção garantida sobre os bens imateriais exprime-se na forma de um dos mecanismos do sistema da concorrência ou forma uma "ilha" de reservas no meio do oceano da concorrência?[82]

Se afastamos a possibilidade de solucionar o problema da peças de reposição argumentando que a substância do direito garantido ao modelo teria sempre e incontestavelmente um peso maior na ponderação dos interesses frente à liberdade de concorrência, o que defendemos aqui de forma veemente, então a resposta à questão se o titular poderá valer-se deste direito exclusivo também no mercado secundário só poderá ser resolvida trazendo-se à baila argumentos de cunho político-econômico e, neste sentido, a decisão será sempre expressão de um objetivo político-econômico[83].

No que diz respeito à prática da União Européia parte-se, como já acima mencionado, do princípio de existência de dois mercados distintos – mercado primário e secundário – e da premissa de que cada caso que envolva a averiguação de uma possível posição dominante no mercado secundário pede uma análise específica calcada na averiguação dos efeitos daquelas imperfeições, das quais acima tratamos, e nas suas conseqüências para o mercado, mercado este que se deseja competitivo, e não monopolista.[84] Argumentos que embasariam o entendimento de posição dominante no mercado de peças de reposição seriam encontrados na dificuldade de se prever quantas peças de reposição serão necessárias durante a vida útil do automóvel e os altos custos que uma eventual troca de sistema envolveria. Aqui um típico caso de composição de interesses.

---

[82] No sentido de uma "ilha" de reservas a argumentação de BEYER (1994) e STRAUSS (2005) que destacam o instituto do modelo industrial do sistema, e que ao contrário do que aqui defendemos ressaltam a característica de neutralidade econômica da PI, e argumentam que a exceção de garantia às peças must-match vai de encontro com a essência da proteção de PI.

[83] Veja aqui HEINEMANN (2002), pág. 533.

[84] Aqui será feita assim uma composição de interesses, composição esta que está de acordo com art. 26 parágrafo 2 do TRIPS.

BIBLIOGRAFIA

BECHTOLD, Stefan: Die Kontrolle von Sekundärmärkten, s/d, http://www.wipol.uni-bonn.de/fileadmin/Fachbereich_Wirtschaft/Einrichtungen/Wirtschaftspolitik/Lehre/LE_Workshop/Bechtold_Sekundaermarkt.pdf, visitadoi pela úlitma vez em 18.04.08.

BEYER, Hanns. Patent und Ethik im Spiegel der technischen Evolution, in GRUR 1994, (541-558).

EUROPÄISCHE KOMMISSION. Bericht über die Wettbewerbspolitik (1995), COM (96) 126, http://ec.europa.eu/comm/competition/publications/ra9501de_de.pdf, visitado pela última vez em 18.04.08.

BORK, Robert R. The Antitrust Paradox – A Policy at War with Itself, with a New Introduction and Epilogue, New York, 1993.

DREXEL, Josef; HILTY, Reto, KUR, Annette. Designschutz für Ersatzteile – Der Komissionsvorschlag zur Einführung einer Reparaturklausel, *in* GRUR INT 2005, Heft 6 (449-457).

CHEVALIER Philippe (1998). Dominance sur un marché de produits secondaires, *in* Competiton Policy Newsletter, fev. 1998, http://ec.europa.eu/comm/competition/speeches/text/sp1998_008_fr.html, visitado pela última vez em 18.04.08.

FISCHER, Elke.Info-Lab/Ricoh. Competition Policy Newsletter, fev. 1999, pág. 35-37, Nr. 1, http://ec.europa.eu/comm/competition/publications/cpn/cpn19991.pdf, visitado pela última vez em 18.04.08.

FORGIONI, Paula A. Os fundamentos do antitruste. 2. ed., São Paulo: Editora Revista dos Tribunias, 2005.

_____. Análise econômica do direito: paranóia ou mistificação?, *in* Revista do Tribunal Regional Federal, n.º 77, Maio/Junho 2006, 35-61.

_____. As importações paralelas no Brasil, texto ainda não publicado e fornecido pela própria autora.

GRAF V. MERVELDT, Moritz. Anmerkung. Ex Occident Lux? Das Verizon/Trinko-Urteil des US Supreme Court, *in* Grur Int, 2004, (678-681)

GRAU, Eros R. A ordem econômica na constituição de 1988. 12ª edição, São Paulo: Malheiros, 2007.

HEINEMANN, Andreas. Immaterialgüterschutz in der Wettbewerbsordnung. Eine grundlagenorientierte Untersuchung zum Kartellrecht des geistigen Eigentums, *in* JUS PRIVATUM Beiträge zum Privatrecht, Volume 65, Tübingen:Verlag Mohr Siebeck, 2002.

HÜBNER, Rainer. Genung ist Genug, *in Das Kapital*, de 20.09.2006, http://www.capital.de/politik/100004822.html.

MÜLLER, Thomas. Anmerkung (zur Supreme Court 08.06.1992 – Kodak), *in* GRUR Int., 1995, pág. 92.

PORNSCHLEGEL, Clemens. Adieu 1789. Wie Europa Staat und Recht an den Wettbewerb verkauft, *in* Süddeutsche Zeitung, 03.04.2008.

RIEHLE, EG-Geschmackmusterschutz und Kraftfahrzeug-Ersatzteile, in GRUR Int. 1993, (49-70).

SALOMÃO FILHO; Calixto. Direito Concorrencial. As estruturas. São Paulo: Malheiros, 1998

SCHNABEL, Ulrich. Ort der Einkehr. Der Transrapid gehört ins Museum der gescheiterten Innovationen, *in* Die Zeit (03.04.2008), pág. 35.

STRAUSS, Joseph, Ende des Geschmacksmusterschutzes für Ersatzteile in Europa? Vorgeschlagene Änderungen der EU Richtlinie: Das Mandat der Kommission und seine zweifelhafte Ausführung, *in* GRUR Int. 2005, 965-979.

ULLRICH, Hanns. Lizenzkartellrecht auf dem Weg zur Mitte, in GRUR Int. 1996, (555--567).

WENDENBURG, Albrecht. Marktmacht auf Sekundärmärkte. Köln, Berlin, München: Carl Haymanns, 2004.

A DEFESA DOS DIREITOS
DE PROPRIEDADE INDUSTRIAL
– PROTECÇÃO PROVISÓRIA E PROTECÇÃO PRÉVIA:
BREVES NOTAS

MIGUEL MOURA E SILVA
Assistente da Faculdade de Direito da Universidade de Lisboa

1. **Introdução**

Ao aceder ao amável convite para tratar este tema, confesso ter ficado com algumas dúvidas relativamente à respectiva dignidade científica; afinal de contas, eu próprio me tinha referido em termos depreciativos quanto ao regime da protecção prévia, introduzida pelo CPI de 2003 no âmbito dos desenhos e modelos industriais.[1] Estimulado pelo Professor Doutor Oliveira Ascensão aceitei, não sem alguma preocupação quanto ao escasso contributo que poderia trazer neste domínio.

Pela sua inserção sistemática no presente curso, procurei tratar o tema numa perspectiva prática e centrada no recurso às figuras da protecção provisória e da protecção prévia na óptica da protecção dos direitos de propriedade industrial.

Em boa verdade, o elemento comum que encontramos desde logo nos institutos da protecção provisória e da protecção prévia é a sua anterioridade à concessão de qualquer direito de propriedade industrial; se preferirmos, trata-se do equivalente administrativo à figura da tutela cautelar, pois destina-se a proteger o que é ainda uma aparência de um futuro direito de propriedade industrial. Compreende-se, por isso, que não se tratam de

---

[1] Ver Miguel MOURA E SILVA, "Desenhos e Modelos Industriais – Um Paradigma Perdido?", in OLIVEIRA ASCENSÃO (org.), *Direito Industrial*, vol. I, p. 431, a pp. 449-50.

direitos de propriedade *sui generis* e sim da antecipação da protecção fundada na futura obtenção do correspondente direito de propriedade industrial.

2. A protecção provisória

O regime da protecção provisória encontra tratamento genérico no artigo 5.º do CPI, conferindo aos pedidos de patente, de modelo de utilidade e de registo, "protecção idêntica à que seria atribuída pela concessão do direito, para ser considerada no cálculo de eventual indemnização". Em regra, tal protecção opera, *ope legis*, com a publicação do pedido em causa no Boletim da Propriedade Industrial, podendo excepcionalmente ser oponível antes da referida publicação, "a quem tenha sido notificado da apresentação do pedido e recebido os elementos necessários constantes do processo".

Como se vê, o âmbito da protecção conferida a título provisório pela apresentação de um pedido e após a respectiva publicação, fica limitado às garantias concedidas no âmbito da responsabilidade civil, tema esse que foi objecto de outra conferência neste curso. Assim, a finalidade é meramente ressarcitória, não permitindo ao requerente da patente, modelo de utilidade ou registo impedir o exercício da actividade que, caso o direito já lhe tivesse sido concedido, constituiria um ilícito criminal (artigos 321.º e ss. do CPI). Não existindo ainda um direito de propriedade industrial nem sendo o acto em causa ilícito antes da concessão daquele direito, afigura-se-nos inaplicável o recurso à tutela cautelar prevista pelo artigo 339.º do CPI.

Em que se traduz então, do ponto de vista prático, o regime da protecção provisória? A resposta limita-se, de acordo com a lei, ao ressarcimento dos danos causados pela utilização feita por terceiro do objecto do pedido caso o direito venha a ser conferido ao requerente. Sendo essa concessão condição necessária para efectivar a protecção prévia, a sentença que venha a estabelecer o direito à indemnização apenas poderá ser proferida após a concessão ou recusa do direito (sendo, neste último caso, uma sentença absolutória do réu) (artigo 5.º, n.º 3 do CPI).

Tal não impede, do nosso ponto de vista, que o requerente interponha a acção contra quem esteja a infringir a protecção provisória logo após a divulgação. A lei apenas limita o momento em que pode ser proferida a sentença e não o momento de apresentação da acção de indemnização, o que permite atribuir à protecção provisória alguma eficácia dissuasora de potenciais infracções, ainda que condicionada ao sucesso do pedido ou registo e à demonstração dos pressupostos da referida responsabilidade.

3. A protecção prévia

O regime da protecção prévia surge como uma inovação no âmbito dos desenhos e modelos industriais, limitada aos têxteis e vestuário.[2] A razão que foi invocada como justificação deste instituto no âmbito da Comissão de Revisão do CPI de 1995 prendia-se com a alegada necessidade de dar cumprimento a uma disposição do TRIPs/ADPIC, o seu artigo 25.º, n.º 2, mais concretamente. Segundo esta norma internacional, "cada Membro [da OMC] assegurará que os requisitos para obtenção de protecção de desenhos ou modelos de têxteis, nomeadamente no que se refere a eventuais custos, exames ou publicações, não comprometam indevidamente a possibilidade de requerer e obter essa protecção".[3]

Além de ser muito discutível a interpretação predominante na Comissão de Revisão e que sobreviveu, com escassas alterações, no actual CPI, de que o regime geral dos desenhos e modelos é suficiente para dar cumprimento àquela norma internacional, a forma escolhida para dar corpo à solução adoptada parece-nos criticável em diversos aspectos, como melhor se verá após uma breve descrição do regime legal da protecção prévia.

O CPI dedica 11 dos seus 358 artigos à protecção provisória. Como já referimos, o âmbito objectivo está limitada aos desenhos e modelos de têxteis ou vestuário. O pedido de protecção provisória, instruído de acordo com o artigo 214.º do CPI, deve ser apresentado junto de "entidades tecnológicas idóneas com quem o Instituto Nacional da Propriedade Industrial pode celebrar protocolos" (artigo 212.º, n.º 1), existindo actualmente um protocolo com o CITEVE, com instalações em Famalicão e na Covilhã. Uma vez recebido o pedido, acompanhado da reprodução do objecto

---

[2] Mas podendo ser alargado, por portaria do Ministro da Economia, a outras actividades (artigo 211.º CPI).

[3] Deve sublinhar-se que o Acordo sobre Têxteis e Vestuário que integra o anexo 1A ao Acordo OMC define os têxteis como incluindo também o calçado, questão que o legislador nacional parece ter ignorado.

em causa, o CITEVE envia o mesmo ao INPI, no prazo de 15 dias, acompanhado de um certificado de depósito e do valor das taxas correspondentes.

Embora a lei não o explicite, compete ao INPI conceder a protecção provisória, respeitando a precedência de pedidos pela data de entrada junto do CITEVE e do INPI.[4]

Segundo o discurso oficial do INPI, o objectivo deste instituto consiste em conferir uma "protecção sem grandes formalidades de registo, rápida e económica", procurando satisfazer as necessidades da indústria têxtil e do vestuário que "produz, em breves períodos de tempo, grandes quantidades de desenhos ou modelos com um tempo de vida curto, dos quais apenas uma pequena proporção acabará por ser comercializada".[5]

Já o CITEVE descreve os benefícios como correspondendo à protecção entre o período que medeia a criação e a participação em feiras e exposições, permitindo ao requerente decidir para quais das suas criações deseja efectuar o registo definitivo.[6]

Qual é o conteúdo da protecção prévia? Antes de mais, o pedido sujeita o objecto do mesmo a um depósito em regime de segredo durante os seis meses de duração da protecção prévia, contados da entrada do pedido no INPI (artigo 215.º);[7] findo aquele prazo, o CITEVE mantém o depósito mas agora em regime de arquivo (artigo 213.º).

Mas o principal efeito da protecção prévia é, afinal, uma mera prioridade para efeitos de um eventual pedido de registo de modelo ou desenho industrial que venha a ser apresentado pelo requerente nos termos gerais, sendo que, durante o período de seis meses, apenas o beneficiário pode requerer os mesmos registos (artigos 217.º e 219.º). Todavia, caso o requerente pretenda intervir em processo administrativo contra a concessão de outro registo ou interpor uma acção judicial com base no

---

[4] A utilização do plural, "entidades", poderia levar, numa leitura apressada, a considerar que um pedido poderia entrar em segundo lugar no CITEVE e chegar antes do primeiro ao INPI, obtendo assim prioridade. Parece-nos por demais evidente que tal resultado é absurdo. A data que importa é a da entrada no CITEVE, tanto mais que a data de transmissão ao INPI depende apenas da melhor ou pior eficiência daquele e não da diligência do requerente.

[5] www.inpi.pt (visitado a 20.3.2007).

[6] www.citeve.pt (visitado a 20.3.2007).

[7] Caso o pedido não respeite os requisitos do artigo 214.º, o INPI notifica o requerente para o regularizar no prazo de um mês, caso em que a protecção prévia se conta a partir da data de regularização.

desenho ou modelo em causa, só o poderá fazer após efectuar um pedido de registo com exame.

A conversão do pedido de protecção provisória em pedido de registo tem por efeito imediato a caducidade da protecção provisória (artigo 218.º).

Qual tem sido a adesão da indústria têxtil e do vestuário a este regime? Analisando os dados estatísticos, o quadro é claramente negativo. Segundo o INPI, entre 2003 e 2006 foram efectuados 27 pedidos (os dados do CITEVE, que incluem o período entre 1.1.2007 e 20.3.2007, apontam para um total de 33).

Pedidos de Protecção Prévia de Desenhos ou Modelos

Ano	N.º
2003	1
2004	12
2005	5
2006	9

Fonte: INPI

Estes resultados ficam bastante aquém do número de pedidos de desenhos ou modelos em geral (em 2005: 535 por via nacional e 450 por via comunitária). No entanto, o número de pedidos de desenhos ou modelos correspondentes à indústria têxtil é reduzido (6 por via nacional em 2005 – classe 5 da Classificação de Locarno). Nesse mesmo ano não foram concedidos quaisquer direitos nesta classe.

4. Comparação entre os dois institutos e conclusões

Julgo ficar claro do exposto que apenas a protecção provisória pode ser verdadeiramente encarada como uma forma de defesa de direitos de propriedade intelectual. A sua obtenção permite uma compensação *a posteriori* dos danos causados pela infracção culposa do direito de propriedade industrial que venha a ser adquirido, num momento em que tal direito ainda não existe; ou seja, a mera publicação do pedido produz um efeito dissuasor de potenciais infracções – na exacta medida dos prejuízos causados pela colocação no mercado de um produto ou serviço abrangido pelo objecto de protecção do direito em causa durante o período em questão.

Acresce que tal protecção, resultando ope legis da mera publicação, não fica condicionada ao pagamento de outras taxas que não as devidas pelos actos necessários à obtenção de protecção.

Já a protecção prévia tem um alcance significativamente menor, estando limitada aos desenhos e modelos industriais e, dentro destes e por ora, aos que tenham por objecto têxteis e vestuário e, em boa verdade, oferece escassa, para não dizer nenhuma protecção; o único benefício resulta assim de o beneficiário gozar de uma prioridade sem necessidade de proceder imediatamente a um registo, permitindo testar o sucesso comercial do produto.

Claro que esta vantagem ainda poderia ter algum relevo caso não existissem outros mecanismos menos formais e claramente mais poderosos à disposição dos criadores. Sucede, no entanto, que com a criação dos desenhos ou modelos comunitários não registados,[8] existe actualmente um regime que confere verdadeiros direitos, não depende de qualquer formalidade, é gratuito e confere protecção por um período de três anos após a primeira divulgação ao público contra actos de cópia do desenho ou modelo protegido (artigo 19.º do Regulamento (CE) n.º 6/2002).

Não quero com isto dizer que o regime de protecção provisória não possa ainda ter algum interesse. Mas tal apenas sucederá caso este instituto seja generalizado a todos os desenhos e modelos e seja abandonada a exigência de depósito de uma reprodução física do objecto a proteger, o que implica custos de produção que apenas as grandes empresas estão em condições de suportar.

---

[8] Regulamento (CE) n.º 6/2002 do Conselho, de 12.12.2001, relativo aos desenhos ou modelos comunitários, J.O. L 3/1, de 5.1.2002. Ver Miguel MOURA E SILVA, *op. cit.*

O DIREITO AO MODELO DE UTILIDADE

PEDRO SOUSA E SILVA[*]
Advogado especialista em Direito da Propriedade Intelectual.
Professor do I.S.C.A. da Universidade de Aveiro
e da Faculdade de Direito da Universidade Católica

I. INTRODUÇÃO

A figura do modelo de utilidade é comparável à daqueles arbustos que nascem à sombra de árvores maiores. E que, por falta de espaço vital, nunca chegam a atingir uma dimensão comparável à da árvore vizinha, que as priva da luz do sol e da atenção de quem passa.

Nascido à sombra das patentes, o modelo de utilidade nunca se afirmou seriamente no nosso país. Basta pensar que, em finais de 2004, havia 662 modelos de utilidade em vigor em Portugal, a par de 33.854 patentes, e de 4.697 desenhos ou modelos[1]. A nível mundial, o panorama é semelhante: No ano de 2002, apenas 7 países concederam um número superior a 1.000 novos registos[2], e sempre em quantidade muito inferior ao número de patentes concedidas. Neste mesmo ano, Portugal concedeu o modesto número de 30 registos.

De resto, nem todos os países reconhecem este tipo de direito privativo. O Reino Unido e os Estados Unidos bastam-se com as patentes, e isso não tem privado os inventores de protecção: Os EUA ocupam o primeiro

---

[*] Advogado especialista em Direito da Propriedade Intelectual. Professor do I.S.C.A. da Universidade de Aveiro e da Faculdade de Direito da Universidade Católica.

[1] Fonte: Anuário Estatístico do INPI de 2004.

[2] Fonte: WIPO (IP/STAT/2002/A). Este grupo é liderado pela China (57.484 novos registos em 2002), Coreia (39.957), Alemanha (17.188), Japão (7.793), Federação Russa (5.611), Espanha (2.943) e República Checa (1.043).

lugar mundial quanto a patentes em vigor (1.633.355), vindo a Grã-Bretanha em terceiro lugar, com 473.904[3].

Este lugar secundário dos modelos de utilidade é facilmente explicável: Os modelos de utilidade não se distinguem das patentes, nem pela sua natureza, nem pela sua função. E, durante muitos anos, também não se diferenciavam pelos processos de registo, nem sequer pelos encargos suportados com o pedido e manutenção destes direitos. A distinção, entre nós, resultava essencialmente do período de protecção (inferior ao das patentes) e do âmbito das invenções registáveis (mais limitado que o das patentes).

Nesse contexto, a reduzida popularidade dos modelos de utilidade era inelutável: O esforço (financeiro e burocrático) para os obter era semelhante ao das patentes, e o retorno era menor: uma duração inferior e um estatuto secundário. Para quê escolher a "Segunda Divisão", se custava o mesmo estar na "Primeira"?

O nosso Código da Propriedade Industrial de 2003 veio tentar inverter esta tendência, estabelecendo para os modelos de utilidade uma protecção mais ténue e mais precária, embora mais fácil e rápida de obter, como adiante veremos.

A exposição subsequente começará por fixar o conceito tradicional de modelos de utilidade, ensaiando a (possível) demarcação face às patentes de invenção e desenhos e modelos (II), para em seguida enunciar os traços mais importantes do regime actual, nomeadamente os limites e requisitos de protecção, e os seus efeitos (III), bem como os procedimentos de registo, nacional e via Tratado de Cooperação (IV), para finalizar com uma referência ao regime da invalidade (V) e concluir com um balanço, necessariamente prematuro, sobre a eficácia do novo sistema.

II. CONCEITO TRADICIONAL DE MODELO DE UTILIDADE

Os modelos de utilidade desenvolveram-se especialmente na Alemanha, onde foram criados para contrabalançar o excessivo rigor com que era aplicada a lei de patentes, que deixava sem protecção alguns inventos,

---

[3] Dados de 2004. Fonte: WIPO (IP/STAT/2004).

ditos "menores", dotados de um menor grau de actividade inventiva. Apesar disso, LADAS[4] localiza na Inglaterra as origens deste conceito, que derivaria dos denominados "Useful Designs" previstos numa lei de 1843, embora tenham sido rapidamente abandonados, em 1883, não voltando a ser retomados.

Aos modelos de utilidade está pois subjacente a intenção de proporcionar à indústria um mecanismo de protecção menos ambicioso, que sirva para proteger produtos que – sem representarem uma invenção absoluta – revistam um carácter inovador, tendo características mais aperfeiçoadas, que lhes aumentem a utilidade ou melhorem o desempenho.

É o campo de eleição das utilidades domésticas, ferramentas e outros dispositivos aperfeiçoados, utensílios de cozinha, vasilhas e embalagens. Normalmente produtos já conhecidos, mas que, fruto de uma modificação ou inovação de forma, se tornam mais eficientes, mais fáceis de usar, ou de algum modo mais úteis.

Mas, apesar disso, não têm os modelos de utilidade *natureza* diversa das patentes. Qualquer um destes direitos exclusivos constitui um *monopólio* concedido pelo Estado ao inventor, destinado a garantir ao seu titular o exercício de uma certa actividade económica em condições monopolísticas. Trata-se pois de um direito de carácter patrimonial que permite ao seu titular proibir que todas as demais pessoas exerçam uma actividade que doutra forma seria livre[5].

---

[4] Stephen P. LADAS, *Patents, Trademarks and Allied Rights. National and International Protection*, Harvard, 1976, Vol. II, p. 949. No mesmo sentido, L. BENTLY e B. SHERMAN afirmam: *it is usually asserted that the idea of second-tier protection was first developed in Germany, where the 'gebrauchmuster' was introduced in the 1891 Utility Models Act, but the better view is that the UK's Utility Design Act 1843 was an earlier utility model system* (*Intellectual Property Law*, Oxford, 2004, p. 338, nota 90).

[5] Neste entendimento, seguimos de perto a tese defendida por FRANCESCHELLI (*Nature Juridique des droits de l'auteur et de l'inventeur*", in "*Studi Riuniti di Diritto Industriale*, Milão, 1971, p. 65 e ss.), que inclui o direito da patente na categoria dos *direitos de monopólio*. Esta é, a nosso ver, a perspectiva que melhor se ajusta à realidade económica e ao regime jurídico dos direitos de propriedade industrial. Contudo, a natureza destes direitos é objecto de uma antiga controvérsia doutrinal, inicialmente centrada na tentativa de os enquadrar noutra categoria que não a dos direitos reais, de que apresentam certos traços: conteúdo patrimonial e carácter absoluto. Defendendo a pertinência da propriedade intelectual ao domínio dos direitos reais, ORLANDO DE CARVALHO, "*Direito das Coisas*", Coimbra, 1977, afirmava que a tutela destes direitos "*só na aparência tem que ver com um privilégio ou monopólio, pois se destina, não a impedir uma actividade idêntica ou a frui-*

Tão pouco têm uma *função jurídica* diferente: O monopólio sobre a invenção – quer resulte de uma patente, quer do registo de um modelo de utilidade –, tem por objectivo incentivar o esforço criador, ao viabilizar a remuneração do inventor, que é extraída do mercado, na medida em que este absorva os produtos fabricados ao abrigo daquele direito privativo. A lógica de estímulo à inovação mediante atribuição de direitos exclusivos é portanto comum a ambas as figuras. A sua função consiste, pois, em assegurar ao inventor/criador a possibilidade de retirar do mercado a remuneração do seu esforço, proporcionando-lhe os meios necessários para evitar a turbação, por terceiros, da sua actividade económica de exploração do invento ou criação.

E, se acrescentarmos que são essencialmente idênticos os *requisitos de protecção* destes dois direitos exclusivos – como adiante se verá – teremos de concluir que só através de elementos externos, ou acidentais, é que poderemos diferenciar as duas figuras. Ou seja, só na medida em que o legislador lhes fixe regimes, duração ou processos de registo diversos é que poderemos considerá-los institutos autónomos[6].

ção económica de bens semelhantes àquele, mas a impedir a turbação da disponibilidade da coisa que a ideação constitui como ente económicamente fruível" [nota (2) p. 194]. Ou seja, a propriedade referir-se-á à *"obra como fonte de fruição económica"*, como salienta o mesmo autor in *"Introdução à posse"*, R.L.J., Ano 122.º, p. 108. Entre as teses destinadas a qualificar os DPI incluem-se, além da teoria dos direitos de monopólio e da tese da propriedade *"incorpórea"*, as concepções que os definem como *"direitos de personalidade"* e *"direitos sobre bens imateriais"*. Mais recente, e de origem norte-americana, refira-se ainda a teoria dos *"property rights"*. Sobre esta questão, além de ORLANDO DE CARVALHO, *Direito das Coisas*, Coimbra, 1977, pp. 190 a 196, cfr. a excelente síntese de OEHEN MENDES, *Direito Industrial*, Coimbra, 1984, pp. 90 a 175, OLIVEIRA ASCENSÃO, *"Direito Comercial – Direito Industrial*, Vol. II, Lisboa, 1988, pp. 389 a 409, além de outras referências citadas por SOUSA E SILVA, *Direito Comunitário e Propriedade Industrial – O princípio do Esgotamento dos Direitos*, Coimbra, pp. 30 e 31, nota 33.

Estas são porventura as concepções mais generalizadas para justificar, ao nível teórico, a existência e a atribuição de direitos de patente. Além das teses referidas (a da recompensa e a do contrato, em ordem ao estímulo à inovação) outras fundamentações foram já defendidas, como a do direito natural e a da propriedade. Sobre este tema, que não iremos desenvolver, cfr., entre outros, Paul DEMARET, *"Patents, Territorial Restrictions and EEC Law. A Legal and Economical Analysis*, IIC, 1978, pp. 3 e ss. e referências apontadas por esse Autor

[6] Na verdade, comparando os artigos 47.º/1 e 122.º/1 do CPI anterior, não se vislumbravam diferenças conceptuais entre as duas figuras, pois ambas exigiam um progresso técnico e um esforço inventivo, definidos de forma idêntica. Por isso, era sobretudo pelo *âmbito da protecção*, material e temporal, que essa distinção podia fazer-se: Os modelos de utilidade versavam unicamente sobre os inventos que consistissem *em dar a um objecto*

Era o que já sucedia, há muito, noutros países, que diferenciavam os modelos de utilidade fixando-lhes *menores custos* de obtenção e manutenção dos registos, bem como a *dispensa de exame prévio*, quanto aos requisitos da novidade e altura inventiva (tornando o registo mais simples e mais rápido). Mas não era esse o caso no nosso país até 2003, pois o exame relativo aos modelos de utilidade obedecia sensivelmente às mesmas regras do exame das patentes (por remissão do art. 127.º/1 do CPI de 1995).

Tradicionalmente, os modelos de utilidade são descritos como uma espécie de "pequenas patentes", em que a inovação resulta normalmente de uma alteração da forma de um produto já conhecido. Para usar uma síntese feliz, do Dr. Ohen Mendes, os modelos de utilidade consistiam na *solução de problemas técnicos que se resolvem pela forma*. O Professor Oliveira Ascensão falava em modelos tridimensionais, em que se protege *o carácter funcional da forma*, esclarecendo: *interessa pois a forma funcional*, podendo dizer-se que *está mais em causa a "fôrma" que a "forma"*[7]. Ou, reproduzindo uma passagem do Parecer da Câmara Corporativa que precedeu a aprovação do CPI de 1940, *os modelos de utilidade são criações engenhosas que tornam os objectos corpóreos mais úteis ou aproveitáveis por uma simples modificação na forma ou disposição, sendo este o seu elemento específico*[8].

---

uma configuração, estrutura, mecanismo ou disposição de que resulte o aumento da sua utilidade ou a melhoria do seu aproveitamento (art. 122.º/1 do CPI). Era o caso, nomeadamente, como esclarecia o número 2 deste preceito, *dos utensílios, instrumentos, ferramentas, aparelhos, dispositivos ou partes dos mesmos e do vasilhame*. Em contrapartida, certos inventos susceptíveis de obtenção de patente, eram privados de protecção como modelos de utilidade: as invenções de *processo* (art. 123.º) e, em geral, todas aquelas que não se traduzissem num objecto tridimensional, com uma forma definida, como sucede com as *substâncias, e as invenções químicas ou biológicas*. Quando à duração da protecção, o Código previa um prazo de 15 anos a contar do pedido (art. 131.º), já inferior ao das patentes, com uma duração de 20 anos (art. 94.º).

[7] Direito Comercial – Vol. II, Direito Industrial, 1988, p. 208.

[8] Pag. 198. E acrescentava-se, nesse Parecer: *Embora nos modelos de utilidade existam as mesmas condições objectivas da invenção, a realidade, a utilidade, a novidade e certo progresso técnico distinguem-se das invenções os modelos de utilidade. Não se distinguem, é certo, absolutamente, porque para um mesmo objecto às vezes pode reivindicar-se, alternada ou simultâneamente, a protecção de uma ou de outra lei; mas não pode confundir-se o respectivo domínio. Em primeiro lugar convém observar que as invenções químicas não são susceptíveis de ser consideradas como modelos: nem os processos, por-*

A esta luz, não é difícil distinguir os modelos de utilidade de uma outra figura da Propriedade Industrial, os *desenhos e modelos*: Nos primeiros interessa a forma *funcional*, enquanto nos segundos se protege a forma (melhor, a aparência), do ponto de vista *geométrico ou ornamental*.

III. O REGIME ACTUAL

O actual Código de Propriedade Industrial veio introduzir mudanças significativas no regime dos modelos de utilidade, em larga medida por inspiração comunitária, aliás expressamente reconhecida no preâmbulo do decreto de aprovação, que alude a um *alinhamento com as mais recentes propostas da Comissão Europeia* sobre esta matéria. Pretendeu-se assim consagrar, *avant-la-lettre*, o regime de uma proposta de directiva comunitária de harmonização das legislações nacionais "de protecção das invenções por modelo de utilidade", correspondente à proposta da Comissão Europeia, alterada após a primeira leitura no Parlamento Europeu, em Março de 1999[9].

Mas esta ânsia de transpor prematuramente *projectos* legislativos comunitários não se mostrou prudente, pois a própria Comissão suspendera já os trabalhos preparatórios dessa Directiva em Março de 2000[10] – ou seja, 3 anos antes da aprovação do novo CPI – para vir posteriormente a adoptar uma proposta alternativa, de um registo comunitário de modelos de utilidade, que também não vingou[11].

Seja como for, esta "transposição virtual" deu origem a uma alteração profunda do regime jurídico dos modelos de utilidade portugueses, que se estende actualmente por 36 artigos do novo CPI, embora 19 dos

---

que o modêlo é necessariamente um objecto corpóreo; nem os produtos, que se caracterizam não pela sua forma, mas pela sua natureza e propriedades. Depois, o objecto da patente, ao contrário do que sucede com o modelo de utilidade, nunca é a forma sob que se realiza a invenção, mas sim, a idea da invenção, em que a forma aparece apenas como meio de aplicar fôrças da natureza.

[9] Publicada no JO C de 29.08.2000.

[10] Cf. *Consultation on the impact of the Community utility model in order to update the Green Paper on the Protection of Utility Models in the Single Market* (26 de Julho 2001) SEC (2001) 1307.

[11] Para uma descrição deste inconsequente processo legislativo, cf. BENTLY e SHERMAN, ob. cit., pp. 339 e 340.

quais se limitem a remeter para o regime das patentes, dizendo repetitivamente que "è aplicável aos modelos de utilidade o disposto no artigo (...)"...

Como filosofia geral, assume-se claramente que não têm que existir **diferenças conceituais** entre as figuras da patente e do modelo de utilidade – admitindo-se expressamente (art. 117.º) que *a mesma invenção pode ser objecto, simultânea ou sucessivamente, de um pedido de patente e de um pedido de modelo de utilidade*, dependendo de *opção do requerente* a modalidade de protecção a conceder a uma dada invenção. Ou seja, podem apresentar-se, simultaneamente, um pedido de patente e de modelo de utilidade para a mesma invenção; e, sendo ambos concedidos, o modelo de utilidade deixará de produzir efeitos. O que especialmente caracteriza os novos modelos de utilidade é – para usar uma síntese da Comissão Europeia[12] – que *a obtenção destes títulos de protecção é mais rápida e menos onerosa do que a das patentes. Em contrapartida, a segurança jurídica que proporcionam é menor.*

Assim, no que respeita ao **objecto**, regista-se uma ampliação do âmbito de protecção, passando os modelos de utilidade a abranger as invenções *de processo* e deixando de estar limitados à inovação relativa à *forma tridimensional.* Assim, a definição dada pelo art. 117.º do novo CPI omite qualquer referência à configuração ou estrutura de um objecto (ao contrário do que fazia o art. 122.º do CPI 95). Reservadas à protecção das patentes apenas ficam as invenções que incidam sobre *matéria biológica* ou sobre *substâncias ou processos químicos ou farmacêuticos* (art. 119.º).

O **direito ao modelo** de utilidade não apresenta qualquer desvio face ao regime das patentes, para onde remetem expressamente os artigos 121.º e 122.º: Assim, o direito a registar o modelo pertence *ao inventor ou seus sucessores,* sem prejuízo das regras especiais para as invenções realizadas no âmbito laboral ou mediante encomenda (arts. 58.º e 59.º do CPI).

Os **requisitos de concessão**, à primeira vista são os mesmos das patentes[13]: Novidade, actividade inventiva, susceptibilidade de industrialização. No entanto, consagra-se agora, de forma explícita, uma menor

---

[12] No texto de apresentação da proposta alterada da directiva de harmonização; cf. http://europa.eu.int/eur-lex/pt/lif/reg.

[13] A este respeito, confrontem-se os artigos 51.º e 55.º a 57.º (relativos às patentes) com os artigos 117.º e 120.º (referentes aos modelos de utilidade).

exigência ao nível da actividade inventiva: a alínea b) do n.º 2 do artigo 121.º considera bastante que a invenção apresente *uma vantagem prática, ou técnica, para o fabrico ou utilização do produto ou do processo em causa*. Neste sentido, o projecto de directiva considerava suficiente que o invento apresentasse *uma vantagem prática ou técnica para a utilização ou o fabrico do produto ou do processo em causa, ou noutra vantagem para o utilizador, como por exemplo uma vantagem educativa ou um valor em termos de entretenimento*[14].

Quanto aos **efeitos** do registo do modelo, existem também alterações consideráveis: Relativamente à **duração**, estabelece-se como prazo máximo 10 anos, a contar do pedido (art. 142.º), incluindo um primeiro período de 6 anos, com duas possíveis renovações de 2 anos cada[15]. Como é sabido, as patentes continuam a beneficiar de 20 anos de protecção, nos termos do artigo 99.º, em conformidade aliás com o disposto no artigo 33.º do TRIPS.

No que respeita aos **direitos conferidos** pelo registo, o Código distingue consoante o modelo versa sobre um produto ou sobre um processo (art. 144.º). No primeiro caso, o titular pode proibir a qualquer terceiro, sem o seu consentimento, *o fabrico, a utilização, a oferta para venda, a venda ou a importação do produto para estes fins*. Se estiver em causa um processo, pode proibir a *utilização* do mesmo, bem como a prática dos actos acima referidos quando respeitem a um *produto obtido directamente por esse processo*[16]. À semelhança do que se dispõe para as patentes, o exclusivo continua a não abranger os actos realizados num *âmbito privado*

---

[14] Cf. art. 6.º/2 do projecto. Refira-se que, na lei alemã, o grau de exigência relativamente à altura inventiva é, explicitamente, superior nas patentes (em que se exige *actividade inventiva*, "erfinderische Tätigkeit") do que nos modelos de utilidade (que apenas carecem de um *passo inventivo*, "erfinderischer Schritt"). A este respeito, cf. F.K. BEIER, G. SCHRICKER e W. FIKENSCHTER, *German Industrial Property, Copyright and Antitrust Laws – Legal Texts with Introduction*, Max-Plank Institute, p. I/A/8 e WILFRIED STOCKMAIR, *The Protection of Technical Innovations in Germany*, VCH, p. 128.

[15] Era esta a solução preconizada no projecto de directiva (art. 19.º), que todavia subordinava as prorrogações à condição de ser pedido um exame de fundo (denominado "pedido de relatório de pesquisa relativo ao estado da técnica"), reduzindo dessa forma o risco de prolongar no tempo aparências de exclusivos sem merecimento técnico.

[16] À semelhança do que sucede com as patentes de processo, também aqui se aplica a regra da inversão do ónus da prova (arts. 141.º e 98.º), mediante a qual, se o direito privativo *tiver por objecto um processo de fabrico de um produto novo, o mesmo produto fabricado por um terceiro será, salvo prova em contrário, considerado como fabricado pelo processo* protegido.

e para fins não comerciais, ou a *título experimental*, para além dos actos realizados a bordo de navios, aeronaves e outros veículos de locomoção terrestre, que transitem temporariamente em território nacional (artigos 146.º e 103.º).

Também aqui encontra consagração explícita a regra do **esgotamento do direito**, constituindo o art. 146.º reprodução exacta do n.º 1 do artigo 103.º do Código (aplicável às patentes, que todavia registam uma ressalva, no seu n.º 2, relativa a matéria biológica – excluída do âmbito dos modelos de utilidade). Regista-se, com aplauso, que estas duas disposições já não incluem a restrição, constante do art. 99.º do CPI anterior, que exigia que a colocação dos produtos no mercado beneficiasse do consentimento "expresso" do titular do direito. Na verdade, tal consentimento tanto pode ser expresso como *tácito*, de acordo com jurisprudência constante do Tribunal de Justiça das Comunidades Europeias, desde pelo menos 1974[17]. Sublinhe-se, ainda, que a formulação adoptada – *comercialização (...) no Espaço Económico Europeu* – se inscreve na linha de jurisprudência adoptada pelo Tribunal de Justiça em matéria de esgotamento dos direitos, a partir do acórdão SILHOUETTE[18], em que restringiu a aplicação desta regra aos produtos colocados no mercado no interior da Comunidade (e, na sequência do acordo do Porto, no interior do EEE)[19].

IV. O(S) PROCESSO(S) DE REGISTO

Mas é sobretudo ao nível procedimental que os modelos de utilidade divergem claramente das patentes. O legislador quis assumidamente proporcionar aos agentes económicos uma protecção alternativa, através de *um procedimento administrativo mais simplificado e acelerado do que o das patentes*, como se afirma no n.º 2 do art. 117.º.

---

[17] Ac. CENTRAFARM. STERLING DRUG, de 31.10.1974, Proc. n.º 15/74, Rec. p. 1163.
[18] Ac. de 16.07.98, Proc. n.º C-355/96, CJCE p. 4799. Para um enunciado desta jurisprudência, cf. P. SOUSA E SILVA, *O esgotamento do Direito Industrial e as "Importações Paralelas"*, in "Direito Industrial", Vol. II (ob. col. editada pela APDI – Associação Portuguesa de Direito Intelectual, sob coordenação do Professor Oliveira Ascensão), p. 244 e ss.
[19] O projecto de Directiva incluía mesmo uma norma afastando expressamente o esgotamento dos direitos quando a colocação no mercado ocorresse no exterior da Comunidade (art. 21.º/2).

Assim, em princípio, os pedidos de modelo de utilidade apenas dão lugar a um exame dos *requisitos formais* de concessão, não se procedendo à análise dos requisitos substanciais, como a novidade, a actividade inventiva e a industriabilidade. O exame dos *requisitos de fundo*, através de uma pesquisa sobre o estado da técnica, só se realizará a pedido, do requerente ou de qualquer interessado, que então suportará os custos desse mesmo exame[20]. O titular de um modelo de utilidade que só tenha sido sujeito a um exame de forma receberá unicamente um "**título de concessão provisória**", *cuja validade cessa logo que tenha sido requerido o exame* (de fundo) da invenção (art. 130.º/1). Este exame pode ser requerido em qualquer altura, *enquanto o modelo de utilidade se mantiver válido* (art. 131.º/2).

Como é óbvio, os modelos que não tenham sido objecto de exame de fundo beneficiam de uma *protecção mais precária* (cf. art. 131.º). Por um lado, durante todo o período de validade de modelo, a sua concessão poderá ser posta em causa (sem necessidade de acção judicial de anulação), bastando para o efeito que um terceiro requeira junto do INPI o exame da invenção. Isto significa que é menor a segurança jurídica de que goza o titular do modelo não examinado, pois é mais fácil, mais rápido e mais barato a qualquer contra-interessado contestar o exclusivo relativo ao modelo em questão.

Por outro lado, o titular do modelo de utilidade só poderá instaurar acções judiciais para defesa dos seus direitos quando já tiver requerido o exame de fundo. Ou seja, o modelo que beneficie apenas de um título de concessão provisória não parece conferir o direito de impedir terceiros de explorar economicamente o invento[21]. Para que o titular possa vir a fazê--lo, terá de promover o exame de fundo[22].

---

[20] O exame de fundo far-se-á também quando seja deduzida oposição ao pedido, no prazo previsto no artigo 17.º/2 do CPI, devendo realizar-se nos três meses seguintes à apresentação da última peça processual (art. 132.º/3).

[21] O novo CPI nada diz quanto à existência de tutela penal, relativamente aos modelos não sujeitos a exame de fundo, sendo certo que o artigo 321.º não distingue a violação do exclusivo dos modelos de utilidade em função desse factor. O que poderia levar a supor que o modelo não examinado gozaria de protecção, ao nível delitual. Mas parece evidente que, se o legislador nega ao titular de um modelo não examinado a simples tutela civil, seria absurdo reconhecer-lhe nessa fase uma protecção tão gravosa como a tutela criminal. Por isso, por maioria de razão, deverá entender-se que os modelos de utilidade cobertos por meros "títulos de concessão provisória" não beneficiam de tutela penal.

[22] O projecto de Directiva previa expressamente que os Estados-membros exigissem *a obrigatoriedade de elaboração de um relatório de pesquisa nos casos de acções judiciais*

Mas, então, para que serve esta concessão provisória?

Aparentemente, constitui uma *protecção embrionária*, que pode ser *activada* em qualquer momento, durante a vigência do modelo, e que serve essencialmente para que o titular vá explorando economicamente o seu invento sem o fazer cair no domínio público (como aconteceria, caso explorasse o invento sem apresentar um pedido de modelo de utilidade). Deste modo, caso algum terceiro ponha em causa o seu exclusivo, ele fica com a possibilidade de solicitar então o exame de fundo, dando início a um processo de registo "a sério", que só fará nascer um exclusivo efectivo aquando da conclusão do processo de registo. Ou seja, se o exclusivo for questionado por um terceiro, o titular pode então "ir a jogo", para tirar a limpo o que vale, realmente, o seu invento.

Mas até lá – ou seja, entre o pedido de exame de fundo e a concessão definitiva do título – o n.º 3 do artigo 131.º só reconhece ao titular a protecção provisória que o artigo 5.º confere à generalidade dos requerentes de direitos privativos; isto é, uma protecção muito ténue, que aparentemente só é relevante para o cálculo de uma eventual indemnização[23]. Esta protecção provisória, contudo, não nasce com o pedido de exame de fundo, pois já existe em momento anterior, isto é, a partir da publicação do pedido no Boletim da Propriedade Industrial, ou da notificação desse pedido a qualquer terceiro que esteja a explorar indevidamente o modelo[24].

Sendo assim, o exame de fundo só terá interesse, na óptica do titular, quando veja ameaçado o seu direito e pretenda reagir contra a exploração do invento por parte de outrem; e, na óptica de um terceiro, quando este

---

destinadas a fazer valer os direitos conferidos pelo modelo de utilidade, a menos que este tenha sido objecto de um relatório de pesquisa anterior (artigo 16.º/4).

[23] Ao contrário do que os tribunais portugueses vinham entendendo, à luz do artigo 62.º do CPI de 95, que foi servindo para decretar providências cautelares de arresto e ordens de abstenção (cf. vg. o Ac. do S.T.J. de 12.01.99, in CJ-STJ 99 – I, p. 34 e o Ac. da Relação de Coimbra de 28.03.2000, in CJ 2000, II, p. 30).

[24] Esta parece ser a melhor leitura do disposto na parte final do n.º 3 do art. 131.º, o qual, numa interpretação *a contrario sensu*, poderia significar que a protecção provisória só nasceria após o requerimento do exame de fundo. Contudo, essa leitura apressada, além de colidir com o disposto no art. 5.º (que não distingue entre pedidos de patente, de registo ou de modelo de utilidade), retiraria ao "título de concessão provisória" muito da sua relevância. É que, nascendo a protecção provisória logo com a publicação do pedido de modelo de utilidade (como efectivamente deve nascer), a exploração do invento por banda de terceiros sujeitá-los-á ao risco de serem condenados a indemnizar o requerente pelos prejuízos que a sua actuação lhe causar durante o período que medeia entre aquele pedido e o requerimento de exame de fundo.

pretenda explorar livremente o invento em questão, sem correr o risco de vir a ser responsabilizado pelos prejuízos económicos que a sua concorrência possa causar ao titular do modelo.

Por isso, a obtenção de um "título de concessão provisória" tem a vantagem de conferir ao seu titular, com alguma rapidez e sem grandes custos, um direito exclusivo ainda ténue e precário, que lhe permite ir explorando o invento sem o fazer cair no domínio público e já lhe dá alguns meios de defesa contra a usurpação do invento por terceiros (o pedido indemnizatório previsto no art. 5.º/1)[25]. Mas esse direito exclusivo pode, em qualquer momento, ser *reforçado*, através da realização de um exame de fundo bem sucedido. Como também pode, pela mesma via, ser *destruído*, caso o dito exame de fundo demonstre que o invento não reúne os requisitos substanciais de protecção.

A relativa rapidez com que se obtém esta "concessão provisória" é resultado da fixação de **prazos** máximos (relativamente curtos) para a prática dos diversos actos e formalidades procedimentais. Conforme estabelecem os artigos 127.º a 130.º, uma vez apresentado o pedido no INPI, este organismo tem 1 mês para efectuar um exame formal, destinado a verificar a regularidade dos documentos exigíveis, devendo em caso afirmativo promover a publicação do pedido no Boletim da Propriedade Industrial (no prazo de 6 meses a contar do pedido[26]). Seguem-se 2 meses para apresentação de reclamações e, não as havendo (nem havendo pedido de exame de fundo), o modelo é concedido provisoriamente, notificando-se o requerente. Isto significa que – decorrendo o procedimento sem oposição e com razoável diligência administrativa – é possível obter uma concessão provisória ao fim de 8 a 10 meses a contar do pedido.

Mostrando-se o legislador tão empenhado em relançar a figura dos modelos de utilidade, seria legítimo esperar que as **taxas** devidas pelo registo e pela manutenção se mostrassem verdadeiramente competitivas,

---

[25] Para além do *efeito psicológico* de transmitir a terceiros a ideia (porventura infundada) de que existe um direito exclusivo sólido e consistente (até porque, para a generalidade dos agentes económicos, um modelo registado confere sempre um exclusivo, não tendo conhecimentos jurídicos bastantes para distinguir os modelos com registo provisório dos que já foram objecto de exame de fundo).

[26] Este prazo pode ser encurtado, ou alargado (até 18 meses), a pedido do requerente, consoante as suas conveniências – art. 128.º/ 2 e 3.

face às relativas às patentes. Contudo, a publicação da Portaria n.º 699/2003, de 31 de Julho, desvaneceu essa ilusão: As taxas devidas pelos pedidos de patente e de registo de modelo de utilidade são rigorosamente iguais, pese embora o facto de se poupar a taxa relativa ao exame de fundo nos casos de concessão provisória destes modelos (tornando *nesse caso* menos oneroso o registo). Mas a voracidade tributária do legislador chega ao ponto de fixar para a 1ª anuidade dos modelos de utilidade um valor *superior* ao das patentes! Se a intenção fosse a de dissuadir o registo dos modelos de utilidade, não se teria feito melhor...

Paralelamente ao registo nacional que ficou descrito, o CPI continua a admitir o registo de modelos de utilidade via **Tratado de Cooperação em matéria de patentes**[27], mediante remissão do artigo 139.º para o regime das patentes, com as devidas adaptações. Mas refira-se que, durante o ano de 2006, não foi apresentado em Portugal um único pedido de registo por essa via[28].

V. A INVALIDADE DO REGISTO

Deixamos propositadamente para o final uma referência ao regime específico da **invalidade** dos registos, constante dos artigos 151.º e 152.º. Não porque se prevejam motivos de nulidade diversos dos enunciados para as patentes (salvo no que respeita às remissões para os casos de falta de requisitos, positivos e negativos, de protecção – arts. 117.º a 119.º), mas porque a declaração de nulidade (a proferir através de decisão judicial – art. 35.º/1), apenas está prevista para os modelos de utilidade cuja invenção tenha sido objecto de *exame* (art. 151.º/2). Esta norma faz todo o sentido, uma vez que seria puro desperdício de meios sujeitar a escrutínio judicial uma invenção que ainda não tivesse sido objecto de um exame substancial por parte da autoridade administrativa.

Note-se que esta condição de procedibilidade judicial – a acreditar na letra do n.º 2 do art. 151.º – só se mostra aplicável aos casos de decla-

---

[27] O denominado "PCT – Patent Cooperation Treaty", concluído em Washington, em 19 de Junho de 1970.
[28] Cf. Revista "Marcas e Patentes", N.º 1/2007.

ração de *nulidade* (previstos no n.º 1 dessa disposição e ainda nas diversas alíneas do art. 33.º). Nada permite concluir que a mesma condição se aplique também quando estejam em causa os fundamentos de *anulação*, enumerados pelo artigo 34.º. Na verdade, nesse caso não se trata já da falta de *requisitos intrínsecos de protecção* (como sucede com as causas de nulidade dos arts. 33.º e 151.º), nem os fundamentos da anulação respeitam a factos sujeitos a análise no contexto do exame de fundo previsto no art. 132.º. Por isso, de nada adiantaria (para apreciação da validade do modelo), promover nessa hipótese o exame de fundo, que versaria sobre questões diversas daquelas que podem motivar a declaração judicial de nulidade[29]. Pelo menos neste aspecto poderá dizer-se que a distinção nulidade/anulabilidade (tradicionalmente de uma obscuridade fuliginosa, no âmbito do CPI) passou a fazer algum sentido, já que – em matéria de legitimidade processual, prazos de caducidade e retroactividade dos efeitos – não se conseguem distinguir as duas formas de invalidade.

Assim, o caminho a seguir por qualquer interessado na declaração de nulidade de um modelo sujeito a "título de concessão provisória" passa, numa primeira fase, por requerer o exame de fundo dessa invenção (ao abrigo do art. 131.º) e, caso não resulte daí a recusa de protecção, pela interposição de um recurso judicial contra a decisão (administrativa) de concessão definitiva do modelo (nos termos gerais dos arts. 39.º e seguintes). Uma vez concedido definitivamente o modelo de utilidade, por decisão transitada em julgado, nada impedirá – face ao disposto no Código – que venha a ser instaurada acção judicial de declaração de nulidade ou de anulação, nos termos do art. 35.º (ressalvada a existência de eventual caso julgado, caso estejam reunidos todos os pressupostos deste).

---

[29] Imagine-se que há fundamento para pedir a anulação porque o requerente e titular do registo não é o verdadeiro inventor, tendo registado o modelo abusivamente em seu próprio nome, em violação dos arts. 121.º e 58.º do CPI. Nesse caso o registo é anulável, ao abrigo do art. 34.º/1/b); mas o julgamento da causa não depende nem carece de um prévio exame de fundo, pois o litígio não respeita aos requisitos substanciais de protecção do modelo.

CONCLUSÃO

O novo regime dos modelos de utilidade representa inegavelmente um progresso face ao regime anterior, permitindo que, pela primeira vez na nossa ordem jurídica, os modelos de utilidade surjam como uma alternativa real à protecção das patentes.
Mas seria mesmo necessário instituir esta protecção?
Para responder a esta pergunta, importa observar a reacção dos interessados. E, até à data, os dados disponíveis sugerem que os pedidos de modelos de utilidade vêm aumentando paulatinamente desde 2003, atingindo em 2006 um *record* de 99 pedidos, o que dá bem a ideia da nossa pequenez. Mas não é só no plano dos números que deve buscar-se a resposta. Que deve ser dada à luz dos objectivos essenciais da Propriedade Industrial, de estimular a criatividade e defender a lealdade da concorrência. E aí poder-se-á legitimamente duvidar do acerto das soluções introduzidas em 2003.
Por um lado, o grau de exigência em actividade inventiva para a concessão de patentes tem vindo a reduzir-se paulatinamente, tornando assim duvidosa a necessidade de aligeirar ainda mais este escrutínio. Existem actualmente patentes concedidas em níveis tão próximos do estado da técnica que não parece sobrar muita "altura inventiva" para aí instalar um patamar intermédio de inventividade. Esta foi uma das críticas mais frequentemente dirigidas aos projectos da Comissão Europeia, havendo quem sustentasse que já não é possível exigir menor actividade inventiva do que aquela que vem sendo exigida pelos examinadores do Instituto Europeu de Patentes e das administrações nacionais.
Corremos assim um sério risco de instituir na prática um sistema de "patentes sem exame", acentuando a proliferação de exclusivos imerecidos, sobre realidades banais, ou já caídas no domínio público – que passarão a contar, à custa da "concessão provisória", com uma aparência de legitimidade que poderá inibir a iniciativa económica de outras empresas. Certos "inventos" serôdios podem "ocupar o terreno" de uma forma intensiva, contribuindo para asfixiar a produção em certos domínios, não deixando margem de actuação a quem queira produzir livremente.
Também por isso, o legislador português podia e devia ter previsto um mecanismo oficioso de *rejeição liminar*, que poderia ser usado aquando do exame de forma, para aqueles casos em que fosse manifesta a falta de novidade ou de actividade inventiva dos modelos registandos.

Ou, pelo menos, fosse prevista para esses casos a possibilidade de o INPI *determinar oficiosamente um exame de fundo*, a expensas do requerente. Para evitar que, um destes dias, apareça alguém com um título de concessão provisória do modelo relativo à... invenção da roda.

A instituição de direitos exclusivos sem exame prévio, e sem qualquer mecanismo de triagem oficiosa, é portanto passível de gerar insegurança jurídica. E com isso contribuir para asfixiar a actividade económica, que o Direito Industrial se destina a estimular, rodeando-a de autênticos "campos de minas", com registos abusivos de realidades banais, transformando a propriedade industrial em autêntica "poluição industrial".

Porto, 3 de Fevereiro de 2007

CASE OF ANHEUSER-BUSCH INC. V. PORTUGAL
(Application n.° 73049/01)

JUDGMENT

STRASBOURG
11 January 2007

This judgment is final but may be subject to editorial revision.

IN THE CASE OF ANHEUSER-BUSCH INC. V. PORTUGAL,

The European Court of Human Rights, sitting as a Grand Chamber composed of:
Mr L. WILDHABER, *President*,
Mr C.L. ROZAKIS,
Sir Nicolas BRATZA,
Mr P. LORENZEN,
Mr G. BONELLO,
Mr L. CAFLISCH,
Mr L. LOUCAIDES,
Mr I. CABRAL BARRETO,
Mr C. BÎRSAN,
Mr J. CASADEVALL,
Mr R. MARUSTE,
Ms E. STEINER,
Mr S. PAVLOVSCHI,
Mr L. GARLICKI,

Mr K. HAJIYEV,
Mr David Thór BJÖRGVINSSON,
Mr D. POPOVIĆ, *judges*,
and Mr E. FRIBERGH, *Registrar*,
Having deliberated in private on 28 June and 29 November 2006,
Delivers the following judgment, which was adopted on the last mentioned date:

PROCEDURE

1. The case originated in an application (n.° 73049/01) against the Portuguese Republic lodged with the Court under Article 34 of the Convention for the Protection of Human Rights and Fundamental Freedoms ("the Convention") by an American company, Anheuser-Busch Inc. ("the applicant company"), on 23 July 2001.

2. The applicant company was represented by Mr D. Ohlgart and Mr B. Goebel of Lovells International Law Office, Madrid (Spain). The Portuguese Government ("the Government") were represented by their Agent, Mr J. Miguel, Deputy Attorney-General.

3. In its application, the applicant company alleged a violation of its right to the peaceful enjoyment of its possessions as a result of being deprived of the right to use a trade mark.

4. The application was allocated to the Third Section of the Court (Rule 52 § 1 of the Rules of Court). Within that Section, the Chamber that would consider the case (Article 27 § 1 of the Convention) was constituted as provided in Rule 26 § 1.

5. On 1 November 2004 the Court changed the composition of its Sections (Rule 25 § 1). This case was assigned to the newly composed Second Section (Rule 52 § 1).

6. On 11 January 2005, after a hearing dealing with both the question of admissibility and the merits (Rule 54 § 3), the application was declared admissible by a Chamber of that Section.

7. On 11 October 2005 a Chamber of that Section composed of Mr J.-P. Costa, President, Mr A.B. Baka, Mr I. Cabral Barreto, Mr K. Jungwiert, Mr V. Butkevych, Ms A. Mularoni and Ms D. Jočienė, judges, and Mr S. Naismith, deputy section registrar, delivered a judgment in which it held by five votes to two that there had been no violation of Article 1 of

Protocol n.° 1. A joint dissenting opinion by Mr Costa and Mr Cabral Barreto was appended to the judgment.

8. On 11 January 2006 the applicant company requested the referral of the case to the Grand Chamber in accordance with Article 43 of the Convention. A panel of the Grand Chamber granted that request on 15 February 2006.

9. The composition of the Grand Chamber was determined according to the provisions of Article 27 §§ 2 and 3 of the Convention and Rule 24. At the final deliberations Mr G. Bonello and Mr D. Popović, substitute judges, replaced Mr Costa and Mr B.M. Zupančič, who were unable to take part in the further consideration of the case (Rule 24 § 3). Mr L. Caflisch continued to sit following the expiration of his term in office, in accordance with Article 23 § 7 of the Convention and Rule 24 § 4.

10. The applicant company and the Government each filed submissions on the merits.

11. A hearing took place in public in the Human Rights Building, Strasbourg, on 28 June 2006 (Rule 59 § 3).

There appeared before the Court:

(a) *for the Government*

Mr J. MIGUEL, Deputy Attorney-General, *Agent*,
Mr A. CAMPINOS, Director of the National Institute of Industrial Property, *Counsel*;

(b) *for the applicant company*

Mr B. GOEBEL, lawyer,
Mr D. OHLGART, lawyer,
Ms C. SCHULTE, lawyer, *Counsel*,
Mr J. PIMENTA, lawyer,
Mr F.Z. HELLWIG, senior in-house counsel, Anheuser-Busch Inc., *Advisers*.

The Court heard addresses by Mr B. Goebel and Mr J. Miguel and their replies to questions.

THE FACTS

I. **The Circumstances Of The Case**

12. The applicant is an American public company whose registered office is in Saint Louis, Missouri (United States of America). It produces and sells beer under the brand name "Budweiser" in a number of countries around the world.

A. *Background to the case*

13. The applicant company has sold beer in the United States under the "Budweiser" mark since at least 1876. It broke into the European markets in the 1980s and says that it began to sell "Budweiser" beer in Portugal in July 1986.

14. The applicant company's decision to extend the sale of its beers to Europe led to a dispute with a Czechoslovak – now Czech – company called Budějovický Budvar. Budějovický Budvar produces a beer in the town of České Budějovice in Bohemia (Czech Republic) which is also called "Budweiser". The term comes from Budweis, the German name for the town. The applicant company alleges that Budějovický Budvar has only been marketing beer under the "Budweiser" name since 1895, whereas Budějovický Budvar says that it has been entitled to use that appellation since 1265, when King Ottakar II of Bohemia conferred the right to produce the beer on a number of independent brewers in České Budějovice (Budweis in German). The brewers used a special technique and beers produced by this method became known by the term "Budweiser", just as beers produced using the methods of another Czech town, Plzeň (Pilsen in German), became known as "Pilsner".

15. According to the information before the Court, the applicant company concluded two agreements in 1911 and 1939 with Budějovický Budvar concerning the distribution and sale of "Budweiser" beer in the United States. However, these agreements did not deal with the question of the right to use the "Budweiser" name in Europe. As a result, the two companies became embroiled in a series of legal proceedings over the right to use the term "Budweiser" in various European countries, including Portugal.

B. *Application for registration of the mark in Portugal*

16. On 19 May 1981 the applicant company applied to the National Institute for Industrial Property (NIIP) to register "Budweiser" as a trade mark on the industrial-property register. The NIIP did not grant the application immediately because it was opposed by Budějovický Budvar, which alleged that "Budweiser Bier" had been registered in its name as an appellation of origin since 1968. Budějovický Budvar had effected the registration under the terms of the Lisbon Agreement of 31 October 1958 for the Protection of Appellations of Origin and their International Registration (see paragraph 33 below).

17. Negotiations took place throughout the 1980s with a view to resolving the dispute between the applicant company and Budějovický Budvar. According to the applicant company, in 1982 the negotiations even led to an agreement being drawn up concerning the use of the "Budweiser" trademark in Portugal and other European countries. However, the talks eventually broke down and in June 1989 the applicant company instructed lawyers in Portugal to commence court proceedings.

18. The applicant company then applied to the Lisbon Court of First Instance on 10 November 1989 for an order cancelling Budějovický Budvar's registration. A summons was served on Budějovický Budvar, but it did not file a defence. In a judgment of 8 March 1995 (which, in the absence of an appeal, became final) the Lisbon Court of First Instance granted the applicant company's application on the ground that the product to which the registration referred, namely the beer known as "Budweiser Bier", was not an appellation of origin or indication of source. The Court of First Instance noted that under the terms of the Lisbon Agreement of 31 October 1958, such protection was reserved to the geographical name of a country, region, or locality, which served to designate a product originating therein, the quality and characteristics of which were due exclusively or essentially to the geographical environment, including natural and human factors. "Budweiser" did not come within this category. The registration was therefore cancelled.

19. Following the cancellation of the appellation of origin and despite the fact that Budějovický Budvar had challenged the application for registration under the opposition procedure, the NIIP registered the "Budweiser" trade mark in the applicant company's name on 20 June 1995 in a decision that was published on 8 November 1995.

C. *eedings in the Portuguese courts*

20. On 8 February 1996 Budějovický Budvar appealed to the Lisbon Court of First Instance against the NIIP's decision on the strength of an agreement between the Governments of the Portuguese Republic and the Czechoslovak Socialist Republic for the protection of indications of source, appellations of origin and other geographical and similar designations ("the Bilateral Agreement"), which was signed in Lisbon on 10 January 1986 and entered into force on 7 March 1987, after publication in the Official Gazette. As required by law, the applicant company was invited by the court to take part in the proceedings as an interested party. In June 1996 it was served with the originating summons that had been lodged by Budějovický Budvar.

21. In a judgment of 18 July 1998, the Lisbon Court of First Instance dismissed the appeal. It found that the only intellectual property eligible for protection under Portuguese law and the Bilateral Agreement (which, according to the court was no longer in force, owing to the disappearance of one of the contracting parties, Czechoslovakia) was the "Českobudějovický Budvar" appellation of origin, not the "Budweiser" trade mark. In addition, it found that there was no risk of confusion between the appellation of origin and the applicant company's trade mark, which the vast majority of consumers tended to think of as an American beer.

22. Budějovický Budvar appealed against that decision to the Lisbon Court of Appeal, alleging, inter alia, a breach of Article 189 § 1, paragraphs (l) and (j), of the Code of Industrial Property. In a judgment of 21 October 1999, the Lisbon Court of Appeal overturned the impugned judgment and ordered the NIIP to refuse to register "Budweiser" as a trade mark. The Court of Appeal did not consider that there had been a breach of Article 189 § 1 (l) of the Code of Industrial Property, as the expression "Budweiser" was incapable of misleading the Portuguese public as to the origin of the beer concerned. However, it found that such a registration would infringe the 1986 Agreement and, consequently, Article 189 § 1 (j) of the Code of Industrial Property. In that connection, it noted that the Bilateral Agreement had remained in force, following an exchange of notes between the Czech and Portuguese Governments (see paragraph 25 below) and had been incorporated into domestic law by virtue of Article 8 of the Constitution, which contained a clause providing for international law to take effect in the Portuguese legal system.

23. The applicant company appealed on points of law to the Supreme Court, alleging inter alia that the impugned decision contravened the Agreement of 15 April 1994 on the Trade-Related Aspects of Intellectual Property Rights ("the TRIPs Agreement"), which establishes the rule that registration confers priority, and in particular Articles 2 and 24 § 5 of that agreement. The applicant company also alleged that, in any event, the protected appellation of origin "Českobudějovický Budvar" did not correspond to the German expression "Budweiser", so that the 1986 Agreement could not be used to challenge its application for registration. The applicant company argued that, even supposing that the German expression "Budweiser" was an accurate translation of the Czech appellation of origin, the 1986 Agreement applied only to translations between Portuguese and Czech, not to translations into other languages. It submitted, lastly, that the 1986 Agreement was unconstitutional owing to a formal defect in that it had been adopted by the Government, not Parliament, in breach of Articles 161 and 165 of the Constitution governing parliamentary sovereignty.

24. The Supreme Court dismissed the appeal on points of law in a judgment of 23 January 2001, which came to the applicant company's attention on 30 January 2001.

With regard to the TRIPs Agreement, the Supreme Court began by noting that the provision of that agreement on which the applicant company relied required it to have acted in good faith before going on to say that the applicant company had not referred in its application for registration to any factual information that demonstrated its good faith. In any event, the effect of Article 65 of the TRIPs Agreement was that it had not become binding under Portuguese law until 1 January 1996, that is to say after the entry into force of the 1986 Agreement. The Supreme Court therefore found that the TRIPs Agreement could not take precedence over the 1986 Agreement.

As regards the interpretation of the 1986 Agreement, the Supreme Court considered that the intention of the two contracting States in entering into the Agreement had incontestably been to protect through reciprocal arrangements their respective national products, including when translations of a name were used. The appellation of origin "Českobudějovický Budvar", which became "Budweis" or "Budweiss" in German, indicated a product from the České Budějovice region in Bohemia. It was therefore protected by the 1986 Agreement.

Lastly, the procedure whereby the Agreement had been adopted did not contravene Articles 161 and 165 of the Constitution, since it did not concern a sphere for which Parliament had exclusive competence.

II. Relevant Domestic And International Law And Practice

1. *Bilateral agreement of 1986*

25. The Agreement between the Government of the Portuguese Republic and the Government of the Czechoslovak Socialist Republic on the Protection of Indications of Source, Appellations of Origin and Other Geographical and Similar Designations was signed in Lisbon in 1986 and came into force on 7 March 1987. In a note verbale dated 21 March 1994, the Czech Minister of Foreign Affairs indicated that the Czech Republic would succeed Czechoslovakia as a contracting party to the Agreement. The Portuguese Minister of Foreign Affairs agreed thereto on behalf of the Portuguese Republic in a note verbale dated 23 May 1994.

26. Article 5 of the 1986 Agreement provides, *inter alia*:

> "1. If a name or designation protected under this Agreement is used in commercial or industrial activities in breach of the provisions of this Agreement for products ... all judicial or administrative remedies available under the legislation of the Contracting State in which protection is sought to prevent unfair competition or the use of unlawful designations shall, by virtue of the Agreement, be deployed to restrain such use.
>
> 2. The provisions of this Article shall apply even when translations of the said names or designations are used..."

Appendix A to the Agreement lists the designations "Českobudějovické pivo" and "Českobudějovický Budvar" among the protected appellations of origin.

27. According to the applicant company, Czechoslovakia entered into similar agreements with two other member States of the Council of Europe, these being Austria and Switzerland. The agreement between Czechoslovakia and Switzerland was signed on 16 November 1973 and entered into force on 14 January 1976. The agreement between Czechoslovakia and Austria was signed on 11 June 1976 and entered into force on 26 February 1981.

2. *The Paris Convention*

28. The Paris Convention of 20 March 1883 for the Protection of Industrial Property, as subsequently revised on numerous occasions (the most recent being in Stockholm on 14 July 1967, [1972] 828 United

Nations Treaty Series, pp. 305 et seq.), sets up a Union for the protection of industrial property, an expression that encompasses industrial designs, trade marks, appellations of origin and indications of source. The purpose of the Paris Convention is to prevent discrimination against non-nationals and it lays down a number of rules of a very general nature dealing with the procedural and substantive aspects of industrial property law. The Convention enables owners of marks to obtain protection in various member States of the Union through a single registration. It also establishes the priority rule, which grants, for a set period, a right of priority to an application for protection of an intellectual property right in one of the Contracting States over applications lodged subsequently in another Contracting State. The system introduced by this Convention is administered by the World Intellectual Property Organization (WIPO) based in Geneva (Switzerland).

29. The following provisions of the Paris Convention are of relevance to the present case:

Article 4

"A. (1) Any person who has duly filed an application for ... the registration of ... an industrial design, or of a trademark, in one of the countries of the Union, or his successor in title, shall enjoy, for the purpose of filing in the other countries, a right of priority during the periods hereinafter fixed.

(2) Any filing that is equivalent to a regular national filing under the domestic legislation of any country of the Union or under bilateral or multilateral treaties concluded between countries of the Union shall be recognized as giving rise to the right of priority.

(3) By a regular national filing is meant any filing that is adequate to establish the date on which the application was filed in the country concerned, whatever may be the subsequent fate of the application.

B. Consequently, any subsequent filing in any of the other countries of the Union before the expiration of the periods referred to above shall not be invalidated by reason of any acts accomplished in the interval, in particular, another filing, ... the use of the mark, and such acts cannot give rise to any third-party right or any right of personal possession. Rights acquired by third parties before the date of the first application that serves as the basis for the right of priority are reserved in accordance with the domestic legislation of each country of the Union

C. (1) The periods of priority referred to above shall be ... six months for industrial designs and trademarks.

..."

Article 6*bis*

"(1) The countries of the Union undertake, ex officio if their legislation so permits, or at the request of an interested party, to refuse or to cancel the registration, and to prohibit the use, of a trademark which constitutes a reproduction, an imitation, or a translation, liable to create confusion, of a mark considered by the competent authority of the country of registration or use to be well known in that country as being already the mark of a person entitled to the benefits of this Convention and used for identical or similar goods. These provisions shall also apply when the essential part of the mark constitutes a reproduction of any such well–known mark or an imitation liable to create confusion therewith.

..."

30. Portugal, Czechoslovakia (succeeded by the Czech Republic) and the United States of America were all Contracting Parties to the Paris Convention at the material time.

3. *The Madrid Agreement and Protocol*

31. The Madrid Agreement of 1891 Concerning the International Registration of Marks and the Madrid Protocol of 27 June 1989 establish and govern a system for the international registration of marks that is administered by the International Bureau of the WIPO. The Madrid Agreement was revised in Brussels (1900), Washington (1911), The Hague (1925), London (1934), Nice (1957) and Stockholm (1967). The 1989 Madrid Protocol established the "Madrid Union" composed of the States that were parties to the Madrid Agreement and the contracting parties to the Protocol. Portugal became a party to the Agreement on 31 October 1893. The United States has not ratified the Agreement. It ratified the Protocol on 2 November 2003.

32. The system set up by the Madrid Agreement is applicable to the members of the Madrid Union and affords owners of a mark a means of securing protection in various countries through a single application for registration in a national or regional registry. Under the system the registration of an international mark has the same effect in the countries concerned as an application to register the mark or registration of the mark by the owner directly in each individual country. If the trade-mark registry of a member State does not refuse protection within a fixed period, the mark enjoys the same protection as if it had been registered directly by that registry.

4. *Lisbon Agreement of 31 October 1958*

33. The Lisbon Agreement for the Protection of Appellations of Origin and their International Registration was signed in Lisbon on 31 October 1958, revised in Stockholm on 14 July 1967 and amended on 28 September 1979. It enables Contracting States to request other Contracting States to protect appellations of origin of certain products, if they are recognised and protected as such in the country of origin and registered at the International Bureau of the WIPO. Both Portugal and the Czech Republic, as a successor to Czechoslovakia, are parties to this Agreement.

5. *TRIPs*

34. The Agreement on Trade-Related Aspects of Intellectual Property Rights ("the TRIPs Agreement") was concluded in the Uruguay Round of the negotiations that resulted in the signature in April 1994 of the World Trade Organization (WTO) Agreements in Marrakesh, which came into effect on 1 January 1995. The aim of this Agreement is to integrate the system of intellectual-property protection into the system of world-trade regulation administered by the WTO. The member States of the WTO undertake to comply with the substantive provisions of the Paris Agreement.

35. The provisions of the TRIPs Agreement of relevance to the present case are as follows:

Article 2
(Intellectual Property Conventions)

"1. In respect of Parts II [standards concerning the availability, scope and use of intellectual property rights], III [enforcement of intellectual property rights] and IV [acquisition and maintenance of intellectual property rights and related *inter-partes* procedures] of this Agreement, Members shall comply with Articles 1 through 12, and Article 19, of the Paris Convention (1967).

..."

Article 16
(Rights Conferred)

"The owner of a registered trademark shall have the exclusive right to prevent all third parties not having the owner's consent from using in the course of trade identical or similar signs for goods or services which are

identical or similar to those in respect of which the trademark is registered where such use would result in a likelihood of confusion. In case of the use of an identical sign for identical goods or services, a likelihood of confusion shall be presumed. The rights described above shall not prejudice any existing prior rights, nor shall they affect the possibility of Members making rights available on the basis of use.
…"

Article 17
(Exceptions)

"Members may provide limited exceptions to the rights conferred by a trademark, such as fair use of descriptive terms, provided that such exceptions take account of the legitimate interests of the owner of the trademark and of third parties."

Article 24 § 5
(International Negotiations; Exceptions)

"Where a trademark has been applied for or registered in good faith, or where rights to a trademark have been acquired through use in good faith either:
(a) before the date of application of these provisions in that Member as defined in Part VI; or
(b) before the geographical indication is protected in its country of origin;
measures adopted to implement this Section shall not prejudice eligibility for or the validity of the registration of a trademark … on the basis that such a trademark is identical with, or similar to, a geographical indication."

Article 65
(Transitional Arrangements)

"Subject to the provisions of paragraphs 2, 3 and 4[, which provide for longer periods], no Member shall be obliged to apply the provisions of this Agreement before the expiry of a general period of one year following the date of entry into force of the WTO Agreement."

B. *Community law*

36. European Union law contains various instruments designed to regulate and protect intellectual property, including trade marks. The instrument of most relevance to the present case is Council Regulation (EC)

n.° 40/941 of 20 December 1993 on the Community Trade Mark, which establishes a right to a Community trade mark and confers certain rights on applicants for registration. Its aim is to promote the development, expansion and proper functioning of the internal market by enabling Community undertakings to identify their products or services in a uniform manner throughout the Union. To that end, an Office for Harmonisation in the Internal Market (OHIM) has been established (for trade marks and designs – Article 2). It is based in Alicante (Spain). Applications for registration of a Community trade mark are sent to the OHIM, which decides whether to grant or reject them. An appeal lies against its decisions to the Board of Appeal Office, and from there to the Court of First Instance of the European Communities (Articles 57 to 63).

37. Article 24 of the Regulation, which is entitled "The application for a Community trade mark as an object of property", lays down that the provisions relating to Community trade marks also apply to applications for registration. These provisions include Article 17 (transfers), Article 19 (security or rights *in rem*), Article 20 (levy of execution) and Article 22 (licensing). By virtue of Article 9 § 3, an application for registration may also found a claim for compensation.

38. Finally, Article 17 § 2 of the Charter of Fundamental Rights (Article II-77 of the draft Treaty establishing a Constitution for Europe, signed on 29 October 2004, but not yet in force), which guarantees the right of property, provides: "Intellectual property shall be protected".

C. *Comparative law*

39. In accordance with the relevant international instruments, the legislation of most of the member States of the Council of Europe regards registration as a corollary to the acquisition of the right to the mark. However, the vast majority of the States also regard the application for registration of the mark as conferring certain rights. In most cases, once registered the mark is deemed to have been valid since the date the application for registration was filed (system of retrospective protection through registration). The date of filing also determines priority in the system of international marks. Lastly, in some countries, an application to register a mark may itself be the subject of provisional registration, while in others it may be the subject of an assignment, security assignment or licence and (provided the mark is subsequently registered) create an entitlement to compensation in the event of fraudulent use by a third party.

40. In most countries, registration is preceded by publication of notice of the application and a procedure whereby interested parties can oppose registration in adversarial proceedings. However, in some countries, registration is automatic if the competent authority is satisfied that the application satisfies the formal and substantive requirements. In both cases, in accordance with the applicable international rules, an action to have a mark revoked or declared invalid may be brought within a set period. Such actions may be based on grounds such as valid prior title, prior application, right to international priority or a failure to use the mark for a certain period.

D. *Domestic law*

41. The substantive and procedural law of industrial property at the material time was contained in two successive Codes of Industrial Property, the first introduced by Legislative-Decree n.° 30679 of 24 August 1940 and the second by Legislative-Decree n.° 16/95 of 24 January 1995. It was the latter Code which the domestic courts applied in the instant case.

42. The 1995 Code provided a right of priority identical to that set out in the Paris Convention (Article 170). Priority was determined by reference to the date the application for registration was filed (Article 11). By virtue of Articles 29 and 30, the application for registration itself could be the subject of an assignment, with or without consideration, or a licence.

43. The other provisions of the Code of relevance to the present case read as follows:

Article 7

"1. The certificate of registration shall be issued to the interested party one month after the time-limit for appealing has expired or, if an appeal has been lodged, once the final judicial decision has been delivered.

2. The certificate shall be issued to the holder or to his or her representative upon presentation of a receipt."

Article 38

"An appeal against a decision of the National Institute of Industrial Property may be lodged by the applicant, a person who has filed an opposition or any other person who might be directly affected by the decision."

Article 39

"Appeals must be lodged within three months after the date of publication of the decision in the Industrial Property Bulletin or, if earlier, the date a certified conform copy of the decision is obtained."

Article 189

"1. Registration shall also be refused of a mark ... containing one or all of the following:

...

(j) expressions or forms that are contrary to morals, domestic or Community legislation, or public order;

(l) signs liable to mislead the public, in particular as to the nature, quality, use or geographical source of the product or service to which the mark relates;
..."

44. Appeals against a decision by the NIIP to register a mark had to be lodged with the Lisbon Civil Court. The Code did not indicate whether they had suspensive effect.

45. In a judgment of 10 May 2001 (*Colectânea de Jurisprudência* [Case-law collection], 2001, vol. III, p. 85), the Lisbon Court of Appeal held that the mere filing of an application for registration conferred on the applicant a "legal expectation" (*expectativa jurídica*) that justified the protection of the law. Article 5 of the New Code of Industrial Property, which was introduced by Legislative-Decree n.° 36/2003 of 5 March 2003 and came into force on 1 July 2003, provides "provisional protection" of the mark even prior to registration and entitles the applicant to bring an action in damages on the basis thereof.

THE LAW

I. Alleged Violation of Article 1 of Protocol n.° 1 to the Convention

46. The applicant company complained of an infringement of its right to the peaceful enjoyment of its possessions. Noting that a trade mark constituted "possessions" within the meaning of Article 1 of Protocol n.° 1, it said that it had been deprived of that possession by the application of

a bilateral treaty that had come into force after it had filed its application to register the mark. It argued that the Supreme Court's decision had to be regarded as an expropriation (as it had prevented the applicant company from enjoying the protection of its intellectual property right), but had not been effected in the general interest. Article 1 of Protocol n.º 1 reads as follows:

> "Every natural or legal person is entitled to the peaceful enjoyment of his possessions. No one shall be deprived of his possessions except in the public interest and subject to the conditions provided for by law and by the general principles of international law.
>
> The preceding provisions shall not, however, in any way impair the right of a State to enforce such laws as it deems necessary to control the use of property in accordance with the general interest or to secure the payment of taxes or other contributions or penalties."

A. *The Chamber judgment*

47. The Chamber held that there had been no violation of Article 1 of Protocol n.º 1. It began by noting that, while intellectual property as such incontestably enjoyed the protection of that provision, an issue arose as to whether a mere application for registration of a trade mark was also covered by Article 1 of Protocol n.º 1. In that connection, it acknowledged that the legal position of an applicant for the registration of a trade mark incontestably gave rise to financial interests, including a right of priority over subsequent applications. An application for registration constituted a pecuniary interest that benefited from a degree of legal protection (see paragraphs 43 and 45-48 of the Chamber judgment).

48. The Chamber reiterated, however, that Article 1 of Protocol n.º 1 applied only to a person's existing possessions. Thus, for instance, the hope that a long-extinguished property right might be revived could not be regarded as a "possession" and the same applied to a conditional claim which had lapsed as a result of a failure to fulfil the condition (see paragraph 49 of the Chamber judgment).

49. With regard to the instant case, the Chamber noted that the applicant company could not be sure of being the owner of the trade mark in question until after final registration and then only on condition that no third party raised an objection, as the applicable legislation permitted. In other words, the applicant company had a conditional right, which however was extinguished retrospectively for failure to satisfy the condition,

namely that it did not infringe third-party rights. The Chamber therefore concluded that while it was clear that a trade mark constituted a "possession" within the meaning of Article 1 of Protocol n.° 1, this was so only after final registration of the mark, in accordance with the rules in force in the State concerned. Prior to such registration, the applicant did, of course, have a hope of acquiring such a "possession", but not a legally-protected legitimate expectation. Accordingly, when the Bilateral Agreement entered into force on 7 March 1987 the applicant company did not have a "possession". The manner in which the Bilateral Agreement had been applied by the Portuguese courts could not, therefore, constitute interference with a right of the applicant company (see paragraphs 50-52 of the Chamber judgment).

B. *The parties' submissions*

1. *The applicant company*

50. The applicant company contested the Chamber's findings, though it agreed that Article 1 of Protocol n.° 1 was applicable to intellectual property in general and to marks in particular. It submitted that the Chamber had, however, failed to draw the logical conclusions from its reasoning relating to the financial interests at stake in an application for registration. It argued that an application for registration had a pecuniary value and was therefore a "possession" within the meaning of Article 1 of Protocol n.° 1, as, under the Court's case-law, the concept of "possessions", which had an autonomous meaning, was not limited to the ownership of physical goods but included certain other rights and interests that constituted assets.

51. The applicant company pointed out that the essential characteristics of the concept of property, such as assignability and transferability, were present in the instant case and in applications for the registration of a mark. In addition, the mark concerned was well-known to consumers, which in itself meant that it was an asset protected by Article 1 of Protocol n.° 1. The applicant company referred in that connection to the case of *Iatridis v. Greece*, in which the Court found that the clientele of an open-air cinema constituted an asset protected by Article 1 of Protocol n.° 1 (*Iatridis v. Greece* [GC], n.° 31107/96, § 54, ECHR 1999II).

52. An application for registration also conferred on the applicant, from the date the application was lodged, a vested right to exclusive protection. If, as in the applicant company's case, the application satisfied all

the statutory conditions, in particular as regards the lack of conflicting pre-existing rights, the NIIP, as the competent national authority, was under a duty to register the mark and had no discretion in the matter. In accordance with the priority rule, one of the characteristic features of the property rights bound up in an application for registration of a trade mark was a legitimate expectation that the application would not be defeated by a third-party intellectual property right that arose after the application for registration was filed. The applicant company possessed such a legitimate expectation, as indeed the dissenting judges had acknowledged in their opinion appended to the Chamber judgment. The Chamber's findings were also incompatible with the Court's previous case-law on the concept of legitimate expectation, as had been expounded for instance in the cases of *Pine Valley Developments Ltd and Others v. Ireland* (judgment of 29 November 1991, Series A n.° 222) and *Beyeler v. Italy* ([GC], n.° 33202/96, ECHR 2000I).

53. In its written submissions to the Grand Chamber, the applicant company further noted that the Chamber had neglected an important issue, namely the fact that its "Budweiser" mark had already reached the registration stage when it was cancelled by the Supreme Court. The applicant company explained that it had been issued with a registration certificate by the NIIP on 20 June 1995, which proved that it was the owner of the mark under Portuguese law.

54. Since the applicant company had been entitled to the protection of Article 1 of Protocol n.° 1 from the moment it lodged its application for registration of the mark, the effect of the Supreme Court's decision of 23 January 2001 had been to deprive it of its property. That interference with its rights was not provided for by law, since the Supreme Court's interpretation of the Bilateral Agreement was erroneous and contrary to the general principles of international law. The Portuguese courts had wrongly ruled that the Bilateral Agreement afforded protection of the appellations of origin referred to in Appendix A against translations of the names concerned into any other language, when in fact the Agreement only covered translations into Portuguese and Czech. The applicant company further pointed out that, under the principles of international law, assets belonging to non-nationals could be expropriated only in exchange for compensation.

55. It added that, even supposing that the interference had been provided for by law, it had not pursued a legitimate aim. The domestic courts had not cited the risk of confusion alleged by the Portuguese Government

between the "Budweiser" mark and the relevant appellations of origin, but had relied instead solely on subparagraph (j) of Article 189 § 1 of the Code of Industrial Property. Furthermore, the interference was disproportionate as it had failed to strike the requisite fair balance between the general interest and the right of individuals. It also pointed out in that connection that it had not received any compensation for the loss of the use of its mark, despite the fact that there were no exceptional circumstances to justify the lack of payment. Furthermore, conflicts between trade marks and indications of source were now commonplace and the means were available under international law to resolve them satisfactorily. The Supreme Court's decision to give the 1986 Agreement precedence over the prior application to register the "Budweiser" mark was contrary to international law, in particular the TRIPs Agreement and the relevant Community directives.

2. *The Government*

56. The Government invited the Grand Chamber to endorse the Chamber's judgment and to hold that there had been no violation of Article 1 of Protocol n.° 1. They reiterated that that provision did not apply to the applicant company's legal position as an applicant for the registration of a trade mark. In their submission, under the applicable law, a mark became a "possession" within the meaning of Article 1 of Protocol n.° 1 only upon final registration. Prior thereto, an applicant for registration did not even possess a legitimate expectation. The Government referred in that connection to the Court's case-law holding that Article 1 of Protocol n.° 1 only protected "existing" possessions.

57. The Government added that the applicant company's right to use of the mark had always been uncertain and a point of contention. When the application for registration was lodged on 19 May 1981 the right to use the term "Budweiser" had already been registered by Budějovický Budvar, which explained why the NIIP had not immediately processed the application. In that connection, the Government stressed that when the Bilateral Agreement between Portugal and the Czech Republic was signed in 1986, only Budějovický Budvar was entitled to use the term "Budweiser" (as an appellation of origin). Budějovický Budvar had, moreover, immediately contested the NIIP's decision in 1995 to register the mark and had gone on to win the proceedings. The Government therefore argued that the applicant company had at no stage during that period been able to claim

any "legitimate expectation" that would have entitled it to the protection of Article 1 of Protocol n.º 1.

58. With regard to the question of assignability and transferability, the Government said that even though it had been possible to assign and transfer applications for the registration of a trade mark since the entry into force of the Code of Industrial Property of 1995 – though not previously – the process was in practice of negligible, even symbolic, economic value. In point of fact, such dealings were generally the result of a dispute between two companies over an application to register a mark with the transfer of the application serving to settle the dispute. In the Government's submission, that practice tended to support the view that Article 1 of Protocol n.º 1 was not applicable to such applications.

59. With reference to the applicant company's assertion in its written submissions to the Grand Chamber that the NIIP had issued a registration certificate, the Government stated that, as a matter of law, the mere issue of a certificate did not assist the applicant company's position. They noted that the relevant provisions, in particular Article 7 § 1 of the Code of Industrial Property, made it clear that the competent authorities could only issue such a certificate when the judicial decision on the application for registration had become final. Although, despite this, the applicant company had inadvertently been issued with a certificate by the competent authorities, it was aware that it had no value in law and, furthermore, that its use in Portugal was an administrative offence which carried the same penalties as a minor offence under the provisions of domestic law.

60. The Government argued that the Supreme Court's decision could not have operated to deprive the applicant company of a "possession" within the meaning of Article 1 of Protocol n.º 1. The domestic courts' interpretation of the Bilateral Agreement could not be overruled by the Court without it becoming a court of fourth instance, contrary to the aim and spirit of the Convention.

61. Even supposing that there had been interference with a right of the applicant company, such interference amounted, in the Government's submission, to control of the use of property, not deprivation of possessions. In any event, the interference was provided for by law, namely the Bilateral Agreement of 1986, which formed part of Portuguese domestic law. It also pursued a legitimate aim: the Portuguese courts' decision under the Bilateral Agreement was primarily intended to ensure compliance with domestic law, particularly as it concerned the Portuguese State's international obligations, but also to avoid risks of confusion over a product's

source. The Government observed in that connection that, although the Portuguese courts had not relied on Article 189 § 1 (l) of the Code of Industrial Property as a basis for refusing registration of the mark, it was apparent from the Supreme Court's judgment that it had also taken into account in its reasoning the risk of confusion with the Czech appellation of origin. The Government added that any interference there may have been had been entirely proportionate. Noting that the State enjoyed a wide margin of appreciation when it came to defining the public interest, the Government observed that the State was entitled to determine the conditions under which a trade mark would be eligible for registration. In particular, it was at liberty to decide that third-party interests should be protected, under a procedure provided for by law. In the present case, the domestic courts had merely interpreted and applied the relevant domestic legislation. The applicant company could not lay any claim to compensation by way of reparation for losses which, the Government emphasised, it had at no stage alleged in the domestic proceedings.

C. *The Court's assessment*

1. *The general principles*

62. Article 1 of Protocol n.° 1, which guarantees the right to the protection of property, contains three distinct rules: "the first rule, set out in the first sentence of the first paragraph, is of a general nature and enunciates the principle of the peaceful enjoyment of property; the second rule, contained in the second sentence of the first paragraph, covers deprivation of possessions and subjects it to certain conditions; the third rule, stated in the second paragraph, recognises that the Contracting States are entitled, amongst other things, to control the use of property in accordance with the general interest... The three rules are not, however, 'distinct' in the sense of being unconnected. The second and third rules are concerned with particular instances of interference with the right to peaceful enjoyment of property and should therefore be construed in the light of the general principle enunciated in the first rule" (see, among other authorities, *James and Others v. the United Kingdom*, judgment of 21 February 1986, Series A n.° 98, pp. 29-30, § 37, in which the Court reaffirmed some of the principles it had established in its judgment in the case of *Sporrong and Lönnroth v. Sweden*, 23 September 1982, Series A n.° 52, p. 24, § 61; see also the *Beyeler v. Italy* judgment cited above, § 98).

63. The concept of "possessions" referred to in the first part of Article 1 of Protocol n.º 1 has an autonomous meaning which is not limited to ownership of physical goods and is independent from the formal classification in domestic law: certain other rights and interests constituting assets can also be regarded as "property rights", and thus as "possessions" for the purposes of this provision. The issue that needs to be examined in each case is whether the circumstances of the case, considered as a whole, conferred on the applicant title to a substantive interest protected by Article 1 of Protocol n.º 1 (see *Iatridis v. Greece*, judgment cited above; *Beyeler v. Italy* [GC], n.º 33202/96, § 100, ECHR 2000-I; and *Broniowski v. Poland* [GC], n.º 31443/96, § 129, ECHR 2004-V).

64. Article 1 of Protocol n.º 1 applies only to a person's existing possessions. Thus, future income cannot be considered to constitute "possessions" unless it has already been earned or is definitely payable. Further, the hope that a long-extinguished property right may be revived cannot be regarded as a "possession"; nor can a conditional claim which has lapsed as a result of a failure to fulfil the condition (*Gratzinger and Gratzingerova v. the Czech Republic* (dec.) [GC], n.º 39794/98, § 69, ECHR 2002-VII).

65. However, in certain circumstances, a "legitimate expectation" of obtaining an "asset" may also enjoy the protection of Article 1 of Protocol n.º 1. Thus, where a proprietary interest is in the nature of a claim, the person in whom it is vested may be regarded as having a "legitimate expectation" if there is a sufficient basis for the interest in national law, for example where there is settled case-law of the domestic courts confirming its existence (*Kopecký v. Slovakia* [GC], n.º 44912/98, § 52, ECHR 2004-IX). However, no legitimate expectation can be said to arise where there is a dispute as to the correct interpretation and application of domestic law and the applicant's submissions are subsequently rejected by the national courts (*Kopecký v. Slovakia*, judgment cited above, § 50).

2. *Application of these principles to the instant case*

(a) *Whether Article 1 of Protocol n.º 1 was applicable*

i. To intellectual property generally

66. The first issue which arises with regard to the question of the applicability of Article 1 of Protocol n.º 1 in the instant case is whether that provision applies to intellectual property as such. In deciding that it does (see paragraph 43 of the Chamber judgment), the Chamber referred

to the case-law of the European Commission of Human Rights (*Smith Kline and French Laboratories Ltd v. the Netherlands*, n.° 12633/87, decision of 4 October 1990, Decisions and Reports (DR) 66, p. 70).

67. The Court notes that the Convention institutions have been called upon to rule on questions of intellectual property only very rarely. In the aforementioned case of *Smith Kline*, the Commission stated as follows:

> "The Commission notes that under Dutch law the holder of a patent is referred to as the proprietor of a patent and that patents are deemed, subject to the provisions of the Patent Act, to be personal property which is transferable and assignable. The Commission finds that a patent accordingly falls within the scope of the term 'possessions' in Article 1 of Protocol n.° 1."

68. The Commission followed this decision in the case of *Lenzing AG v. the United Kingdom* (n.° 38817/97, decision of 9 September 1998, unreported), which also concerned a patent. However, it explained in that case that the "possession" was not the patent as such, but the applications made by the applicant company in civil proceedings in which it had sought to bring about changes to the British system for registering patents. The Commission noted in conclusion that there had been no interference with the applicant company's right to the peaceful enjoyment of its possessions, as it had been given an opportunity to set out its claims concerning the patent to a court with full jurisdiction.

69. In *British-American Tobacco Company Ltd v. the Netherlands*, the Commission expressed the opinion that Article 1 of Protocol n.° 1 did not apply to an application for a patent that had been rejected by the competent national authority. It stated:

> "... the applicant company did not succeed in obtaining an effective protection for their invention by means of a patent. Consequently, the company were denied a protected intellectual property right but were not deprived of their existing property" (*British-American Tobacco Company Ltd v. the Netherlands*, Series A n.° 331, judgment of 20 November 1995, opinion of the Commission, p. 37, §§ 71-72).

As the Chamber noted in its judgment, the Court decided in the *British-American Tobacco Company Ltd* case not to examine separately the issue whether a patent application constituted a "possession" that came within the scope of the protection afforded by Article 1 of Protocol n.° 1 (*British-American Tobacco Company Ltd*, judgment cited above, p. 29,

§ 91), as it had already examined the position with respect to Article 6 § 1 of the Convention.

70. In the case of *Hiro Balani v. Spain*, the question of the applicability of Article 1 of Protocol n.º 1 to intellectual property was not examined. The Court did, however, find a violation of Article 6 § 1 of the Convention on account of the Spanish Supreme Court's failure to examine a ground of appeal by the applicant company alleging non-compliance with the priority rule (*Hiro Balani v. Spain*, judgment of 9 December 1994, Series A n.º 303B, p. 30, § 28).

71. More recently, in the case of *Melnychuk v. Ukraine*, which concerned an alleged violation of the applicant's copyright, the Court reiterated that Article 1 of Protocol No 1 was applicable to intellectual property. It observed, however, that the fact that the State, through its judicial system, had provided a forum for the determination of the applicant's rights and obligations did not automatically engage its responsibility under that provision, even if, in exceptional circumstances, the State might be held responsible for losses caused by arbitrary determinations. The Court noted that this was not the position in the case before it, as the national courts had acted in accordance with domestic law, giving full reasons for their decisions. Thus, their assessment was not flawed by arbitrariness or manifest unreasonableness contrary to Article 1 of Protocol n.º 1 to the Convention (*Melnychuk v. Ukraine* (dec.), n.º 28743/03, ECHR 2005-IX; see also, *Breierova and Others v. Czech Republic* (dec.), n.º 57321/00, 8 October 2002).

72. In the light of the aforementioned decisions, the Grand Chamber agrees with the Chamber's conclusion that Article 1 of Protocol n.º 1 is applicable to intellectual property as such. It must now examine whether this conclusion also applies to mere applications for the registration of a trade mark.

ii. To an application for registration

73. Largely in line with the Portuguese Government's submissions, the Chamber stated in its judgment:

> "...while it is clear that a trade mark constitutes a 'possession' within the meaning of Article 1 of Protocol n.º 1, this is only so after final registration of the mark, in accordance with the rules in force in the State concerned. Prior to such registration, the applicant does, of course, have a hope of acquiring such a 'possession', but not a legally-protected legitimate expectation." (at paragraph 52)

74. The Chamber accepted that the legal position of an applicant for the registration of a trade mark had certain financial implications, including those attendant on an assignment (possibly for consideration) or a licence and those arising out of the priority an application for registration afforded over subsequent applications. However, referring to the aforementioned judgment in the case of *Gratzinger and Gratzingerova*, the Chamber found as follows:

> "...the applicant company could not be sure of being the owner of the trade mark in question until after final registration and then only on condition that no objection was raised by a third party, as the relevant legislation permitted. In other words, the applicant company had a conditional right, which was extinguished retrospectively for failure to satisfy the condition, namely that it did not infringe third-party rights."

75. The Court considers it appropriate to examine whether the circumstances of the case, considered as a whole, conferred on the applicant title to a substantive interest protected by Article 1 of Protocol n.° 1. In that connection, it notes at the outset that the question whether the applicant company became the owner of the "Budweiser" mark on 20 June 1995 when it was issued with a registration certificate by the NIIP – a point that was argued in detail by the parties at the hearing before the Grand Chamber – is ultimately of secondary importance, the reason being that the issue of the certificate to the applicant company was in breach of the provisions of Article 7 of the Code of Industrial Property (see paragraph 43 above) and therefore cannot alter the nature of the "possession" to which the applicant company lays claim or the reality of its overall legal position for the purposes of Article 1 of Protocol n.° 1.

76. With this in mind, the Court takes due note of the bundle of financial rights and interests that arise upon an application for the registration of a trade mark. It agrees with the Chamber that such applications may give rise to a variety of legal transactions, such as a sale or licence agreement for consideration, and possess – or are capable of possessing – a substantial financial value. With regard to the Government's submission that dealings in respect of applications for the registration of a mark are of negligible or symbolic value only, it is noted that in a market economy, value depends on a number of factors and it is impossible to assert at the outset that the assignment of an application for the registration of a trade mark will have no financial value. In the instant case,

as the applicant company was not slow to point out, the mark in question possessed a definite financial value on account of its international renown.

77. The parties disagreed about whether, prior to the entry into force of the New Code of Industrial Property of 2003, it had been possible under Portuguese law to obtain compensation for the illegal or fraudulent use by a third party of a mark in respect of which an application for registration was pending. For its part, the Court considers that, in the light of the Lisbon Court of Appeal's decision of 10 May 2001, such a possibility cannot be wholly ruled out.

78. These elements taken as a whole suggest that the applicant company's legal position as an applicant for the registration of a trade mark came within Article 1 of Protocol n.° 1, as it gave rise to interests of a proprietary nature. It is true that the registration of the mark – and the greater protection it afforded – would only become final if the mark did not infringe legitimate third-party rights, so that, in that sense, the rights attached to an application for registration were conditional. Nevertheless, when it filed its application for registration, the applicant company was entitled to expect that it would be examined under the applicable legislation if it satisfied the other relevant substantive and procedural conditions. The applicant company therefore owned a set of proprietary rights – linked to its application for the registration of a trade mark – that were recognised under Portuguese law, even though they could be revoked under certain conditions. This suffices to make Article 1 of Protocol No 1 applicable in the instant case and to make it unnecessary for the Court to examine whether the applicant company could claim to have had a "legitimate expectation".

(b) Whether there has been interference

79. The Court has found that Article 1 of Protocol n.° 1 is applicable in this case. It must now examine whether there has been interference with the applicant company's rights to the peaceful enjoyment of its possessions.

80. The applicant company submitted that the interference stemmed from the Supreme Court's judgment of 23 January 2001, which had attached greater weight to the Bilateral Agreement of 1986 than to the chronologically earlier application for registration of the "Budweiser" mark. It was that judgment which had effectively deprived the applicant company of its right of property in the mark in circumstances which, in its submis-

sion, infringed the relevant international instruments and Article 1 of Protocol n.° 1 for failure to comply with the priority rule. Had the Bilateral Agreement not been applied, the applicant company's application for registration would necessarily have been accepted, since it satisfied all the other applicable statutory conditions.

81. The question before the Court, therefore, is whether the decision to apply the provisions of the Bilateral Agreement of 1986 to an application for registration filed in 1981 could amount to interference with the applicant company's right to the peaceful enjoyment of its possessions.

82. In that connection it reiterates that, in certain circumstances, the retrospective application of legislation whose effect is to deprive someone of a pre-existing "asset" that was part of his or her "possessions" may constitute interference that is liable to upset the fair balance that has to be maintained between the demands of the general interest on the one hand and the protection of the right to peaceful enjoyment of possessions on the other (see, among other authorities, *Maurice v. France* [GC], n.° 11810//03, §§ 90 and 93, ECHR 2005 IX). This also applies to cases in which the dispute is between private individuals and the State is not itself a party to the proceedings (*Lecarpentier and Another v. France*, n.° 67847/01, §§ 48, 51 and 52, 14 February 2006; see also, in connection with Article 6 of the Convention, *Cabourdin v. France*, n.° 60796/00, §§ 28-30, 11 April 2006).

83. However, the Court notes that in the present case the applicant company complains mainly about the manner in which the national courts interpreted and applied domestic law in proceedings essentially between two rival claimants to the same name, it being contended in particular that the courts wrongly gave retrospective effect to the Bilateral Agreement, rather than about the application of a law which was on its face retrospective to deprive them of their pre-existing possessions. The Court observes that, even in cases involving litigation between individuals and companies, the obligations of the State under Article 1 of Protocol n.° 1 entail the taking of measures necessary to protect the right of property. In particular, the State is under an obligation to afford the parties to the dispute judicial procedures which offer the necessary procedural guarantees and therefore enable the domestic courts and tribunals to adjudicate effectively and fairly in the light of the applicable law. However, the Court reiterates that its jurisdiction to verify that domestic law has been correctly interpreted and applied is limited and that it is not its function to take the place of the national courts, its role being rather to ensure that the decisions of those

courts are not flawed by arbitrariness or otherwise manifestly unreasonable. This is particularly true when, as in this instance, the case turns upon difficult questions of interpretation of domestic law. The Court reiterates its settled case-law that, according to Article 19 of the Convention, its duty is to ensure the observance of the engagements undertaken by the Contracting Parties to the Convention. In particular, it is not its function to deal with errors of fact or law allegedly committed by a national court unless and in so far as they may have infringed rights and freedoms protected by the Convention (*García Ruiz v. Spain* [GC], n.º 30544/96, § 28, ECHR 1999-I).

84. The Court notes, firstly, that the instant case is distinguishable from the cases in which it found that there had been retrospective intervention by the legislature in relation to a party's proprietary right (see, as the most recent authorities, the cases of *Maurice* and *Lecarpentier* cited above; see also *Pressos Compania Naviera S.A. and Others v. Belgium*, judgment of 20 November 1995, Series A n.º 332). The reason for this is that in the present case the very question whether the legislation was retrospectively applied is in itself in issue whereas, in the aforementioned cases, not only was the retrospective effect of the legislation indisputable, it was also intentional. It has not, therefore, been established that the applicant company had a right of priority in respect of the "Budweiser" mark when the Bilateral Agreement, which is alleged to have been applied retrospectively, came into force. In this connection, the Court points out that the only effective registration in existence when the Bilateral Agreement took effect on 7 March 1987 was of the appellations of origin that had been registered in Budějovický Budvar's name under the Lisbon Agreement of 31 October 1958. While it is true that that registration was subsequently cancelled (see paragraph 18 above) the Court cannot examine what consequences the cancellation of the registration had on the right of priority attached to the mark.

85. These are questions whose rightful place was before the domestic courts. The Supreme Court decided in its judgment of 23 January 2001 to reject the applicant company's argument based on an alleged violation of the priority rule. In the absence of any arbitrariness or manifest unreasonableness, the Court cannot call into question the findings of the Supreme Court on this point.

86. Nor is it for the Court to review the Supreme Court's interpretation of the Bilateral Agreement, which was contested by the applicant company. It would merely note here that the applicant company was affor-

ded the opportunity, throughout the proceedings in the Portuguese courts, to indicate how it interpreted both that agreement and the other legislation it considered applicable to its case and to inform the Portuguese courts of the solution it considered best adapted to the legal issue raised by the case. Confronted with the conflicting arguments of two private parties concerning the right to use the name "Budweiser" as a trade mark or appellation of origin, the Supreme Court reached its decision on the basis of the material it considered relevant and sufficient for the resolution of the dispute, after hearing representations from the interested parties. The Court finds no basis on which to conclude that the decision of the Supreme Court was affected by any element of arbitrariness or that it was otherwise manifestly unreasonable.

87. In the light of the foregoing, the Court therefore concludes that the Supreme Court's judgment in the instant case did not constitute interference with the applicant company's right to the peaceful enjoyment of its possessions. There has, therefore, been no violation of Article 1 of Protocol n.° 1.

FOR THESE REASONS, THE COURT

Holds by fifteen votes to two that there has been no violation of Article 1 of Protocol n.° 1.

Done in English and in French, and delivered at a public hearing in the Human Rights Building, Strasbourg, on 11 January 2007.

<table>
<tr><td>Erik FRIBERGH</td><td>Luzius WILDHABER</td></tr>
<tr><td>Registrar</td><td>President</td></tr>
</table>

In accordance with Article 45 § 2 of the Convention and Rule 74 § 2 of the Rules of Court, the following separate opinions are annexed to this judgment:

(a) joint concurring opinion of Ms Steiner and Mr Hajiyev;
(b) joint dissenting opinion of Mr Caflisch and Mr Cabral Barreto.

L.W.
E.F.

JOINT CONCURRING OPINION OF JUDGES STEINER AND HAJIYEV

1. We agreed with the majority that there has been no violation of Article 1 of Protocol n.° 1 but on other grounds. In our view, Article 1 of Protocol n.° 1 does apply, in general, to intellectual property. This was accepted by both the parties but there has never been any clear statement of this principle by the Court in the past.

2. We therefore agree that Article 1 of Protocol n.° 1 is applicable to intellectual property in general and to a duly registered trade mark.

3. But does this also hold true for a simple trade mark application? The next step for us was to decide if the applicant for the registration of a trade mark had a "possession" within the meaning of Article 1 of Protocol n.° 1. To benefit from the protection of Article 1 of Protocol n.° 1, the applicant should have a claim in respect of which he can argue that he had at least a "legitimate expectation" that it would be realised. This expectation should be more concrete than a mere hope and be based on a legal provision or a legal act such as a judicial decision.

4. In the present case, as the Chamber judgment correctly pointed out, there were strong economic interests attached to the trade mark application. To give an example from EU law, Regulation (40/94) on the Community Trade Mark states that a trade mark application has to be considered as "object property". Such an object can, under the domestic legislation of most States (including Portugal), be transferred, given as security, licensed and so on. This means that a trade mark application has some commercial value despite the fact that the application for registration may not be successful. In such a transaction the application will be bought and sold with the attendant commercial risk. The purchaser buys in the knowledge that the mark may not be registered. He or she assumes the commercial risk of such a transaction. The application's commercial value will depend on the commercial risk in the individual case, and more specifically on the chances of the mark being registered.

5. Are these elements sufficient to give a trade mark application the status of a "legitimate expectation"?

6. In our view, they are not, for four main reasons. Firstly, the right claimed by the applicant company was a conditional one. As the Chamber underlined in its judgment

> "... [T]he applicant company could not be sure of being the owner of the trade mark in question until after final registration and then only on condition that no objection was raised by a third party."

In other words, the applicant company had a conditional right, which was extinguished retrospectively for failure to satisfy the condition, namely that it did not infringe third-party rights (§ 50 of the Chamber judgment). Our settled case-law denies the quality of "possession" to a conditional claim which has lapsed as a result of a failure to fulfil the condition. It should be pointed out that not every application for a trademark results in registration and many applications are never likely to be registered. In other words, an application for the registration of a trade mark is quite clearly a conditional right: the condition being that it meets the conditions for registration.

7. Secondly, Anheuser-Busch knew, when filing its trademark application, that the application was likely to be opposed by Budějovický Budvar, even without the intervention of a later event such as the 1986 Agreement between Portugal and Czechoslovakia. At the time the application to register the trade mark was made in 1981 the right to use the Budweiser trade mark was already being discussed globally between the applicant company and Budějovický Budvar. As stated above, litigation was already pending in courts throughout Europe. As the applicant company itself recognised, negotiations were under way between Anheuser-Busch and Budějovický Budvar with a view to reaching an agreement concerning the use of the Budweiser trade mark. In such circumstances, one could reasonably argue that the applicant company's claim was far from constituting an asset in respect of which it could claim to have a "legitimate expectation" that it would be realised. And that situation, we would point out, already existed before the entry into force of the 1986 bilateral Agreement.

8. Thirdly, there may have been a problem if, as in the *Beyeler v. Italy* case, the applicable provision of domestic law was not sufficiently accessible, precise and foreseeable. In that case the Court examined whether the fact that the domestic law left open the time-limit for the exercise of a right of pre-emption by the State in the event of an incomplete declaration without, however, indicating how such an omission could subsequently be rectified could amount to a violation of Article 1 of Protocol n.° 1. Such a situation could indeed lead to the conclusion that an interference with the right to the peaceful enjoyment of one's possession would be unforeseeable or arbitrary and therefore incompatible with the principle of lawfulness. In the instant case we have in mind a situation in which the trade mark application filed by Anheuser-Busch could be challenged for an indefinite period of time. However, this was not the case. As the Chamber judgment underlined, the relevant Portuguese legislation was clear, precise

and reasonable, in that it provided a clear time-limit of three months in which third parties could object to the registration of a trade mark. Therefore there has been no violation of Article 1 of Protocol n.º 1 on account of a possible procedural problem.

9. Fourthly, it may also be said that, conversely, the registration criteria relied on by Anheuser-Busch were not clear. The doubts as to the proper interpretation of the registration criteria and the complexities of having to analyse the various international instruments in question meant that it was never a foregone conclusion that Anheuser-Busch's trademark application would be registered, in other words, there was no justified reliance on a legal act which had a sound legal basis (see, in this respect, *Pine Valley Developments Ltd and Others v. Ireland*).

10. The four above-mentioned reasons lead us to the conclusion that there was no sufficient basis in the national legislation, or in the settled case-law of the domestic courts, to allow the applicant company to claim that it had a "legitimate expectation" that was protected under Article 1 of Protocol n.º 1. As the Court underlined in the *Kopeck?* case: "... where the proprietary interest is in the nature of the claim it may be regarded as an 'asset' only where it has a sufficient basis in national law, for example where there is settled case law of the domestic courts confirming it" (see paragraph 52 of the judgment).

JOINT DISSENTING OPINION OF JUDGES CAFLISCH AND CABRAL BARRETO

1. We concur with the finding of the judges of the majority that Article 1 of Protocol n.º 1 applies in this case. But we would have preferred an approach based on the premise that the applicants, at the relevant time, enjoyed a "legitimate expectation" as defined by the Court (*Pine Valley Developments Ltd. and Others v. Ireland*, Series A, n.º 222).

2. Indeed various treaties and domestic laws grant provisional protection to trade marks from the date of their filing with the competent authority, the National Institute for Industrial Property (NIIP) in the present case. The filing affords some degree of priority and protection for the trade mark until its definitive registration, which may take some time. In the present case, registration was finally refused on the basis of the relevant legislation, namely, the Portuguese Code of Industrial Property in its ver-

sion of 24 January 1995. Article 189 of that Code provides that "[r]egistration shall also be refused of a mark ... containing ... expressions that are contrary to ... domestic ... legislation", and that legislation included the 1986 bilateral Agreement between Czechoslovakia and Portugal, which had become Portuguese law.

3. Items such as clientele, reputation and urbanisation certificates are intangible in character; they are nevertheless "rights", i.e. "interests protected by law", as has been recognised by the Court. In the present judgment the Court extends its recognition to applications for the registration of a trade mark, which therefore enjoy the status of "possessions" within the meaning of Article 1 of Protocol n.° 1. We agree with the Court but would prefer to hold that the filing of an application for registration of a trade mark creates a "legitimate expectation" in the sense of the case-law on Article 1.

4. Our view is essentially based on the following elements:

(i) The Portuguese courts themselves have held that the filing of an application for the registration of a trade mark creates an "*expectativa jurídica*", a concept practically coterminous with that of "legitimate expectation".

(ii) Requests for registration can be transferred or form the object of licensing agreements.

(iii) On account of the application for registration, the trade mark acquires an economic value at both the national and international levels. It is protected from interference by third parties, any interference entailing a duty of reparation, and enjoys priority over subsequent requests by third parties, that is, an expectation that the applicant will not be deprived of the trade mark by subsequent applications for registration.

(iv) The NIIP has no discretion to grant or refuse registration when the legal conditions existing at the time of the filing are met, as they were until the 1986 bilateral Agreement intervened. Indeed, the priority attaching to the filed (but not yet registered) trade mark would become an empty shell if it could be nullified at any time by the introduction of new legislation.

5. The above elements prompt the conclusion that the filing of an application for the registration of a trade mark, as distinguished from registration itself, creates rights in favour of the applicant, in particular, a right to have the trade mark registered. That right is of a conditional

nature; it depends on the fulfilment of the statutory conditions for registration existing at the time of the filing. We are, in other words, in the presence of a "legitimate expectation" rather than a "possession" ("*bien*") in the sense of Article 1 of Protocol n.º 1. Under the Court's case-law that expectation cannot, however, be cancelled by subsequent national legislation, even if the latter is based on treaty law.

6. Having established (i) that the applicant company was the beneficiary of a "legitimate expectation" and (ii) was protected by Article 1 of Protocol n.º 1, it remains to be seen whether it was deprived of that expectation by conduct of Portuguese State organs that was contrary to Article 1.

7. For the majority of the Court (see paragraph 83 of the judgment), the present case was "mainly about the manner in which the national courts interpreted and applied domestic law in proceedings essentially between two rival claimants", and had therefore to be distinguished (paragraph 82) from cases such as *Maurice* v. *France* ([GC], n.º 11810/03), and *Lecarpentier and Another* v. *France* (n.º 67847/01). For the majority, the present dispute is basically one between private parties, rather than between an individual and a State, in other words a situation which – although the majority does not expressly say so – comes close to one that should be viewed under Article 6: the only point that matters (see paragraph 85 of the judgment) is whether there has been "any arbitrariness or manifest unreasonableness" on the part of the organs of the Portuguese State. The majority reaches the conclusion that there has not.

8. In our view, the Court's reasoning is both debatable and contradictory. The case opposes an individual applicant against a State; the applicant company's grievance is that it has been deprived of a "possession" or "legitimate expectation" by the Portuguese courts. Accordingly, the case does not pertain to a "private" conflict between private companies. The majority is wrong in thinking the contrary and, in fact, in viewing the issue as something akin to Article 6. And, even if it were right – herein lies the contradiction – why did it bother at all with a lengthy analysis (see paragraphs 66-78 of the judgment) of the applicability of Article 1 of Protocol n.º 1?

9. In examining whether there was an unlawful interference with the applicant company's "legitimate expectation", the following points should be borne in mind:

– It appears doubtful that the act of dispossession brought about by the Portuguese Code of Industrial Property, as a consequence of the bilateral Agreement of 1986, was really performed in the public interest.

– If, like us, one assumes, that the applicant for the registration of a trade mark enjoys a "legitimate expectation", protected by Article 1 of Protocol n.° 1, that expectation, and in particular the priority inherent therein, was destroyed through the retroactive application of the 1986 Agreement.
– As a company of foreign nationality, the applicant is protected by the "general principles of international law" mentioned in the first paragraph of Protocol n.° 1, such as the principle of non- discrimination and the rule requiring prompt, adequate and effective compensation, which has been disregarded in the present case.

The above considerations lead us to the conclusion that there has been an unlawful interference with the applicant company's "legitimate expectation" and, accordingly, a violation of Article 1 of Protocol n.° 1.

10. By concluding the bilateral Agreement of 1986 and applying it retroactively, the Portuguese authorities have objectively caused damage to the applicant company. Whether they did so deliberately or not might have affected the quantum of damages to be awarded, had the Court found in the applicant company's favour. As it did not, the issue can remain undecided.